企业法律风险防控与合规指南

GUIDELINES FOR LEGAL RISK MANAGEMENT AND COMPLIANCE FOR ENTERPRISES

冯　宇 / 主编

王文魁　李小艳　霍明智 / 参编

法律出版社 | LAW PRESS

北京

图书在版编目(CIP)数据

企业法律风险防控与合规指南／冯宇主编. -- 北京：法律出版社, 2022(2026.1 重印).
ISBN 978-7-5197-6370-1

Ⅰ. ①企… Ⅱ. ①冯… Ⅲ. ①企业法－中国－指南 Ⅳ. ①D922.291.914

中国版本图书馆 CIP 数据核字(2022)第 008649 号

企业法律风险防控与合规指南
QIYE FALÜ FENGXIAN FANGKONG YU HEGUI ZHINAN

冯 宇 主编

策划编辑 似 玉
责任编辑 似 玉
装帧设计 汪奇峰

出版发行 法律出版社
编辑统筹 法律应用出版分社
责任校对 朱海波
责任印制 刘晓伟
经 销 新华书店

开本 710 毫米×1000 毫米 1/16
印张 27.75 字数 466 千
版本 2022 年 3 月第 1 版
印次 2026 年 1 月第 3 次印刷
印刷 河北虎彩印刷有限公司

地址:北京市丰台区莲花池西里 7 号(100073)
网址:www.lawpress.com.cn
投稿邮箱:info@lawpress.com.cn
举报盗版邮箱:jbwq@lawpress.com.cn

销售电话:010-83938349
客服电话:010-83938350
咨询电话:010-63939796

书号:ISBN 978-7-5197-6370-1
定价:108.00 元

前言
Preface

法律作为惩治违法行为的一种手段,自然也是企业保护自己的一个有力武器。因不知武器之锋芒所指,在使用时易失其锐利,乃至伤及己身,由此而造成的损失是一种法律风险,更是企业在经营过程中的一种遗憾。企业防范法律风险同样不应当只着眼于风险来袭时对风险的解决与处理,更应当注重企业设立初、企业设立后的日常经营与管理之中的法律风险。

本书首先介绍了企业存续过程中面临的不同种类的风险,并对不同种类风险的成因、可控性进行对比,进而提出企业防范法律风险的必要性。再以企业运转过程,即从设立到注销登记,从内部管理到外部经营为脉络,先讨论民事法律风险,再讨论刑事法律风险,并从中选择如企业破产、产品质量、合同纠纷、知识产权保护、环境保护,以及政策形势变化中的法律风险加以特别论述。书中每一章节在阐述法律风险的同时,也一并讨论对此种风险的应对措施。全书最后总结各个章节所论述的法律风险防范措施,讨论企业如何从宏观上建立全面的法律风险防范体系,以及如何从微观上建立相对应的专项法律风险防范措施。企业的类型多种多样,本书所涉及的企业包括个人独资企业、合伙企业、有限责任公司和股份有限公司等。企业因其类型的不同而受不同法律规范的调整,本书主要论述企业所面临之法律风险的共性,若不同企业所面临之法律风险不同,则应对措施亦有所不同。需要特别指出的是,本书对企业的各种类型并不加以细致的区分。因公司制企业是现代企业中最为主要的组织形式,所以本书所涉及的企业以公司制企业为主。

"合抱之木,生于毫末;九层之台,起于垒土;千里之行,始于足下。"企业对法律风险的防范应当从基础做起、从企业的根本做起,也就是从企业的经营管理制度中排除法律风险发生的可能性。这些经营管理制度包括对企业资金监管制度、企业的议事规则等。在引进制度的同时应引入专业的法律人，建立健全法律风险防范制度，为企业的安全做保障，对此笔者将在本书中一一加以论述。

企业在存续阶段会遇到各种各样的法律风险，本书虽力求将企业存续阶段可能遇到的法律风险逐一为读者展示，但难免有所疏漏，如有纰漏之处，恳请诸位读者提出宝贵的意见！

本书在写作过程中，得到陕西省律师协会和学界诸多专家、学者的大力支持以及无私帮助，借此机会，一并致以最诚挚的谢意！

目录

Contents

第一编　风险概述

第一章　企业存续过程中面临的风险　003

第一节　自然风险　004

第二节　商业风险　005

第三节　法律风险　007

第二章　企业防范法律风险的必要性　009

第一节　重视法律风险　009

第二节　如何防范法律风险　011

第三节　如何化解法律风险　011

第二编　企业内部管理中的法律风险及防范

第三章　企业设立过程中存在的问题　015

第一节　股东出资相关问题　015

第二节　企业设立登记所涉问题　030

第三节　股权分布结构问题　032

第四节　企业发起人责任　044

第四章　企业人力资源管理中的法律风险及防范　051

第一节　企业招聘阶段的法律问题　054

第二节　企业用人合规问题　056

第三节　劳动合同的签订　061

第四节　员工规章管理制度　066

第五节　员工保密义务与竞业限制　067
第六节　企业用工人员社会保险问题　073
第七节　企业监事制度　078
第五章　企业财务管理中的法律风险及防范　084
第一节　企业会计制度　085
第二节　财务管理行为不当问题　098
第三节　企业债券　099
第六章　企业运转过程中的法律风险及防范　103
第一节　企业决策违规　103
第二节　企业僵局　105
第三节　企业垄断　107
第四节　不正当竞争　118
第五节　企业并购　131

第三编　企业外部经营中的法律风险及防范

第七章　合同法律风险　143
第一节　合同订立　143
第二节　合同效力　198
第三节　合同履行　201
第四节　合同管理　210
第八章　知识产权法律风险与防范　217
第一节　企业知识产权基本问题　217
第二节　企业商标权　223
第三节　企业专利权　246
第四节　企业商业秘密　261
第五节　“一带一路”倡仪与企业知识产权　277
第九章　企业涉及自然环境的法律风险与防范　284
第一节　我国企业环境保护立法现状　284
第二节　企业环境污染主要类型　289

第三节 企业环境污染涉诉类型及防范 301
第十章 企业涉诉的法律风险与防范 306
第一节 企业民事诉讼 306
第二节 企业商事仲裁 315
第三节 企业劳动仲裁 318
第四节 企业强制执行 321
第十一章 企业的涉外法律风险 324
第一节 外商投资企业的法律风险 324
第二节 负面清单管理制度 327
第三节 反垄断调查 329
第四节 同等待遇原则 331
第五节 对外商投资合法权益的保护 331
第六节 反补贴与反倾销 332

第四编 企业破产程序中的法律风险及防范

第十二章 破产概述 339
第一节 破产法的社会功效 340
第二节 破产法的基本原则 344
第三节 破产原因 350
第十三章 破产程序相关制度 354
第一节 破产程序 354
第二节 破产程序开始的法律效果 358
第三节 破产法院 361
第十四章 破产管理人及破产债权制度 364
第一节 破产管理人 364
第二节 破产债权 374
第三节 债权人会议 377
第四节 破产财产相关权利 379

第十五章　破产清算及破产重整　393
第一节　破产清算程序　393
第二节　破产重整　399

第五编　企业法律风险防范体系构建

第十六章　企业法律风险防范主体　407
第一节　企业的利益相关者　407
第二节　企业内部的法律工作者　413
第三节　企业外聘的法律顾问　414
第十七章　企业法律风险防范体系的构建　419
第一节　企业经营管理制度的建设　420
第二节　规范性管理文本　427

附录　拟定企业合规管理框架　430

第一编

风 险 概 述

企业在存续过程中会遭遇各式各样的困难与挑战，这些挑战会促使企业在磨炼中不断地发展与壮大，但同时也有可能伤及企业的根本，使企业一蹶不振。因此，在这些挑战来临之际，企业应当做好充足的准备来应对可能发生的一切，将挑战转化为机遇！

第一章　企业存续过程中面临的风险

简单地讲，风险，就是指某一事件可能产生我们所排斥的结果的概率，这一概率的发生对于任何企业来讲，均具有不确定性，但将其置于整个社会经济市场之中，这一概率的发生又有其必然性。企业风险，是指企业在其生产经营活动的各个环节中可能遭受到的损失，造成企业风险的原因可能是自然灾害、市场环境，也可能是企业自身经营不当等。

"风险"(risk)一词，有人认为最初来自阿拉伯语，也有人认为源于西班牙语或拉丁语，但比较合理的说法是源于意大利语中的"risqué"一词。意大利地处亚平宁半岛，其三面环海的特殊地理位置造就了意大利人对于海洋资源的依赖。自文明之初，大多数的亚平宁半岛人便以出海捕鱼为生，对于海难发生的不确定性、不可控性、普遍性以及损害的严重性都有着深刻的体会。意大利人早期惯用"risqué"一词来代称触礁、风暴等危险事件。在平安度过"risqué"之后，意大利人往往可以稇载而归。设想，如果意大利人视"risqué"如猛虎，望而却步，又谈何回报？而对于企业来说，"risqué"同样存在于企业的各种商事往来之中，本书将其称为"风险"。同样，商海浮沉，大浪淘沙，企业如不愿随波逐流，想要发展壮大，就必须做好面对和挑战风险的准备。

对一个正常运转的企业来讲，其日常的生产经营活动经常会面临各种各样的"不确定性事件"，即这些事件发生的概率及可能出现的结果都具有不确定性，甚至某些事件无法通过任何手段加以预防。因此，一旦企业不幸发生此类事件，则其势必会对企业造成难以估量的影响，并且这些影响将会在一定时期内持续存在,这便是企业风险所在。换言之,所谓风险,是指当存在各种变量(如需求、供给、政策、效率等)的情况下,企业在一定时期内实际达成的目标与预期目标之间因为诸多因素所形成的差异。市场变量具有不可操控性,造成某些差异在所难免,但有些差异是由企业自身原因(如投资、管理、决策、财务)所导致的,因这些差异而产生的消极影响可能破坏企业的正常运转,造成不可挽回的损失,甚至可能使企业运转不能、破产倒闭。

本书通过分析企业风险的成因及可预测性等诸多特性,将企业所面临之风险区分为三大类,即自然风险、商业风险、法律风险。

第一节 自然风险

自然风险,多指在社会经济正常发展的过程中,由于自然力的不规则变化所致损失或损害的风险,是一种对物质或生命安全造成损害的风险,如地震、飓风、干旱、洪涝、霜冻、雪崩等自然灾害。这些风险大量存在于现实生活中,并且难以规避,只能采取事后补救措施以弥补损失。

例如,作为曾经国内规模最大的 OEM 型玩具生产商之一的合俊集团创办于 1996 年。在世界五大玩具公司中,有三家公司的制造服务都由合俊集团提供。该公司于 2006 年 9 月在香港联交所成功上市,早在 2007 年,合俊集团的销售额就已突破了 9.5 亿港元。即使是如此庞大的上市企业,也无法抵挡自然灾害的侵袭。2008 年 6 月,合俊集团的一个厂房受水灾影响,存货因被水浸泡严重受损,导致物料报废和生产链中断,合俊集团耗时近一个月才恢复正常生产。此次水灾对合俊集团造成的直接损失约为 6750 万港元,加之全球性金融危机,这家在玩具界举足轻重的大型公司在 2008 年 10 月轰然倒闭。不仅企业无法抵挡自然灾害的侵袭,一些国家在遭受特大自然灾害后,也会难承其重。位于孟加拉湾北部的孟加拉国,地处恒河平原的东南部,西部为东高止山脉,东部为阿拉干山脉,北部为喜马拉雅山脉。三面环山,一面临海的平坦低洼型地形,使孟加拉国经常面临水患之危。1987 年 7 月,孟加拉国经历了有史以来最大的一次水灾,连日暴雨,狂风肆虐。这突如其来的天灾,使毫无任何准备的居民不知所措。短短 2 个月间,孟加拉国的 64 个县中有 47 个县受到洪水和暴雨的袭击,造成2000多人死亡,2.5万头牲畜淹死,200多万吨粮食被毁,2万公里道路及772座桥梁和涵洞被冲毁,千万间房屋倒塌,大片农作物受损,受灾人数达2000万人。巨大的灾难不仅导致孟加拉国经济严重损失,同时也滋生了大量的细菌与疾病,这使难民本就水深火热的生活雪上加霜。在如此严重的自然灾害中,作为社会经济组织的一员,受灾地区的企业亦难以独善其身,遭受损失不可避免。

自然风险的形成虽非人力可控,但其也有规律可循。人类以现有技术手段,通过观察气象运动、地质规律等,已可以做到通过预测自然灾害的发生进而减少损失。此外,自然风险引发的后果也具有共沾性,即自然风险一旦发生,其涉及的对象往往是一个巨大的群体。虽然自然风险在来临之际往往随着不可抗力,但是国家、企业、个人可以通过强有力的预防措施将其对经济的破坏程度降至最低。面对自然灾害,企业不能消极以待,应当积极面对,通过有力的预防措施来减少风险。例如,企业在建厂选址时便应当对日后可能面临的自然风险多加考量,同时制订一套灾害应急预案,以备不时之需。

第二节　商业风险

本书所提及的商业风险,是指在一般的商事活动之中,由于存在的各种不确定性因素,可能会使商事主体获利或受损的客观经济现象。[①] 例如,市场供需关系的改变或国家经济贸易政策的改变而导致的市场价格波动,商品价格的正常波动、商品的款式过时以及价格过高、消费者消费观念的变化、质量投诉、商业秘密泄露等诸多变量都可能导致企业面临未知的商业风险。商品进入市场之后,其价格波动的商业风险会一直存在。在商品经济社会,商品价格受很多因素影响,因而该种价格波动所带来的商业风险便会更加地突出与普遍。一个商品必须转化为货币后才能进入市场流通实现自己的价值,如果这种转化存在障碍,那么正常的商业活动就会受阻,商业风险也会随即到来。从根本上讲,这种商品与货币在价值上的不对等性,是由商品自身的价值与使用价值的矛盾所

① 苑红业:《张某与惠元公司商品房预售合同纠纷案评析》,湖南大学2018年硕士学位论文。

引起的，这种不对等性与矛盾导致商品的价值受多种因素的干扰，进而加剧商业风险的不确定性。

大部分商业风险可以通过市场调查、分析、评估及预测加以减少或规避，并可通过采取相应的措施对商业风险进行管控。这种管控程度，取决于商事主体对商业风险的认知程度。商业风险与自然风险的不同之处在于，商业风险对一个企业而言，其影响并不是单一的。一方面，企业如果能正确预测商业风险，就能借机而上，促进自身的进步与发展。另一方面，如果企业对所面临之商业风险出现认知偏差、应对失当，也有可能造成巨大的损失。

在中国某航油公司事件中，中国某航油公司曾经因为重大商业风险、操作失误，以及期货市场波动，外籍交易员从事石油衍生品交易发生巨额亏损，在2004年11月29日，被迫发布公告申请停牌重组。

2003年下半年中国某航油公司参与了200万桶原油期货的买卖，在初期略有获利。但在2004年第一季度，国际原油价格上涨，中国某航油公司却持有淡仓，账面上的亏损达到了580万美元。即便如此，中国某航油公司并未决定减持，反而进一步加大投资增持淡仓。在2004年第二季度，国际油价继续飙升，中国某航油公司账面上的亏损进一步加重，达到了3000万美元。中国某航油公司为了避免账面上出现更大的亏损，决定将交割的日期直接延后至2006年，并且继续加大投资，将希望寄予国际油价的回落。然而，2004年10月，油价达到了历史高位，而中国某航油公司的原油期货合约已增至5200万桶，亏损进一步扩大。此时，中国某航油公司才向集团进行报告，说明交易进展情况及已经需要面对将近1.8亿美元账面损失的现状，并称已经缴付了8000万美元的补仓资金，公司的运转资金、银行贷款、应收贸易款都已告罄。随着市场状况的进一步恶化，为了筹集资金支付补仓资金，2004年10月20日，中国某航油公司通过德意志银行新加坡分行集资1.08亿美元。2004年10月26日至28日，因为无法补仓，中国某航油公司因多张合约到期被逼平仓，损失增至1.32亿美元。随后包括巴克莱资本、三井公司、标准银行在内的多家债权人陆续开始对中国某航油公司追讨欠款，债款合计近2.48亿美元。同时，中国某航油公司还面临被法国兴业银行牵头的银团申请清算的危机。2004年11月29日，中国某航油公司的执行董事兼总裁陈某霖向新加坡法院申请破产保护，并代表中国某航油公司承诺将继续支付及偿还该公司欠款，随后与新加坡政府拥有的淡马锡集团联合协助公司重组。2006 年 3 月，陈某霖被诉至新加坡法院，并就多条罪名认罪，其中包括 2004 年欺诈德意志银行并伪造财务文件发表虚假或误导性的声明、从事内线交易业务、没有及时向新加坡交易所披露公司蒙受巨额亏损等。2006 年 3 月 21 日，新加坡法院对陈某霖作出有期徒刑 4 年零 3 个月，同时罚款 33.5 万新元的判决。[①] 从中国某航油公司事件可以看出，受期货市场波动的影响，企业面临了巨大的商业风险，企业高管不但没有及时、有效地采取应对手段反而判断失误、决策犹豫、进行违规操作，从而导致了国家与企业蒙受巨大损失。可以说，事情发展到这一步，企业高管难辞其咎。因此，企业在商业风险爆发前，应当未雨绸缪，研究每个项目、每个环节可能面临的风险，了解细节、掌握资讯，防患于未然。只有做好充足准备，企业才能在风险来临时，充分利用已有的信息，在最短的时间内做出正确的应对。

第三节　法律风险

相较于具体的法律条文，对企业来说，法律风险的定义是十分模糊的，但法律风险又是企业必须要直接面对的。时任国务院国资委副主任黄淑和在 2005 年国有重点企业法律风险防范国际论坛上的讲话中是这样对法律风险做出描述的："企业法律风险按照不同的属性具有多种类型。从企业作为独立的法人实体的角度看，我们认为企业风险主要有自然风险、商业风险和法律风险等。其中前两种风险分别以不可抗力和市场因素为特征的，而法律风险是以势必承担法律责任为特征的。"同样地，中国政法大学的曲新久教授也认为，法律风险是指因违反国家法律、行政法规或者其他规章制度导致承担法律责任或者受到法律制裁的风险。

与企业所面临的自然风险、商业风险不同，法律风险具有一定的确定性。与因不可抗力而造成的自然风险、因市场因素而造成的商业风险不同，法律风险大多是企业自身违反法律或者是没有及时采取相应的法律手段进行自我救济导致的。这种确定性体现在，法律风险必定是由企业的违法违规行为导致

① 参见李珩：《期货公司营业部风险管理》，北京邮电大学 2013 年硕士学位论文。

的，一旦企业违反了法律法规或侵犯了他人的合法权利，就需要承担相应的法律责任。法律风险的发生不是必然的，但仍应被认为是一种重大隐患；法律风险一旦产生，多数企业不仅会遭受严重的经济损失，可能还需要承担行政责任、民事责任，甚至可能会承担相应的刑事责任。企业承担的行政责任主要包括被责令停产停业、吊销营业执照等；承担民事责任较为常见，一般表现为民事赔偿责任、违约责任、侵权责任等；承担刑事责任时，主要是由企业的法定代表人或直接责任人承担，企业一般承担如罚款等责任。法律风险的危害性与企业的其他风险相比，有过之而无不及。法律风险所带来的危害性，不仅直观地体现在其所造成的直接经济损失中，更体现在对企业无形资产的影响，如一个企业的商业信誉、品牌声誉都可能会因为一些情节轻微的违法行为而遭受无法挽回的损失。

法律风险相较于其他风险而言最大的特点是可防可控。自然风险和商业风险虽然也可以通过风险管理，使其发生的可能性降到最低，损失降到最小。但是从两者产生的原因来看，自然风险和商业风险或多或少会造成一定损失，不可能完全避免，而法律风险因为其特殊的成因性，即法律风险的发生大多是因为企业为某种行为或者不为某种行为而导致的，企业能够以自己的商事行为是否违法违规所预见法律风险的发生，所以企业完全可以从根源上对其加以防范和控制。假如企业在面临法律风险时建立了完备的法律风险防范体系，在懂法、守法的基础上进行合法的商事行为，在他人侵犯自己的合法权益时及时拿起法律的武器，法律风险的发生在某种程度上来说是可以避免的。

通过上文的分析可以清晰地看出，企业所面临的法律风险是可以通过一定的手段进行防范与控制的。在当代法治社会中，能够有效地防范和化解法律风险是企业在经营活动中能够健康发展的重要保障，是企业竞争力在日益严峻的市场竞争环境下的体现，更是企业迅速发展和壮大的强力推进剂。企业在生产经营的过程中需要选择合理的应对措施，以有限的成本投入有效地控制法律风险的发生，降低风险所带来的损失，更好地保障企业的平稳发展和盈利能力。综上所述，对法律风险的有效防范是当代企业做大、做强的必要保障。

第二章　企业防范法律风险的必要性

古书有云，山崩地震之时，“百川沸腾，山冢崒崩。高岸为谷，深谷为陵”。自然灾害的发生，非人力所能强求改变，其原因更是无迹可寻。商事行为中市场的变化同样充满不确定性，为此，企业在经营过程中应当尽力避免可控的风险，特别是法律风险，为企业的发展扫清障碍。

前文已经提及企业在日常经营中所要面临的一系列困难，特别是当法律风险爆发时，将会在经济方面以及商业信誉方面给企业带来难以挽回的巨大损失。从法律所带来的消极风险来描述法律风险并不全面。法律作为一种惩治违法行为的手段的同时，也是企业保护自己的有力武器。由于不懂法律、对法律疏于关注等原因，企业在风险发生时完全不知道可以采取法律手段保护自己的权益，或者对自己已经或将要遭受的损失，未通过法律的手段进行合法有效的救济。因此，对企业法律风险的防范是非常有必要的，企业在日常经营中必须重视防范法律风险。

第一节　重视法律风险

综观全球各大发展稳定、规模庞大的企业，几乎都是历经百般险阻方能脱颖而出，而其屹立不倒的一个重要因素在于始终重视风险的防范，尤其重视法律风险的防范。风险无处不在，企业必须时刻保持警惕。风险防控在企业日常经营管理中的作用越来越重要，它影响着企业的每一个决定，时时刻刻为企业的平稳发展保驾护航。

中国某保险股份有限公司为中央金融企业，同时也是世界 500 强企业、中国 500 强企业。但即使是这样立足世界前沿的大型央企，也会因其疏漏而承担法律责任。2003 年 12 月，中国某保险股份有限公司作为当年全球最大的上市公司，同时在纽约交易所和香港联交所两地挂牌上市，募集资金高达 34 亿美元。但其在成功上市不久后，就遭受到了严重的打击。2004 年 1 月 30 日，据国家审计署公布的 2003 年度的审计报告显示，中国某保险股份有限公司的前身中国某保险公司涉及各类违规资金约 54 亿元人民币，存在重大违规行为。随即，由美国投资者聘请的代理律师事务所，就此情况宣布对中国某保险股份有限公司提起集体诉讼，认为中国某保险股份有限公司没有披露上述不利事实，有违美国 1934 年《证券交易法》。据报道，中国某保险股份有限公司已经因此缴纳了总计约 6749 万元人民币的税金和罚金。①

此案件反映出企业在进入国际资本市场时，必须充分了解、尊重并遵守市场规则和当地监管规定，否则将面临巨大的法律风险。各国因国情体制迥异，所适用的法律法规也大有不同，甚至完全相左。中国某保险股份有限公司因为并不熟知当地市场规则和监管规定，也没有对未知的法律风险引起足够的重视，导致企业遭受了巨大的经济损失。除此之外，如此违规，遗留的风险注定不止于此，其行为造成的消极影响极有可能会影响企业日后的发展。因此，在企业作出一项决策时，对于可能面临的法律风险，必须予以足够的重视，否则待到风险爆发，将悔之晚矣。且窥一斑而见全豹，中国某保险股份有限公司如此庞大的上市企业尚且会因疏于管控风险而招致处罚，更何况作为我国市场经济主要组成部分的中小微型企业。在企业发展的任何阶段，法律风险防范都应当被足够重视。

① 参见刘健能：《广东电信公司法律风险管理体系优化研究》，华南理工大学 2012 年硕士学位论文。

第二节　如何防范法律风险

做好企业法律风险的防范不但可以规范企业的经营行为，保护企业及其股东、债权人的合法权益，而且对维护社会经济秩序、促进社会主义市场经济的发展也有积极的意义。面对随时可能出现的法律风险，不能仅仅纸上谈兵，而应当将法律风险防范落于实处。只有在重视法律风险的基础上，企业才能做到防范法律风险，而这需要专业的法律知识与丰富的法律实践经验。

防范法律风险需要非常强的专业性，虽然具体的法律法规已以成文形式列明，但是在现实生活中仍然需要专业的法律人士，如律师等法律工作者来适用法律。因为他们所存在的价值和为企业安全上所能带来的保障必然不是一些普通的社区法律服务工作者所可比拟的。不同于一些简单的交通肇事类、离婚类案件，企业在存续的过程中所面对的法律风险可能来自多个方面，如税务问题、知识产权保护、国家政策变化等。如此多发生率高的风险，普通的法律工作者未必能够考虑周全。实践中，公司所面临的风险是多样、繁复且多变的，仅从法律条文中所得到的经验必然是刻板的、不灵活的。当风险突发时，仓促地应对风险必然很难做到尽善尽美，甚至企业一些不专业、不科学的应对措施会为之后企业的维权造成非常大的困难。因此，在防范法律风险时，最重要的也是最稳妥的方法就是让专业的人从事专业的工作，即企业应与具有专业知识的、同时具有相应专业能力的法律实务工作者合作，让专业的法律实务工作者对企业在生产经营过程中的细节进行法律风险评估，使企业的董事、高管将精力放在如何将企业进一步发展壮大上，实现企业在经营过程中的良性运转。如此以往，企业必将会突破困难险阻，实现更好、更快的发展。

第三节　如何化解法律风险

法律风险不仅来自企业自身的作为及不作为，还来自外部法律环境的变化。防范法律风险的意义也不仅仅在于规避法律风险，更在于当风险发生时，企业可以更好地应对与处理,将损害降到最低。

企业在生产经营过程中,很难将防范未知的风险做到尽善尽美,如上文中所提及的自然风险等是无法完全避免的。商船航行在大海上,遇到突发的大风大浪,甚至是飓风,使货物遗失掉落海中,大概率是无法寻回的。在这样的情况下,此笔损失应该由谁承担?是承运人、卖货方、收货方还是保险公司?当然,在现今的海洋运输合同中对这样的情况已经有了完备的解决办法,如包括共同海损在内的诸多解决方式。但是,这些解决方法也是在长期的争议诉讼以及实践中得出的,商事活动中存在很多难以预测的风险,这是无法在合同中提前作出约定的,即使在合同中提前进行了约定,也难以保证所有的当事人不会因此而违约,在这样的情况下产生纠纷、提起诉讼在所难免。对于防范法律风险的措施即使已经做到非常周全,也无法避免所有风险。此时,企业前期的防范措施就会变为化解法律风险的有力武器。

面对已经发生的法律风险,如果毫无准备、仓促应对,谁都无法对结果作出准确的判断。但是在事发前,如果企业或者为企业服务的法律工作者已经做好充足的准备,那么在面对来自企业外部的诉求时,他们应对起来自然会更加得心应手。企业日常所采取的法律风险防范措施不仅仅是保护企业自身的有力武器,更是维护自身合法权益的有效保障。

第二编

企业内部管理中的法律风险及防范

本编通过对相关法律法规条文的解析，结合司法实践案例与现有实际状况，论述企业自设立到注销登记过程中，因企业内部的不当管理行为可能会为企业所招致之风险。在本编中，编者将充分利用已有经验以及最高人民法院裁判思路和各大院校最新学术观点，阐述在企业的内部管理中如何合法合理地做到法律风险的防范。为更加清晰准确地厘清企业内部管理中可能要面临之风险，并且更好地防范这些风险的发生，本编将以《公司法》《合伙企业法》《个人独资企业法》《最高人民法院关于适用〈中华人民共和国公司法〉若干问题的规定》等若干规范性文件为基础依据，在述清企业内部管理所面临的法律风险后，进一步提出应对此些风险应当采取何种防范措施，以达到让企业能够平稳、健康、迅速发展的目的。

第三章　企业设立过程中存在的问题

因企业在设立之初，面临的法律风险大多来自设立人的出资问题，以及设立人在设立公司过程中的经营行为的归责问题，而此时企业能否成功设立并对外承担责任犹未可知，故将此章纳入企业内部管理之中。

企业注册资本实缴制度曾经在很大程度上限制了经济的发展。为适应我国社会经济的迅速发展变化，我国于2013年修正了《公司法》，确立了注册资本认缴登记制（但有所保留，保留处体现在证券公司、商业银行、保险公司、国际货运代理公司等最低注册资本要求）。认缴登记制为创业者提供了极其便利的创业环境，降低了创业者的初始投入，刺激了他们投资市场的积极性。但同时因为注册资本在企业设立登记时只需认缴即可，而公司资本是企业对外承担责任的基础，在认缴人无力出资的情况下就极易出现大量无实际财产的空壳企业，造成市场的不稳定。由于新的出资方式并未配备健全的法律体系，且2013年《公司法》在很大程度上放松了对出资人出资的限制，因此极其容易出现出资人瑕疵出资现象，并对企业、企业债权人及其他出资人的合法权益造成损害。如何在企业设立之初，充分理解运用法律法规以避免日后可能出现的法律风险，做到有备无患，是企业法律风险防范的首要目标。

第一节　股东出资相关问题

企业作为以营利为目的存在的经济组织，其内部的资产应当是一个企业赖以生存的核心。企业的财产最初来源于出资人的出资,这是公司人格独立的物质基础,是公司能够独立承担民事责任最起码的物质保障。如要确保企业顺利运行、保护企业内部核心资产安全,就必须先确保设立人、出资人在企业设立之初所缴纳初始资本的安全性。对股东未履行或未全面履行出资义务可进一步细化为设立股东出资不实、虚假出资、抽逃出资三种情形。

《公司法》第28条规定:“股东应当按期足额缴纳公司章程中规定的各自所认缴的出资额。股东以货币出资的,应当将货币出资足额存入有限责任公司在银行开设的账户;以非货币财产出资的,应当依法办理其财产权的转移手续。股东不按照前款规定缴纳出资的,除应当向公司足额缴纳外,还应当向已按期足额缴纳出资的股东承担违约责任。”综上所述,公司股东的出资瑕疵责任主要包括以下三方面:其一,如股东存在出资瑕疵,则应直接对公司承担违约责任,公司在设立后可以要求瑕疵出资股东履行出资义务;其二,因为公司设立时,已足额履行出资义务的设立人股东对公司承担资本充实责任,并对因公司股东出资瑕疵所造成的损失承担连带损害赔偿责任,因此此瑕疵出资股东同样对其他股东承担违约责任,已足额履行出资义务的设立人股东在承担连带损害赔偿责任后可以向出资瑕疵股东追偿;其三,因股东出资瑕疵导致公司债权人债权受损的,债权人可以直接向瑕疵出资股东主张权利,在这种情况下在出资瑕疵的范围内股东对公司债权人负直接责任。

参考案例

唐某、江西萍钢实业股份有限公司追偿权纠纷案[1]

平宇公司通过中介机构虚假增资900万元,待办理完验资手续后,该900万元增资款随即转回中介机构,平宇公司的时任股东并未履行补足该部分增资款的缴纳义务。法院判决据此认定平宇公司的时任股东杨和平等构成抽逃出资,杨和平的抽逃出资额为450万元,符合《最高人民法院关于适用〈中华人民

---

① 最高人民法院(2018)最高法民申2986号民事裁定书。

共和国公司法〉若干问题的规定(三)》第12条的规定。平宇公司在增资后,杨和平持有50%的股权,认缴的出资额为500万元,其中450万元股权未履行出资义务。杨和平将其股权中的5%转让给唐某,却并未对转让价格作出约定,法院判决据此认定受让人唐某知道或者应当知道出让人杨和平未履行或者未全面履行出资义务即转让股权的情形,并判令其在该5%股权对应的抽逃出资额45万元的范围内与杨和平共同向债权人萍钢公司承担连带责任。

从本案可以得出以下结论:企业成立后,企业、股东或者企业债权人以股东抽逃出资为由,有权请求抽逃出资股东向企业返还出资本息,协助抽逃出资的其他股东、董事、高级管理人员或者实际控制人应当对此承担连带责任。企业债权人有权请求抽逃出资的股东在抽逃出资本息范围内对企业债务不能清偿的部分承担补充赔偿责任,协助抽逃出资的其他股东、董事、高级管理人员或者实际控制人应当对此承担连带责任。《最高人民法院关于适用〈中华人民共和国公司法〉若干问题的规定(三)》(以下简称《公司法解释(三)》)第11条规定:"出资人以其他公司股权出资,符合下列条件的,人民法院应当认定出资人已履行出资义务:(一)出资的股权由出资人合法持有并依法可以转让;(二)出资的股权无权利瑕疵或者权利负担;(三)出资人已履行关于股权转让的法定手续;(四)出资的股权已依法进行了价值评估。股权出资不符合前款第(一)、(二)、(三)项的规定,公司、其他股东或者公司债权人请求认定出资人未履行出资义务的,人民法院应当责令该出资人在指定的合理期间内采取补正措施,以符合上述条件;逾期未补正的,人民法院应当认定其未依法全面履行出资义务。股权出资不符合本条第一款第(四)项的规定,公司、其他股东或者公司债权人请求认定出资人未履行出资义务的,人民法院应当按照本规定第九条的规定处理。"另外,《公司法解释(三)》第12条规定:"公司成立后,公司、股东或者公司债权人以相关股东的行为符合下列情形之一且损害公司权益为由,请求认定该股东抽逃出资的,人民法院应予支持:(一)制作虚假财务会计报表虚增利润进行分配;(二)通过虚构债权债务关系将其出资转出;(三)利用关联交易将出资转出;(四)其他未经法定程序将出资抽回的行为。"公司设立人股东的出资瑕疵主要通过以下形式体现。

一、出资人未履行或未全面履行出资义务

企业所具有的民事责任能力不同于自然人所具有的民事责任能力，企业独立承担民事责任的能力来自其独立的法人人格和其所具有的财产。如若一个企业在出资设立时，就存在出资人未履行或未全面履行出资义务的情况，那么这种行为遗留的风险会对企业日后的发展造成巨大的危害。企业资本是企业赖以生存的血液，资本是否充实、安全关系着与企业相关的众多主体的利益能否实现。而出资人在企业设立之初的出资是否全面履行很大程度上决定了企业的资本是否安全，出资人未履行或未全面履行出资义务破坏了企业资本“确定、维持、不变”的基本原则，损害了企业、其他出资人和企业相关债权人的利益。有限责任公司成立后，若作为设立公司出资的非货币财产的实际价额显著低于公司章程所定价额的，也会被认定为未全面履行出资义务，应当由交付该出资的股东补足其差额，公司设立时的其他股东也应承担连带责任。

出资不实的股东应当在未足额出资的范围内对公司债务不能清偿的部分承担补充责任，公司设立时的其他股东对出资不实承担连带责任。出资人及发起人在足额履行出资义务后，其所出资产属公司所有，独立于出资人及发起人。《公司法》第35条规定：“公司成立后，股东不得抽逃出资。”公司所拥有的财产是公司承担责任的基础。为确保公司资本真实、有效，维护交易秩序与安全，保障债权人权益，股东不得抽逃出资。在现实中，公司股东抽逃出资在主观上表现为故意，手段往往具有很强的隐蔽性，例如，以所谓合法合规的形式虚构有关事实从而达到抽回出资的非法目的，如制作虚假财务会计报表虚增利润进行分配、虚构债权债务关系将出资转出，利用关联交易将出资转出以及未经法定程序将出资抽回等。对于上述情形，《刑法》第159条规定：“公司发起人、股东违反公司法的规定未交付货币、实物或者未转移财产权，虚假出资，或者在公司成立后又抽逃其出资，数额巨大、后果严重或者有其他严重情节的，处五年以下有期徒刑或者拘役，并处或者单处虚假出资金额或者抽逃出资金额百分之二以上百分之十以下罚金。单位犯前款罪的，对单位判处罚金，并对其直接负责的主管人员和其他直接责任人员，处五年以下有期徒刑或者拘役。”

虚假出资，是指出资人实际未出资，却享有等同于出资的权利，且从形式上看出资人已经完成了出资。虚假出资一般为企业成立前出资人的个人行为，因企业尚未成立，故难以在初始阶段对出资人的出资进行监督审核，因此责任在于出资人自身，在一定情形下，该行为可能被认定为诈骗。

在企业设立阶段，出资问题的法律风险防范较为简单，企业的出资人或发起人仅需要做到以下几点即可：一是依法出资，严格按照法律法规的规定进行出资，并在出资协议中对出资人的出资形式作出明确约定，对改变约定出资形式的出资人的责任承担也作出明确约定；二是出资人出资后应在有关部门及时办理验资与登记手续，并在法律规定期限内办理财产转移手续，规范验资行为；三是以非货币形式出资的，一定要寻求专业的评估机构对资产进行评估，对非货币形式财产进行价值评估并予以充分披露，及时明确评估不实、出资不实的责任承担；四是根据不同的出资形式，按照相关的法律规定分别及时地办理交付、过户、登记等手续；五是在企业设立之后，对企业已有资产进行一次全面审查，发现出资问题后，运用相应的司法救济途径，如股东代表诉讼、公司法人人格否认、司法解散等及时维护企业权益。

参考案例

美达多有限公司与深圳市新大地数字网络技术有限公司、周某等借款合同纠纷案[①]

本案的争议焦点在于，出资人周某、张某是否存在抽逃出资行为，是否应就新大地公司对美达多公司负有的债务承担相应法律责任。其一是关于周某、张某是否存在抽逃出资行为的问题。《公司法解释(三)》第12条规定："公司成立后，公司、股东或者公司债权人以相关股东的行为符合下列情形之一且损害公司权益为由，请求认定该股东抽逃出资的，人民法院应予支持：(一)制作虚假财务会计报表虚增利润进行分配；(二)通过虚构债权债务关系将其出资转出；

① 最高人民法院(2016)最高法民再2号民事判决书。

（三）利用关联交易将出资转出；（四）其他未经法定程序将出资抽回的行为。”本案中，美达多公司虽然未提供直接证据证明新大地公司股东周某、张某存在该规定所列举的抽逃出资行为，但审理期间美达多公司就新大地公司于2011年5月6日将注册资本从100万元增加至6100万元的当天即从公司账户转走6000万元的事实及资金流向提供了线索，指出张某、周某的增资款6000万元于2011年5月6日当日又分成了两笔汇出，其中一笔3200万元汇入南昌市东湖区细姝贸易商行农行31×××92账户，另一笔2800万元汇入南昌市东湖区百昌建材销售部农行31×××01账户，该两笔资金汇出后又转汇至其他账户，至今没有回到新大地公司的银行账户。对此，新大地公司、张某、周某并未否认6000万元于2011年5月6日增资当日即被转出的事实，张某仅辩称增资后的款项用于购买设备了，如何购买、去哪里买，是否有合同、发票等应在新大地公司的账目中有显示，但并未提供相应的证据予以证明。根据《公司法解释（三）》第20条之规定：“当事人之间对是否已履行出资义务发生争议，原告提供对股东履行出资义务产生合理怀疑证明的，被告股东应当就其已履行出资义务承担举证责任。”根据该司法解释规定的精神，就股东是否抽逃出资的举证责任分配，由于美达多公司无法查询新大地公司及其股东周某、张某的银行账户或财务账簿，在美达多公司提供了对周某、张某抽逃出资合理怀疑的证明后，只能通过法院调查或者由新大地公司及周某、张某提供反驳证据，才能查清事实，因此，此时应将举证责任转移至周某、张某，由其提供相应的证据反驳美达多公司关于周某、张某抽逃出资的主张。然而，周某、张某未予举证。在这种情况下，应当作出对周某、张某不利的判断，即支持美达多公司的主张，认定周某、张某构成抽逃出资。其二是关于周某、张某是否应就新大地公司对美达多公司负有的债务承担相应法律责任的问题。《公司法》第35条规定：“公司成立后，股东不得抽逃出资。”《公司法解释（三）》第14条第2款规定：“公司债权人请求抽逃出资的股东在抽逃出资的本息范围内对公司债务不能清偿的部分承担补充赔偿责任、协助抽逃出资的其他股东、董事、高级管理人员或者实际控制人对此承担连带责任的，人民法院应予支持；抽逃出资的股东已经承担上述责任，其他债权人提出相同请求的，人民法院不予支持。”如上所述，周某、张某构成抽逃出资，具体而言，周某抽逃出资3233万元，张某抽逃出资2867万元。根据上述规定，周某、张某作为新大地公司当时的股东，应当在其各自抽逃出资的本息范围内对新大地公司的债务不能清偿的部分向美达多公司承担补充赔偿责任。

二、以非货币财产出资的法律问题

本书将以非货币财产出资的核心问题归结为两点，即对于所出资资产的价值评估和资产移转问题。由于企业资产数额必须是明确的，因此以非货币财产进行出资必须要将非货币财产转化为可以用货币进行表达的价额进行出资，并且需要对非货币财产进行实际的转让。如此，非货币财产的转让才能体现出资人的出资，否则出资人可能会被认定为未履行出资义务。《公司法》第27条第1款规定："股东可以用货币出资，也可以用实物、知识产权、土地使用权等可以用货币估价并可以依法转让的非货币财产作价出资；但是，法律、行政法规规定不得作为出资的财产除外。"同时，《公司法解释（三）》第9条规定："出资人以非货币财产出资，未依法评估作价，公司、其他股东或者公司债权人请求认定出资人未履行出资义务的，人民法院应当委托具有合法资格的评估机构对该财产评估作价。评估确定的价额显著低于公司章程所定价额的，人民法院应当认定出资人未依法全面履行出资义务。"关于非货币财产的移转问题我国法律有较为细致的规定，体现为《公司法》第28条："股东应当按期足额缴纳公司章程中规定的各自所认缴的出资额。股东以货币出资的，应当将货币出资足额存入有限责任公司在银行开设的账户；以非货币财产出资的，应当依法办理其财产权的转移手续。股东不按照前款规定缴纳出资的，除应当向公司足额缴纳外，还应当向已按期足额缴纳出资的股东承担违约责任。"

（一）债权出资问题

债权出资作为出资人以非货币财产出资的一种方式，即出资人以其对债务人享有的债权投入企业，并由企业取代出资人成为债权人对原债务人享有债权，债权出资本质上属于债权让与，也可以称为债权转让，是将对债务人的债权从出资人转让给企业。[①] 债权出资可根据债务人的不同分为两类：一类是债权人以其享有的对目标企业本身的债权对目标企业出资；另一类是债权人以其享有的对第三人的债权对目标企业进行出资。债权人以其享有的对目标企业本

① 参见范振远：《浅析债权出资》，载《云南社会主义学院学报》2012年第1期。

身的债权对目标企业出资，大多为业界平时所提及的债转股问题，根据《公司注册资本登记管理规定》第 7 条第 1 款的规定："债权人可以将其依法享有的对在中国境内设立的公司的债权，转为公司股权。转为公司股权的债权应当符合下列情形之一：（一）债权人已经履行债权所对应的合同义务，且不违反法律、行政法规、国务院决定或者公司章程的禁止性规定；（二）经人民法院生效裁判或者仲裁机构裁决确认；（三）公司破产重整或者和解期间，列入经人民法院批准的重整计划或者裁定认可的和解协议。"该条第 1 款规定了债转股的债权形式，并在后两款对这种形式进行了细化规定，用以转为企业股权的债权有两个以上债权人的，在以其出资前债权人应对债权作出分割，否则不得以存在瑕疵的该债权进行出资。债权转为公司股权的，公司应当增加注册资本。根据上述规定，接受以债权形式出资的企业应当是已经设立的企业，而不能够以债权作为出资发起设立企业。

随着债权的资本化越来越受到人们的认可，出资人以对第三人享有的债权出资越来越多地出现在市场经济之中。但作为一种新型的出资方式，以对第三人享有的债权出资在实务中受到了颇多质疑。由于债权具有不同于物权的特殊性，以对第三人享有的债权出资存在较高的风险，例如，债权在出资后难以实现、出资债权的真实性难以保证、对债权的价值如何进行评估，以及对此债权的担保作何处理等都需要考虑。我国在制定立法时对债权进行出资的合法性迟迟未予以肯定。站在 2013 年修正的《公司法》的视角上，禁止债权出资与我国《公司法》资本制度改革的方向不符，但债权作为一种请求权，对被投资人来说，其真实性难以进行确认，这种请求权能否实现也存在很大疑问，应谨慎考虑。相较于出资人以对第三人享有的债权出资，债权人以对企业的债权向企业出资更为安全可靠。司法层面目前仅允许"债转股"，而不认可以对第三人的债权出资。在被投资企业及其股东认可该笔出资债权的前提下，投资人从第三方手中收购该债权，投资人成为被投资企业新的债权人，最后通过"债转股"成为被投资企业的股东。从这方面讲，不认可对第三人的债权出资，是为了保护企业及企业股东的权益，将企业及企业股东的同意前置，达到确认该笔债权价值的目的，符合我国立法所追求之精神。

参考案例

甘肃兰驼集团有限责任公司与常柴银川柴油机有限公司股权转让纠纷案[①]

根据甘肃省政府办公厅《会议纪要》和《项目协议书》等文件记载的内容，甘肃兰驼集团有限责任公司(以下简称兰驼公司)与常柴股份公司、常柴银川柴油机有限公司(以下简称常柴银川公司)等合作的目的是合资设立西北车辆公司。在此之后，兰驼公司向主管企业甘肃机械集团公司请示，其与常柴股份公司、常柴银川公司及陕、甘、宁、青、新、内蒙古等六省区经销商充分协商，拟共同发起设立"兰州常柴西北车辆有限公司"，经各方发起人同意，该公司以兰州手扶拖拉机厂北厂区生产区的土地使用权、厂房和公用设施进行投资，并依据评估资料商定。上述资产作价8600万元作为该方出资。甘肃机械集团公司在该请示报告上签字盖章同意。兰驼公司及其主管企业甘肃机械集团公司认可常柴银川公司是西北车辆公司的发起人，再次表明了各方合资设立西北车辆公司的真实意愿。为实现冲减债务及合资办厂的目的，兰驼公司与常柴银川公司签订了《股权转让协议书》，当时目标公司西北车辆公司尚未设立，股权并不存在，股权转让及评估客观上无法实现。结合签订《股权转让协议书》之时兰驼公司、常柴银川公司相互出具的《承诺函》来看，双方相互保证受让将来的股权，冲减已有的债务。该协议书约定股权转让对价是冲减债务，实质是将兰驼公司拖欠常柴银川公司的债务转化成将来常柴银川公司对合资公司的股权。故本案法律性质应为债权转股权关系。《最高人民法院关于审理与企业改制相关的民事纠纷案件若干问题的规定》(以下简称《企业改制规定》)第14条规定："债权人与债务人自愿达成债权转股权协议，且不违反法律和行政法规强制性规定的，人民法院在审理相关的民事纠纷案件中，应当确认债权转股权协议有效。政策性债权转股权，按照国务院有关部门的规定处理。"对企业之间非政策性债权转股权当时并无法律、法规规定必须进行评估和报批，故本案债权转股权行为依

---

① 最高人民法院(2016)最高法民终295号民事判决书。

照上述规定应属有效。

（二）无权处分财产的出资

出资人以其无权处分的财产出资是否应当被直接认定为未全面履行出资义务。如何认定此种行为的法律效力以及如何处理此种非常态的资产状况，直接关系到公司资产和公司债权人权利安全，同时也关系到第三人和公司之间的利益平衡。企业在通常情况下很难确认出资人是否对所出资财产享有处分的权利。出资人以他人财产出资，应当被认定为无权处分，而以贪污、受贿等违法犯罪行为所得财产进行出资，不应当被认定为无权处分。《公司法解释（三）》第7条第2款规定："以贪污、受贿、侵占、挪用等违法犯罪所得的货币出资后取得股权的，对违法犯罪行为予以追究、处罚时，应当采取拍卖或者变卖的方式处置其股权。"这项规定在立法的层面上确定了在否定出资人股东资格的前提下，对其股权"采取拍卖或者变卖的方式处置"。在实践中，对出资人以无权处分的财产出资的，如用他人货币财产进行出资的，如果将其直接从企业的财产中抽出，并不是非常适合。因为货币是种类物，理论上一般认为行为人对其占有即享有处分权，即使出资人是通过贪污、挪用等犯罪手段取得货币，也不宜将其认定为民法上的无权处分，进而在这些货币投入企业之中后，不宜直接将其抽回。在对违法、犯罪行为进行追究、处罚时，法院应采取拍卖或者变卖的方式处置瑕疵股权。同时，《民法典》第311条规定："无处分权人将不动产或者动产转让给受让人的，所有权人有权追回；除法律另有规定外，符合下列情形的，受让人取得该不动产或者动产的所有权：（一）受让人受让该不动产或者动产时是善意；（二）以合理的价格转让；（三）转让的不动产或者动产依照法律规定应当登记的已经登记，不需要登记的已经交付给受让人。受让人依据前款规定取得不动产或者动产的所有权的，原所有权人有权向无处分权人请求损害赔偿。当事人善意取得其他物权的，参照适用前两款规定。"

因此，在司法实践中，出资人以无权处分财产进行出资的，或以违法所得出资的，该出资并不一定当然无效，而是应当考虑企业作为受让方是否构成善意取得。因此，在企业设立之初，必须严格审核出资人所出资产的权属情况，避免日后产生纠纷。

参考案例

山东省昌邑市华星矿业有限责任公司诉姜某股东资格确认和公司赢余分配权纠纷案[①]

山东省昌邑市华星矿业有限责任公司(以下简称华星公司)的公司章程载明,公司由姜某等49名股东共同出资成立,注册资金为50万元,其中姜某出资14万元,占注册资本的28%。后因姜某挪用华星公司的财产33.1万元,被昌邑市人民检察院依法提起公诉。2003年6月2日,昌邑市人民法院判决:"(一)被告人姜某犯挪用资金罪,判处有期徒刑三年缓刑三年;(二)赃款由昌邑市人民检察院发还给华星公司。"姜某共挪用昌邑铁矿的资产33.1万元,其中14万元作为自己向华星公司的出资。2003年9月,昌邑市体改委和经贸局组织有关部门召开会议决定,因姜某已构成犯罪,不能再担任董事长,所以取消其股东资格,由其他人购其14万元出资。2003年10月4日,华星公司召开第二次股东大会,39名股东(无姜某)出席会议,以举手表决方式一致通过了股东大会决议,其中决议第2条内容为:"根据《公司法》和有关规定,以及(2003)昌刑重字第1号判决书的判决,姜某因挪用企业资金,犯了挪用资金罪,不得担任公司的董事、经理、董事长,并因其14万元属于挪用的企业资金,所以不享有股权,取消其股东资格。"同日,该公司的董事会推选赵安会为新的董事长。2003年11月18日,山东新华有限责任会计师事务所根据华星公司的申请验证:"根据公司章程及股东会议决议的规定,华星公司拥有的原姜某投入资本14万元全部由其他7位投资人认购。其中赵安会占11万元,邱建平占1万元……上述股东已于2003年11月18日向贵公司缴足股权转让款。"2003年11月26日,华星公司制定了新的公司章程,在新的股东名册中无姜某之名。2003年11月26日,华星公司向昌邑市工商行政管理局申请变更公司董事长、经理,并重新认购部分股权的登记,但该局只对董事长的变更进行了登记,对其他材料则只进行了备案。根据华星公司提供的3名股东的出资证明书记载,华星公司已经进

---

① 山东省高级人民法院(2009)鲁民再字第4号民事判决书。

行了三次公司盈余分配，每1000元出资的分红分别是：2004年3月452.69元；2004年7月476.73元；2005年5月2800元。但以上分红无股东会议决议佐证。另外，自华星公司成立以来，还按每月每100元出资支付2元股权利息给股东。

为请求华星公司支付分红和股权利息，姜某向潍坊市中级人民法院提起诉讼，并在一审的第二次庭审中增加确认其股东资格的诉讼请求。潍坊市中级人民法院于2006年10月20日作出（2005）潍民二初字第241号民事判决书，法院认为，双方当事人争议的主要问题是："（一）姜某是否还具有华星公司的股东资格？（二）姜某主张的分红和股权利息应否支持？"针对姜某是否还具有华星公司的股东资格问题，虽然华星公司没有置备股东名册，但因华星公司设立时的公司章程中载明姜某是股东之一，因此，应认定姜某具有股东资格。在没有经过姜某同意的前提下，华星公司通过股东会决议剥夺其股东资格的做法是不符合法律规定的。姜某要求确认其为华星公司股东的诉讼请求合法，依法予以支持。关于姜某主张的分红和股权利息应否得到支持的问题，因姜某投入华星公司的14万元注册资金是挪用的企业资金，已构成刑事犯罪，因此，姜某应承担公法责任，即姜某的这种货币投资的非法性，不能合法地构成公司法人财产权。基于此，应认定姜某的投资没有到位。根据2004年《公司法》第33条"股东按照出资比例分取红利"的规定，姜某没有向华星公司实际出资，也就无权分红。后姜某上诉于山东省高级人民法院，山东省高级人民法院认为，从本案查明的事实来看，在华星公司成立时，姜某已经按照章程规定缴纳了所认缴的14万元出资。虽然该14万元资金系姜某挪用的企业资金，但姜某为此仅应承担相应的刑事责任或民事侵权责任，并不能由此否认姜某出资的真实性。原审法院认定姜某出资没有到位不当，应予纠正。华星公司在庭审答辩理由中主张姜某不是华星公司的股东，但原审法院已经确认姜某具有股东资格，而华星公司并未提出上诉，因此对该问题不予审理。本案的焦点问题是姜某能否要求华星公司支付分红及股权利息。根据1994年7月1日施行的《公司法》的规定："董事会对股东会负责，行使下列职权：……（五）制订公司的利润分配方案和弥补亏损方案……"（第46条）；"股东会行使下列职权：审议批准公司的利润分配方案和弥补亏损方案"（第37条）；"公司弥补亏损和提取公积金、法定公益金后所余利润，有限责任公司按照股东的出资比例分配，股份有限公司按照股东持有的股份比例分配”(第177条第4款)。通过上述规定可以看出,股东要求公司支付利润,应符合两个条件:其一是公司应当有可供分配的利润;其二是必须有股东会的分配利润决议。本案中,姜某并未提供华星公司有可分配利润以及华星公司股东会决议向其分配利润的证据。至于华星公司提供的3份出资证明书记载的盈余分配是否合法因不是本案审理的范围,法院对此不作处理,但姜某不能以此作为对华星公司享有合法分红的依据。同时,虽然华星公司自成立以来,一直按每月每100元出资支付2元股权利息给股东,但该行为并不符合有限责任公司的利润分配条件,属于变相抽回出资行为,违反了《公司法》第34条“股东在公司登记后,不得抽回出资”的规定,对于姜某据此要求华星公司支付股权利息的请求,不予支持。综上所述,姜某关于出资已经到位的上诉理由成立,但其要求华星公司支付分红及股权利息的上诉请求,不予支持。原审法院认定姜某出资不到位有误,但实体判决结果并无不当,予以维持。驳回上诉,维持原判。

最高人民检察院于2008年作出高检民抗字(2008)62号民事抗诉书,认为山东省高级人民法院(2007)鲁民二终字第63号民事判决认定姜某出资到位、具有股东资格,属于认定事实错误,具体如下:

第一,终审判决认为姜某投资到位是错误的。

本案华星公司系由昌邑市铁矿改制而来。山东省昌邑市人民法院刑事判决书(2003)昌刑重字第1号认定:经审理查明,2001年10月至12月,被告人姜某作为公司的发起人为完成企业的改制工作,在昌邑市国有资产管理局已确认评估资产后,将应属于改制后的昌邑市华星矿业有限公司的预收土地承包费24.1万元和矿粉款9万元擅自挪用给本人及其他股东作为个人入股股金用以进行新成立企业的注册。姜某所挪用的33.1万元,其中19.1万元借给了部分职工入股(该19.1万元已由昌邑市人民检察院向各借款人追还),另14万元以其自己的名义入股。姜某出借给职工的19.1万元,借款关系是合法的,职工以个人借款作为投资,是允许的。但姜某投入的14万元并非姜某个人财产,以其个人财产的名义投入,作为华星公司的注册资金,只是将改制前铁矿的自有资产又作为改制后华星公司的注册资金,终审判决认为姜某投资到位是错误的。

第二,终审判决认为姜某具有股东资格是错误的。

终审判决认为姜某在设立公司章程上作为股东签字,就应认定姜某的股东资格是错误的，这一行为因姜某的欺诈故意，且该虚假出资侵害了国家利益而无效。

姜某于2001年11月20日在《昌邑市华星矿业有限责任公司章程》上作为股东签字。又据山东省昌邑市人民法院刑事判决书（2003）昌刑重字第1号："被告人姜某供述，2001年10月至同年12月在昌邑市铁矿改制过程中，我把昌邑铁矿对外承包砖厂的24.1万元承包费以及向潍坊恒鑫铸造厂卖矿粉收回的9万元货款，共计33.1万元，不让财务上入账，把其中19.1万元借给部分职工入了改制后新企业的股，14万元作为我自己的股金入了股。"对这两笔现金，姜某均不让会计入账，其中19.1万元于2001年11月19日以姜某个人的名义出借给部分职工，并于2001年12月1日将包括33.1万元在内的共50万元人民币存入昌邑市太保村农村信用合作社设立的账户，作为华星公司的注册资金。依山东省昌邑市人民法院刑事判决书（2003）昌刑重字第1号认定，姜某挪用公款的犯罪时间从2001年10月到12月，其间姜某在主观上明知自己是挪用国有企业的财产作为个人的出资，并没有实际出资，而虚构以自己个人资产出资的事实，构成欺诈的故意。同时该虚假出资行为损害的是国家利益，以下事实可证明：根据《昌邑市铁矿企业改制方案》第9条第1款，新公司成立后，评估净资产 -6,076,138.48元，政策性扣除3,533,609元，共计 -9,609,747.48元，按零资产买断原企业全部产权，资产亏空额（-9,609,747.48元），并根据昌发（99）31号文件第3部分第3条规定，给予新公司应交所得税返还弥补，也即昌邑铁矿改制时，其债务以新公司成立后向国家应缴纳的所得税返还来偿还。又据华星公司的注册资本为50万元，也即华星公司成立时实际资产应是 -9,109,747.148元（-9,609,747.148元 +500,000元）。但因姜某虚假出资14万元，华星公司成立时其真实的注册资本只有36万元，华星公司成立时真实资产是 -9,249,747.148元（-9,609,747.148元 +360,000元）。由此，国家就要多返还14万元的所得税，姜某的虚假出资行为最终损害的是国家利益，而不仅是该公司的利益。当某欺诈行为损害的是国家利益时，该民事行为是无效的。因此，即便存在证明姜某具有股东资格的系列文件，但因姜某的恶意欺诈行为，且该行为损害国家利益而无效，因此姜某不具有华星公司的股东资格。任何人都不得因自己的犯罪行为而获利，如果承认姜某以针对该公司犯罪行为获取的非法所得而形成的该公司的股东资格合法有效，损害了国家利益，对华星公司而言也是不公平的。

最高人民法院受理抗诉后，于 2008 年 9 月 25 日作出(2008)民抗字第 63 号民事裁定书，指令山东省高级人民法院再审。2009 年 11 月 17 日，山东省高级人民法院作出(2009)鲁民再字第 4 号再审判决认为，华星公司系由政府主导下进行的国有企业改制而来，鉴于姜某在华星公司的 14 万元出资系挪用改制前的国有企业资金的犯罪行为且已被判处刑罚，其 14 万元出资款已全部被没收追缴，昌邑市体改委和经贸局组织有关部门研究决定取消了姜某的股东资格，由其他人认购该 14 万元出资份额，华星公司也就此召开股东会并形成决议，取消姜某股东资格，由赵安会等人认购该部分出资并已完成出资验证。鉴于上述情况以及参照 2006 年施行的《公司法》第 27 条关于非法财产不得作为出资的规定精神，应认定姜某股东资格无效。根据 1993 年《公司法》第 33 条“股东按实缴的出资比例分取红利”，并参照 2005 年《公司法》第 35 条“股东按实缴的出资比例分取红利”的规定，因姜某在华星公司的 14 万元出资系挪用改制前的国有企业资金的犯罪行为，故姜某请求按照出资比例分取红利的诉讼请求，法院不予支持。原审判决认为姜某在设立公司章程上作为股东签字，应认定其具有股东资格不妥，应予撤销。

(三)设定担保财产的出资

我国《公司法》在原则上扩大了股东可出资财产的范围，但是对设定担保的财产的出资，并没有直接予以肯定。从理论上讲，设定担保的财产作为可估价、可移转的财产应当可以用以出资。在实践中，允许以设定担保的财产出资也具有很大的意义，因为允许以设定担保的财产出资能最大程度地发挥担保财产的经济效益，促进经济市场的快速流转，实现财产价值的最大化。但是我们也应当清楚地考虑到，担保财产在权利上的瑕疵以及质押物如何进行有效的移转交付进而实现有效的出资。同时还应考虑到债权人对担保财产的权利上的追及效力是否会造成担保财产出资后在权利上的不稳定性，以及受让担保财产的企业对担保财产受让的合法性是否存在缺陷。《民法典》第 406 条规定：“抵押期间，抵押人可以转让抵押财产。当事人另有约定的，按照其约定。抵押财产转让的，抵押权不受影响。抵押人转让抵押财产的，应当及时通知抵押权人。抵押权人能够证明抵押财产转让可能损害抵押权的，可以请求抵押人将转让所得的价款向抵押权人提前清偿债务或者提存。转让的价款超过债权数额的部分归抵押人所有,不足部分由债务人清偿。"同时《公司法解释(三)》第8条规定:"出资人以划拨土地使用权出资,或者以设定权利负担的土地使用权出资,公司、其他股东或者公司债权人主张认定出资人未履行出资义务的,人民法院应当责令当事人在指定的合理期间内办理土地变更手续或者解除权利负担;逾期未办理或者未解除的,人民法院应当认定出资人未依法全面履行出资义务。"《公司注册资本登记管理规定》第5条第2款规定:"股东或者发起人不得以劳务、信用、自然人姓名、商誉、特许经营权或者设定担保的财产等作价出资。"从《公司法》以及《公司法解释(三)》等法律的规定可知,我国对设立担保的财产出资问题,还是持较为保守的态度。但是在《民法典》中可以看到,使用设立担保的财产出资,并非被直接否定,此种权利瑕疵是可以被弥补的。

从上述规定可以看出,虽然理论界认为设立担保的财产是可以出资的,但我国立法对于以设立担保的财产出资是持禁止的态度。不过,我国立法并未规定以设立担保的财产出资会有何种惩罚,因此在实践中,以设立担保的财产出资虽然是被禁止的,但如果存在权利补全的可能性,这种出资也并非完全不可进行,只是存在极大的风险。

第二节 企业设立登记所涉问题

企业设立登记作为企业于市场监督管理部门的"户籍登记",是市场监督管理部门控制企业市场准入的制度,它直接关联着市场各交易主体的确定性以及交易的稳定,乃至整个市场经济的安全。企业登记的主要目的在于公示企业信息,以维护交易安全和迅捷,因此企业设立登记制度为整个经济市场都提供了安全保障。我国《公司法》第6条规定,设立企业,应当依法向相关登记机关申请设立登记,法律、行政法规规定设立公司必须报经批准的,应当在公司登记前依法办理批准手续。其中符合《公司法》规定的设立条件的,由公司登记机关分别登记为有限责任公司或者股份有限公司,不符合《公司法》规定的设立条件的,不得登记为有限责任公司或者股份有限公司。公众可以向公司登记机关申请查询公司登记事项,公司登记机关应当提供查询服务。《公司法》第7条规定,依法设立的公司,由公司登记机关发给公司营业执照,公司营业执照签发日期为公司成立日期。公司营业执照应当载明公司的名称、住所、注册资本、经营范围、法定代表人姓名等事项。公司营业执照记载的事项发生变更的,公司应当依法办理变更登记,由公司登记机关换发营业执照。

2021 年 4 月 14 日,国务院第 131 次常务会议通过《中华人民共和国市场主体登记管理条例》(以下简称《市场主体登记管理条例》),自 2022 年 3 月 1 日起施行。《公司登记管理条例》《企业法人登记管理条例》《合伙企业登记管理办法》《农民专业合作社登记管理条例》《企业法人法定代表人登记管理规定》同时废止。《市场主体登记管理条例》适用于在中国境内以营利为目的从事经营活动的各类市场主体,包括:公司、非公司企业法人、个人独资企业、合伙企业、农民专业合作社(联合社)以及它们的分支机构,个体工商户,外国公司分支机构,以及法律、行政法规规定的其他市场主体。市场主体应当依照《市场主体登记管理条例》办理市场主体登记。市场主体登记包括设立登记、变更登记和注销登记。除法律、行政法规规定无须办理登记的外,未经登记,不得以市场主体名义从事经营活动。

《市场主体登记管理条例》第 8 条规定市场主体的一般登记事项包括:"(一)名称;(二)主体类型;(三)经营范围;(四)住所或者主要经营场所;(五)注册资本或者出资额;(六)法定代表人、执行事务合伙人或者负责人姓名。"除前款规定外,还应当根据市场主体类型登记下列事项:"(一)有限责任公司股东、股份有限公司发起人、非公司企业法人出资人的姓名或者名称;(二)个人独资企业的投资人姓名及居所;(三)合伙企业的合伙人名称或者姓名、住所、承担责任方式;(四)个体工商户的经营者姓名、住所、经营场所;(五)法律、行政法规规定的其他事项。"

除登记事项外,《市场主体登记管理条例》还新增了备案事项。《市场主体登记管理条例》第 9 条规定,市场主体的下列事项应当向登记机关办理备案:"(一)章程或者合伙协议;(二)经营期限或者合伙期限;(三)有限责任公司股东或者股份有限公司发起人认缴的出资数额,合伙企业合伙人认缴或者实际缴付的出资数额、缴付期限和出资方式;(四)公司董事、监事、高级管理人员;(五)农民专业合作社(联合社)成员;(六)参加经营的个体工商户家庭成员姓名;(七)市场主体登记联络员、外商投资企业法律文件送达接受人;(八)公司、合伙企业等市场主体受益所有人相关信息;(九)法律、行政法规规定的其他事项。”

申请设立公司,应严格按照国家法律、法规规定的流程进行登记,部分企业在设立初期为追求效率委托代办公司全权处理登记事宜,故而对企业具体的设立情况并不完全知情,极易留下巨大的安全隐患。该隐患不仅来源于代办公司可能未尽职尽责地办理委托事项,也来源于企业自身对于设立初期时一些注册事项的忽视。

第三节 股权分布结构问题

企业的资本结构,也就是股权分布结构,是企业决策权归属的决定因素。有限责任公司股东会以及股份有限公司股东大会作为公司经营管理的最高决策机关,不仅要选举或任免董事会、监事会以及公司高级管理人员,还要批准企业的经营决策和股东的利益分配等重大事项。这里所提及的公司股东大会,是指由全体股东组成,决定公司经营管理重大事项的机构。它是公司最高权力机构,其他机构都由它产生并对它负责。股份有限公司股东大会职权与有限责任公司股东会职权在形式上基本相同。股东大会是股份有限公司的最高权力机关,它由全体股东组成,对公司重大事项进行决策,有权选任和罢免董事,并对公司的经营管理有广泛的决定权。企业一切重大的人事任免和重大的经营决策都需取得股东大会认可和批准。

有限责任公司的股东会和股份有限公司的股东大会是全体股东意志的体现,股东会以及股东大会作为一个公司的权威大脑,如何高速有效地运转,决定着公司日后经营运转是否流畅、能否快速发展。企业设立之初的股权结构尤为重要,股权结构一旦确定,特别是经过市场监督管理机关登记后,如不经一系列手续和其他股东配合,就很难再作调整。依据我国《公司法》第 24 条的规定,有限责任公司由 50 名以下的股东设立,但若真有如此之多股东并且这些股东都参与决策,会议上各位股东各抒己见,可能会众口难调,无法达成一致意见。小股东强调自己的知情权,大股东强调自己的决策权,双方容易产生争执和矛盾,这可能导致公司无法正常地运转下去,使公司陷入僵局。

企业设置股权结构属于企业自身内部管理的范畴，法律尊重每个企业自行设计的股权结构，当然在企业自行设计股权结构之时，法律也在通过规定来调控公司股权的合理分配。例如，《上市公司收购管理办法》第47条规定："收购人通过协议方式在一个上市公司中拥有权益的股份达到或者超过该公司已发行股份的5%，但未超过30%的，按照本办法第二章的规定办理。收购人拥有权益的股份达到该公司已发行股份的30%时，继续进行收购的，应当依法向该上市公司的股东发出全面要约或者部分要约。符合本办法第六章规定情形的，收购人可以免于发出要约。收购人拟通过协议方式收购一个上市公司的股份超过30%的，超过30%的部分，应当改以要约方式进行；但符合本办法第六章规定情形的，收购人可以免于发出要约。符合前述规定情形的，收购人可以履行其收购协议；不符合前述规定情形的，在履行其收购协议前，应当发出全面要约。"第63条规定："有下列情形之一的，投资者可以免于发出要约：（一）经政府或者国有资产管理部门批准进行国有资产无偿划转、变更、合并，导致投资者在一个上市公司中拥有权益的股份占该公司已发行股份的比例超过30%；（二）因上市公司按照股东大会批准的确定价格向特定股东回购股份而减少股本，导致投资者在该公司中拥有权益的股份超过该公司已发行股份的30%；（三）经上市公司股东大会非关联股东批准，投资者取得上市公司向其发行的新股，导致其在该公司拥有权益的股份超过该公司已发行股份的30%，投资者承诺3年内不转让本次向其发行的新股，且公司股东大会同意投资者免于发出要约；（四）在一个上市公司中拥有权益的股份达到或者超过该公司已发行股份的30%的，自上述事实发生之日起一年后，每12个月内增持不超过该公司已发行的2%的股份；（五）在一个上市公司中拥有权益的股份达到或者超过该公司已发行股份的50%的，继续增加其在该公司拥有的权益不影响该公司的上市地位；（六）证券公司、银行等金融机构在其经营范围内依法从事承销、贷款等业务导致其持有一个上市公司已发行股份超过30%，没有实际控制该公司的行为或者意图，并且提出在合理期限内向非关联方转让相关股份的解决方案；（七）因继承导致在一个上市公司中拥有权益的股份超过该公司已发行股份的30%；（八）因履行约定购回式证券交易协议购回上市公司股份导致投资者在一个上市公司中拥有权益的股份超过该公司已发行股份的30%，并且能够证明标的股份的表决权在协议期间未发生转移；（九）因所持优先股表决权依法恢复导致投资者在一个上市公司中拥有权益的股份超过该公司已发行股份的30%；（十）中国证监会为适应证券市场发展变化和保护投资者合法权益的需要而认定的其他情形。相关投资者应在前款规定的权益变动行为完成后3日内就股份增持情况做出公告，律师应就相关投资者权益变动行为发表符合规定的专项核查意见并由上市公司予以披露。相关投资者按照前款第（五）项规定采用集中竞价方式增持股份的，每累计增持股份比例达到上市公司已发行股份的2%的，在事实发生当日和上市公司发布相关股东增持公司股份进展公告的当日不得再行增持股份。前款第（四）项规定的增持不超过2%的股份锁定期为增持行为完成之日起6个月。”

但上述规定仅是为了保护上市公司股权交易安全而设置的条款，并未对企业的股权结构进行直接规定。股权分布结构在公司设立之初尤为重要，若在此时陷入股东之间的互相责难，公司何谈迅速发展；所以在公司设立之初，应当谨慎地对股权结构做出考虑，以避免后期的纠纷与风险。

一般在论述股权结构时，可将其简单地拆分为两层含义：

第一层含义是指股权的集中程度，简单来说，即为各股东的持股比例，持股比例分别体现为：（1）股权的高度集中，即存在绝对的大股东，也就是控股股东，绝对控股股东一般拥有企业50%以上的股份，对公司拥有绝对控制权；（2）股权的高度分散，即企业没有绝对的大股东，单个股东所持股份的比例均在10%以下；（3）企业没有绝对的大股东，但拥有控股权相对较大的控股股东，所持股份比例为10%—50%。

在股权高度集中的情况下，绝对控股意味着绝对控股股东对企业有着较大的决策权。这种集中的决策权可以提高企业的决策效率，避免因股东（大）会久议不决而无法通过有效决议导致企业决策机制失灵的情况。但同时，绝对控股股东使企业管理层完全置于其控制之下，无法发挥企业管理层限制企业实际控制人滥用股东权利的情况，导致的负面结果是企业管理层的活性、创造性可能被抑制。同样地，在股权高度集中的情况下，其他中、小股东实际上丧失了投票权，无力监督也无法监督。[①] 此时，绝对控股股东可能会将对私人收益的追逐置于对公司利益的追逐之上，企业管理层又由于绝对控股股东对企业管理层的任

---

① 参见周琳：《上市公司控股模式与公司业绩分析》，载《上海金融》2008年第4期。

免权而难以对其进行限制，进而损害其他股东的合法权益。更有甚者，绝对控股股东可能以牺牲企业利益为代价为自身攫取更多利益。为此，2017 年 9 月 1 日起施行的《最高人民法院关于适用〈中华人民共和国公司法〉若干问题的规定（四）》（以下简称《公司法解释（四）》）第 5 条规定："股东会或者股东大会、董事会决议存在下列情形之一，当事人主张决议不成立的，人民法院应当予以支持：（一）公司未召开会议的，但依据公司法第三十七条第二款或者公司章程规定可以不召开股东会或者股东大会而直接作出决定，并由全体股东在决定文件上签名、盖章的除外；（二）会议未对决议事项进行表决的；（三）出席会议的人数或者股东所持表决权不符合公司法或者公司章程规定的；（四）会议的表决结果未达到公司法或者公司章程规定的通过比例的；（五）导致决议不成立的其他情形。"

在万福生科财务造假案中，万福生科股权高度集中导致万福生科董事会听命于控股股东，独立董事和审计委员会受股权结构的约束，大股东利用控制权随意操纵利润和违规进行信息披露，企业由此一蹶不振。

参考案例

中国证监会市场禁入决定书（龚某、覃某）[①]

当事人：龚某，时任万福生科（湖南）农业开发股份有限公司（以下简称万福生科）董事长、总经理。

覃某，时任万福生科财务总监。

依据《中华人民共和国证券法》（以下简称《证券法》）的有关规定，我会对万福生科涉嫌欺诈发行股票和信息披露违法行为进行了立案调查、审理，并依法向当事人告知了作出市场禁入的事实、理由、依据及当事人依法享有的权利。当事人未提出陈述、申辩意见，也未要求听证。本案现已调查、审理终结。

经查明，万福生科存在如下违法事实：

---

① 中国证监会〔2013〕12 号。

一、万福生科《首次公开发行股票并在创业板上市招股说明书》披露的2008年至2010年财务数据存在虚假记载，公司不符合公开发行股票的条件

万福生科公告的《首次公开发行股票并在创业板上市招股说明书》披露，公司2008年、2009年、2010年的营业收入分别为22,824万元、32,765万元、43,359万元，营业利润分别为3265万元、4200万元、5343万元，净利润分别为2566万元、3956万元、5555万元。

经查，万福生科为了达到公开发行股票并上市条件，由董事长兼总经理龚某决策，并经财务总监覃某安排人员执行，2008年至2010年分别虚增销售收入12,262万元、14,966万元、19,074万元，虚增营业利润2851万元、3857万元、4590万元。扣除上述虚增营业利润后，万福生科2008年至2010年扣除非经常性损益的净利润分别为－332万元、－71万元、383万元。

二、万福生科《2011年年度报告》存在虚假记载

万福生科2012年4月16日公告《2011年年度报告》，披露公司2011年营业收入为55,324万元。经查，万福生科2011年虚增销售收入28,681万元。

三、万福生科未就公司2012年上半年停产事项履行及时报告、公告义务

2012年年初，万福生科下属糖厂、米厂和油厂停产，其糖品、大米等主营产品生产陷入停顿。对主营业务处于停顿状态的事实，万福生科未依法履行及时报告、公告义务。龚某对上述生产线停产事项知情。

四、万福生科《2012年半年度报告》存在虚假记载和重大遗漏

万福生科2012年8月23日公告《2012年半年度报告》，披露公司上半年营业收入为26,991万元。

经查，万福生科2012年上半年虚增销售收入16,549万元。同时，对于前述公司部分生产线2012年上半年停产的事项，万福生科也未在《2012年半年度报告》中予以披露，存在重大遗漏。

以上事实，有相关公告、财务资料、银行资料、情况说明、工程合同、销售业务文件、财务人员询问笔录和当事人询问笔录等证据证明，足以认定。

万福生科通过编造重大虚假财务数据的方式，在不符合条件的情况下骗取发行核准的行为，违反了《证券法》第13条的规定，构成《证券法》第189条所述"发行人不符合发行条件，以欺骗手段骗取发行核准"的行为。同时，该行为还涉嫌违反《刑法》的相关规定。对此直接负责的主管人员为龚某、覃某。

万福生科在《2011年年度报告》《2012年半年度报告》中虚假记载财务数据、遗漏停产事项的行为，违反了《证券法》第63条的规定，构成《证券法》第193条所述信息披露违法行为。同时，该行为还涉嫌违反《刑法》的相关规定。对此直接负责的主管人员为龚某、覃某。

万福生科未及时报告和公告公司2012年上半年停产事项的行为，违反了《证券法》第67条和《上市公司信息披露管理办法》第30条的规定，构成《证券法》第193条所述信息披露违法行为。对此直接负责的主管人员为龚某。

鉴于万福生科涉嫌犯罪，我会已依法将万福生科及其主要责任人员龚某、覃某移送司法机关处理。相关违法事实中涉及的销售收入、营业利润等财务数据，以司法机关认定为准。

根据当事人违法行为的事实、性质、情节与社会危害程度，依据《证券法》第233条和《证券市场禁入规定》第5条、第6条的规定，我会决定：认定龚某、覃某为证券市场禁入者，自我会宣布决定之日起，终身不得从事证券业务或者担任上市公司董事、监事、高级管理人员职务。

当事人如果对本决定不服，可在收到本决定书之日起60日内向中国证券监督管理委员会申请行政复议，也可在收到本决定书之日起3个月内直接向有管辖权的人民法院提起行政诉讼。复议和诉讼期间，上述决定不停止执行。

中国证监会

2013年9月24日

以某网络公司控股有限公司股权结构为例，在股权高度分散的情况下，公司的权力重心由股东（大）会向董事会、公司的实际管理层移转，2018年马某持有的某网络公司股份降低到6.4%，加上某网络公司副董事长蔡崇信持有的2.3%的股权，以及某网络公司各位高管和董事持有的9.5%的股权，某网络公司的实际管理层所持有的股份也并未比日本某公司所持有的28.8%的股份要多。但显然某网络公司的管理层在并不占据股权优势的情况下，对某网络公司拥有着绝对的控制权，日本某公司虽然为大股东，但其在某网络公司日常的经营管理之中存在感几乎为零。在股权高度分散之时，企业的股东（大）会很难及时作出有效的决策来限制企业的管理层，甚至可能会出现企业的管理层架空企业股东的情况，导致股东对企业的经营状况一无所知。股东参与企业的治理与管控需要花费大量的时间、金钱和精力，但在持股比例普遍不高的企业中，小股东的提议很难形成有效的决策，因此股东之间互相攀视，均无法实现对企业的完全掌控，这将导致企业的实际经营者（企业的管理层）控制企业，造成企业内部人员控制企业的现象。

在企业没有绝对大股东，但拥有控股权相对较大的控股股东时，因企业的经营状况与相对较大的控股股东利益紧密相连，并且因为这些相对较大的控股股东所持股份比例较高，使持股比例相对较大的控股股东、企业的管理层能够很好地掌控企业的经营。但因这些持股比例相对较大的控股股东所持股比例未占到绝对多数，在其肆意滥用权利时，其他股东又有足够的力量来制止其权利的滥用，从而达到控股股东、普通股东、企业的管理者之间的权利平衡，并且这种平衡状态并不是一种僵硬的平衡，而是一种活性的，不断向前的平衡状态。三方权利之间相互促进、相互监督，可以保障各方都能最好地行使权利，保障企业能够以最好的经营状态飞速发展。但在实务中，任何的股权结构都并非绝对合理且优于其他结构，每个企业都有最适合自身经营状况的股权结构，甚至同一个企业在不同的发展阶段需要不同的股权结构。因此不能盲目地生拉硬套，而应针对企业自身的情况设计股权结构。

股权结构的另一层含义是指股权结构还包含股东的身份问题。在我国，股东的种类有国有股东（国有资产管理委员会出资）、法人股东（法人出资）以及自然人股东等。在股权的分类上也可以分为员工持股、企业高管持股等。讨论企业股东的身份问题的意义在于不同类型的股东所追求的利益在某些时刻并不是完全相同的，其决策方式、程序也并不尽相同，甚至在一些情况下还有可能出现相互影响的情况。这可能会影响企业日常的正常运转，因此这也应该是企业设计股权结构时应当考虑到的因素。

企业股权结构设置不合理最可能产生的两个问题便是导致公司僵局或者企业管理层对于企业的管理权和股东对于企业的控制权的失衡。在现实生活中，股票市场上各式各样的投资人是没有兴趣也没有能力去参与所买股票的上市公司的内部经营管理的，他们仅关注在股票价格上下浮动时是否可以获取利益。如果所有的股东都持此种心态，那么企业股东对企业管理层完全失控的情况就会出现。股权结构是企业决策机制的基础，它决定了股东结构、股权集中程度以及股东身份等诸多方面。股权结构作为不同股东所持股份占比不同的综合体现,其无法直接影响企业的运转,而是通过对企业股东(大)会、对企业管理层中的董事会、监事会、经理层等高管的影响来影响企业的运转。

一、股权结构与股东(大)会之间的关系

股权结构在股东(大)会中体现为所持股份比例不同的股东之间对于股东(大)会的控制权的不同,即股东所持股份比例越高,对股东(大)会的控制权越强,企业股东对股东(大)会的控制权对外体现为其对企业所作决策的控制权。不同的股权结构会对股东(大)会的决策效率,以及股东(大)会决策的有效性产生严重的影响。当一名企业股东对企业的控制权达到100%,股东(大)会在召开时,其所作出的提议自然会毫无障碍地通过;当企业大部分股东对企业的持股比例低于1%,且缺乏相对大股东时,股东(大)会可能会变得效率低下且难以形成有效决议。

二、股权结构与董事会、监事会以及经理等高管层之间的关系

股权结构对董事会、监事会以及经理等高管层的影响体现在其对股东(大)会影响的延续,股东(大)会决定了董事会、监事会以及经理等高管层的人选。当一名企业股东对企业的控制权达到100%时,其所选出的董事会和监事会必然由该股东控制,从而无法发挥董事会、监事会以及经理等高管层应有的作用;当企业所有的股东对企业的控制权都小到无限接近于0时,其必然难以形成对所选出的董事会、监事会以及经理等高管层的完全掌控,极易损害企业股东的合法利益。

在适当的股权结构下,股东、董事、监事和经理高管层能各司其职,各行其能,形成健康的权力制衡关系,使企业能够健康快速地发展。①

① 宋德勇、董卫星:《钢铁行业上市公司股权结构与治理绩效相关性研究》,载《中国集体经济》2011年第36期。

参考案例

蔡某与真功夫餐饮管理有限公司公司决议撤销纠纷案[①]

一审法院经审理查明:真功夫公司于2007年7月19日依法登记成立,注册登记住所地为广东省东莞市松山湖科技产业园松湖科技园16栋2层,投资人(股东)包括蔡某、潘某、双种子公司、润海公司[更名前的今日资本投资—(香港)有限公司]和中山联动公司,成立时的法定代表人为蔡某。在真功夫公司已登记备案的章程(2007年11月20日制定)中,蔡某的住所地载明为广东省××市××镇××街××巷××号。章程第4.2条规定,董事会由5名董事组成,除非各方另有书面协议,否则董事长由蔡某任命,副董事长由潘某任命。第4.3条规定,董事长是合营公司的法人代表,当董事长不能履行其职责时,董事长应授权副董事长或另一名董事代表合营公司。第4.6条规定,有关下列事项的董事会决议应有全体5名董事(本人或派代理人出席)在按规定程序召开的董事会会议上一致投赞成票方可通过:(a)章程的修正……第4.9条规定,如有1/3以上的董事要求召开董事会临时会议,则在收到其提议后的3天之内,董事长或者(在董事长缺席或不能履行职责期间)副董事长应发出关于召开董事会临时会议的书面通知。第4.10条规定,董事长或者(在董事长缺席或不能履行职责期间)副董事长应在任何董事会会议召开之前,提前至少14天发出书面通知,通知中应列明会议的具体日程、时间和地点……董事会会议应在通知发出之日后14天至28天的时间内召开。第4.12条规定,2/3董事(4名董事)通过本人出席、电话会议或委托代理人的方式出席会议即构成董事会会议的法定人数,但是,如果召开董事会会议的通知已经适当发出,而一方指定的董事未能通过本人出席、电话会议或委托代理人的方式出席董事会会议,使会议不能达到前句所述的法定人数,则该等董事会会议应被推迟并于15日之后在同一地点和时间重新召开。如果在重新召开的董事会上,上述董事仍未能通过本人出席、电话会议或指定代理人的方式出席会议,则重新召开的董事会会议主持人

① 广东省广州市中级人民法院(2017)粤01民终9139号民事判决书。

应被视为上述董事指定的代理人代其出席会议并就有关决议投票(上述决议的草案应已与董事会会议的通知一并发送给董事)。以上述方式通过的决议应具有完全的法律效力。2013年11月7日,在股东潘某、双种子公司及润海公司委派的董事会成员共同提议下,真功夫公司董事会决定召开2013年第二次临时董事会会议,并于次日向各董事会成员发出《2013年度真功夫餐饮管理有限公司第二次临时董事会会议通知》及《真功夫餐饮管理有限公司2013年第二次临时董事会会议提案》,明确会议将于2013年11月22日上午10:00在广州市××区××路××号××广场×楼×号会议室举行。其中,针对董事蔡某、黄某的通知,真功夫公司均采取了特快专递的方式送达。邮件上填写的蔡某的收件地址为××市××街××巷××号(蔡某身份证住址)。由于在上述通知的会议时间仅有潘某、潘××及方华3名董事到会,未达到公司章程规定的董事会参会人数,会议主持人(副董事长)潘某宣布会议推迟15天(2013年12月9日)在同一地点和时间举行。真功夫公司为此于2013年11月22日再次向5名董事发出新的会议通知,明确会议于2013年12月9日上午10:00在同一地点举行。董事蔡某、黄某的通知仍以特快专递的方式送达,送达地址与第一次邮寄地址一致。2013年12月9日上午10:00,真功夫公司在广州市××区××路××号××广场×楼×号会议室召开2013年度第二次临时董事会。董事潘某、方华、潘××亲自到会,董事黄某、蔡某本人未到会,亦未派代表参加。会议由副董事长潘某主持,会议议题包括:(1)就外方股东名称变更而修订章程相应条款的议案;(2)就章程第4.2条进行修改的议案;(3)就章程第4.6条进行修改的议案;(4)就章程第4.7条进行修改的议案;(5)就章程第4.12条进行修改的议案;(6)选举潘某为公司董事长的议案。经投票表决,六项议题均全票通过。其中,董事黄某及蔡某的董事权利由会议主持人潘某代为行使。各董事随后在《2013年度真功夫餐饮管理有限公司第二次临时董事会会议决议》上签名确认(黄某和蔡某由潘某代签名)。2013年12月31日,经真功夫公司申请,东莞市工商行政管理局依法核准变更真功夫公司的法定代表人为潘某。2014年2月7日,蔡某以真功夫公司2013年度第二次临时董事会会议的召集程序、表决方式及董事会决议内容违反公司章程为由诉至该院,要求撤销该次董事会通过的董事会决议。案件立案时,蔡某原以真功夫公司、潘某、方华、潘××为共同被告提起诉讼。案件审理中,蔡某申请撤回了对方华、潘××的起诉,该院对此口头裁定予以准许。同时,经蔡某申请,该院将潘某列为第三人,并依法追加了润海公司、中山联动公司、双种子公司作为第三人参加诉讼。一审法院认为,《公司法》第22条第2款规定,股东会或者股东大会、董事会的会议召集程序、表决方式违反法律、行政法规或者公司章程,或者决议内容违反公司章程的,股东可以自决议作出之日起60日内,请求人民法院撤销。本案中,各方当事人争议的首要焦点为:真功夫公司董事会向蔡某送达2013年第二次临时董事会会议通知及提案的行为是否符合公司章程的约定。依据真功夫公司章程第4.12条约定:2/3董事(4名董事)通过本人出席、电话会议或委托代理人的方式出席会议,即构成董事会会议的法定人数;但是,如果召开董事会会议的通知已经适当发出,而一方指定的董事未能通过本人出席、电话会议或委托代理人的方式出席董事会会议,使会议不能达到前句所述的法定人数,则该等董事会会议应被推迟并于15日之后在同一地点和时间重新召开;如果在重新召开的董事会上,上述董事仍未能通过本人出席、电话会议或指定代理人的方式出席会议,则重新召开的董事会会议主持人应被视为上述董事指定的代理人代其出席会议并就有关决议投票(上述决议的草案应已与董事会会议的通知一并发送给董事);以上述方式通过的决议应具有完全的法律效力。由此可知,真功夫公司在向各董事发出董事会会议通知及提案时应符合“适当发出”的要求。然而,对于“适当发出”的标准,章程中并未作出具体明确的约定,章程条款也未明确各董事的通知送达地址,仅在章程首部记载了各股东的住所地。故在章程无明确约定的情况下,对于“适当发出”的解释应按通常理解进行。真功夫公司虽然提出其公司各出资方曾在《合资经营合同》中对送达地址及地址变更后的通知义务作出约定,但因该合同并非本案审查决议能否被撤销的法定依据,故其合同约定将不作为本案审查的对象,对真功夫公司及第三人以《合资经营合同》为依据提出蔡某未履行相关义务的辩解,该院均不予采纳。依照通常的理解,所谓适当发出,即要求当事人从善意、中立的立场出发,根据已知的信息通过合理方式发出有关通知,以使通知内容尽可能被对方知晓。本案中,真功夫公司自认其仅向董事蔡某登记于章程中的住所地(身份证住址)寄送2013年第二次临时董事会会议通知及提案,并称其无法直接与蔡某联系,且无义务向蔡某的其他地址送达。对此,该院认为,首先,在真功夫公司拟召集2013年第二次临时董事会会议期间,真功夫公司已知蔡某因在真功夫公司任职期间涉嫌职务犯罪被羁押，真功夫公司作为所涉刑事案件的被害单位也实际参与了该刑事案件的审理，其作为与刑事案件密切相关的一方，完全能够通过合理途径获知蔡某的联系方式（包括被羁押地点及委托辩护人等的情况）。且本案所涉的通知事项与刑事案件并无关联，现行法律法规也并未禁止刑事案件被害单位就此类事项与犯罪嫌疑人取得联系（包括通信方式）。真功夫公司亦无证据证明其已采取适当方式尝试与蔡某本人联系，但确因客观原因未能成功。故真功夫公司以其不清楚蔡某的羁押地点，且双方联系存在法律障碍为由抗辩称其无法联系蔡某本人并向其送达会议通知及提案，理由不成立，该院不予采纳。其次，由于蔡某在2013年第二次临时董事会会议召集期间已处于被羁押的状态，而真功夫公司对此是明知的，故真功夫公司理应清楚蔡某本人无法签收真功夫公司寄往其身份证住址处的会议通知及提案。而该次临时董事会的提案内容中，有多项均与蔡某本人的切身利益密切相关。在蔡某人身自由受限的情况下，为保证各董事会成员均能正常地行使其各项权利，保障各股东的合法权益，真功夫公司理应负有更加审慎和积极的通知义务，但真功夫公司在明知蔡某多种联系方式或通信渠道的情况下，仅向蔡某的身份证住址处寄送有关董事会会议通知及提案，且未提供证据证明该邮件已由蔡某的同住成年家属签收，上述送达行为明显不符合"适当发出"中有关尽可能使通知内容到达被通知一方的本意。至于真功夫公司提出的有关因蔡某构成犯罪，因而已不具备董事资格，真功夫公司因此没有义务再向蔡某进行送达的问题。由于涉案董事会召开时（2013年12月9日）有关认定蔡某构成犯罪的一审刑事判决书尚未依法作出，尚不能认定蔡某已构成犯罪，真功夫公司以之后认定罪名成立的生效裁判文书来免除其此前有关通知送达义务的抗辩明显不成立，故该院对此也不予采纳。基于上述分析，该院认为，真功夫公司董事会在向蔡某送达2013年第二次临时董事会会议通知及提案的过程中，未能合理保障蔡某就该次会议所享有的基本权利，该送达行为明显存在瑕疵，应认定与章程中有关"适当发出"的约定不符。故蔡某以真功夫公司董事会召集程序违反公司章程为由要求撤销2013年第二次临时董事会会议决议合法有据，该院对此予以支持。中山联动公司、润海公司经该院合法传唤，逾期未到庭应诉，不影响本案的审理。综上所述，该院依照《民法通则》第4条、第5条，《合同法》第125条第1款，《公司法》第22条第2款，《民事诉讼法》第64条第1款，《最高人民法院关于适用〈中华人民共和国民事诉讼法〉的解释》第240条的规定，判决如下：真功夫公司董事会于2013年12月9日作出的《2013年度真功夫餐饮管理有限公司第二次临时董事会会议决议》于本判决发生法律效力之日起撤销。案件受理费100元、公告费1000元，均由真功夫公司负担。

第四节 企业发起人责任

企业在注册登记成立前，都要经过一个发起筹备阶段。在此过程中，企业尚未成立，其法人人格无法直接对外体现，但是由于需要为设立公司创造条件，其仍然需要对外进行一些民事行为。因为公司还未创立完备，所以这些行为只能由发起人代为履行。从严格的意义上讲，《公司法》并没有对发起人作出具体而明确的定义，只是对股份有限公司的发起人作了一些规定，如设立股份有限公司，发起人需符合法定人数；有符合公司章程规定的全体发起人认购的股本总额或者募集的实收股本总额；发起人制定公司章程，采用募集方式设立的公司需经创立大会通过等诸多规定。《公司法》对有限责任公司并没有明确地提出发起人这一概念，因为有限责任公司具有一定的人合性，所以自始至终一概以股东称之，但在创立之初，有限责任公司股东所为之行为与股份有限公司发起人所为之行为并无太大区别，本质上，在公司创立阶段，可以将两者均称为“发起人”。《公司法解释(三)》第1条规定：“为设立公司而签署公司章程、向公司认购出资或者股份并履行公司设立职责的人，应当认定为公司的发起人，包括有限责任公司设立时的股东。”

一、设立股份有限公司

股份有限公司的设立分为发起设立和募集设立两种，其中发起设立，是指由发起人认购公司应发行的全部股份而设立公司。发起设立中认购首期发行股份的人必须是发起人，并且发起人必须认足首期发行的全部股份，认购发生在公司的设立过程之中。在公司设立前完成认购，其他社会组织和个人不参与到首期股份的认购之中，因为其认购人的单一性，所以发起设立也被称为“单纯设立”。

募集设立,是指由发起人认购公司应发行股份的一部分,其余股份向社会公开募集或者向特定对象募集而设立公司。我国《公司法》第 80 条规定,股份有限公司以募集方式设立的,注册资本为在公司登记机关登记的实收股份总额。募集设立既可以是通过向社会公开发行股票的方式设立,也可以是通过向特定对象发行股票的方式而设立。当然在募集设立之中也必须注意发起人认购与其他社会组织和个人认购有时间先后的顺序,募集设立的程序较发起设立更为复杂,但募集设立也有发起设立所不具有的优点,例如,能获得比较广泛的资金、没有还本付息的压力,同时发起人也不会丧失对公司的控制权。

《公司法》第 78 条规定,设立股份有限公司,应当有 2 人以上 200 人以下为发起人,其中须有半数以上的发起人在中国境内有住所。发起人应当签订发起人协议,明确各自在公司设立过程中的权利和义务。股份有限公司采取发起设立方式设立的,注册资本为在公司登记机关登记的全体发起人认购的股本总额。在发起人认购的股份缴足前,不得向他人募集股份。股份有限公司章程应当载明下列事项:发起人的姓名或者名称、认购的股份数、出资方式和出资时间。以发起设立方式设立股份有限公司的,发起人应当书面认足公司章程规定其认购的股份,并按照公司章程规定缴纳出资。以非货币财产出资的,应当依法办理其财产权的转移手续。

二、设立有限责任公司

有限责任公司包括一人有限责任公司、国有独资公司以及其他有限责任公司,本部分仅重点介绍一人有限责任公司和国有独资公司,其他有限责任公司类型不再论述。

(一)一人有限责任公司

有限责任公司因其组织形式具有一定的人合性,所以在如何避免股东因其互相熟识,相互串通,损害公司、公司债权人、其他股东的合法权益方面作出了相当多的规定。而在一人有限责任公司之中,股东权利更加无法受到限制,为了防止股东滥用股东权利,保护公司作为一个独立法人的财产安全,以及公司债权人的合法权益,《公司法》对一人有限责任公司作出了更多的规定。

我国法律所称的一人有限责任公司,是指只有一名自然人股东或者一名法人股东的有限责任公司。一个自然人只能投资设立一个一人有限责任公司,该一人有限责任公司不能投资设立新的一人有限责任公司,但对法人投资设立的一人有限责任公司并无此种限制。一人有限责任公司应当在公司登记中注明自然人独资或者法人独资,并在公司营业执照中载明。一人有限责任公司的章程由股东制定即可,不设股东会。因为一人有限责任公司并不设置股东会,所以当股东作出决定时,应当采用书面形式,并由股东签名后置备于公司。一人有限责任公司应当在每一会计年度终了时编制财务会计报告,并经会计师事务所审计。因为一人有限责任公司只有一名股东,所以未能证明公司财产独立于股东个人的财产时,股东应当对公司债务承担连带责任。

(二)国有独资公司

国有独资公司作为我国社会主义现代化经济体系组成中重要的一部分,是指国家单独出资,由国务院或者地方人民政府授权本级人民政府国有资产监督管理机构履行出资人职责的有限责任公司。其内部的公司章程由国有资产监督管理机构制定,或者由董事会制定并报国有资产监督管理机构批准。作为有限责任公司的一种,国有独资公司不设股东会,由国有资产监督管理机构行使股东会职权。国有资产监督管理机构可以授权公司董事会行使股东会的部分职权,决定公司的重大事项,但国有独资公司的重大事项,如合并、分立、解散、增加或者减少注册资本和发行公司债券,必须由国有资产监督管理机构决定。其中重要的国有独资公司合并、分立、解散、申请破产的,应当由国有资产监督管理机构审核后,报本级人民政府批准。国有独资公司的设立和组织机构,适用《公司法》的规定。上文所提及的重要的国有独资公司,按照国务院相关的规定确定。国有独资公司设董事会,董事会依照《公司法》第46条、第66条的规定行使职权。《公司法》第67条规定,董事每届任期不得超过3年,董事会成员中应当有公司职工代表。董事会成员由国有资产监督管理机构委派;但是,董事会成员中的职工代表由公司职工代表大会选举产生。董事会设董事长一人,可以设副董事长。董事长、副董事长由国有资产监督管理机构从董事会成员中指定。第68条规定,国有独资公司设经理,由董事会聘任或者解聘,经理依照《公司法》第49条规定行使职权。经国有资产监督管理机构同意,董事会成员可以兼任经理。第69条规定,国有独资公司的董事长、副董事长、董事、高级管理人员，未经国有资产监督管理机构同意，不得在其他有限责任公司、股份有限公司或者其他经济组织兼职。第 70 条规定，国有独资公司监事会成员不得少于 5 人，其中职工代表的比例不得低于 1/3，具体比例由公司章程规定。监事会成员由国有资产监督管理机构委派；但是，监事会成员中的职工代表由公司职工代表大会选举产生，其中监事会主席由国有资产监督管理机构从监事会成员中指定。监事会行使《公司法》第 53 条第 1 项至第 3 项规定的职权和国务院规定的其他职权。

三、发起人责任

前文已论述公司发起人的概念以及法律地位，任何公司的设立和发展，都离不开公司发起人的努力，公司发起人在公司设立过程中发挥着重要作用，其决定了后期投资人的利益以及与公司互有往来的其他民事主体的利益。为了督促公司发起人恪尽职守，依法完成在公司设立阶段的任务，必须对公司发起人的法律责任进行规制。由于在不同种情况之中，企业何时应当负责、应当如何负责，在实践中经常发生巨大的争议，在此作进一步明确。

发起人在企业设立过程中以设立中公司的名义对外从事的民事行为，其行为的法律后果一般由成立后的企业承担，但如何认定设立行为，在实践操作中，仍然有所争议。特别是当企业设立失败时，前期投入的成本费用由谁承担，甚至以企业的名义对外签订的合同效力应如何认定，都需要一一加以考虑。企业发起人在企业设立阶段必须尽到相应的审慎义务，不能认为企业的设立是必然的，也不可认为其在发起阶段的各种行为都应由成立后的企业承担。

参考案例

赵某、大连鑫奇房地产开发有限公司发起人责任纠纷案[①]

大兴安岭地区城市建设投资开发有限公司（以下简称城投公司）作为主发

① 辽宁省高级人民法院（2017）辽民终 1299 号民事判决书。

起人在2012年9月筹备成立"兴融小额贷款公司",赵某及大连鑫奇房地产开发有限公司(以下简称鑫奇公司)是出资人。《筹建兴融小额贷款公司工作方案》中第5项——筹建工作步骤及时间安排中记载:(1)股东确定及资本募集开始时间为2012年10月,完成时间为2012年10月;(2)公司登记注册开始时间为2012年10月,完成时间为2012年10月。2012年12月12日,赵某通过其母亲陈某账户向鑫奇公司汇款700万元。2012年12月13日,鑫奇公司作为委托人,通过哈尔滨银行向城投公司汇款700万元,鑫奇公司在哈尔滨银行的业务委托书上用途一栏中填写的是"合作保证金"。赵某称该笔款项是城投公司通知其缴纳合作保证金,并承诺缴纳保证金后签订投资入股协议。鑫奇公司及其他出资人均未缴纳合作保证金。2012年12月10日后,本案各方当事人之间未有新的关于筹建兴融小额贷款公司的邮件发生。至本案一审诉讼时,赵某与城投公司未签订投资入股协议,"兴融小额贷款公司"没有成立。2012年11月8日,城投公司作为转让方与受让方哈尔滨鼎阳亿成贸易有限公司(以下简称鼎阳公司)签订《债权转让合同》。该合同中记载未收货款和代垫运费总额为10,126,308.10元,转让方将全部债权转让给受让方,受让方于本合同签订后,向法院申请诉前诉讼保全或者诉讼保全查封债务人足额财产之日起3个工作日内向转让方支付转让款。2012年11月8日,鑫奇公司向城投公司出具《债权收购付款确认书》,内容为:"你公司转让给哈尔滨鼎阳亿成贸易有限公司的对集贤县华平煤业有限公司的煤炭债权,转让款1012万元,由我公司代为给付。给付条件按照你公司与哈尔滨鼎阳亿成贸易有限公司签订的债权转让合同条款办理。"城投公司2012年12月17日记账凭证上记载鑫奇公司预收货款700万元;预收账款明细账中亦记载2012年12月17日,预收鑫奇公司货款700万元。2014年12月5日,鑫奇公司出具《关于赵某700万元投资款的情况说明》,内容为:2012年9月,城投公司联合我司作为发起人,拟筹备成立"兴融小额贷款公司",从事小额贷款业务。2012年10月13日,城投公司通过决议,同意出资入股设立"大兴安岭地区兴融小额贷款有限责任公司"。公司筹建进入实质性启动阶段,城投公司催促各自然人股东缴纳小贷公司的合作保证金,承诺缴纳保证金后,与自然人股东签订投资入股协议。2012年12月12日,赵某用其母亲陈某账户向我司转入700万元作为小贷公司合作保证金。第二天,在城投公司和赵某督促下,我司将此款700万元转账到主发起人城投公司账户,并在款项性质注明是“合作保证金”。现赵某700万元的合作保证金由城投公司保管。现筹建的小额贷款公司始终没有成立，我司建议赵某直接向城投公司主张权利。在本案一审审理过程中，城投公司依据其与案外人鼎阳公司签订的《债权转让合同》及鑫奇公司出具的《债权收购付款确认书》起诉主张鼎阳公司及鑫奇公司偿还剩余债权转让款3,126,308.1元，黑龙江省哈尔滨市中级人民法院于2017年5月16日作出(2017)黑01民终2017号民事判决，支持城投公司的诉讼请求，该生效判决认定案涉700万元为鑫奇公司支付给城投公司的债权转让款。一审法院认为，赵某以其作为拟成立公司的出资人通过鑫奇公司向发起人城投公司支付合作保证金，但拟成立公司并未成立为由请求鑫奇公司、城投公司承担返还合作保证金。鑫奇公司同意赵某的诉讼请求。城投公司主张案涉款项系鑫奇公司基于其向城投公司出具的《债权收购付款确认书》而向其支付的债权转让款，该款项不应予以返还。本案审理过程中，在城投公司起诉鑫奇公司及案外人鼎阳公司的生效判决书中已确认案涉款项系鑫奇公司向城投公司支付的债权转让款，在没有相反证据足以推翻该生效判决的情况下，一审法院对该案涉款项的性质予以确认。赵某主张即使另案生效判决认定案涉款项并非合作保证金，但该款项性质的认定系针对鑫奇公司、城投公司之间款项往来的性质，对赵某转款的认定并无影响。鑫奇公司、城投公司作为拟成立公司的共同发起人，赵某作为出资人将款项交给其中一位发起人，在公司没有成立的情况下，鑫奇公司、城投公司作为共同发起人应承担共同还款责任。本案争议的焦点是鑫奇公司和城投公司应否共同承担返还赵某700万元投资款本金和利息的责任。

根据《哈尔滨市南岗区人民法院案件执行情况反馈及终结本次执行程序通知书》，哈尔滨市中级人民法院(2017)黑01民终2017号民事判决业已生效。该判决认定案涉鑫奇公司汇给城投公司的700万元性质为债权转让款，并不是赵某和鑫奇公司于本案主张的合作保证金，二者非同一款项。虽然赵某和鑫奇公司均上诉对此予以否认，但根据《最高人民法院关于适用〈中华人民共和国民事诉讼法〉的解释》(以下简称《民诉法解释》)第93条第1款第5项、第2款的规定，在赵某和鑫奇公司不能提供足以推翻前述认定的相反证据的情况下，该认定应作为本案裁判的依据。赵某、鑫奇公司有关前述判决与本案无关、没有生效的上诉主张不能成立。另根据赵某的当庭陈述，其向鑫奇公司汇款的700

万元，是其作为拟成立公司的自然人股东缴纳的保证金。根据《公司法解释（三）》第1条的规定，为设立公司而签署公司章程、向公司认购出资或者股份并履行公司设立职责的人，应当认定为公司的发起人，包括有限责任公司设立时的股东。故一审认定赵某为拟成立公司的发起人是正确的。赵某以发起人身份要求同为发起人的鑫奇公司和城投公司承担连带还款责任的上诉请求没有事实和法律依据，法院不予支持。城投公司未收到赵某缴纳的700万元合作保证金，无须承担还款责任；鑫奇公司认可收到赵某向其支付的700万元合作保证金，原审判令其承担返还700万元及相应利息的责任并无不当。故赵某、鑫奇公司要求由城投公司承担还款责任的请求没有事实和法律依据。

第四章 企业人力资源管理中的法律风险及防范

随着我国经济社会的发展和经济结构的调整，企业人力资源管理的法律风险日益凸显，这些风险严重制约了企业正常的发展。企业人力资源管理中的法律风险主要有招聘宣传不实、试用期约定不当、企业用人不合规、劳动合同的签订存在瑕疵、规章管理制度不合理，以及商业秘密保护、竞业限制难度加大等法律风险。如何对企业人力资源管理中的法律风险进行防范是本章主要解决的问题。本章通过分析企业人力资源管理中的风险成因，为提高现代企业人力资源管理水平提供相应对策。

企业在存续阶段，无论是相较于其他企业存在的资本上的优越性还是制度上的优越性，最终都需要“人”在企业的经营发展中来施行，因此，人力资源是企业最为宝贵的一笔财富。优秀的企业高管在企业中起着举足轻重的作用。企业高管，一般是指企业的经理、副经理、财务负责人，以及上市公司董事会秘书和公司章程中规定的其他人员。在企业正常经营的情况下，这些企业高管负责企业的日常行政管理以及经营等各方面，同时也拥有来自董事会或企业章程所规定的一些特定权力。有部分企业为强化企业高管的权力，会给予这些企业高管部分股权，也会授予部分高管执行董事的特权。高管的权力是有限的，并非所有人都可以担任企业的高管，我国法律为避免企业受个别股东、投资人过分的干预与影响，同时为了规范企业高管责任，对企业高管的任职资格作出了一些具体的限制，如《公司法》第 146 条规定，以下人员不得担任公司的董事、监事、高级管理人员："（一）无民事行为能力或者限制民事行为能力；（二）因贪污、贿赂、侵占财产、挪用财产或者破坏社会主义市场经济秩序，被判处刑罚，执行期满未逾五年，或者因犯罪被剥夺政治权利，执行期满未逾五年；（三）担任破产清算的公司、企业的董事或者厂长、经理，对该公司、企业的破产负有个人责任的，自该公司、企业破产清算完结之日起未逾三年；（四）担任因违法被吊销营业执照、责令关闭的公司、企业的法定代表人，并负有个人责任的，自该公司、企业被吊销营业执照之日起未逾三年；（五）个人所负数额较大的债务到期未清偿。公司违反前款规定选举、委派董事、监事或者聘任高级管理人员的，该选举、委派或者聘任无效。董事、监事、高级管理人员在任职期间出现本条第 1 款所列情形的，公司应当解除其职务。"该条规定第 1 款第 1 项较好理解，公司高管应当为完全民事行为能力人，其应当有履行相应的义务的民事行为能力。其后几项对公司高管的限制的意义在于：一是为警戒相关人员不得为相应的行为；二是规定存在该项规定情况的人员不应当被列入公司可信任的管理人员名单中。

董事、监事、高级管理人员除应当遵守法律、行政法规和公司章程的规定外，更应当对公司负有忠实义务和勤勉义务。对公司董事、监事、高级管理人员的行为难以用列举的形式一一规定，故法律在此作出兜底性的规定，即董事、监事、高级管理人员负有忠实义务和勤勉义务。实践中，对董事、监事、高级管理人员是否尽到了忠实义务和勤勉义务的判断较为灵活，董事、监事、高级管理人员通常被要求必须达到最低注意标准。《公司法》第 148 条对不得利用职权收受贿赂或者其他非法收入，不得侵占公司财产的具体行为进行了明确的列举，包括：(1) 挪用公司资金；(2) 将公司资金以其个人名义或者以其他个人名义开立账户存储；(3) 违反公司章程的规定，未经股东会、股东大会或者董事会同意，将公司资金借贷给他人或者以公司财产为他人提供担保；(4) 违反公司章程的规定或者未经股东会、股东大会同意，与本公司订立合同或者进行交易；(5) 未经股东会或者股东大会同意，利用职务便利为自己或者他人谋取属于公司的商业机会，自营或者为他人经营与所任职公司同类的业务；(6) 接受他人与公司交易的佣金归为己有；(7) 擅自披露公司秘密；(8) 违反对公司忠实义务的其他行为。该条所列出的董事、监事、高级管理人员相关行为会侵犯公司的合法权益。从公司以及公司董事、监事、高级管理人员属于不同的民事主体的角度思考，很容易得出上述情况属于法人人格混同、职务侵占等行为的具体体现。故董事、监事、高级管理人员违反上述规定所得的收入应当归公司所有，给公司造成损失的，应当承担赔偿责任。

公司股东一般不直接参与公司的管理活动，其权利通过股东会或股东大会进行体现，故股东会或者股东大会可以要求董事、监事、高级管理人员出席会议，并就相关问题接受股东的质询。公司股东会、股东大会的举行时间一般间隔较久，故公司设立监事会、监事行使监事权利，监事会、监事由股东会、股东大会选举产生，对股东大会负责。《公司法》第150条规定，董事、高级管理人员应当就相关问题如实向监事会或者不设监事会的有限责任公司的监事提供有关情况和资料，不得妨碍监事会或者监事行使职权。

《公司法》第151条规定，董事、高级管理人员有违反法律、行政法规或者公司章程规定的情形的，有限责任公司的股东、股份有限公司连续180日以上单独或者合计持有公司1%以上股份的股东，可以书面请求监事会或者不设监事会的有限责任公司的监事向人民法院提起诉讼。监事有违反法律、行政法规或者公司章程的规定的，前述股东可以书面请求董事会或者不设董事会的有限责任公司的执行董事向人民法院提起诉讼。监事会、不设监事会的有限责任公司的监事，或者董事会、执行董事收到前款规定的股东书面请求后拒绝提起诉讼，或者自收到请求之日起30日内未提起诉讼，或者情况紧急、不立即提起诉讼将会使公司利益受到难以弥补的损害的，有限责任公司的股东、股份有限公司连续180日以上单独或者合计持有公司1%以上股份的股东有权为了公司的利益以自己的名义直接向人民法院提起诉讼。

董事、监事、高级管理人员违反法律法规、公司章程的规定，从而侵害公司合法权益的，公司可以作为适格主体参与诉讼。但因公司的法人人格在此种情况下难以迅速体现，故公司股东享有代位诉讼权，可由股东维护公司的合法利益。同理，他人侵犯公司合法权益，给公司造成损失的，符合法律规定的股东可以向人民法院提起诉讼。

虽然董事、监事、高级管理人员是公司管理层最为重要的人力资源，但除此之外，企业仍然需要其他人员来充实公司的各个部门。为此，公司在整个人力资源整合之中的问题不应仅仅局限于董事、监事、高级管理人员的管理，相反因为企业董事、监事、企业高级管理人员的人数较少，与之相应的规定也较为全面，因此企业人力资源管理中的法律风险更多地体现在对大多普通员工的管理上。

第一节 企业招聘阶段的法律问题

企业在招聘阶段，一般通过分发招聘广告等方式进行最初的招聘工作。招聘广告中所提及的福利等一系列招聘信息在一些情况下会引发一些矛盾和纠纷，甚至会有损企业的对外形象。在法律实务中，我国现阶段一般认为招聘广告并不属于要约，而是属于要约邀请。由于招聘广告中的有些承诺并没有在签订劳动合同时写入合同之内，因此即使招聘广告与入职后的实际待遇有所出入也并无不当，更不能被认定为是企业违约。也有企业在发布聘用信息时较为随意，导致其被有关部门认定存在就业歧视，并加以行政处罚。不仅是我国，就业歧视一直都为各国法律所禁止。我国《宪法》第 48 条第 2 款规定："国家保护妇女的权利和利益，实行男女同工同酬，培养和选拔妇女干部。"《劳动法》第 13 条规定："妇女享有与男子平等的就业权利。在录用职工时，除国家规定的不适合妇女的工种或者岗位外，不得以性别为由拒绝录用妇女或者提高对妇女的录用标准。"除相应的法律法规条文之外，北京市工商行政管理局和北京市人事局曾联合发出《北京市关于加强人才招聘广告管理的通知》（京工商发〔2002〕85 号），对用人企业发布人才招聘广告明确规定"五不准"："（一）以民族、宗教信仰为由拒绝聘用或提高聘用标准；（二）除国家规定的不适合妇女工作的岗位外，以性别为由拒绝招聘妇女或提高对妇女的招聘条件；（三）侵犯其他单位及求职应聘人员的合法权益或以不正当手段招聘人才；（四）以人才招聘为名谋取不正当利益，以各种名义向求职应聘人员收取费用，要求求职应聘人员以其财产、证件作抵押；（五）未经应聘人员同意，擅自发布、泄露求职应聘人员的资料和信息，擅自使用求职应聘人员的技术、智力成果。"对违反人才招聘广告管理规定的用人企业、广告经营者、广告发布者，北京市有关部门将依照有关规定予以处罚。国务院也曾颁布《女职工劳动保护特别规定》（国务院令第 619 号），上述规定都明显体现了我国对就业歧视持否定态度。

除需要对招聘信息加以注意外，还应当注意员工试用期期间可能发生的各种纠纷。公司应当注意，员工在试用期达不到公司要求的，公司不得延长试用期，因为这违反了《劳动合同法》第 19 条关于同一用人单位与同一劳动者只能约定一次试用期的规定。同时对于试用期的考核标准问题，也存在较多的争议。例如，如何证明员工不符合录用条件，如何制定试用期的考核标准，以及试用期员工的薪金休假与正式员工应当如何区别都是企业需要考虑的风险点。

参考案例

谌某与某公司一般人格权纠纷案①

2010年6月10日，原告谌某入职被告某公司，任职汽车维修师傅。2010年6月13日，谌某经某公司的安排至宝安中医院进行入职体检，该体检项目中包含了对乙肝病毒血清指标的检验。经检查，谌某的乙肝表面抗原、乙肝e抗原以及乙肝核心抗体IgG呈阳性，属于乙肝表面抗原携带者。双方均确认已经解除劳动关系的事实，但对于解除劳动关系的时间和原因存在争议。谌某称2010年6月23日，因某公司认为其属于乙肝表面抗原携带者，故通过车间主管徐某通知其解除劳动关系，办理相关的离职手续。而某公司则称早在2010年6月17日就通过人事部陈经理电话通知谌某解除劳动关系，因为发现谌某提交的入职资料存在造假情况。为了证明自己的主张，谌某提交了4段录音资料，其中第一段录音是谌某与某公司的车间主管徐某的通话，内容大致为湛某被辞退是由于其体检报告中显示的乙肝结果。其他几段录音分别是谌某致电某公司沙某分公司站长以及人事部主管陈某等。劳动和社会保障部作出的《关于维护乙肝表面抗原携带者就业权利的意见》中明确规定用人企业在招、用工的过程中，除国家法律、行政法规和卫生部规定禁止从事的工作外，不得强行将乙肝病毒血清指标作为体检标准。用人企业不得以劳动者携带乙肝表面抗原为由拒绝招用或者辞退乙肝表面抗原携带者。某公司为谌某提供的汽车维修师傅岗位并不属于上述意见规定的“除外”工作范围，故该公司以谌某体检项目不合格为由解除与之建立的劳动关系违反了该意见的相关规定，谌某据此主张某公司赔偿其精神损害抚慰金，合法合理。

① 广东省深圳市宝安区人民法院(2011)深宝法民一初字第2828号民事判决书。

第二节 企业用人合规问题

员工进入企业后如何进行管理也是企业在经营过程中所要面临的问题。学术界一般把人力资源管理分六大模块:(1)人力资源规划;(2)招聘与配置;(3)培训与开发;(4)绩效管理;(5)薪酬福利管理;(6)劳动关系管理。因本书主要就企业的法律风险防范进行论述,故将从法律的角度来考量企业的用人合规问题。企业的用人合规问题,多受《劳动法》调整,故此处内容以法条释义与应用为主。

对于企业的用人合规问题,除应当考虑到最初员工的录入条件外,对员工的工作时长、工种性质等也应当谨慎对待。单就企业员工的工作时长来说,我国实行劳动者每日工作时间不超过 8 个小时、平均每周工作时间不超过 44 个小时的基本工时制度。企业因自身生产特点,施行基本工时制度无法满足企业的生产要求的,经劳动行政部门批准,可以实行其他工作和休息办法。但不管采用何种工作与休息办法,用人企业都应当保证劳动者每周至少休息 1 日。

企业也可以不采用工时制度,实行计件工作制,对施行计件工作的劳动者,用人企业应当根据规定的工时制度合理确定其劳动定额和计件报酬标准。在实际生产中,企业因为生产经营需要,可能在一段时间需要赶工赶量,导致员工的实际工作时长远超法律所允许的范围。在此种情况下,企业在与工会和劳动者协商后可以适当延长工作时间,但一般每日不应超过 1 个小时。因特殊原因日工作时长超出标准不止 1 个小时的,在保障劳动者身体健康的前提下最多不超过 3 个小时,每个月的累计时长最多不超过 36 个小时。

部分行业因其工作性质具有紧迫性、重要性以及不可替代性,所以其工作价值也不应当用工时进行衡量,故工作时长不受限制。例如,《劳动法》第 42 条规定:“有下列情形之一的,延长工作时间不受本法第四十一条规定的限制:(一)发生自然灾害、事故或者因其他原因,威胁劳动者生命健康和财产安全,需要紧急处理的;(二)生产设备、交通运输线路、公共设施发生故障,影响生产和公众利益,必须及时抢修的;(三)法律、行政法规规定的其他情形。”

劳动者的薪金报酬应与其付出的劳动相对应,劳动者在正常的工时外延长工作时间的,用人企业也应当支付相应的报酬。《劳动法》第 44 条规定:"有下列情形之一的,用人单位应当按照下列标准支付高于劳动者正常工作时间工资的工资报酬:(一)安排劳动者延长工作时间的,支付不低于工资的百分之一百五十的工资报酬;(二)休息日安排劳动者工作又不能安排补休的,支付不低于工资的百分之二百的工资报酬;(三)法定休假日安排劳动者工作的,支付不低于工资的百分之三百的工资报酬。"该条中的"休息日"应当理解为每周的正常劳动休息时间,也包括企业章程等规章制度中给予劳动者的休息时间。法定休假日为元旦、春节、国际劳动节、国庆节等法律、法规规定的休假节日。

我国除对一般员工的工作时长做出普遍性保护之外,对特殊员工的工作条件也做出了特殊的保护,如我国对女职工和未成年工实行特殊劳动保护。我国《劳动法》第 59 条规定,禁止安排女职工从事矿山井下、国家规定的第四级体力劳动强度的劳动和其他禁忌从事的劳动。第 60 条规定,不得安排女职工在经期从事高处、低温、冷水作业和国家规定的第三级体力劳动强度的劳动。第 61 条规定,不得安排女职工在怀孕期间从事国家规定的第三级体力劳动强度的劳动和孕期禁忌从事的劳动。对怀孕 7 个月以上的女职工,不得安排其延长工作时间和夜班劳动。第 62 条规定,女职工生育享受不少于 90 天的产假。第 63 条规定,不得安排女职工在哺乳未满 1 周岁的婴儿期间从事国家规定的第三级体力劳动强度的劳动和哺乳期禁忌从事的其他劳动,不得安排其延长工作时间和夜班劳动。未成年工,一般是指年满 16 周岁而未满 18 周岁的劳动者。第 64 条规定,不得安排未成年工从事矿山井下、有毒有害、国家规定的第四级体力劳动强度的劳动和其他禁忌从事的劳动。第 65 条规定,用人企业应当对未成年工定期进行健康检查。第 94 条规定,用人企业非法招用未满 16 周岁的未成年人的,由劳动行政部门责令改正,处以罚款;情节严重的,由市场监督管理部门吊销营业执照。第 95 条规定,用人企业违反《劳动法》对女职工和未成年工的保护规定,侵害其合法权益的,由劳动行政部门责令改正,处以罚款;情节严重的,由市场监督管理部门吊销营业执照。对女职工或者未成年工造成损害的,应当承担赔偿责任。

在现今的经济环境之下,加班已经成为多数劳动者的工作常态。即使是劳动者自愿加班,自愿做一些苦活、累活,企业也应当严格遵守法律法规,否则必然会导致法律风险的爆发,给企业带来经济损失。

参考案例

某置地(沈阳)物业服务有限公司(被告)与吕某(原告)劳动争议案[①]

2010年8月31日,沈阳百联劳务服务有限公司派遣原告至被告处,从事夜值工作。沈阳百联劳务服务有限公司与被告先后两次签订劳动合同,约定月工资标准为900—1100元。2014年7月1日,原告由沈阳泰和劳务派遣有限公司派遣至被告处,从事夜值工作。沈阳泰和劳务派遣有限公司与原告签订劳动合同书,约定月工资标准为1300元。2015年11月30日,沈阳市沈河区劳动人事争议仲裁委员会作出沈河劳人仲字(2015)320号仲裁裁决,裁决:(1)某置地(沈阳)物业服务有限公司在本裁决书生效之日起15日内一次性支付申请人吕某(2010年8月30日至2013年10月20日)双休日加班费人民币27,291.93元;(2)某置地(沈阳)物业服务有限公司在本裁决书生效之日起15日内一次性支付申请人吕某(2010年8月30日至2013年10月20日)延时加班费人民币52,101.73元;(3)某置地(沈阳)物业服务有限公司在本裁决书生效之日起15日内一次性支付申请人吕某(2013年10月21日至2015年5月31日)双休日加班费人民币11,080.45元;(4)某置地(沈阳)物业服务有限公司在本裁决书生效之日起15日内一次性支付申请人吕某(2015年6月1日至2015年7月31日)延时加班费人民币1434.48元;(5)驳回申请人其他加班费请求。法院认为关于2010年8月30日至2013年10月20日延时加班工资问题。根据某置地(沈阳)物业服务有限公司提供,并由吕某签字的关于调整行销案场夜值人员值岗安排及监控录像截图显示夜值人员可以睡觉休息。因此,在核算吕某的实际工作时间时,应扣除其合理用餐、睡觉的休息时间。某置地(沈阳)物业服务有限公司的实际工作时间并未超过法定工作时间,不存在延长工作时间的情况。故某置地(沈阳)物业服务有限公司无须向吕某支付2010年8月30日至2013年10月20日延时加班工资。

---

① 辽宁省沈阳市中级人民法院(2016)辽01民终字第6101号民事判决书。

参考案例

何某与陕西××公司劳动争议案①

经审理查明，何某于2017年5月22日入职××公司，双方未签订书面劳动合同。2019年8月9日，××公司通过银行转账向何某发放2019年7月工资4039.19元，此后再未向何某发放工资。何某2019年已发工资月份月平均工资为4039.19元。2019年7月25日，何某在西北妇女儿童医院做产检，门诊诊断为先兆早产，医师意见，休息一周，不适随诊。2019年8月2日，何某与××公司工作人员进行了工作交接。2019年8月5日，何某向××公司递交了产假申请书申请休产假，并自2019年8月6日开始休产假。2019年8月12日，何某在西北妇女儿童医院剖宫产一孩。何某应休产假113天，单位上年度月平均缴费工资3889元，2019年10月30日西安市雁塔区医疗保险事业管理中心向××公司转款何某生育保险14,449.9元，××公司至今未向何某支付该笔生育保险金。2019年11月11日，何某向××公司递交了哺乳假申请书，申请哺乳假2个月，从2019年11月11日起至2020年1月11日止。何某产假期满后，再未到岗工作。××公司继续为何某缴纳了2019年8月至2020年1月的社会保险，并代何某缴纳了其个人应承担部分的6个月共计2164.86元。2020年1月9日，××公司办理何某社会保险的停保手续，变更日期为2020年1月31日。根据何某提交的证据《西安市专业技术人员继续教育证书》显示，何某参加工作时间为2006年5月。西安交通大学第二附属医院人力资源部出具的工作证明显示，何某于2006年8月至2007年10月在该院肾病内科工作。2018年2月何某刨除春节法定节假日及休息日，休假7天，××公司全额向何某发放了该月工资，2019年2月何某刨除春节法定节假日休假3天，××公司全额向何某发放了该月工资。何某于2019年12月10日就双方之间的劳动争议申请西安市雁塔区劳动人事争议仲裁委员会仲裁。西安市雁塔区劳动人事争议仲裁委员会于2020年2月20日作出雁劳人仲案字(2019)1902号裁决书，双方均不

① 陕西省西安市雁塔区人民法院(2020)陕0113民初7682号民事判决书。

服该裁决书，故诉至本院。

本院认为，《劳动法》第50条规定，工资应当以货币形式按月支付给劳动者本人，不得克扣或者无故拖欠劳动者的工资。本案中，××公司尚未发放何某2019年8月实际出勤2天的工资，其理应依法予以补发该期间工资371.42元（4039.19元÷21.75天×2天）。女职工休产假期间的工资待遇由生育保险基金支付。生育保险经办机构拨付的费用不足以支付本人工资的，差额部分由用人单位补足。本案中，何某自2019年8月6日起休产假，产假113天，产假截止日为2019年11月27日，该期间的工资由生育保险基金支付，2019年10月30日西安市雁塔区医疗保险事业管理中心向××公司转款何某生育保险14,449.9元，但显然该费用不足以支付何某工资，何某2019年月平均工资为4039.19元，故××公司应当补足差额部分6535.32元（4039.19元÷21.75天×113天－14,449.9元）。故××公司应向何某支付2019年8月实际出勤2天的工资371.42元，并应发放生育津贴14,449.9元，补足生育津贴不足工资的差额6535.32元，但××公司代何某缴纳了社会保险费用中其个人应缴纳的部分2164.86元，××公司在给付上述款项时可扣除该部分费用。《职工带薪年休假条例》第3条规定，职工累计工作已满1年不满10年的，年休假5天；已满10年不满20年的，年休假10天；已满20年的，年休假15天。国家法定休假日、休息日不计入年休假的假期。本案中，何某称其2006年5月参加工作，但其提供的证据仅能证明何某于2006年8月至2007年10月在西安交通大学附属医院肾病内科工作，何某提交的其他证据不能证明其自2006年5月参加工作至今。故本院认定何某工作已满1年不满10年，其年休假为5天。根据××公司提供的证据工资表、考勤表及工资发放电子回单，何某2018年及2019年除去法定节假日及休息日，休假共计10天，××公司仍按全勤发放了何某当月的工资。故对何某要求××公司支付未休年休假的工资报酬，本院不予支持。关于何某要求××公司2019年度降温费900元及2019年10月的过节费800元。降温费及过节费属于用人单位向劳动者发放的津补贴，津贴和补贴是指为了补偿劳动者特殊或者额外的劳动消耗和因其他特殊原因支付给劳动者的津贴，但何某自2019年8月6日开始休产假后再未上班，未向××公司提供劳动，基于此前何某提供了劳动，故本院酌情认定××公司应向何某支付1000元降温费和过节费。劳动争议申请仲裁的时效期间为1年。本案中，何某于2019年12月10

日就双方之间的劳动争议申请西安市雁塔区劳动人事争议仲裁委员会仲裁，现其要求××公司支付其2017年6月22日至2018年5月22日未签订书面劳动合同的双倍工资差额，显然已超过仲裁时效，本院不予支持。关于双方何时因何原因解除劳动关系的问题。根据2019年11月18日××公司工作人员李静与何某的通话录音显示，虽李静存在称“选择生育津贴的话，你必须把离职手续办了……”等不妥话语，但在该通话中李静并非通知何某××公司辞退了何某，而是希望何某办理离职手续，双方并未最终达成一致意见，且××公司一直为何某缴纳社会保险直至2020年1月，而何某已于2019年12月10日就双方之间的劳动争议申请仲裁，故何某主张××公司违法解除劳动合同，本院不予采信，对何某要求××公司支付非法解除劳动关系的赔偿金，本院不予支持。何某在仲裁请求中认为是××公司违法解除劳动合同，由此可见并非劳动者何某单方解除劳动合同。在得知何某已申请仲裁并自认为双方已解除劳动关系，××公司也同意解除双方之间的劳动关系，故本院认定双方系协商一致解除劳动关系，但并非用人单位××公司向劳动者何某提出解除劳动合同并与劳动者何某协商一致解除劳动合同的，故对何某主张××公司向其支付解除劳动关系的经济补偿金，本院不予支持。关于何某要求××公司为其办理失业保险手续，非人民法院劳动争议受案范围，故本院在本案不予处理。《劳动合同法》第50条明确规定，用人单位应当在解除或者终止劳动合同时出具解除或者终止劳动合同的证明，并在15日内为劳动者办理档案和社会保险关系转移手续。本案中，双方劳动关系已解除，××公司理应为何某办理档案和社会保险关系转移手续，现何某要求××公司办理档案和社会保险关系转移手续的诉请，于法有据，本院予以支持。

第三节 劳动合同的签订

劳动者与用人企业之间是否形成劳动关系可以从多个角度进行判定，其中以双方是否签订劳动合同来认定是否形成劳动关系最为直接有效。我国法律规定劳动合同制度，除为了确定双方的劳动关系外，也为了保护劳动合同双方当事人的权利和义务。通过劳动合同明确双方的权利与义务，可以构建、发展和谐稳定的劳动关系。订立劳动合同,应当遵循订立合同的一般原则,不得因合同双方存在雇佣关系,违反合同合法、公平、平等自愿、协商一致、诚实信用的原则,签订合同后双方都应当积极履行合同所约定内容。

在实践中,虽然判定双方是否存在劳动关系不以是否存在劳动合同为唯一标准,但我国法律仍然倡导在建立劳动关系时,应当订立书面的劳动合同。在实践中存在大量长期用工但却一直未签订劳动合同的情况,在此种情况下我们认为双方之间的劳动关系自双方用工之日起即建立。因为签订劳动合同导致双方对劳动报酬存在争议的,参考同类集体合同规定的标准;若没有集体合同,则参照同工种劳动者的报酬进行发放。

劳动合同一般分为固定期限劳动合同、无固定期限劳动合同和以完成一定工作任务为期限的劳动合同。固定期限的劳动合同,是指在劳动合同内明确约定了劳动关系终止时间的劳动合同。无固定期限的劳动合同,是指在劳动合同内未明确约定劳动关系终止时间的劳动合同。以完成一定工作任务为期限的劳动合同,是指合同内约定以某项工作的完成时间为合同终止期限的劳动合同。具体是订立固定期限的劳动合同还是无固定期限的劳动合同由用人企业与劳动者协商一致决定。《劳动合同法》第 14 条规定,有下列情形之一的,劳动者提出或者同意续订、订立劳动合同的,除劳动者提出订立固定期限劳动合同外,应当订立无固定期限劳动合同:(1)劳动者在该用人企业连续工作满 10 年的;(2)用人企业初次实行劳动合同制度或者国有企业改制重新订立劳动合同时,劳动者在该用人企业连续工作满 10 年且距法定退休年龄不足 10 年的;(3)连续订立 2 次固定期限劳动合同,且劳动者没有《劳动合同法》第 39 条和第 40 条第 1 款、第 2 款规定的情形,续订劳动合同的。用人企业自用工之日起满 1 年不与劳动者订立书面劳动合同的,视为用人企业与劳动者已订立无固定期限劳动合同。

劳动合同所约定内容在不违反法律规定的情况下,由用人企业和劳动者协商一致确定,合同经双方签字盖章确认后生效,双方各执一份。

《劳动合同法》第 17 条规定:"劳动合同应当具备以下条款:(一)用人单位的名称、住所和法定代表人或者主要负责人;(二)劳动者的姓名、住址和居民身份证或者其他有效身份证件号码;(三)劳动合同期限;(四)工作内容和工作地点;(五)工作时间和休息休假;(六)劳动报酬;(七)社会保险;(八)劳动保护、劳动条件和职业危害防护;(九)法律、法规规定应当纳入劳动合同的其他事项。劳动合同除前款规定的必备条款外,用人单位与劳动者可以约定试用期、培训、保守秘密、补充保险和福利待遇等其他事项。”从该条中可以看出,劳动合同所约定的内容,直接明确了劳动者享有休息、获得相应报酬、参加社会保险等多项权利。这在一定程度上通过合同的形式,避免劳动者对上述权利的曲解。

除上述提到的劳动合同中应当约定的内容外,部分用人企业还会在劳动合同中就试用期的有关问题进行约定。根据《劳动合同法》第 19 条的规定,用人企业在劳动合同中约定试用期的劳动合同期限 3 个月以上不满 1 年的,试用期不得超过 1 个月;劳动合同期限 1 年以上不满 3 年的,试用期不得超过 2 个月;3 年以上固定期限和无固定期限的劳动合同,试用期不得超过 6 个月。同一用人企业只能与同一劳动者约定一次试用期,不得通过多次约定的方式,变相的加长劳动者的试用期,同时合同期限不足 3 个月的或以完成一定工作任务为期限的劳动合同不得约定试用期。劳动者的试用期包含在劳动期限内,不再单独计算。劳动者在试用期的劳动报酬不得低于当地最低工资标准,同时不得低于同一企业内部相同岗位的最低工资标准或者劳动合同约定工资的 80%。劳动者在试用期中,除发生法律规定的相关情形外,用人企业不得无理由与劳动者解除合同。

用人企业除在劳动合同中对双方的权利与义务进行规制外,还应当依法建立和完善相关的规章制度,保障劳动者享有劳动权利、履行劳动义务。在制定、修改或者决定有关劳动报酬、工作时间、休息休假、劳动安全卫生、保险福利、职工培训、劳动纪律以及劳动定额管理等直接涉及劳动者切身利益的规章制度或者重大事项时,应当经职工代表大会或者全体职工讨论,提出方案和意见,并与工会或者职工代表平等协商确定。在规章制度和重大事项决定实施过程中,工会或者职工认为不适当的,有权向用人企业提出,通过协商予以修改完善。用人企业应当将直接涉及劳动者切身利益的规章制度和重大事项决定公示,或者告知劳动者。

参考案例

河南顺弘酒店有限公司、刘某劳动争议案①

2016年4月12日至2016年8月1日,22名劳动者相继到被告河南顺弘酒店有限公司工作,他们的工作岗位具体是:刘某、郑振盈、李泽明、石宁辉、顾华强、贾进鹏、杨梦龙都在被告酒店的后厨当厨师,王月梅、郜秀梅、李杏竹、文梅都在被告酒店当客房服务员,曹申锋、王金都在酒店工程部,其中曹申锋是经理,王金是维修员,赵华威、宋晓文都在酒店任厨房部当砧板主管,郭衡厉、郝梁凯都在酒店做打荷工作,梁文起、王彦芝都在被告酒店餐饮部做洗碗工,杨欣雨在被告酒店当收银员,金朋辉在被告酒店当保安,李长宝在被告酒店当保洁员。酒店与22名劳动者均未签订劳动合同,也未给其缴纳社保。2016年8月,酒店相继为其中的20名劳动者发放了2016年7月的工资,具体数额分别是:刘某2467元、曹申锋3081元、王月梅2200元、郜秀梅2200元、李杏竹2200元、杨欣雨676元、宋晓文2710元、郑振盈2710元、郭衡厉2710元、王金3278元、郝梁凯2710元、梁文起1933元、王彦芝1894元、文梅2200元、李泽明2710元、贾进鹏2710元、石宁辉2710元、李长宝1337元。2016年8月25日、9月13日,酒店先后辞退原告金朋辉、杨欣雨;2016年9月15日,酒店负责人口头辞退余下20名劳动者。劳动和社会保障部《关于确立劳动关系有关事项的通知》(劳社部发〔2005〕12号)第2条第1项、第2项、第3项规定:"用人单位未与劳动者签订劳动合同,认定双方存在劳动关系时可参照下列凭证:(一)工资支付凭证或记录(职工工资发放花名册)、缴纳各项社会保险的记录;(二)用人单位向劳动者发放的'工作证''服务证'等能够证明身份的证件;(三)劳动者填写的用人企业招聘'登记表''报名表'等招用记录。"经庭审查明本案劳动者均是通过酒店门口张贴的招聘广告进入酒店工作的,从事的都是该酒店安排的各项工作,接受酒店的分配与管理,酒店还为其中的20名劳动者发放了2016年7月的工资,双方单位虽未签订劳动合同,但根据劳动者向法院提供的证据能够证明其

① 河南省郑州市中级人民法院(2017)豫01民终14925号民事判决书。

与酒店之间存在事实上的劳动关系。酒店辩称,劳动者提交的证据材料均是与另一酒店云海花园酒店有相关,不承认其与酒店存在劳动关系的说法与庭审查明的大量事实不符。在本案审理期间,法院合议庭再次通过网站查询核实河南顺弘酒店有限公司的对外招聘及宣传地址均是在云海花园酒店,且云海花园酒店在工商部门的网站上并未查询到工商登记备案的信息。关于劳动者主张的工资,《劳动法》第50条规定:“工资应当以货币形式按月支付给劳动者本人。不得克扣或者无故拖欠劳动者的工资。”本案刘某于2016年7月10日到酒店上班,2016年9月15日,酒店将刘某辞退,其间向刘某发放了2016年7月工资,未发放2016年8月、9月工资,根据上述法律规定,酒店应当向刘某发放2016年8月、9月工资共计5046.13元(2467元÷22天×45天=5046.13元)。

关于劳动者主张的赔偿金,《最高人民法院关于审理劳动争议案件适用法律若干问题的解释》第13条规定:“因用人单位作出的开除、除名、辞退、解除劳动合同、减少劳动报酬、计算劳动者工作年限等决定而发生的劳动争议,用人企业负举证责任。”《劳动合同法》第47条第1款规定:“经济补偿按劳动者在本单位工作的年限,每满一年支付一个月工资的标准向劳动者支付。六个月以上不满一年的,按一年计算;不满六个月的,向劳动者支付半个月工资的经济补偿。”第87条规定:“用人单位违反本法规定解除或者终止劳动合同的,应当依照本法第四十七条规定的经济补偿标准的二倍向劳动者支付赔偿金。”本案刘某于2016年7月10日到酒店处工作,酒店于2016年9月15日无故将刘某辞退,且酒店未向法院提供证据证明其辞退刘某符合法律规定,酒店的解除行为属于违法解除,根据上述法律规定,酒店应当向刘某支付违法解除劳动合同的赔偿金3700元(2467元÷20天×30天÷2×2=3700元)。

关于刘某主张双倍工资,《劳动合同法》第82条第1款规定:“用人单位自用工之日起超过一个月不满一年未与劳动者订立书面劳动合同的,应当向劳动者每月支付二倍的工资。”原告刘某于2016年7月10日到被告处工作至2016年9月15日被辞退,双方未签订劳动合同,根据上述法律规定,刘某双倍工资的起算时间应从2016年8月10日起至9月15日止,酒店应当向刘某支付因未签订劳动合同的双倍工资4317.25元(2467元÷20天×35天=4317.25元)。

第四节 员工规章管理制度

企业员工的规章管理制度含义较广,一般是指企业在符合法律规定的情况下,结合企业自身经营特点、企业情况建立的内部生产、经营和管理等诸多方面的行为规范。这些规范不仅仅包括从字面上理解的企业内部员工考察、考核、管理制度,更是囊括了企业生产、经营、管理等诸多方面的行为规范。

一、一般工作制度

无规矩不成方圆。企业一般会设立考勤、考核制度来规范企业员工的日常行为。企业想要维持正常的经营必须要有一套高速有效的制度来规范企业的运转。我国支持并且鼓励企业在不违反现行法律法规的情况下,制定企业员工的工作制度。如果企业制定的工作制度违反法律所规定的内容,那么企业不能援引其所制定的工作制度来进行抗辩。企业的工作制度制定后,应当向全体员工公示。较为适当的做法是将企业制定的员工工作制度明确约定在劳动合同中,并作为劳动合同的附件向员工展示。

二、员工辞退

上文提及了企业员工的录用和管理,随之也应当考虑到员工的辞退问题。用人企业在与劳动者签订劳动合同之后应按合同履行相应权利与义务,但在合同的履行过程中,难免出现劳动者不宜继续履行劳动合同的情况。

因用人企业与劳动者之间法律关系的特殊性,我国在立法时限制了用人企业解除劳动合同的权利,该限制具体体现在用人企业不得随意解除与劳动者之间的劳动合同。我国《劳动合同法》第 39 条规定,在试用期间劳动者被证明不符合用人企业录用条件的,在劳动关系存续期间劳动者严重违反劳动纪律或者用人企业规章制度、严重失职、营私舞弊,对用人企业利益造成重大损害或被依法追究刑事责任的,用人企业有权单方与其解除劳动合同。相较于上述情况下用人企业享有的合同解除权,《劳动合同法》第 40 条规定,当出现以下情形的,用人企业可以提前 30 日以书面形式通知劳动者本人后解除劳动合同:(1)劳动者患病或者非因工负伤，在规定的医疗期满后不能从事原工作，也不能从事由用人企业另行安排的工作；(2)劳动者不能胜任工作，经过培训或者调整工作岗位，仍不能胜任工作的；(3)劳动合同订立时所依据的客观情况发生重大变化，致使劳动合同无法履行，经用人企业与劳动者协商，未能就变更劳动合同内容达成协议的。

《劳动法》第 27 条规定："用人单位濒临破产进行法定整顿期间或者生产经营状况发生严重困难，确需裁减人员的，应当提前三十日向工会或者全体职工说明情况，听取工会或者职工的意见，经向劳动行政部门报告后，可以裁减人员。用人单位依据本条规定裁减人员，在六个月内录用人员的，应当优先录用被裁减的人员。法律除规定了上述用人企业的合同解除权外，《劳动合同法》第 42 条也特别规定了在以下情形下，用人企业不得依据上述规定解除劳动合同：(1)从事接触职业病危害作业的劳动者未进行离岗前职业健康检查，或者疑似职业病病人在诊断或者医学观察期间的；(2)在本企业患职业病或者因工负伤并被确认丧失或者部分丧失劳动能力的；(3)患病或者非因工负伤，在规定的医疗期内的；(4)女职工在孕期、产期、哺乳期的；(5)在本企业连续工作满 15 年，且距法定退休年龄不足 5 年的；(6)法律、行政法规规定的其他情形。企业在满足《劳动法》第 27 条规定的情况下辞退员工，解除劳动合同关系的，也应当遵循相应的程序向劳动者出具解除或者终止劳动合同的证明，并配合劳动者办理相关人事档案、社会保险关系的转移手续。劳动者在被辞退后，也应当按约定办理好工作相关的交接手续。用人企业在与劳动者解除劳动关系后，就劳动关系存续期间所签订的劳动合同及其他档案应至少保存 2 年备查。

第五节　员工保密义务与竞业限制

企业员工的保密义务与竞业限制多体现在掌握企业商业秘密的企业高管和技术员工上。企业高管在企业经营活动中极易了解到一些重要的商业秘密，故而关于保密条款的设置显得尤为重要。企业在与企业高管签订合同时，应将保护企业商业秘密的条款明确化和具体化，以保护企业的合法权益。[①] 同样，我国《劳动合同法》第23条规定，用人企业与一般劳动者也可以在劳动合同中约定保守用人企业的商业秘密和知识产权相关的保密事项。特别是对负有保密义务的劳动者，用人企业可以在劳动合同或者保密协议中与劳动者约定竞业限制条款，并约定在解除或者终止劳动合同后，在竞业限制期限内按月给予劳动者经济补偿。约定竞业限制条款的劳动者违反相关约定的，应当按照约定向用人企业支付违约金。第24条规定，竞业限制的人员仅限于用人企业的高级管理人员、高级技术人员和其他负有保密义务的人员。竞业限制的具体条款如范围、地域、期限等由用人企业与劳动者约定，但不得违反法律、法规的规定。在解除或者终止劳动合同后，负有竞业限制义务的人员到与本企业生产或者经营同类产品、从事同类业务的有竞争关系的其他用人企业，或者自己开业生产或者经营同类产品、从事同类业务的竞业限制期限，不得超过2年。

参考案例

李某与泰克国际(上海)技术橡胶有限公司劳动合同纠纷案[②]

李某与泰克国际(上海)技术橡胶有限公司(以下简称泰克公司)签订的劳动合同第20条约定，“乙方不论何种原因离职，甲方同意在离职后半年内每月支付0元作为竞业限制补偿费，若甲方不按时支付，则乙方可不履行竞业限制义务，此约定同时失效”。其中每月支付0元的意思就是不支付补偿，因此该条款对李某不发生法律效力。双方约定竞业限制期限为2年，但仅约定在离职后半年内向李某支付补偿，故竞业限制期限对李某的约束最多为离职后半年。认定是否有竞业关系应当以实际主要经营项目为准，然而Z公司在李某在职期间并未实际经营。因泰克公司未支付补偿金，故李某无须履行相应的义务，亦并未违反竞业限制约定和损害泰克公司的利益，因此泰克公司的解除行为违法。

---

① 参见《公司法律顾问常见问题答析》，载新浪博客，http://blog.sina.com.cn/s/blog_62a4530e01011lz3y.html，最后访问日期：2019年10月1日。

② 上海市第一中级人民法院(2016)沪01民终5745号民事判决书。

泰克公司辩称:劳动合同第20条的含义是对竞业限制补偿金的具体数额没有约定,本案中李某违反竞业限制义务在先,泰克公司不支付补偿金是有原因的,李某在离职后也从未向泰克公司主张过。泰克公司之所以约定在离职后半年内不支付补偿金,是因为公司需要一定时间来核实李某是否违背了竞业限制义务;该约定也没有剥夺李某享有获得竞业限制补偿的权利,只要李某履行了竞业限制义务,当然有权依法获得补偿;李某存在违反竞业限制义务的行为,其利用配偶设立Z公司,该公司的注册地在泰克公司经销商的厂区内,李某在职期间要求下属销售与泰克公司存在竞争关系的产品,即Z公司的产品,且李某离职后即到泰克公司的竞争对手Y公司工作,也违背了竞业限制义务,泰克公司有权解除与李某的劳动关系。故泰克公司要求驳回上诉,维持原判。李某向一审法院起诉请求判令:(1)解除李某和泰克公司于2014年10月15日起解除竞业限制约定条款;(2)泰克公司支付李某违法解除劳动合同赔偿金166,118元。一审法院认定,李某于2009年5月进入泰克公司担任销售经理一职,全面负责销售部管理工作,双方签订有三份劳动合同,最后一份劳动合同期限自2013年5月25日起至2018年5月24日止,约定基本工资为17,000元/月,月工资组成包括基本工资、销售奖金(不固定)及工龄工资。该合同第18条约定:"李某承诺在本合同期内,未经泰克公司同意不得受雇于其他营利性组织或者虽未书面受雇但为其提供服务并从中获得物质回报,不以任何方式使泰克公司的任何职工接受外界聘用。"第19条约定:"李某同意合同期内以及合同以任何原因终止/解除后的2年内,未经泰克公司总经理书面同意,不得去泰克公司竞争对手处任职,不得从事与公司相同或相似的业务,且不得抢夺公司客户,也不得直接或间接代理任何与公司有竞争业务的个人、事务所、公司或实体。"第26条约定:"有下列情形之一的,泰克公司可以单方解除本合同,不需要提前30日,也不需要支付李某经济补偿:……(4)李某参与对泰克公司的商业竞争,损害泰克公司利益的;(5)在本合同内,未经泰克公司书面同意受雇于其他营利性组织或者虽未书面受雇但为其他组织、个人提供服务并从中获得物质回报的……"第20条约定:"如本劳动合同第九条的规定,泰克公司为李某支付保密义务的费用,该费用已经包含在月度绩效工资中;李某无论何原因离职,泰克公司同意在离职后的半年内每月支付0元给李某作为竞业限制补偿费,若泰克公司不按时支付,则李某可不履行竞业限制服务,此约定同时失效。"李某、泰克公司于2009

年5月25日签订《员工保密协议》,约定:"泰克公司有权制定各种保密规章制度,李某在任职期间,必须遵守泰克公司的各种关于保守商业秘密的规定,并应履行与其工作相应的保密责任;未经泰克公司同意,李某在职期间不得自营或者为他人经营与泰克公司同类的行业。"李某在泰克公司《商业行为与道德标准》上签名,承诺在个人履职过程中,员工应避免可能影响公司决策或行为的任何外部经济利益,外部商业利益包括但不限于:个人或家庭成员在一家与公司有业务往来的公司拥有实质性的经济利益,该经济利益为员工净资产或收入的主要部分,或该企业与公司的业务为该企业业务的主要部分。泰克公司工会于2014年10月13日出具说明,明确对辞退李某的请求无异议。泰克公司于2014年10月14日出具辞退通知书,以李某严重违反劳动合同第18条、第19条、第26条,《员工保密协议》第3条,《商业行为与道德标准》第1条的规定为由,解除双方的劳动关系,对李某予以辞退处理。李某于2015年4月17日向泰克公司发出《解除竞业限制通知书》,以泰克公司自劳动关系解除后一直未支付竞业限制经济补偿为由,解除双方之间的竞业限制约定。泰克公司于2015年4月19日收到该通知。2015年2月26日,Y公司和W公司共同任命李某为汽车事业部大中华区销售总监,负责汽车事业部在中国大陆及香港特区、台湾地区的业务发展。李某和案外人黄某某于2009年11月24日登记结婚,现处于夫妻关系存续期间。李某和黄某某签订《夫妻财产约定协议书》,其中第2条约定:"夫妻对于再婚后各自从事工作事业的工资性收入和投资经营性收入均归各自所有,不构成夫妻共同财产……";第5条约定:"在本协议生效后,各自购买的物品归各自所有,共同购置物品按各自出资比例拥有所有权;本协议生效后,家庭日常生活费用、孩子抚养教育费、双方老人赡养费用,按照男方50%、女方50%的比例由男女双方分别承担。"该协议书显示落款日期为2011年5月3日。黄某某为Z公司股东,持股比例为51%,该公司住所地为上海市嘉定区××镇××公路××号××幢××楼。泰克公司员工李某某、张某某分别出具情况说明,均述称李某曾要求其为Z公司介绍、推荐客户。泰克公司的经营范围包括:研发、设计、生产、加工橡胶制品、胶浆制品、轮胎保养产品、轮胎予硫化翻新橡胶,与上述产品相关专用工具、配件、设备及材料,销售公司自产产品并提供轮胎修理技术咨询服务,上述产品及其同类商品(特定商品除外)的进出口及批发、佣金代理(拍卖除外)及其他相关配套业务。Z公司的经营范围包括:服装服饰、鞋帽、皮革制品、化妆品、日用百货、纸制品、橡胶制品、塑料制品、玻璃制品、陶瓷制品、汽车饰品、家用电器、家具、电子数码产品、文体用品、化工原料及产品(除危险化学品、监控化学品、烟花爆竹、民用爆炸物品、易制毒化学品)、润滑油、汽车配件、五金交电及工具、高低压电器、电器成套设备、计算机、软件及辅助设备(除计算机信息系统安全专用产品)、机电设备及配件、音响设备的销售,从事货物及技术的进出口业务。2015年4月20日,李某向上海市松江区劳动人事争议仲裁委员会申请仲裁,请求:(1)自2014年10月15日起解除竞业限制约定条款;(2)泰克公司支付违法解除劳动合同赔偿金166,118元。2015年10月17日,该仲裁委员会以松劳人仲(2014)办字第2099号裁决书作出不予支持李某请求的裁决。裁决后,李某不服并诉至法院。一审法院认为:用人企业和劳动者可以在劳动合同中约定保密条款。对于负有保密义务的劳动者,用人企业可以与之约定竞业限制条款,并约定在解除或终止劳动合同后,在竞业限制期限内按月给付劳动者经济补偿。劳动者违反竞业限制约定的,应当依约支付违约金。本案中,李某、泰克公司在劳动合同、《员工保密协议》、《商业行为与道德标准》中都作出了竞业限制的约定,因此这系双方的真实意思表示,对于双方均具有约束力,双方应严格依约履行各自的义务。本案的争议焦点在于李某是否违反了和泰克公司关于竞业限制的约定。李某在泰克公司处担任销售经理一职,和泰克公司签有多份协议,并对竞业限制作出了明确约定。现李某的妻子在李某在职期间设立Z公司,该公司的经营范围和泰克公司明显存在重合之处。在夫妻婚姻关系存续期间,夫妻一方进行投资、收益的行为,一般可以推定为另一方参与投资经营行为。首先,虽然李某提供财产约定协议,主张李某和妻子财产独立,但李某未提供其他证据证实双方实际依照该协议履行;其次,即使双方财产上相互独立,但对于信息、渠道等仍存在共享,其妻子从事同一行业对于泰克公司的经营难免产生影响;最后,根据双方的财产约定,家庭的基本开支均由双方负担,夫妻一方的收益用于家庭生活,和李某也密不可分。此外,根据李某签署的《商业行为与道德标准》的规定,李某在个人履职过程中,应避免可能影响公司决策或行为的任何外部经济利益,外部商业利益包括但不限于:个人或家庭成员在一家与公司有业务往来的公司拥有实质性的经济利益。由此也可以反映出,李某所应遵守的竞业限制约定包括了对于家庭成员的约束。尤其李某作为泰克公司的销售经理,更应尽到相应的忠诚义务,避免出现利益冲突的情况发生,而李某对妻子设立和泰克公司经营范围相似的公司的行为既未阻止,亦未告知泰克公司,其行为已经违反了竞业限制的约定。同时,自2015年2月26日起李某开始担任Y公司和W公司汽车事业部大中华区销售总监,该行为也明显违反了双方间关于竞业限制的约定。关于李某能否解除双方之间的竞业限制条款,因竞业限制系对于负有保密义务的劳动者的特殊限制,故法律仅赋予用人企业任意的单方解除权,而劳动者仅得在因用人企业原因导致3个月未支付经济补偿的情况下,方可请求解除竞业限制约定,但该解除权并非毫无限制。竞业限制的补偿,其目的在于补偿劳动者因竞业限制而减少的收入,本质是对于劳动者生存权的保障;在劳动者违反竞业限制规定时,其已经不再因该限制而受到损失,亦不应由此而再获利,取得额外的经济补偿。在此情形下,劳动者不再享有主张相应补偿的权利,用人企业不予支付经济补偿的行为亦无不当。现李某的行为已经违反了竞业限制条款,其该违约行为迄今仍未终止,泰克公司鉴于此未支付李某竞业限制补偿,并无不当。李某以此为由要求解除竞业限制约定,于法无据,不予支持。关于违法解除的赔偿金,根据双方劳动合同的约定,劳动者参与对泰克公司的商业竞争,损害泰克公司利益的,泰克公司可以解除双方之间的劳动合同。现李某的行为违反了竞业限制的约定,亦符合劳动合同约定的解除条件,故泰克公司的解除行为,并无不当。对于李某关于违法解除赔偿金的主张,不予支持。据此,依照《劳动法》第23条、第48条之规定,一审法院于2016年3月28日作出驳回李某的全部诉讼请求的判决。案件受理费10元,减半收取5元,由李某负担。二审中,当事人没有提交新证据。法院对一审查明的事实予以确认。法院认为,关于违法解除的赔偿金,根据在案证据,泰克公司与李某的劳动合同、《员工保密协议》和《商业行为与道德标准》等多处就竞业限制作出约定。然李某在职期间其配偶设立的Z公司的经营范围和泰克公司明显存在重合之处,一审法院对于李某违反竞业限制约定的行为已作了详尽的分析阐述,法院予以认同并不再赘述。李某称其在职期间Z公司并未实际经营,但该主张并未得到任何证据的支持。因李某存在违反竞业限制义务的行为,泰克公司以李某严重违纪为由解除与李某的劳动合同,符合法律规定。对李某要求泰克公司支付违法解除劳动合同赔偿金的上诉请求,法院不予支持。关于李某能否解除双方之间的竞业限制条款,李某在二审中主张根据双方劳动合同第20条的规定,因泰克公司未支付竞业限制补偿,则该款对李某不发生法律效力。就李某从仲裁至诉讼期间的请求来看,李某并非主张劳动合同第20条的条款无效,而是认为当泰克公司未支付补偿时其无须再履行竞业限制义务,要求解除双方间的竞业限制条款。在仲裁中李某则更是明确系依据《最高人民法院关于审理劳动争议案件适用法律若干问题的解释(四)》第8条的规定主张方要求解除竞业限制约定。因此,李某在二审中所称的劳动合同第20条的约定没有生效的主张,法院不予采信。就泰克公司未支付补偿时李某是否需要履行竞业限制义务而言,本案中系李某在职期间违反竞业限制义务在先,直至李某被解除劳动合同时,李某违反竞业限制义务的行为仍然处于持续状态。对于竞业限制补偿的目的,一审法院已作出明确清晰的阐述,如在李某已违反竞业限制义务的情况下仍要求泰克公司支付竞业限制补偿,显然并不合理。因此,在李某已违反竞业限制义务在先的情况下,对其所称泰克公司应支付竞业限制补偿其方应履行竞业限制条款的主张,法院不予采信。李某以此为由要求解除竞业限制约定,法院不予支持。

第六节　企业用工人员社会保险问题

现在,大多数国家通过立法的形式设立了社会保障制度。我国建立基本养老保险、基本医疗保险、工伤保险、失业保险、生育保险等社会保险制度,保障公民在年老、疾病、工伤、失业、生育等情况下可以从国家和社会获得物质帮助。根据我国目前的法律规定,社会保险项目分为养老保险、失业保险、医疗保险、工伤保险和生育保险,并不包括住房公积金。

一、基本养老保险

社会基本养老保险是为保障劳动者,在达到国家规定的解除劳动义务的劳动年龄界限,或因年老丧失劳动能力退出劳动岗位后的基本生活而建立的一种社会保险制度。用人单位与劳动者建立劳动关系的,应当按照国家规定的本企业职工工资总额的比例为劳动者缴纳基本养老保险费,计入基本养老保险统筹基金,职工应当按照国家规定的本人工资的比例缴纳基本养老保险费,计入个人账户。

基本养老金由多种因素确定，包括个人累计缴费年限、缴费工资、当地职工平均工资、个人账户金额、城镇人口平均预期寿命等。参加基本养老保险的个人，达到法定退休年龄时累计缴费满 15 年的，按月领取基本养老金。参加基本养老保险的个人，达到法定退休年龄时累计缴费不足 15 年的，可以缴费至满 15 年后，按月领取基本养老金；也可以转入新型农村社会养老保险或者城镇居民社会养老保险，按照国务院规定享受相应的养老保险待遇。

二、基本医疗保险

基本医疗保险制度是为补偿劳动者因疾病所造成的经济风险的一种补偿机制。其通过用人单位和个人的日常缴费，建立医疗保险基金，对于缴纳基本医疗保险的人员患病后产生的医疗费用，由医疗保险经办机构给予一定的经济补偿。基本医疗保险制度通过风险分摊的方式来避免一次重大疾病给劳动者所带来的经济风险。用人单位与劳动者建立劳动关系的，用人单位应当和职工按照国家规定共同缴纳基本医疗保险费。参加职工基本医疗保险的个人，达到法定退休年龄时累计缴费达到国家规定年限的，退休后不再缴纳基本医疗保险费，并可以按照国家规定享受基本医疗保险待遇；未达到国家规定年限的，可以缴费至国家规定年限。

医疗保险基金仅就劳动者因患病所支出费用进行补偿，不与工伤保险基金并行，即重复对劳动者所支出费用进行补偿。诊疗费用中，由第三人所应承担费用及应当由公共卫生负担部分不纳入本医疗保险基金支付范围，劳动者在境外就医的，因受条件所限也不纳入本医疗保险基金支付范围。其中诊疗费用依法应当由第三人负担，但第三人拒绝支付或无法支付诊疗费用的，可以先由基本医疗保险基金垫付诊疗费用。基本医疗保险基金在垫付诊疗费用后，有权向第三人行使追偿权。

三、工伤保险

工伤保险，是指劳动者在劳动中或法律规定的情况下，遭受意外伤害或患职业病导致身体受损、暂时或永久丧失劳动能力甚至死亡时，劳动者或其遗属获得一定经济补偿的社会保险制度。

用人单位与劳动者建立劳动关系的，应当按照国家规定缴纳工伤保险费。

用人企业应当按照本企业职工工资总额，根据社会保险经办机构确定的费率缴纳工伤保险费。与其他基本社会保险不同的是，劳动者不缴纳工伤保险费。不同行业因其所遇工伤的风险程度不同，故各个行业之间的费率并不相同，该费率由国务院社会保险行政部门制定，报国务院批准后公布施行。劳动者因工作原因受到事故伤害或者患职业病，且经工伤认定的，享受工伤保险待遇。经劳动能力鉴定丧失劳动能力的，享受伤残待遇。

劳动者的自伤行为并不纳入工伤赔偿范围，依据我国《社会保险法》第 37 条规定："职工因下列情形之一导致本人在工作中伤亡的，不认定为工伤：（一）故意犯罪；（二）醉酒或者吸毒；（三）自残或者自杀；（四）法律、行政法规规定的其他情形。"

劳动者因工伤在诊疗期间所支出的正常费用，工伤保险基金予以支付。《社会保险法》第 38 条规定："因工伤发生的下列费用，按照国家规定从工伤保险基金中支付：（一）治疗工伤的医疗费用和康复费用；（二）住院伙食补助费；（三）到统筹地区以外就医的交通食宿费；（四）安装配置伤残辅助器具所需费用；（五）生活不能自理的，经劳动能力鉴定委员会确认的生活护理费；（六）一次性伤残补助金和一至四级伤残职工按月领取的伤残津贴；（七）终止或者解除劳动合同时，应当享受的一次性医疗补助金；（八）因工死亡的，其遗属领取的丧葬补助金、供养亲属抚恤金和因工死亡补助金；（九）劳动能力鉴定费。"第 39 条规定，因工伤发生的下列费用，按照国家规定由用人企业支付：(1) 治疗工伤期间的工资福利；(2) 五级、六级伤残职工按月领取的伤残津贴；(3) 终止或者解除劳动合同时，应当享受的一次性伤残就业补助金。职工所在用人企业未依法缴纳工伤保险费，发生工伤事故的，由用人企业支付工伤保险待遇。用人企业不支付的，从工伤保险基金中先行支付。在劳动者享受工伤待遇期间，应当积极配合相关机构的治疗工作，《社会保险法》第 43 条规定："工伤职工有下列情形之一的，停止享受工伤保险待遇：（一）丧失享受待遇条件的；（二）拒不接受劳动能力鉴定的；（三）拒绝治疗的。"

四、失业保险

失业保险，是对因失业而暂时失去经济来源的劳动者提供物质帮助进而保障其失业期间的基本生活，促进其再就业的制度。失业保险由用人企业和职工按照国家规定共同缴纳。《社会保险法》第 45 条规定，失业前用人企业和本人已经缴纳失业保险费满 1 年，且非因本人意愿中断就业并已经进行失业登记，并有求职要求的失业人员可以从失业保险基金中领取失业保险金。

《社会保险法》第 50 条规定，用人企业与劳动者解除劳动关系后应当为失业人员出具终止或解除劳动关系的证明，并自终止或解除劳动关系之日起 15 日内将失业人员的名单报社会保险经办机构。失业人员应当在取得终止或解除劳动关系的证明后及时到指定的公共就业服务机构办理失业登记。失业人员在办理失业登记取得失业登记证明后，凭失业登记证明和个人身份证明可以到社会保险经办机构办理领取失业保险金的手续。失业保险金领取期限自办理失业登记之日起计算，故失业人员应当及时办理失业登记，避免不必要的损失。

失业人员在失业期间有权领取失业保险金，并应积极配合相关部门实现再就业。《社会保险法》第 51 条规定，失业人员在失业期间有重新就业、应征服兵役、移居境外、享受基本养老保险待遇或无正当理由，拒不接受当地人民政府指定部门或者机构介绍的适当工作或者提供的培训的情形之一的，应停止领取失业保险金，并同时停止享受其他失业保险待遇。

五、生育保险

生育保险，是国家为保障在职妇女因生育子女而暂时中断劳动时由国家和社会给予日常生活经济保障的一项社会保险制度。《社会保险法》第 53 条规定，生育保险由用人企业按照国家规定为企业职工缴纳，企业职工自身不缴纳生育保险费。第 54 条规定，用人企业依法缴纳生育保险费的，其职工享受生育保险待遇，生育保险待遇包括生育医疗费用和生育津贴，职工未就业配偶仅享受生育医疗费用待遇。

《社会保险法》第 55 条规定："生育医疗费用包括下列各项：(一)生育的医疗费用；(二)计划生育的医疗费用；(三)法律、法规规定的其他项目费用。"第 56 条规定："职工有下列情形之一的，可以按照国家规定享受生育津贴：(一)女职工生育享受产假；(二)享受计划生育手术休假；(三)法律、法规规定的其他情形。生育津贴按照职工所在用人单位上年度职工月平均工资计发。"

2019 年 3 月 6 日，国务院办公厅发布《关于全面推进生育保险和职工基本医疗保险合并实施的意见》,全面推进生育保险和职工基本医疗保险合并实施,生育保险基金并入职工基本医疗保险基金,统一征缴,不再单列生育保险基金收入。

六、违反社会保险制度的法律责任

我国的社会保险制度通过国家立法强制建立,《社会保险法》第 57 条规定,用人企业成立后,应当自成立之日起 30 日内凭营业执照、登记证书或者单位印章,向当地社会保险经办机构申请办理社会保险登记。第 58 条规定,劳动者入职后,用人企业应当自用工之日起 30 日内为其向社会保险经办机构申请办理社会保险登记。

《社会保险法》第 60 条规定,在劳动者与用人企业劳动关系存续期间,用人企业应当自行申报、按时足额缴纳社会保险费,非因不可抗力等法定事由不得缓缴、减免。社会保险费中职工应当缴纳部分由用人企业代扣代缴,代扣代缴及每月社会保险费的明细情况用人企业应当及时告知劳动者本人。

《社会保险法》第 61 条规定,社会保险费征收机构应当依法按时足额征收社会保险费,并将缴费情况定期告知用人企业和个人。第 63 条规定,用人企业未按时足额缴纳社会保险费的,由社会保险费征收机构责令其限期缴纳或者补足。用人企业逾期仍未缴纳或者补足社会保险费的,社会保险费征收机构有权向银行和其他金融机构查询其存款账户,并可以申请县级以上有关行政部门作出划拨社会保险费的决定,书面通知其开户银行或者其他金融机构划拨社会保险费。用人企业账户余额少于应当缴纳的社会保险费的,社会保险费征收机构可以要求该用人企业提供担保,签订延期缴费协议。用人企业未足额缴纳社会保险费且未提供担保的,社会保险费征收机构可以申请人民法院扣押、查封、拍卖其价值相当于应当缴纳社会保险费的财产,以拍卖所得抵缴社会保险费。

《社会保险法》第 84 条规定,用人企业拒不办理社会保险登记的,可以由社会保险行政部门责令限期改正,逾期不改正的,社会保险行政部门可以对用人企业处以应缴社会保险费数额 1 倍以上 3 倍以下的罚款,对其直接负责的主管人员和其他直接责任人员处 500 元以上 3000 元以下的罚款。

企业对与之建立劳动关系的劳动者应当依法、及时、足额的缴纳社会保险。拖欠、少缴、拒缴都只会为企业增加法律风险,而不会带来过多的实际性收益。

参考案例

劳动者主动放弃参与社保案

李Y曾出具《声明》,内容为:"本人不愿意参加购买各项社会保险,也不接受××百货给予购买的各项社会保险,本人在与××百货签订的劳动合同期内,所发一切与社会保险有关的行为及造成后果均由本人自己承担,与××百货无关。"

但法院认为养老保险为国家法定保险,用人企业和员工必须依法参加养老保险。用人企业未为员工办理养老保险的,员工依照相关规定应当享有的待遇由用人企业承担。在本案中,李Y虽向上诉人出具了上述《声明》,但该《声明》的内容和国家法律规定相悖,应属无效。

第七节 企业监事制度

企业作为人合性和资合性兼具的社会组织,无论发展到何种程度都无法避免企业内部工作人员对企业正常决策程序、发展方向的干预。企业作为营利性社会组织所追求的盈利也并不会全部体现到内部的每个员工身上,因此企业人合性的特征和资合性的特征在某种程度上并不是完全衔接融洽的,甚至在某些情况下两者存在尖锐的冲突。如当企业工作人员的个人利益与企业的利益发生矛盾时,企业总是寄希望于企业的内部工作人员放弃自身的利益去维护企业的利益,这是过于理想的,也是不现实的。因此,企业建立专门的监督机关对企业日常的经营进行监督是非常必要的,这样的监督机关在代表企业利益的同时也代表企业绝大多数工作人员的利益,能在一定程度上对企业的资合性与人合性进行调整。根据《公司法》第52条的规定,这些专门监督机关一般以监事、监事会的形式出现于企业内部。企业监事、监事会通常具有以下各项权利:(1)企业的监事会行使监事权利,为了避免权利的滥用,应当有明确的规章制度以及议事规则,因此企业应当制定相应的规章制度以及监事会议事规则,并报企业内部决策机构批准,并于企业内部公示。(2)企业的监事机构应当对企业的主要决策者进行监督,即对董事、执行董事、高级管理人员履行职责情况进行监督,并且在日常监督管理的情况下,建立企业执行董事、高级管理人员履职档案。对违反法律、行政法规的企业主要决策人员,如执行董事、高级管理人员提出罢免的建议。(3)当企业的主要决策人员损害本公司利益时,应要求企业的主要决策人员予以纠正,日常对企业的主要决策人员就有关财务、资产状况和经营情况进行质询;当企业的主要决策人员离任时,配合上级对企业的主要决策人员进行离任审计。(4)督促公司建立健全经理层决策制度,并监督执行,在监督过程中发现的问题,要向企业有关部门进行询问,要求其就相关情况或问题作出解释。(5)对企业的财务部门进行严格监督,要求公司报送财务会计报告、会议纪要、决定、合同、协议等文件资料。有必要时可以查阅会计凭证、会计账簿(包括电子账簿)等财务会计资料以及经营管理活动有关的其他资料,审议财务报告并发表意见。对财务状况、预算执行、重大投资、货款、担保、产权变动、资产处置、资产损失核销及招投标等重大经营管理活动进行监督检查,就检查发现的问题提出处理建议,对必要事项进行调查。(6)依法配合外部审计机构进行年度审计。发现公司经营情况异常时,聘请中介机构对公司有关事项进行审计和核查,费用由公司承担。(7)接受并组织完成集团监事会下达的有关工作任务。企业监事、监事会在每次进行检查结束后,应当及时作出检查报告并上报集团监事会。

公司监事会、监事可以理解为在股东会(股东大会)闭会期间代其履行监督权的公司内部组织,其依据股东会(股东大会)、公司章程对其的授权,履行职责。《公司法》第51条规定,有限责任公司所设监事会的人员一般其成员不得少于3人,股东人数较少或者规模较小的有限责任公司,可以不设监事会,设1—2名监事。监事会的组成人员应当包括股东代表和适当比例的公司职工代表,其中职工代表的比例不得低于1/3,具体比例由公司章程规定。监事会中的职工代表一般通过职工代表大会或其他民主形式选举产生。监事会设主席1名,由全体监事过半数产生,监事会主席负责召集和主持监事会会议。监事会主席无法履行职务或拒绝履行职务的,由半数以上监事共同推举1名监事召集和主持监事会会议。因监事会、监事的部分职责在于监督公司的董事、高级管理人员的职务行为是否有损公司权益,故公司的董事、高级管理人员不得兼任监事。第 52 条规定,每届监事的任期为 3 年,可以连选连任。监事任期届满未改选,或者监事在任期内辞职导致监事会成员低于法定人数的,在改选出的监事就任前,原监事仍应当依照法律、行政法规和公司章程的规定,履行监事职务。

《公司法》第 53 条规定:“监事会、不设监事会的公司的监事行使下列职权:(一)检查公司财务;(二)对董事、高级管理人员执行公司职务的行为进行监督,对违反法律、行政法规、公司章程或者股东会决议的董事、高级管理人员提出罢免的建议;(三)当董事、高级管理人员的行为损害公司的利益时,要求董事、高级管理人员予以纠正;(四)提议召开临时股东会会议,在董事会不履行本法规定的召集和主持股东会会议职责时召集和主持股东会会议;(五)向股东会会议提出提案;(六)依照本法第一百五十一条的规定,对董事、高级管理人员提起诉讼;(七)公司章程规定的其他职权。”该条规定了监事会、监事的一般权利,即对公司事务的日常监督检查权,并有权代表公司对董事、高级管理人员提起诉讼。

《公司法》第 54 条规定,监事可以要求列席董事会会议,并对董事会决议事项提出质询或者建议。监事会、不设监事会的监事在发现公司经营情况异常时,可以进行调查,必要时可以聘请会计师事务所等专业机构协助其工作,其在行使职权时产生的所必需的费用由公司承担。第 55 条规定,设有监事会的公司每年度至少召开一次会议,监事认为需要时可以提议召开临时监事会议,会议的议事方式和表决程序除法律有规定的外,由公司章程约定。监事会所议事项的决定应当做成会议纪要,并经半数以上监事通过。

相比于一般的企业,国有独资公司对监事机构的设立要更为严格。根据《公司法》第 70 条的规定,从人数上看,国有独资公司监事会成员不得少于 5 人,其中职工代表的比例不得低于 1/3,具体比例由公司章程规定。监事会成员由国有资产监督管理机构委派,但是,监事会成员中的职工代表由公司职工代表大会选举产生。监事会主席由国有资产监督管理机构从监事会成员中指定。

参考案例

黄某1、黄某2 损害公司利益责任纠纷案[①]

长洲实业集团公司成立于1992年7月17日，企业类型为有限责任公司，法定代表人为黄容灿。公司章程（2011年修订）和营业登记资料记载的长洲实业集团公司的2名股东分别为中山市西区长洲社区居民委员会（以下简称长洲居委会，出资6815万元、占股权85.19%）和中山市西区长洲经济发展公司（以下简称长洲经济公司，出资1185万元、占股权14.81%）。公司章程第24条规定公司不设监事会，设监事1名。长洲实业集团公司成立后，直接以长洲实业集团公司的名义向所在社区居民发放股权股份证。2010年11月19日，中共长洲社区总支部委员会、长洲居民会、中山市西区长洲管理区经济联合社（后改为中山市西区长洲社区股份合作经济联合社）以及长洲实业集团公司联合发布“长洲集团有限公司（经济联合社）换届选举方案”，对长洲社区提前换届选举，通过换届选举，产生新一届股东代表、董事会和监事会。该方案明确长洲实业集团公司董事会按规定和程序负责经营管理原长洲村委会、长洲居委会、长洲经联社以及长洲实业集团公司的资产和承担债权债务（除明确约定由长洲居委会用于社会公共事务使用的资产外）；监事会代表股东对经营管理进行监督。2011年1月15日，长洲实业集团公司召开“长洲集团有限公司（经济联合社）换届选举大会”，大会选举产生了新一届股东代表以及董事会、监事会。股东代表由110名股东组成，董事会由7名股东组成（分别为黄某2、黄永楷、黄国松、黄某1、黄容灿、黄庆桥、黄树标），监事会由11名股东组成（分别为黄凯生、黄志秋、黄泳源、杜锡洪、黄祖泽、黄沛煊、黄作彬、黄泳轩、黄妙贤、黄锡林、黄贺昔）。

2011年9月5日，长洲实业集团公司召开董事会监事会会议，会议内容为“关于黄国恒借长洲实业集团有限公司200万元本金及利息一事，现黄国恒承诺在一周内归还本金200万元，所欠利息长洲实业集团有限公司不再追究进行表决”，到会董事4名（黄庆桥、黄容灿、黄国松、黄某1）、监事9名（会议记录应

---

① 广东省中山市中级人民法院（2013）中中法民二终字第449号民事判决书。

到会11人,实际到会有黄作彬、黄贺昔、黄泳轩、黄锡林、杜锡洪、黄沛煊、黄祖泽、黄泳源、黄妙贤9人),到会13人表决全部同意会议内容并作为方案提请股东代表表决(会议记录上明确写有"提请股东代表表决方案"字样),到会同意人员在同意栏内签名并加盖长洲实业集团公司公章。2011年9月22日,长洲实业集团公司的股东代表召开股东代表大会对相关议题进行表决并于次日公布。表决结果包括:改选长洲实业集团公司监事长,由黄泳轩当选;对黄国恒借长洲实业集团公司200万元本金及利息归还一事,不同意减免黄国恒的债务利息。该次股东代表大会的实际到会股东代表94人,占全部股东代表110人的85.45%。2011年12月7日,长洲实业集团公司以及董事会成员黄某1、黄某2、黄容灿、黄庆桥与黄国恒签署《还款保证书》,称经长洲实业集团公司董事会同意决定,同意黄国恒只归还上述债务本金200万元,并定于2012年1月20日前清还,待清还后由长洲实业集团公司负责到法院办理黄国恒的资产解封手续,终止诉讼。签名同意的董事有黄某1、黄某2、黄容灿、黄庆桥,长洲实业集团公司加盖了公章。2012年4月9日,长洲实业集团公司监事会对是否对董事会通过减免黄国恒债务利息一事进行追责进行表决,到会监事11名,其中9名进行表决,2名弃权,以8票同意追究、1票不同意追究的投票结果认为董事会同意只收取黄国恒借款本金200万元而不收取利息,严重违背股东代表大会的决议,责成董事会成员在5天内向监事会提交书面回复并为确保股东利益不受损失,责成公司董事迅速处理。表决同意追究的监事有黄凯生、黄志秋、黄沛煊、黄泳轩、黄祖泽、黄作彬、黄锡林、黄泳源。2012年5月3日,中共长洲社区总支部委员会、长洲居委会向长洲实业集团公司监事会出具请求书,称长洲实业集团公司董事黄某1、黄容灿、黄庆桥、黄某2等人减免黄国恒债务利息一事,有部分股东发现该情况,并签名提出请监事会予以查证,鉴于此,希望监事会根据股东所反映的情况予以查证,如果监事会认为他们的行为有损公司利益的,可依法追究相关人士的法律责任。后由于长洲实业集团公司及其董事会未对监事会提出的表决进行处理,部分持长洲实业集团公司发放股权股份证的股东代表授权监事会依据《公司法》相关规定提起诉讼。2012年5月9日,监事会成员黄凯生、黄祖泽、黄志秋、黄泳源、黄泳轩、黄作彬、黄沛煊以个人身份作为原告向原审法院提起诉讼,原审法院以(2012)中一法民二初字第1240号立案受理。该案经原审法院审理后,认为长洲实业集团公司为有限责任公司,虽然公司章程和营业登记记载的2名股东分别为长洲居委会和长洲经济公司，公司不设监事会，设监事1名，但从该公司成立后至今的实际运行，即以长洲实业集团公司名义向所在社区居民颁发股权股份证以及股东代表大会均由上述持有股权股份证的股东选举组成这一事实来看，可以认定公司登记上的2名股东，即长洲居委会和长洲经济公司为上述持有股权股份证股东的代持股东，上述持有股权股份证的股东为长洲实业集团公司之实际股东，而且经股东代表大会选举产生了监事会，监事会由11名监事组成，并产生了监事长，故该公司事实上设有监事会的组织机构。当长洲实业集团公司的董事损害公司利益时，监事会在收到股东的请求并授权下，对其提起损害赔偿诉讼的主体应当系长洲实业集团公司的监事会。黄凯生、黄祖泽、黄志秋、黄泳源、黄泳轩、黄作彬、黄沛煊以监事个人身份替代公司监事会提起诉讼，不符合《公司法》第54条第1款第6项，第152条第1款、第2款之规定，为不适格的原告，遂于2012年10月9日作出(2012)中一法民二初字第1240号民事裁定，驳回黄凯生、黄祖泽、黄志秋、黄泳源、黄泳轩、黄作彬、黄沛煊的起诉。该民事裁定已生效。2012年10月15日，长洲实业集团公司监事会出具授权委托书，称2012年4月9日长洲实业集团公司监事会会议，决定就黄某1、黄某2、黄容灿、黄庆桥4名董事擅自减免黄国恒债务利息一事追究他们的法律责任，以挽回公司经济损失，现监事会决定授权监事黄凯生作为诉讼代表人通过诉讼方式追究4名董事法律责任，维护公司利益。本案中，书面请求监事会提起本案诉讼的股东经核持股占长洲实业集团公司总股量的1.23%且均为连续180日以上持股股东，长洲实业集团公司监事会据此提起本案诉讼，符合上述法律的规定，为适格的原告主体。

第五章　企业财务管理中的法律风险及防范

企业应当制定内部财务审批制度，建立健全财务管理制度，控制财务风险。企业财务管理应当按照制定的财务战略，合理筹集资金，有效运转资产，控制成本费用，规范收益分配及重组清算财务行为，因此应加强财务监督和财务信息管理。

企业的财务管理制度应当达到能够使企业资本权属明确、各主体的权限及责任明确、符合法律规定和企业章程规定的程度。本书提倡企业在制定财务制度时将草案提交职工或职工代表大会审议，或者充分听取职工、相关组织意见，并将所得意见落到实处。为避免企业财务在管理过程中受到企业内部相关决策人员影响，企业应当建立财务决策回避制度。简单地说，就是在进行与企业利益有冲突的财务决策事项时，相关投资人、企业高管应当回避。除此之外，企业也应当建立财务风险管理制度，明确投资人、企业高管及其他相关人员的权力和责任。通常来说，在企业中享有多大的利益就应当承担多大的责任，明确财务风险负责人、控制财务风险也是重中之重。企业应当建立财务预算管理制度，以实现企业利益最大化为最终目标，对初始资金资金的筹集、资金流转、成本投入、收益处分、重组清算等各项财务活动，实施全面管理。

企业投资人作为企业最大的利益享有者，对企业的财务管理应当负有一定责任，其责任主要体现为：(1)把控全局，审议、制定企业内部财务管理制度、明确企业财务战略方向，审议、批准企业财务规划和财务预算；(2)决议、通过企业的重大财务事项，如涉及企业资本的筹资、对外提供担保、捐赠、重组、企业高级管理人员和经理层的报酬及利润分配等重大事项；(3)如果企业下属有全资或控股企业,应当有权按照规定向控股企业委派或者推介财务总监;(4)对企业财务的整体状况进行监督和把控。但企业投资人应当按照一定的程序行使其作为股东的相应权利,同时企业投资人也应当通过股东(大)会、董事会或者其他法律法规规定、企业章程规定的形式履行财务管理职责。企业投资人也可以通过制定企业内部章程、规范制度、订立合同等方式将其所享有的部分财务管理权力授予企业高管等相关人员。

企业高管等相关人员依规被授予相应的权力后,其职责主要体现为:(1)拟订企业内部财务管理制度,制定相应的财务规划,编制本年度的财务预算;(2)组织实施由企业相应投资人议定的企业筹融资、对外投资、对外提供担保、无偿捐赠、重组清算和企业所得利润分配等的具体方案;(3)依据法律法规、企业规章制度的规定,积极、主动地配合相关机构依法对企业进行审计、评估、财务监督等。当然企业的财务管理制度不仅要做以上所提及的简单的管理人、职能划分,更需要做以下细致的划分。①

第一节　企业会计制度

企业会计作为企业财务部门的重要组成部分,其工作是否正常决定了企业财务资料的可靠与否。具体体现为,会计工作所得成果即企业会计账簿,直接记录了企业的实际经营现状、资金流转的具体情况。企业会计账簿的记载内容是否真实、完整与企业的财务安全密不可分,我国法律也规定,企业必须依照《会计法》设置会计账簿,并依法进行会计工作,同时保证所得会计账簿的真实性与完整性。企业相关负责人,特别是企业会计部门和企业会计对本企业的会计工作和会计资料的真实性和完整性负责。

我国法律对企业的会计制度规定已较为完善,但因一般企业财务部门组成并不健全,如会计、出纳常由一人兼任,不设审计职位,企业内部管理较为随意、混乱,所以由此导致的法律风险较大。本书接下来将分析企业财务部门管理不

① 参见《古井酒业集团财务制度汇编》,载豆丁网,http://www.docin.com/p-520779852.html,最后访问日期:2019 年 10 月 1 日。

规范所可能导致的法律风险。

一、职务侵占及挪用资金

企业财务管理涉及企业的资金安全问题,不规范的会计行为会为企业带来极大的隐患与风险,危及企业的资金安全。其中企业资金安全最大、最直接的危险便是职务侵占行为和挪用资金的行为。我国《刑法》第 271 条规定:“公司、企业或者其他单位的工作人员,利用职务上的便利,将本单位财物非法占为己有,数额较大的,处三年以下有期徒刑或者拘役,并处罚金;数额巨大的,处三年以上十年以下有期徒刑,并处罚金;数额特别巨大的,处十年以上有期徒刑或者无期徒刑,并处罚金。国有公司、企业或者其他国有单位中从事公务的人员和国有公司、企业或者其他国有单位委派到非国有公司、企业以及其他单位从事公务的人员有前款行为的,依照本法第三百八十二条、第三百八十三条的规定定罪处罚。”第 272 条规定:“公司、企业或者其他单位的工作人员,利用职务上的便利,挪用本单位资金归个人使用或者借贷给他人,数额较大、超过三个月未还的,或者虽未超过三个月,但数额较大、进行营利活动的,或者进行非法活动的,处三年以下有期徒刑或者拘役;挪用本单位资金数额巨大的,处三年以上七年以下有期徒刑;数额特别巨大的,处七年以上有期徒刑。国有公司、企业或者其他国有单位中从事公务的人员和国有公司、企业或者其他国有单位委派到非国有公司、企业以及其他单位从事公务的人员有前款行为的,依照本法第三百八十四条的规定定罪处罚。有第一款行为,在提起公诉前将挪用的资金退还的,可以从轻或者减轻处罚。其中,犯罪较轻的,可以减轻或者免除处罚。”

在多数企业的日常经营中,职务侵占或挪用资金的行为或多或少都是存在的,其手段和方式也多种多样。例如,企业一线的工作人员利用工作的便利,截留现金货款私自使用,并且长期拖欠不入账,更有甚者携带大量截留款直接潜逃国外。在实际经营中,企业部分项目负责人或工作人员以回扣、业务支出、餐饮支出等为由,虚报大额资金并将其占为己有。也有一些工作人员私账公报,将其个人消费计入公款报销。最为严重的是财务会计人员监守自盗,利用其专业知识及职务便利,制作虚假账簿,危及企业资金安全。除上述所列情况之外还存在多种情况危及企业的资金安全。企业的资金之所以能被轻易地侵占或挪用,是因为企业的财务管理制度存在漏洞。如果企业允许员工在工作时经手现金，工作人员就可以要求客户直接将货款汇入其个人银行账户或直接向客户收取现金。如果财务岗位设置不当，一人身兼数职，则可能为制作虚假账务提供便利。除了制度不完善外，还有一部分原因是财务管理人员不尽职，疏于管理，如企业财务负责人往往只负责审核、签批资金，只看财务报表，听取财务人员的汇报，对企业整体财务状况并未作深入了解。

参考案例

修某等职务侵占案[①]

宋某、修某涉嫌职务侵占罪一案在北京市朝阳区人民法院作出一审宣判，被告人宋某、修某因犯职务侵占罪，宋某获刑6年，修某获刑3年。法院经审理查明：2014年至2016年，宋某利用担任王某（上海）影视文化工作室（以下简称王某工作室）总经理及经纪人的职务便利，单独或伙同另一名被告修某，采用虚报演出、广告代言等手段，侵吞王某工作室演出、广告代言等业务款，数额高达232.5万余元，其中，修某参与侵占167.5万元。王某工作室是由演员王某成立的个人独资企业。北京宝亿嵘影业有限公司（以下简称宝亿嵘公司）是王某投资的公司。以上两家公司都是在北京市朝阳区东四环中路41号嘉泰国际大厦办公，且共用工作人员。被告人宋某同宝亿嵘公司签订了劳动合同，从宝亿嵘公司领取工资，同时作为王某的经纪人，以王某工作室名义对外开展业务。

2015年9月，宋某在代表王某工作室与河北谷养谷农业开发集团股份有限公司（以下简称谷养谷公司）洽谈广告代言业务过程中，采取签订《广告代言协议》《税金补偿协议》的手段，要求谷养谷公司将《税金补偿协议》中约定的款项支付到宋某控制的银行账户内，以此侵占应支付给王某工作室的人民币45万元，并用于个人及家庭消费。

2015年11月，宋某在代表王某工作室与福建比美特环保集团有限公司（以下简称比美特公司）洽谈广告代言业务过程中，采取签订《广告代言协议》《税

① 北京市朝阳区人民法院（2018）京0105刑初781号民事判决书。

金补偿协议》的手段，要求比美特公司将《税金补偿协议》中约定的款项支付到宋某控制的银行账户内，以此侵占应支付给王某工作室的人民币20万元，并用于个人及家庭消费。

2016年6月，修某受西藏嘉华文化传媒有限公司（以下简称西藏嘉华公司）委托，为邀请王某参演节目，同宋某接触洽谈。在此过程中，宋某、修某产生赚取差价的意思联络。此后，由修某通过王某某找到北京某文化传媒有限公司作为中间环节，对西藏嘉华公司谎称王某系幸福蓝海公司的艺人，以北京某文化传媒有限公司名义同西藏嘉华公司委托的宁波高新区瑞艺影视文化传媒工作室（以下简称瑞艺工作室）签订了演出费人民币367.5万元的合同，又以北京某文化传媒有限公司的名义同王某工作室签订了演出费200万元的合同。北京某文化传媒有限公司在收到西藏嘉华公司支付的367.5万元后，按照修某的指示，将其中200万元支付给了王某工作室，其余167.5万元通过修某的安排进行转账，最终进入崔某账户144万元，宋某留下72万元后，转入被告人修某账户72万元。宋某所获赃款取现，修某所获赃款用于在银行购买了理财产品。

二、虚假出资、抽逃出资

虚假出资、抽逃出资，是指公司发起人、股东违反《公司法》的规定未交付货币、实物或者未转移财产权，或者在公司成立后又抽逃其出资，数额巨大、后果严重或者有其他严重情节的行为。

虚假出资一般分为实际未出资、高价出资、需要办理产权转移手续的非货币资产未按法律规定的时间要求将产权变更登记到被投资企业等多种类型。抽逃出资，包括抽走货币资金和抽走非货币性资产两种形式，手段更是多种多样，无所不用其极。

针对上述两种情况，《公司法》第199条规定："公司的发起人、股东虚假出资，未交付或者未按期交付作为出资的货币或者非货币财产的，由公司登记机关责令改正，处以虚假出资金额百分之五以上百分之十五以下的罚款。"第200条规定："公司的发起人、股东在公司成立后，抽逃其出资的，由公司登记机关责令改正，处以所抽逃出资金额百分之五以上百分之十五以下的罚款。"《刑法》第159条规定："公司发起人、股东违反公司法的规定未交付货币、实物或者未转移财产权，虚假出资，或者在公司成立后又抽逃其出资，数额巨大、后果严重或者有其他严重情节的，处五年以下有期徒刑或者拘役，并处或者单处虚假出资金额或者抽逃出资金额百分之二以上百分之十以下罚金。单位犯前款罪的，对单位判处罚金，并对其直接负责的主管人员和其他直接责任人员，处五年以下有期徒刑或者拘役。”

参考案例

郑某虚假出资案①

2000年下半年，郑某委托段××在美国零资本注册成立美国××××有限公司。2001年11月9日，取得《外商投资企业批准证书》。2001年11月16日，以该公司为投资主体，在大港开发区注册成立××××（天津）公司，注册资本为999.9万美元，并取得营业执照。2005年6月6日，××××（天津）公司获得增资批准，增资1000万美元，并将公司的全部股份，转让给郑某自己在香港以1万元港币投资成立的××科技有限公司，变更出资人为××科技有限公司，合计注册资本1999.9万美元。

2001年至2005年，××××（天津）公司未有任何出资及经营行为，注册资本未到位。2006年至2010年该公司未按规定申报年检材料，亦未缴纳任何注册资本。因该公司未按规定申报年检材料，参加2009年的企业年检，天津市工商行政管理局于2010年12月27日吊销该公司营业执照。因××××（天津）公司始终没有按照《外商投资企业法》及工商登记注册相关规定注入投资款，拖欠建筑承包商天津市红桥建筑工程有限公司、天津市津南区咸水沽建筑工程有限公司工程款，并拖欠天津石化设计院设计费、大港供销社租赁费。其间，郑某以公司周转资金紧张、公司融资需要用款为名，先后向本公司员工朱××、何××等人及其认识的吴××、马××、崔××等人借款。2007年以后，郑某不再回公司，致使债权人与其失去联系。案发前，郑某仍拖欠部分债权人借款、工程款和其他款项未还。案发后，郑某被抓获归。天津市滨海新区人民法院对郑某判

① 天津市滨海新区人民法院(2013)滨港刑初字第274号民事判决书。

处有期徒刑4年，并处罚金人民币400万元。

三、不当分配、非法清算

企业作为营利性法人，直接价值体现为企业获取利润的能力，而依据我国法律的规定，利润所得应在缴纳税款、留存公积金后才可进行分配。在实际操作中许多企业经常违反法律法规及其他有关规定，随意分配甚至侵占截留企业所获利润，未将应列入企业账簿的资产列入企业账簿，而是通过私存私放的方式进行截留，形成各式各样的“小金库”。

“小金库”内的资金不一定只是相关责任人所截留的利润，也可能是一些不合法收入，实践中多为私自截留的职工应得工资、虚构营业支出、虚增经营成本套取的现金、通过截留款项后高息存贷款的息差、违法或违规获得的收入、非法收受的回扣等。“小金库”现象最初在我国一些行政机关单位较为常见，特别是过去的一些工商管理机关的工作人员利用截留的“小金库”请客送礼，吃喝玩乐，严重地腐化了我党干部团队的建设，极易诱发贪污腐败的行为。企业和行政机关在此方面具有较为相似的属性，部分企业家认为企业为自己所有，便可以肆意妄为。“小金库”的出现不仅涉及企业家的职务侵占行为，更减少了国家税收收入，与国家税收法律法规相抵触。因此严厉打击“小金库”，规范企业的财务管理活动是企业治理的重中之重。

不当分配，一般是指企业不依照《公司法》及其他法律法规的规定分配企业的利润所得。在通常情况下，企业的利润总额应当首先依法向国家缴纳所得税，税后的剩余利润为可以分配的利润。可供分配利润在提取法定公积金后，最后向投资者分配利润。任何违背利润分配程序的分配均为不当分配，需承担相应的法律责任。企业违反规定进行利润分配，在公司弥补亏损和提取法定公积金之前向股东分配利润的，股东必须将违反规定分配的利润退还公司。并且，依据我国《公司法》所规定的法人人格否认制度，企业相关人员滥用法人人格独立的地位，造成损失的，应当承担连带赔偿责任。

企业在解散事由出现后应当依法进行清算，不进行清算或违反法律规定进行清算的，企业及非法清算的行为人和相关负责人员需要承担相应的法律责任。企业的非法清算主要体现为，其存在需要进行清算的情况时不依照法律规定进行清算，而且企图通过非法清算的方式规避部分债务，或是使部分债务无法得以实现，损害相应债权人的利益。这一般体现为企业未经法定程序私自进行清算，在非法清算期间提供虚假资产评估报告、企业资产负债表、资产清单、隐匿企业财产，且清算也不通过公告的方式通知企业的债权人，在未清偿债务前提前分配企业的资产，甚至是清算组成员徇私舞弊，在非法清算期间非法侵占企业的财产。

《最高人民法院关于适用〈中华人民共和国公司法〉若干问题的规定（二）》（以下简称《公司法解释（二）》）中对公司不清算和清算瑕疵的责任承担作了相应的规定。其中第19条明确规定："有限责任公司的股东、股份有限公司的董事和控股股东，以及公司的实际控制人在公司解散后，恶意处置公司财产给债权人造成损失，或者未经依法清算，以虚假的清算报告骗取公司登记机关办理法人注销登记，债权人主张其对公司债务承担相应赔偿责任的，人民法院应依法予以支持。"第20条规定："公司解散应当在依法清算完毕后，申请办理注销登记。公司未经清算即办理注销登记，导致公司无法进行清算，债权人主张有限责任公司的股东、股份有限公司的董事和控股股东，以及公司的实际控制人对公司债务承担清偿责任的，人民法院应依法予以支持。公司未经依法清算即办理注销登记，股东或者第三人在公司登记机关办理注销登记时承诺对公司债务承担责任，债权人主张其对公司债务承担相应民事责任的，人民法院应依法予以支持。"

企业以其自有财产为基础对外承担法律责任，如果企业在清偿债务前就分配财产的，在后期清偿债务时出现资不抵债的情况便会损及债权人的利益，并有可能招致其他严重后果，甚至难逃刑事制裁。《公司法》第204条规定，在进行清算时，隐匿财产、对资产负债表或者财产清单作虚假记载或者在未清偿债务前分配财产的，由登记机关责令改正，并处以隐匿财产或者未清偿债务前分配公司财产金额5%以上10%以下的罚款；对直接负责的主管人员和其他直接责任人员处以10,000元以上100,000元以下的罚款。同时《刑法》第162条规定："公司、企业进行清算时，隐匿财产，对资产负债表或者财产清单作虚伪记载或者在未清偿债务前分配公司、企业财产，严重损害债权人或者其他人利益的，对其直接负责的主管人员和其他直接责任人员，处五年以下有期徒刑或者拘役，并处或者单处二万元以上二十万元以下罚金。"

参考案例

欧阳某、蔡某与江西通力电业发展有限公司股东损害公司债权人利益责任纠纷案[①]

2008年11月8日,通力公司(甲方)与江西佳旭燃料有限公司(乙方,以下简称佳旭公司)签订一份《煤炭购销合同》,约定煤源由乙方提供,甲方提供资金。甲方收到乙方提供的已经发运煤炭的铁路运输发票、正规的增值税专用发票、收货人出具的验收合格结果及结算单据的同时,甲方开具相应的发票及收据。由乙方代甲方向收货方办理收款手续,并保证在45日内将货款收回,并汇入甲方账号内。如乙方超过45日未收回货款,则乙方负责承担相应的责任和费用并按同期银行贷款利率向甲方支付利息。合同有效期限为2008年11月8日至2009年11月8日。合同签订后,通力公司向佳旭公司预付购煤款,具体为:(1)2008年5月23日转款300,000元;(2)2008年6月10日转款400,000元;(3)2008年6月16日转款600,000元;(4)2008年7月17日转款800,000元;(5)2008年9月24日转款500,000元;(6)2008年9月28日转款130,000元;(7)2008年11月11日转款930,000元,2008年8月1日的银行承兑汇票1张1,340,000元,合计2,270,000元;(8)2009年6月17日分别为2009年4月22日的银行承兑汇票1张100,000元,2009年4月10日的银行承兑汇票1张400,000元,合计500,000元;(9)2009年7月2日银行承兑汇票1张428,200元,2009年7月3日转款291,800元,合计720,000元;(10)2009年7月8日银行承兑汇票1张854,300元;(11)2009年7月13日银行承兑汇票1张1,500,000元;(12)2009年8月10日银行承兑汇票1张945,727.99元,2009年8月14日转款54,272.01元;合计1,000,000元;(13)2009年9月9日银行承兑汇票300,000元,2009年9月11日转款200,000元,合计500,000元;(14)2009年9月25日4张均为100,000元的银行承兑汇票,合计400,000元;(15)2009年11月12日转款200,000元;(16)2009年11月26日转款780,000元;(17)2009年12月11日转款

① 江西省高级人民法院(2015)赣民一终字第258号民事判决书。

470,000 元;(18)2009 年 12 月 22 日银行承兑汇票 1,313,800 元;(19)2009 年 12 月 29 日分别为 2009 年 11 月 12 日的银行承兑汇票 1 张 1,000,000 元,2009 年 8 月 19 日的银行承兑汇票 1 张 1,500,000 元,合计 2,500,000 元;(20)2010 年 1 月 27 日分别为 2009 年 11 月 19 日的银行承兑汇票 150,000 元,2009 年 12 月 9 日的银行承兑汇票 2,800,000 元,合计 2,950,000 元;(21)2010 年 4 月 19 日分别为 2010 年 2 月 3 日的银行承兑汇票 1 张 2,000,000 元,2010 年 3 月 31 日的银行承兑汇票 1 张 1,000,000 元,合计 3,000,000 元;(22)2010 年 5 月 14 日银行承兑汇票 1 张 1,000,000 元,2010 年 5 月 17 日转款 500,000 元,合计 1,500,000元;(23)2010 年 10 月 15 日银行承兑汇票 3,000,000 元,2010 年 10 月 18 日转款 370,750 元,合计 3,370,750 元。以上总计:26,558,850 元。佳旭公司于 2005 年 7 月 6 日在江西省上高县工商局登记成立,注册资本 200 万元,经营范围为煤炭销售。股东为向葵出资 120 万元股权占比 60%,曾鹏飞出资 80 万元,股权占比 40%。而后注册资本变更为 1000 万元,股东变更为欧阳某(股权占比 92%),蔡某(股权占比 8%)。2014 年 8 月 20 日佳旭公司作出《投资人决议》,决定注销江西佳旭公司,成立清算小组,由欧阳某、蔡某组成清算组对公司债权债务进行清算,欧阳某为清算组负责人。2014 年 9 月 5 日佳旭公司在江西《新法制报》上刊登注销公告:江西佳旭燃料有限公司经股东会决议,拟申请注销,请相关债权、债务人自本公告之日起 45 日内与本公司联系。2014 年 11 月 23 日佳旭公司清算组出具《公司清算报告》:截至 2014 年 11 月 23 日,公司资产总额为 4,649,895.78 元,其中净资产 4,649,895.78 元,负债总额为 0 元。公司资产总额为 4,649,895.78 元,并按以下顺序进行清偿:(1)清算费用 0 元;(2)所欠职工工资、社会保险费用和法定补偿金 0 元;(3)剩余财产按股东出资比例分配。截至 2014 年 11 月 23 日,公司债权债务已清算完毕,剩余财产已分配完毕,实收资本为零。2014 年 11 月 27 日,佳旭公司办理了注销登记,公司股东会确认意见:本公司清算组出具的清算报告已经公司股东会审议确认,报告内容不含虚假,如有虚假,全体股东愿承担一切法律责任。2008 年 11 月 8 日《煤炭购销合同》系通力公司与佳旭公司之间的买卖合同,其效力一般情况下仅及于合同的双方当事人,对合同以外的当事人不具有约束力。根据有关法律规定,股东以其出资额为限对公司承担责任。因此,欧阳某与蔡某作为佳旭公司的股东,本案所涉买卖合同的效力不及于上述 2 名股东。通力公司与欧阳某、蔡某之间并不构成买卖合同法律关系，原审认定通力公司与欧阳某、蔡某之间系买卖合同纠纷并据此适用《合同法》的相关规定错误，法院予以纠正。从本案来看，由于佳旭公司已经清算注销，通力公司以欧阳某、蔡某为佳旭公司股东为由起诉他们偿还佳旭公司所欠款项，应当根据《公司法》的有关规定对双方的债权债务进行认定，因此本案案由应认定为股东损害公司债权人利益责任纠纷，而不是买卖合同纠纷。根据《公司法》第184条之规定，清算组在清算期间必须通知、公告债权人。第185条同时规定："清算组应当自成立之日起十日内通知债权人，并于六十日内在报纸上公告。"本案中，通力公司与佳旭公司之间自2008年起一直存在煤炭购销业务关系，双方之间的债权债务关系也一直未予厘清。经查明，通力公司向佳旭公司总共预付购煤26,558,850元，佳旭公司总共向通力公司开具了总额为20,726,546.17元的运费收据、结算凭证及增值税发票，以上两项相抵，通力公司多支付给佳旭公司的购煤款5,832,303.83元，欧阳某、蔡某虽然否认通力公司多支付购煤款5,832,303.83元，但并没有提供相应的证据证明佳旭公司向通力公司交付了与购煤款相对应的煤炭数量，也未提供证据证明其未侵占上述5,832,303.83元购煤款。因此，法院认为通力公司多支付给佳旭公司购煤款5,832,303.83元的事实成立，欧阳某、蔡某的主张没有事实依据，法院不予支持。欧阳某、蔡某应当将通力公司多支付给佳旭公司购煤款5,832,303.83元返还给通力公司。2014年8月20日，佳旭公司决定注销，并成立由欧阳某、蔡某组成的清算组，对公司债权债务进行清算，则清算组应当自成立之日起10日内通知债权人通力公司，但清算组并未按照《公司法》第185条、第186条之规定通知通力公司，仅于2014年9月5日通过江西《新法制报》刊登公告通知相关债权、债务人自公告之日起45日内与清算组联系，佳旭公司清算组的行为违反上述法律规定。且在本案中，通过二审庭审查明，佳旭公司明明知晓通力公司的联系方式却不直接通知通力公司参与债权债务清算，主观上存在故意或重大过失，损害了通力公司的利益。根据《公司法》第189条第3款之规定，清算组成员因故意或者重大过失给公司或者债权人造成损失的，应当承担赔偿责任。因此，作为清算组成员的欧阳某、蔡某应当向通力公司承担赔偿责任，也即应当承担向通力公司偿还5,832,303.83元债务及利息的责任。

四、虚开发票及偷逃税款

企业在购销商品、提供或者接受经营服务以及从事其他经营活动时，都应当按照具体交易情况依法律规定开具、使用、取得发票。发票是会计计算账务、制作会计账目的重要凭证，同时也是会计核算的原始凭证。只有填制合法、真实的发票，会计核算才能准确，会计核算的结果才能得到保证，对外提供的会计信息才会真实、有效。其中税务机关作为发票管理的主管机关，负责发票印制、领购、开具、取得、保管、缴销等管理和监督职责。但是有许多企业受非法利益的驱使，违反法律规定开具和使用发票。其中最为常见的典型的行为就是虚开发票行为。依虚开的发票种类又可分为虚开增值税专用发票和虚开一般发票。①

虚开发票的情况一般分为为他人虚开发票，即开票人在没有实际商品交易或没有提供服务的情况下为他人开具发票，或者是开票人虽然存在实际的商品交易或者对外提供了相应的服务，但其所开具的发票交易内容、交易数量或交易金额与实际情况不符。在实务中，也存在没有实际商品交易或没有提供服务的情况下开票人为自己虚开发票的情况，这种情况多见于虚开增值税专用发票和其他可以用于获取出口退税、抵扣税款的发票。开票人用这些虚开发票来骗取出口退税或者抵扣进项税款，损害国家利益。除以上两种外，还存在让他人为自己虚开发票，即在开票人与行为人没有实际商品交易或没有提供服务的情况下，行为人支付一定费用或以其他手段请求他人为自己虚开发票，并利用虚开发票实现自己侵占或贪污资金，套取税款、资金等不法目的。也有介绍他人为另一人虚开发票的，属于上述三种虚开发票行为的共犯。

虚开发票，情节轻微影响不大的，受税务机关相应的处罚即可；情节严重恶劣的，将会被司法机关追究相应的法律责任。其中《发票管理办法》第 37 条规定："违反本办法第二十二条第二款的规定虚开发票的，由税务机关没收违法所得；虚开金额在 1 万元以下的，可以并处 5 万元以下的罚款；虚开金额超过 1 万元的，并处 5 万元以上 50 万元以下的罚款；构成犯罪的，依法追究刑事责任。非法代开发票的，依照前款规定处罚。"《刑法》第 205 条第 1 款规定："虚开增值

---

① 参见《公司财务管理的法律风险和防范控制》，载新浪博客，http://www.docin.com/p-520779852.html，最后访问日期：2019 年 10 月 1 日。

税专用发票或者虚开用于骗取出口退税、抵扣税款的其他发票的，处三年以下有期徒刑或者拘役，并处二万元以上二十万元以下罚金；虚开的税款数额较大或者有其他严重情节的，处三年以上十年以下有期徒刑，并处五万元以上五十万元以下罚金；虚开的税款数额巨大或者有其他特别严重情节的，处十年以上有期徒刑或者无期徒刑，并处五万元以上五十万元以下罚金或者没收财产。”《刑法修正案（八）》第33条规定：“在刑法第二百零五条后增加一条，作为第二百零五条之一：‘虚开本法第二百零五条规定以外的其他发票，情节严重的，处二年以下有期徒刑、拘役或者管制，并处罚金；情节特别严重的，处二年以上七年以下有期徒刑，并处罚金。单位犯前款罪的，对单位判处罚金，并对其直接负责的主管人员和其他直接责任人员，依照前款的规定处罚。’”

企业偷逃税款，非法清算、虚开发票，固然在一时能将利润留存于企业，但以发展的眼光看，这样的行为给企业埋下了严重的安全隐患，这些隐患爆发之时会给企业造成巨大的经济损失。依据《税收征收管理法》第63条的规定：“纳税人伪造、变造、隐匿、擅自销毁帐簿、记帐凭证，或者在帐簿上多列支出或者不列、少列收入，或者经税务机关通知申报而拒不申报或者进行虚假的纳税申报，不缴或者少缴应纳税款的，是偷税。对纳税人偷税的，由税务机关追缴其不缴或者少缴的税款、滞纳金，并处不缴或者少缴的税款百分之五十以上五倍以下的罚款；构成犯罪的，依法追究刑事责任。扣缴义务人采取前款所列手段，不缴或者少缴已扣、已收税款，由税务机关追缴其不缴或者少缴的税款、滞纳金，并处不缴或者少缴的税款百分之五十以上五倍以下的罚款；构成犯罪的，依法追究刑事责任。”由此，企业的上述行为并不会为企业带来实际的经济收益，反而会在企业的发展过程中横添一道障碍。

参考案例

范某偷逃税款案[①]

范某在电影《大轰炸》剧组拍摄过程中实际取得片酬3000万元，其中1000

① 参见江苏省税务局2018年9月30日《税务处理决定书》。

万元已经申报纳税，其余2000万元以拆分合同方式偷逃个人所得税618万元，少缴营业税及附加112万元，合计730万元。此外，还查出范某及其担任法定代表人的企业少缴税款2.48亿元，其中偷逃税款1.34亿元。

对于上述违法行为，根据国家税务总局指定管辖，江苏省税务局依据《税收征收管理法》第32条、第52条的规定，对范某及其担任法定代表人的企业追缴税款2.55亿元，加收滞纳金0.33亿元；依据《税收征收管理法》第63条的规定，对范某采取拆分合同手段隐瞒真实收入偷逃税款处4倍罚款，计2.4亿元；对其利用工作室账户隐匿个人报酬的真实性质偷逃税款处3倍罚款，计2.39亿元；对其担任法定代表人的企业少计收入偷逃税款处1倍罚款，计94.6万元；依据《税收征收管理法》第69条和《税收征收管理法实施细则》第93条的规定，对其担任法定代表人的两户企业未代扣代缴个人所得税和非法提供便利协助少缴税款各处0.5倍罚款，分别计0.51亿元、0.65亿元。

依据《行政处罚法》第42条以及《江苏省行政处罚听证程序规则》相关规定，9月26日，江苏省税务局依法先向范某下达《税务行政处罚事项告知书》，对此范某未提出听证申请。9月30日，江苏省税务局依法已向范某正式下达《税务处理决定书》和《税务行政处罚决定书》，要求其将追缴的税款、滞纳金、罚款在收到上述处理处罚决定后在规定期限内缴清。

依据《刑法》第201条的规定，由于范某属于首次被税务机关按偷税予以行政处罚且此前未因逃避缴纳税款受过刑事处罚，上述定性为偷税的税款、滞纳金、罚款在税务机关下达追缴通知后在规定期限内缴纳的，依法不予追究刑事责任。超过规定期限不缴纳税款和滞纳金、不接受行政处罚的，税务机关将依法移送公安机关处理。

经查，2018年6月，在税务机关对范某及其经纪人牟某广所控制的相关公司展开调查期间，牟某广指使公司员工隐匿、故意销毁涉案公司会计凭证、会计账簿，阻挠税务机关依法调查，涉嫌犯罪。现牟某广等人已被公安机关依法采取强制措施，案件正在进一步侦查中。

国家税务总局已责成江苏省税务局对原无锡市地方税务局、原无锡市地方税务局第六分局等主管税务机关的有关负责人和相关责任人员依法依规进行问责。同时，国家税务总局已部署开展规范影视行业税收秩序工作。对在2018年12月31日前自查自纠并到主管税务机关补缴税款的影视企业及相关从业人员，免予行政处罚，不予罚款；对个别拒不纠正的依法严肃处理；对出现严重偷逃税行为且未依法履职的地区税务机关负责人及相关人员，将根据不同情形依法依规严肃问责或追究法律责任。

第二节　财务管理行为不当问题

相对于企业的一般工作人员而言，财务人员属于专业人员，一般需要持有相应的资格证书才能应聘上岗。这些专业的财务人员，如对外提供虚假的财务资料、证明文件，则会被吊销相应的资质证书，并被追究提供虚假证明文件罪等刑事责任。相比于企业的会计工作，企业的审计工作多由会计师事务所等机构开展，当然，一些对会计工作管控较为严格的企业会设置内部的审计部门或单个审计员工，但是对外公示的报表必须经过注册会计师审计。经过中介机构的审计并不能为提供虚假资料的财务人员脱罪免责，其依旧应为其提供的虚假资料承担责任。企业财务管理行为的不当可能会导致企业管理行为与《公司法》《证券法》《企业破产法》等法律、法规的规定相抵触，并且，企业及相关责任人应当对此承担相应的法律责任。以上市公司为例，按期提交完整的财务报表是其法定义务，如因企业提供虚假的财务报表而给投资人造成损失的，投资人可以其财务报表存在虚假记载、重大遗漏、误导性陈述等为由追究企业及其相关负责人员的法律责任。

在此提及企业财务管理行为不当的目的并非从单方面来分析部分法律责任，而是希望替企业归纳出一个在财务管理中的通用原则。税收是政府行使职权的重要经济支持，系国家维系统治之根本。因此，在缴纳税费、进行财务管理时，企业不应当抱有侥幸心理。即使瞒得过一时，也会有东窗事发之日。相比企业经营中的其他行为，企业的财务管理行为受法律的约束更为严格，但也正是因为法律对财务违法行为规定得比较细致，所以只要在法律未进行规定，即不禁止的范围内进行合法、合理的避税与财务管理，就是被法律允许的，在实践中这种现象也比较常见。

企业如果对自身的财务状况存在疑惑或担忧，但自行进行内部审查又存在障碍和困难，那么可以聘请相应的审计机构对企业的财务现状进行审计。审计除具有审查企业财务状况的功能外，更类似于一种信用类担保，即该审计机构可以证明企业在某阶段或某个方面的财务状况不存在任何问题。与此相类似的是，我国政府内部设有审计机关，其职能由《审计法》调整，目的是加强国家的审计监督，维护国家财政经济秩序，提高财政资金使用效益，促进廉政建设，保障国民经济和社会健康发展。审计机关对政府投资和以政府投资为主的建设项目的预算执行情况与决算，对政府部门管理的和其他企业受政府委托管理的社会保障基金、社会捐赠资金以及其他有关基金、资金的财务收支，进行审计监督。审计机关对上述相关企业进行审计时，有权检查被审计企业的会计凭证、会计账簿、财务会计报告和运用电子计算机管理财政收支、财务收支电子数据的系统，以及其他与财政收支、财务收支有关的资料和资产，被审计企业不得拒绝。[①] 审计的存在即为了规范会计行为，保证会计资料真实、完整，加强经济管理和财务管理，提高经济效益，维护社会主义市场经济秩序。同样地，审计机构在企业的聘用下进行审计工作时，也相应具有上述权力和职责。

第三节 企业债券

企业举债是企业发展的最本能也是最直接有效的融资方式。我国多数民营企业，在资金紧张时会出现企业负责人直接出面集资的情况。但是面向一般大众进行集资，资金所有权发生转移，并且募集人数超过 50 人、资金转移至个人账户的，非常容易被认定为非法集资。非法集资在我国是极严重的经济犯罪，曾经最高可判死刑。虽然多数时候企业家所集资得到的款项确实用于企业的经营，也有偿还的意愿，但在情况恶化、难以偿还债务时往往无法避免法律对企业及企业负责人的刑事追责。

为此，出现了一种合理、有效并且安全的办法为企业筹集资金，即发行企业债券。发行企业债券相比于其他的集资方式，对于企业及企业家来说责任风险较小。按照国务院 1993 年 8 月颁布实施的《企业债券管理条例》第 5 条的规定："本条例所称企业债券，是指企业依照法定程序发行、约定在一定期限内还

① 李越冬：《国家审计机关聘用审计动因分析》，载《商业会计》2011 年第 6 期。

本付息的有价证券。”对企业来说，发行企业债券是一种长期有效的集资，并且企业可以依据现有的经营状况，结合市场需求以及未来的发展方向和规模，通过科学的预测方式确定企业对于资金的需求状况，在可以控制的范围内发行企业债券，这也是对企业的一种良性激励。对企业家来说，以企业名义合法合规发行企业债券将使企业家完全地规避于风险外，即使企业后期因经营性问题导致无力偿还已经发行的企业债券，也不会由企业家来承担相应的法律责任。

普通的企业在融资过程中同样有可能会面临新引进的大股东实力过强，喧宾夺主，导致企业和企业家陷入危机的情况。在“万科宝能之争”中，宝能系作为“野蛮人”收购万科股份，宝能系掌舵人姚振华甚至直接表态，若宝能系收购到了万科足够多的股份，必然会罢免万科的董事长王石，以及万科现有的一干高层。依据我国法律规定，企业债券持有人仅有权按照企业发行债券时的约定期限依法取得相应利息、收回本金，并无权参与到企业的经营与管理之中。因此，企业发行企业债券可以很好地避免所引入资金的持有人对于企业的干预，及其给企业管理治理所带来的不确定性、不安全性。

综上，再论及我国法律法规对于发行企业债券的规定。法律对企业发行债券的资格以及方式进行了严格的限制。《企业债券管理条例》规定，企业发行企业债券必须按照《企业债券管理条例》的规定进行审批，未经批准不得擅自发行和变相发行企业债券。若企业未经批准发行或者变相发行企业债券或未通过证券经营机构发行企业债券，相关机关有权责令该企业停止发行活动，就已发行的企业债券退还非法所筹资金，并有权处以相当于非法所筹资金金额5%以下的罚款。依据企业的性质不同，审批机关也不尽相同。《企业债券管理条例》第11条规定：“企业发行企业债券必须按照本条例的规定进行审批；未经批准的，不得擅自发行和变相发行企业债券。中央企业发行企业债券，由中国人民银行会同国家计划委员会审批；地方企业发行企业债券，由中国人民银行省、自治区、直辖市、计划单列市分行会同同级计划主管部门审批。”同时，第12条规定，发行企业债券的企业的营业规模必须要达到国家规定的要求，并且企业的财务会计制度也必须符合国家的规定，企业也应当具有清还所发行的企业债券的能力，即企业经济效益良好，发行前3年连续盈利，所筹资金的用途也应当符合国家的产业政策。除《企业债券管理条例》的上述规定外，我国其他法律、法规也对企业发债的要求进行了一系列的规定。

为了避免企业为筹集资金，过分抬高购买企业债券的承诺利益，从而导致风险增大、失去掌控的现象，《企业债券管理条例》第 18 条对企业发行债券的利率进行了一定程度上的控制。具体体现为：企业发行债券的利率不得高于银行同期居民储蓄定期存款利率的 40%。第 20 条规定，企业发行债券所筹集的资金还应当按照审批机关批准的用途，用于本企业的生产经营。企业发行债券所筹集的资金不应当用于与企业正常经营活动无关的其他投资，特别是将其投入房地产买卖、股票买卖、期货交易等风险性投资之中。这些举措在保护债券持有人的同时，也保护着作为债券发行人的企业。同时第 31 条还规定，非证券经营机构和个人经营企业债券的承销或者转让业务的，责令停止非法经营，没收非法所得，并处以承销或者转让企业债券金额 5% 以下的罚款。企业债券的转让，应当在经批准的可以进行债券交易的场所进行，这也避免了债券的恶意流转。

参考案例

周某 1 与江苏银杉实业集团有限公司债券纠纷案[①]

周某 1 的父亲周某 2 曾是原江苏银杉实业有限总公司（以下简称银杉公司，已更名为江苏银杉实业集团有限公司）的股东并担任副董事长。1993 年 1 月，银杉公司未经中国人民银行批准发行企业内部债券。债券章程规定，债券期限为 1 年，即 1993 年 1 月 9 日至 1994 年 1 月 9 日，月利率为 1.5%，不计名、不挂失，经董事长签名后生效。周某 2 购得债券 40,000 元。债券到期后，周某 2 未兑现上述债券。周某 2 在 1996 年离开银杉公司时仍未兑现上述债券。2011 年 1 月，周某 2 将上述债券交给周某 1，周某 1 持上述债券到银杉公司兑付未果。2012 年 3 月，周某 1 提起诉讼。法院认为，根据国务院《企业债券管理条例》第 11 条的规定，企业发行企业债券必须按规定进行审批；未经批准的，不得擅自发行和变相发行企业债券。中央企业发行企业债券，由中国人民银行会同

① 江苏省南京市中级人民法院(2012)宁商终字第 790 号民事判决书。

国家计划委员会审批;地方企业发行企业债券,由中国人民银行省、自治区、直辖市、计划单列市分行会同同级计划主管部门审批。此案银杉公司发行企业内部债券,未经中国人民银行批准,系违反国家金融法规的无效民事行为,案涉债券应认定为无效。银杉公司因该无效民事行为所获得的债券本金,应当返还给债券购买人周某2。由于案涉债券无效,故周某2与银杉公司之间属普通债权债务关系,周某2向人民法院请求保护民事权利的诉讼时效期间为2年。案涉债券的到期之日为1994年1月9日,周某2当时在银杉公司工作,其未要求银杉公司给付债券本金及利息。周某2 1996年离开银杉公司时,也未要求银杉公司给付债券本金及利息。周某2 2011年1月将案涉债券交给周某1时,距1994年1月9日已有17年。现周某1要求银杉公司给付债券本金及利息,既未提供周某2将案涉债权转让给其的证据,也未提供诉讼时效曾发生中止或中断的证据,故对周某1要求银杉公司给付债券本金和利息的诉讼请求,法院不予支持。

第六章　企业运转过程中的法律风险及防范

企业在生产经营过程中所遇到的法律问题形形色色，难以列举穷尽，其中因企业内部管理行为不当而招致的部分法律风险因其多样性、特殊性，更是难以做到一一归类，为此本章尽可能多地将其中较为典型的法律风险进行列举。

企业作为一个社会参与度较高的经济组织，在正常运转的情况下必然会与外界有频繁的接触，接触过程中难免会产生各式各样的摩擦与纠纷，这些纠纷可能无关痛痒，也可能被诉至法院。企业在运转过程中所遭遇的法律风险不能仅仅考虑到企业的制度、规章等因素，更应该考虑到与企业相关的"人的因素"。

第一节　企业决策违规

企业所作决策违规大多表现在两个方面：一是企业所作决策内容的违规，也就是决策实体违规即企业所作出的决策的内容违反法律、行政法规的规定，或者违反企业自身的规章制度，这解决企业可以做什么，不可以做什么的问题；二是企业作出决策的程序违规，即虽然企业所作决策的内容并未有所不当，但得出此项决策的程序违反法律规定或者企业自身制定的规章制度，这解决企业若想要达到一个目的应该怎么去做的问题。

企业所作决策的实体性违规在此并不难理解，即企业可以进行的经营活动是以其在市场监督管理部门所做登记的经营事项为准的。除依法需要有关部门批准后方可开展经营活动的项目或国家禁止的经营项目外，一般的超越经营范围类经营不会被责以严苛的法律责任。我国法律对于企业的实体性违法并未有单行法作明确规定，但可以参照《民法典》《公司法》进行考量。《民法典》第 505 条规定："当事人超越经营范围订立的合同的效力，应当依照本法第一编第六章第三节和本编的有关规定确定，不得仅以超越经营范围确认合同无效。"

我国《民法典》等法律条文虽然赋予了企业较大的经营自主权，但企业的经营自主权不应妨害或有违我国其他法律法规的规定。无论是企业股东会、股东大会还是董事会所作出的决议，若其内容违反我国法律法规的规定，则应当被视为无效。《公司法》第 22 条规定，股东会、股东大会，或董事会的召集程序、表决方式有违法律法规或企业章程，或决议内容有违企业章程的，企业股东可以自企业相关机构作出决议之日起 60 日内，向人民法院提起撤销之诉。企业股东依照上述规定提起股东撤销之诉的，企业可以请求人民法院，要求提起诉讼的股东提供相应的担保。若企业已根据股东会、股东大会或董事会决议完成变更登记后，人民法院判决宣布该决议属于无效决议或撤销该决议的，企业应当向公司登记机关申请撤销其的变更程序。

上述均为企业所作决策的实体性违规情况，企业在经营时应当尽量避免所作决策中含有法律所禁止的内容，因为这样的决策会使企业的此次经营行为充满了不确定性。虽然这种不确定性在某种程度上是可控的，但是这样的决策以及经营行为必然存在极大的法律风险。即使涉及企业这项经营行为中的各方均默认此次违规交易，但是企业仍然可能招致来自市场监督管理部门、税务部门等国家机关的追问，乃至处罚。

企业所作决策的程序性违规是完全可以避免的，企业若是因为程序性违规导致一次经营项目的失败，使企业的利益受损，是完全得不偿失的。由于我国单行法规较多，所以一些中小型企业甚至一些大型企业都可能不完全了解一些交易行为中法律所规定必须经过的程序。所以就需要一些专业的律师、会计师等为企业进行专项服务，以此规避企业因为不知晓、不清楚法律法规而导致的利益受损。《公司法》第 20 条规定，企业股东在行使其股东权利时，应当遵守法律法规的规定，遵循企业内部的管理办法和章程，不得滥用股东权利和企业法人人格独立地位损害企业、企业其他股东及企业债权人等的利益。企业股东滥用权利给企业或企业其他股东造成损失的，应当就相应损失依法承担赔偿责任。企业股东滥用企业法人人格独立地位和股东有限责任，逃避债务，严重损害企业债权人利益受损的，该股东应当对企业由此产生的债务在一定范围内承担连带责任。

第二节 企业僵局

公司作为企业出现的主要形式，整体结构一般比较完整，除个别例子外，“公司僵局”一般能够体现“企业僵局”出现的各种形式。因此，本书在解释企业僵局时以公司为例，将“企业僵局”作扩大化解释。企业僵局，即指企业陷入无法正常运营的状态。致使企业陷入僵局的原因各种各样，有可能来自企业自身运营所导致的资金链断裂，也可能是因为企业内部无法达成有效决议。本节主要讨论如何避免企业在运营过程中由于企业各大股东、董事之间的矛盾冲突激化而导致的僵持状态，进而导致股东（大）会、董事会等决策机关无法正常运行并按法定程序做出相应的决策，从而导致企业陷入非正常运转的状态，甚至是瘫痪的状态。①

企业在经营过程中受到意外的市场波动等诸多因素影响，导致交易环境不稳定而引起的资金链紧张是很难避免的，此时更能考验一个企业的决策团体是否能够作出高效正确的决定。企业因为经营条件恶化、资金链紧张等导致的僵局，并不能使企业完全束手无策，反而由于企业的决策机构内部矛盾激化从而导致企业的决策机构失灵，即企业的大脑死去，无法运行的情况，才会导致真正的“企业僵局”。在此种情况下，如若企业未曾预设解决“企业僵局”的应急处理办法，那么“企业僵局”非常有可能导致一个企业一蹶不振，甚至解散。显然一个企业的决策层在无法对外作出任何有效决策的情况下，企业不能对外进行正常的经营活动。由于当下资本的特性，企业陷入僵局停止对外经营盈利必然导致其资产的无谓损耗和流失。并且此种情形不会随着时间的流逝而有所缓和，企业决策层之间的矛盾，只会因为企业陷入僵局后的不断亏损而愈演愈烈。并且在今瞬息万变的市场上，一个企业陷入僵局，那么它所处的整个产业链的

① 郑曙光：《论僵尸企业的成因及法治化治理对策》，载《法治现代化研究》2019 年第 1 期。

上层供应商、下层企业客户、它的内部员工、债权人都不会有足够的耐心和时间去等它重新恢复正常,而会迅速有新的企业来接替它的位置。所以一个企业在陷入僵局时,应该迅速地脱离这样的困境,笔者认为这样的"企业僵局"是可以从企业内部的制度规则上避免的。

首先谈谈企业陷入僵局后该如何处理。《公司法》第182条规定,企业的经营状况若发生严重的困难,那么企业的继续存续将会使企业、企业股东等利益相关人蒙受巨大的损失,且无法通过有效的途径解决。此时持有企业全部股东表决权10%以上的股东可以向人民法院请求解散企业,进入破产清算程序。这是解决"企业僵局"的一个有效、简单的手段,但是显然不符合绝大多数人的利益,甚至是请求人民法院解散公司的股东的利益。在穷尽一切手段后,向人民法院申请解散企业也是避免损失扩大化最后的救济途径。如若企业并未前置设计企业陷入僵局之时的处理制度则可以做以下处理:(1)当企业股东或董事之间发生矛盾或分歧时,可以通过协议让较为弱势的一方退出企业,较为强势的一方以双方合议的价格收买退出方的相应股权,从而化解企业陷入僵局的危险。[①] 简单地说,就是较为直接地让矛盾双方中的一方退出决策,以此来推动公司决策的通过。(2)可以借鉴美国等衡平法系国家的经验,由矛盾双方共同引入一个完全独立的监管人,这个监管人完全是中立于矛盾双方,可以是来自律师事务所、会计师事务所、商会等中立机构的人员组成的一个监管人团。但是监管人无法一劳永逸地解决所有者之间的根本冲突。监管人只能作为一种应急手段,企业不可能长时间交给外人监管。监管人管理期间会给决策层的矛盾双方一个缓冲期,以此来商讨如何进一步解决在公司运营过程中所产生的矛盾。

在企业已陷入僵局时再去思考如何解决问题难免会过于仓促,导致很多地方出现纰漏,因此在企业设立之初,便应该引入"企业僵局"的解决制度。

一、规定利害股东、董事表决回避制度

大量的案例说明,企业在经营过程中陷入僵局绝大多数是由企业决策层的利益损失分配不均衡所引起的。在作出一项决策时,让表决层中的利害关系人

① 陈开梓:《公司僵局的预防及法律救济》,载《广西社会科学》2007年第9期。

回避,剩余的人进行表决,能在一定程度上规避上述困境。但是显然这个制度存在致命缺陷,它可能会经常性地排除大股东的表决权,并且大股东的利益也是需要保护的。虽然现今在中国利害股东、董事表决回避制度被大量适用,但是这项制度应该在企业章程内进行细化,不能滥加适用。

二、制定限制控股股东所享有表决权的最高数额制度

企业可以通过章程制定规则限制控股股东所享有表决权的最高数额,如美国宾夕法尼亚州在1989年修改《公司法》时将此方面的法规修改为:"任何股东不论其持股多少,最后只能享有20%的表决权。"

第三节　企业垄断

垄断行为一般被理解为一种市场的独占行为,或与此相类似的、达到排除竞争的一种经济行为,其目的在于通过对于企业在一产业内的市场占比来影响产品的生产成本、销售价格。企业在完成垄断后,往往通过提高生产成本的方式获得较大的利润。因为企业的垄断导致市场竞争力的降低,企业的垄断也妨碍了企业对于技术发展的渴求,以及企业对于提高生产效率,扩大生产规模的积极性。为了完善宏观调控,健全统一、开放、竞争、有序的市场体系,保护市场中各企业的公平竞争,提高市场经济的运行效率,维护消费者权益和社会公共利益,促进我国社会主义市场经济的安全健康发展,我国对境内经济活动中的垄断行为进行预防和制止。我国制定和实施与社会主义市场经济相适应的竞争规则,经营者在经营过程中既存在公平竞争也存在自愿联合,我国法律允许经营者依法实施集中,扩大生产规模,进而提高市场竞争力。但国家对经营者的合法经营活动进行保护的同时,也对其经营行为实施监管和调控,用以维护消费者的合法权益,同时促进市场之中的技术进步。为此具有市场支配地位的经营者,不得滥用市场支配地位,进行排除、限制竞争。在此处所提及的经营者,一般是指从事商品交易或提供服务的自然人、法人和其他社会组织。所提及的相关市场,是指上述经营者在一定期间内就其所提供的商品交易和服务进入市场竞争的经营范围及地域范围。以下为我国常见的几种易被认定为垄断

行为的情况。

一、经营者达成垄断协议

在我国现有的市场环境中,经常会有经营者之间通过达成垄断协议的方式来实现垄断目的,经营者达成的垄断协议在市场交易结构层中分为同层的经营者之间达成垄断协议和处于上下层之间的经营者之间达成垄断协议。

处于同层的经营者之间达成垄断协议一般是指具有竞争关系的经营者之间达成垄断协议,具体体现为垄断协议或其他协同行为,其目的是通过固定或变更商品服务价格、限制商品的生产数量施行饥饿营销、协议分割其所提供商品服务的市场或上级原材料采购市场、限制研究开发,购买新的生产技术或新设备、新产品、联合起来抵制交易,或其他国务院反垄断机构认定属于垄断协议的协议,达到限制市场竞争、排除市场竞争的目的。

处于上下层之间的经营者之间达成垄断协议,一般是指经营者与其交易相对人之间达成垄断协议,具体体现为经营者与交易相对人约定一方固定向第三人转售固定商品的价格,限定一方向第三人转售商品的最低价格,或其他国务院反垄断机构认定属于垄断协议的协议。

参考案例

宏林实业有限公司与陕西省物价局行政处罚争议案①

2015 年 11 月 25 日、12 月 4 日宏林公司两次参加由西安分会组织的关于协商统一调价的会议,两次会议商定机动车检测收费标准小车由原来的每车次 180 元、大车每车次 205 元,上调为小车每车次 380 元、大车每车次 480 元及以上,通过了《监管办法》,并决定统一上调收费标准的时间为 2015 年 12 月 21 日。2015 年 12 月 18 日省物价局会同相关政府部门召开提醒告诫会,明确告知包括宏林公司在内的各机动车检测机构统一机动车检测收费标准行为属于违

① 西安铁路运输中级法院(2017)陕 71 行终 231 号民事判决书。

法行为，将受到法律制裁。2015 年 12 月 29 日，宏林公司以小车每车次 382 元的价格收取西安市莲湖区环城西路社区卫生服务中心的车辆检测服务费，同日以大车每车次 490 元的价格收取陕西长城建筑制品有限公司车辆检测服务费。2016 年 4 月 5 日，省物价局向宏林公司送达了行政处罚事先告知书。同年 4 月 7 日，省物价局收到宏林公司提出的陈述申辩意见。同年 4 月 12 日，省物价局作出陕价反垄断处罚(2016)27 号行政处罚决定书并送达宏林公司。宏林公司不服提起诉讼。另查明，西安分会是陕西省机动车辆检测协会非依法设立的分支机构，宏林公司系其会员企业。西安分会组建了“西安市机动车检测协会”微信群，“空灵”系宏林公司法定代表人蔡红斌。2016 年 4 月 12 日，宏林公司已经履行了陕价反垄断处罚(2016)27 号行政处罚决定书决定的事项内容。宏林公司 2015 年度相关市场销售额为 3,589,828 元。

二审法院认为，《反价格垄断规定》认定构成垄断其他协同行为，应当依据经营者的价格行为具有一致性、经营者进行过意思联络来认定。上诉人作为机动车检测机构经营者，参加了陕西省机动车辆检测协会西安分会关于统一调价的两次会议，与其他经营者进行了意思联络，在其后约定的时间，上诉人实施了涨价的行为，涨价后的价格与协会曾经统一协商的价格趋于一致，并按涨价后的价格收取了车辆检测费，故被上诉人认定上诉人实施了垄断行为符合法律、法规的规定。上诉人认为其在协会会议上有不同意见反对交纳保证金因此不构成协商一致，上诉人反对交纳保证金不是判定其是否构成垄断中意思联络的依据，上诉人的法定代表人蔡红斌在接受被上诉人调查时的笔录承认“由于涨价涉及各检测企业的切身利益，大家都踊跃发言，我企业的闻阿兴站长也发言了，受前面特律(参会的其他检测机构)影响，我企业就默许跟风了，最后大家心照不宣，统一形成了小车 380 元，大车 480 元的共识，也有个人反对，但趋于眼前形势，我企业也没有反对”，因此上诉人认为其并未积极赞同协会统一涨价的意见与事实不符。上诉人没有提交证据证明被上诉人在调查阶段对被调查人员所作笔录内容不真实，且亦承认调查笔录为蔡红斌本人签字，故对上诉人提出被上诉人所制作的调查笔录内容高度一致因而不真实的意见不予采纳。上诉人称自己是经营亏损被迫涨价，但没有提供证据，故该上诉理由不能成立。上诉人对被上诉人行政处罚行政职权、行政程序、处罚数额均无异议，一审认定被上诉人处罚决定正确并无不当。

二、经营者滥用市场支配地位

部分经营者在占据市场支配地位后，使其他企业的市场竞争力变小，甚至可以忽略不计，导致占据市场支配地位的经营者在经营过程中肆无忌惮。本书在此明确如何确认经营者具有市场支配地位。根据《反垄断法》第 18 条的规定，认定经营者是否具有市场支配地位应当考虑如下因素：(1)该经营者在其所处的相关市场之中所占据的市场份额大小，以及该市场的竞争状况；(2)该经营者对于其下级商品服务销售市场以及上级原材料采购市场的控制程度；(3)该经营者自身的财力状况和技术条件；(4)其他经营者对该经营者在市场交易之中的依赖程度；(5)其他经营者进入相关市场的难易程度；(6)其他与认定该经营者是否具有市场支配地位的相关因素。

《反垄断法》第 19 条规定，据有下列情形之一的，可以推定经营者具有市场支配地位：(1)一个经营者在相关市场的市场份额达到 1/2 的；(2)两个经营者在相关市场的市场份额合计达到 2/3 的；(3)三个经营者在相关市场的市场份额合计达到 3/4 的。有第 2 项、第 3 项规定的情形，其中有的经营者市场份额不足 1/10 的，不应当推定该经营者具有市场支配地位。被推定具有市场支配地位的经营者，有证据证明不具有市场支配地位的，不应当认定其具有市场支配地位。

在通常情况下，经营者占据市场支配地位，并不必然带来负面影响，反而可能会因市场资源的集中，推动市场经济的发展、技术的革新。但具有市场支配地位的经营者滥用市场支配地位便会带来极其恶劣的影响。根据《反垄断法》第 17 条的规定，具有市场支配地位的经营者从事下列行为将会被认定为滥用市场支配地位：(1)以不公平的高价销售商品或者以不公平的低价购买商品；(2)没有正当理由，以低于成本的价格销售商品；(3)没有正当理由，拒绝与交易相对人进行交易；(4)没有正当理由，限定交易相对人只能与其进行交易或者只能与其指定的经营者进行交易；(5)没有正当理由搭售商品，或者在交易时附加其他不合理的交易条件；(6)没有正当理由，对条件相同的交易相对人在交易价格等交易条件上实行差别待遇；(7)国务院反垄断执法机构认定的其他滥用市场支配地位的行为。

三、具有或者可能具有排除、限制竞争效果的经营者集中

经营者集中作为企业扩大企业生产规模的一种通常手段，在市场经济活动中较为常见。经营者集中一般通过经营者之间相互合并、经营者通过取得股权或者资产的方式实现对其他经营者的控制、经营者通过合同等方式取得对其他经营者的控制权或者能够对其他经营者施加决定性影响来实现。

一般情况下，经营者集中并不需要征得相关政府机构同意，但若经营者集中达到国务院规定的申报标准的，经营者在进行经营者集中前应当事先向国务院反垄断执法机构申报，未经国务院反垄断执法机构许可经营者不得实施集中。根据《反垄断法》第 23 条的规定，需要申报的经营者向国务院反垄断执法机构申报时，应当提交下列文件、资料：(1)申报书；(2)集中对相关市场竞争状况影响的说明；(3)集中协议；(4)参与集中的经营者经会计师事务所审计的上一会计年度财务会计报告；(5)国务院反垄断执法机构规定的其他文件、资料。其中申报书应当载明参与集中的经营者的名称、住所、经营范围、预定实施集中的日期和国务院反垄断执法机构规定的其他事项。第 25 条规定，国务院反垄断执法机构就经营者的申报未作出决定前，经营者不得实施集中。国务院反垄断执法机构作出不实施进一步审查的决定或者逾期未作出决定的，经营者可以实施集中。第 28 条规定，若将要进行的经营者集中具有或者可能具有排除、限制竞争效果的，国务院反垄断执法机构应当作出禁止经营者集中的决定。但是，经营者能够证明该集中对竞争产生的有利影响明显大于不利影响，或者符合社会公共利益的，国务院反垄断执法机构可以作出对经营者集中不予禁止的决定。根据第 31 条的规定，对外资并购境内企业或者以其他方式参与经营者集中，涉及国家安全的，除依照上述规定进行经营者集中审查外，还应当按照国家有关规定进行国家安全审查。

《反垄断法》实际上对已经实现经营者集中的经营者集中行为不进行限制。例如，第 22 条规定，经营者集中有下列情形之一的，可以不向国务院反垄断执法机构申报：(1)参与集中的一个经营者拥有其他每个经营者 50% 以上有表决权的股份或者资产的；(2)参与集中的每个经营者 50% 以上有表决权的股份或者资产被同一个未参与集中的经营者拥有的。

四、行政垄断

行政垄断仅从字面上便可以作出理解，即行政权力进入市场，干预市场的正常经营、竞争与发展。行政权力作为一种强权力介入市场竞争后，几乎没有经营者能排除其对正常经营的干扰。行政垄断在市场经营中较为常见的情况有：一些地方政府滥用行政权力，在其辖区范围内设置特殊门槛，阻止辖区外经营者进入其辖区，或者给予本地经营者以便利条件，降低本地经营者的经营成本，抬高外来经营者的经营成本以达到排除、限制竞争的目的。更有甚者会限定乃至指定经营者经营、购买、使用部分经营者提供的特定的商品、原材料。行政垄断的行为人不仅仅局限于行政机关，也包括法律法规授权的具有管理公共事务职能的组织。简单地说，行政垄断即为行政机关和法律法规授权的具有管理公共事务职能的组织利用其行政权力非法妨碍商品在地区之间的自由流通。我国《反垄断法》第33条也对行政垄断行为做出过一些具体的列举，如对外地商品设定歧视性收费项目、实行歧视性收费标准、规定歧视性价格；对外地商品规定与本地同类商品不同的技术要求、检验标准，对外地商品采取重复检验、重复认证等歧视性技术措施，限制外地商品进入本地市场；采取专门针对外地商品的行政许可，限制外地商品进入本地市场、设置关卡或者采取其他手段；阻碍外地商品进入或者本地商品运出，妨碍商品在地区之间自由流通的其他行为。

参考案例

国家发展改革委办公厅《关于建议纠正蚌埠市卫生计生委滥用行政权力排除限制竞争有关行为的函》[①]

安徽省人民政府办公厅：

根据举报，我委对你省蚌埠市卫生和计划生育委员会（以下简称蚌埠市卫

① 发改办价监〔2015〕2175号。

计委)在药品集中招标采购中,涉嫌滥用行政权力排除限制竞争的行为进行了调查。调查显示,2015年4—5月,蚌埠市卫计委分三次组织发布公告,进行药品采购。其中,4月10日发布的《蚌埠市公立医疗机构临床用药单品种带量采购询价公告》(皖C-2015-CG-X-111)中,不仅确定了30种药品的品种、规格和剂型,还直接确定了生产企业,排除和限制了同种药品不同生产企业之间的竞争,不利于通过市场竞争形成合理价格,违反了《反垄断法》第32条"行政机关和法律、法规授权的具有管理公共事务职能的组织不得滥用行政权力,限定或者变相限定企业或者个人经营、购买、使用其指定的经营者提供的商品"和第37条"行政机关不得滥用行政权力,制定含有排除、限制竞争内容的规定"要求。

在4月10日发布的市区组竞争性磋商公告(皖C-2015-CG-C-112)和5月22日发布的三县组竞争性磋商公告(皖C-2015-CG-C-168)中,对本地和外地经营者设置不同的资质要求,排除了外地潜在投标者,不利于促进相关市场充分竞争,控制药品虚高价格,违反了《反垄断法》第34条"行政机关和法律、法规授权的具有管理公共事务职能的组织不得滥用行政权力,以设定歧视性资质要求、评审标准或者不依法发布信息等方式,排斥或者限制外地经营者参加本地的招标投标活动"和第37条"行政机关不得滥用行政权力,制定含有排除、限制竞争内容的规定"要求。

根据《反垄断法》第51条关于"行政机关和法律、法规授权的具有管理公共事务职能的组织滥用行政权力,实施排除、限制竞争行为的,由上级机关责令改正;对直接负责的主管人员和其他直接责任人员依法给予处分。反垄断执法机构可以向有关上级机关提出依法处理的建议"的规定,特建议你省责令蚌埠市卫计委改正相关行为,并对本省药品集中采购中是否还存在其他违反《反垄断法》排除限制竞争行为,从总体上予以清理和规范。案件主要事实和具体整改建议附后。

2015年3月,蚌埠市卫计委等6部门印发《蚌埠市公立医疗卫生机构药品耗材设备集中采购实施办法(暂行)》,成立蚌埠市公立医疗卫生机构药品、耗材及设备集中采购工作办公室(以下简称采购办公室)和全市公立医疗机构采购联合体(以下简称采购联合体)。其中,采购办公室设在蚌埠市卫计委;采购联合体由全市94家公立医疗机构组成(其中一家为精神病医院)。

4—5月，蚌埠市卫计委分三次发布公告，进行药品采购。其中一次为单品种带量采购；两次为打包带量采购（精神病医院未参加打包带量采购）。基本情况如下：

（1）2015年4月10日，发布《蚌埠市公立医疗机构临床用药单品种带量采购询价公告》（皖C－2015－CG－X－111，以下简称111号询价公告），对30种确定品种、规格、剂型和生产厂家的药品进行询价，采购总金额1.004亿元。公告中规定投标人资格为“在本次单品种带量采购范围内的生产企业”，要求“单品种让利幅度不得低于25%（与省中标价相比下降至少25%）”。4月21日和22日，采购办公室分两次，对18个生产企业共21种药品接受25%降价幅度的情况进行了公示。蚌埠市卫计委表示，对未成交的9个品种，目前已经选择了替代性品种，并在两次打包带量采购中予以解决。

（2）2015年4月10日，发布市区组竞争性磋商公告（皖C－2015－CG－C－112项目，以下简称112号公告），对33家市区医院使用2619种药品进行打包带量采购，采购总金额2.78亿元。公告要求投标供应商整体打包报价，并规定选取“10家供应商（市内5家，市外5家）”中标。调查显示，共有12家药品配送企业参与投标。4月21日，采购办公室发布公示，确定了10家中标企业名单。

（3）2015年5月22日，发布三县组竞争性磋商公告（皖C－2015－CG－C－168项目，以下简称168号公告），蚌埠市怀远、五河和古镇三县共60家公立卫生医疗机构对2850种确定品种、规格、剂型和生产厂家的药品进行打包带量采购，采购总金额2.9亿元。168号公告也要求投标供应商整体打包报价，规定选取12家成交配送企业数量中标（其中本市企业6家，市外企业6家）。共有18家药品配送企业参与投标。6月2日，采购办公室确定12家中标企业名单。

违反《反垄断法》的有关情况：按照蚌埠市卫计委等6部门下发的《蚌埠市公立医疗卫生机构药品耗材设备集中采购实施办法（暂行）》，“集中采购工作机构设在市卫生计生委，名称为蚌埠市公立医疗卫生机构药品、耗材及设备集中采购工作办公室。主要承担药品、耗材及设备集中采购工作的具体实施和日常管理工作”。在111号询价文件和112号招标文件中，均明确表示“安徽冲锋信息技术有限公司受蚌埠市卫生和计划生育委员会委托”，开展相关招标采购工作。在168号招标文件中虽然调整为"受蚌埠市公立医疗机构药品带量采购联合体委托",但之后两次发布有关澄清公告均是以蚌埠市卫计委名义发布。因此,蚌埠市卫计委在药品集中采购中,履行了有关管理和监督指导职责,也直接参与了相关工作。经研究,我委认为,上述药品集中采购中的部分做法,违反了《反垄断法》相关规定,排除和限制了相关市场竞争。

1. 在111号询价中指定有关药品的具体生产企业,排除和限制了同种药品不同生产企业之间的竞争

蚌埠市卫计委在111号询价单品种带量采购目录中,不仅确定了30种药品的品种,而且还直接确定了每种品种的规格、剂型和生产企业。调查中蚌埠市卫计委表示,30种药品中除葛兰素史克公司生产的注射用头孢呋辛为进口药外,其余29种均非独家生产药品;在安徽省卫计委等部门制定的《安徽省基本医疗保险药品限价(医保支付参考价)目录》(卫药秘〔2015〕83号)中查询注射用头孢呋辛,除葛兰素史克公司外,还有其他8家企业生产同种剂型药物。因此,30种药品均有相应的替代性产品,相关生产企业之间为竞争关系。

在单品种采购中,应当充分保证和促进同种药品不同生产企业之间的竞争。蚌埠市卫计委在111号询价中,直接确定有关药品的具体生产企业,排除和限制了同种药品不同生产企业之间的竞争,不利于通过市场竞争形成合理价格,违反了《反垄断法》第32条"行政机关和法律、法规授权的具有管理公共事务职能的组织不得滥用行政权力,限定或者变相限定企业或者个人经营、购买、使用其指定的经营者提供的商品"和第37条"行政机关不得滥用行政权力,制定含有排除、限制竞争内容的规定"要求。

2. 在112号和168号招标中对外地经营者设置歧视性资质要求,限制外地经营者参加本地的招标投标活动

虽然112和168号公告是以"竞争性磋商"名义发布,但属于以公告的方式,邀请不特定的法人或者其他组织投标,实质上是招标行为。112号公告中,要求"市外投标企业2014年销售额不低于20亿元人民币,本市企业2014年销售额不低于4000万元人民币",对本地和外地经营者的规模要求相差50倍。168号公告中,要求"市外投标企业年销售额(不含税)不低于5亿元人民币,本市企业年销售额(不含税)不低于2000万元人民币",对本地和外地经营者的规模要求相差25倍。同时,在外地和本地相关经营者数量明显存在巨大差别的

情况下，两次招标均明确规定外地和本地同样数量的经营者中标，保护本地相关经营者的意图明显。相关做法排除了外地潜在投标者，不利于促进相关市场充分竞争，控制药品虚高价格，涉嫌违反《反垄断法》第34条"行政机关和法律、法规授权的具有管理公共事务职能的组织不得滥用行政权力，以设定歧视性资质要求、评审标准或者不依法发布信息等方式，排斥或者限制外地经营者参加本地的招标投标活动"和第37条"行政机关不得滥用行政权力，制定含有排除、限制竞争内容的规定"要求。

五、企业的救济措施

不管是对垄断的认定，还是对垄断协议的认定都没有绝对的、非黑即白的标准，且反垄断执法机构的调查也难以做到面面俱到，因此被反垄断执法机构调查的经营者、利害关系人应有权充分表达并陈述其意见。就被调查的经营者、利害关系人提出的事实、理由和证据，反垄断执法机构应当对其进行充分核实。根据《反垄断法》第45条的规定，在反垄断执法机构调查的过程中，如若被调查的经营者承诺在反垄断执法机构认可的期限内采取具体措施消除其不适当行为的行为后果的，反垄断执法机构可以决定暂时对其中止调查。其中反垄断执法机构中止调查的决定应当写明被调查的经营者所具体承诺的内容。反垄断执法机构即使决定中止调查，也应当对该经营者履行承诺的具体情况进行实时监督。若在反垄断执法机构认可的期限内，经营者履行承诺的，反垄断执法机构可以决定终止调查。但若在反垄断执法机构认可的期限内，有下列情形之一的，反垄断执法机构应当立即恢复调查：(1)经营者未履行承诺的；(2)作出中止调查决定所依据的事实发生重大变化的；(3)中止调查的决定是基于经营者提供的不完整或者不真实的信息作出的。根据《反垄断法》第53条的规定，被调查的经营者对反垄断执法机构依据《反垄断法》第28条、第29条作出的决定不服的，可以先向相关行政机关依法申请行政复议；对行政复议决定不服的，可以依法向法院提起行政诉讼。对反垄断执法机构依据《反垄断法》第28条、第29条以外的规定作出的决定不服的，可以依法申请行政复议或者提起行政诉讼。

根据《反垄断法》第15条的规定，经营者能够证明所达成的协议属于下列情形之一的，不受所禁止垄断协议的限制：(1)为改进技术、研究开发新产品的；

(2)为提高产品质量、降低成本、增进效率,统一产品规格、标准或者实行专业化分工的;(3)为提高中小经营者经营效率,增强中小经营者竞争力的;(4)为实现节约能源、保护环境、救灾救助等社会公共利益的;(5)因经济不景气,为缓解销售量严重下降或者生产明显过剩的;(6)为保障对外贸易和对外经济合作中的正当利益的;(7)法律和国务院规定的其他情形。属于前述第(1)项至第(5)项情形,不适用《反垄断法》第13条、第14条规定的,经营者还应当证明其所达成的协议不会严重限制相关市场的竞争,并且能够使消费者分享由此产生的利益。

参考案例

关于对美国可口可乐公司与中国汇源果汁集团有限公司的经营者集中立案和审查的公告[①]

2008年9月18日,我国商务部收到美国可口可乐公司(以下简称可口可乐公司)与中国汇源果汁集团有限公司(以下简称中国汇源公司)的经营者集中反垄断申报。11月20日,商务部认为可口可乐公司提交的申报材料达到了《反垄断法》第23条规定的标准,对此项申报进行立案审查,并通知了可口可乐公司。由于此项集中规模较大、影响复杂,2008年12月20日,初步阶段审查工作结束后,商务部决定实施进一步审查,并书面通知了可口可乐公司。在进一步审查过程中,商务部对集中造成的各种影响进行了评估,并于2009年3月20日前完成了审查工作。立案后,商务部对此项申报依法进行了审查,对申报材料进行了认真核实,对此项申报涉及的重要问题进行了深入分析,并通过书面征求意见、论证会、座谈会、听证会、实地调查、委托调查以及约谈当事人等方式,先后征求了相关政府部门、相关行业协会、果汁饮料企业、上游果汁浓缩汁供应商、下游果汁饮料销售商、集中交易双方、可口可乐公司中方合作伙伴以及相关法律、经济和农业专家等方面意见。

---

① 中华人民共和国商务部公告2009年第22号。

审查工作结束后，商务部依法对此项集中进行了全面评估，确认集中将产生如下不利影响：(1)集中完成后，可口可乐公司有能力将其在碳酸软饮料市场上的支配地位传导到果汁饮料市场，对现有果汁饮料企业产生排除、限制竞争效果，进而损害饮料消费者的合法权益。(2)品牌是影响饮料市场有效竞争的关键因素，集中完成后，可口可乐公司通过控制“美汁源”和“汇源”两个知名果汁品牌，对果汁市场控制力将明显增强，加之其在碳酸饮料市场已有的支配地位以及相应的传导效应，集中将使潜在竞争对手进入果汁饮料市场的障碍明显提高。(3) 集中挤压了国内中小型果汁企业生存空间，抑制了国内企业在果汁饮料市场参与竞争和自主创新的能力，给中国果汁饮料市场有效竞争格局造成不良影响，不利于中国果汁行业的持续健康发展。

为了减少审查中发现的不利影响，商务部与可口可乐公司就附加限制性条件进行了商谈。商谈中，商务部就审查中发现的问题，要求可口可乐公司提出可行解决方案。可口可乐公司对商务部提出的问题表述了自己的看法，并先后提出了初步解决方案以及修改方案。经过评估，商务部认为可口可乐公司针对影响竞争问题提出的救济方案，仍不能有效减少此项集中产生的不利影响。鉴于上述原因，并根据《反垄断法》第 28 条和第 29 条的规定，商务部认为，此项经营者集中具有排除、限制竞争效果，将对中国果汁饮料市场有效竞争和果汁产业健康发展产生不利影响。鉴于参与集中的经营者没有提供充足的证据证明集中对竞争产生的有利影响明显大于不利影响或者符合社会公共利益，在规定的时间内，可口可乐公司也没有提出可行的减少不利影响的解决方案，因此，决定禁止此项经营者集中。

第四节　不正当竞争

根据《反垄断法》第 2 条的规定，经营者在生产经营活动中，应当遵循自愿、平等、公平、诚信的基本原则，同时遵守法律和商业道德。我国一般所称的不正当竞争行为，是指经营者在生产经营活动中，违反法律法规，扰乱市场竞争秩序，损害其他经营者或者消费者合法权益的行为。这里所提及的经营者，是指从事商品交易、经营生产或对外提供服务的自然人、法人和非法人组织。不管是在学界还是在司法实践中，一般都将不正当竞争行为分为七类，下文将一一介绍。

一、商业混淆行为

商业混淆行为，一般是指经营者将自己的产品和服务进行特定化包装，并且寄希望于该特定化包装能够引人误认为其所提供的产品和服务为他人所提供的产品和服务，或该产品和服务与他人之间存在一定的联系。根据《反不正当竞争法》第6条的规定，特定化包装一般以以下形式出现：(1)擅自使用与他人有一定影响的商品名称、包装、装潢等相同或者近似的标识；(2)擅自使用他人有一定影响的企业名称（包括简称、字号等）、社会组织名称（包括简称等）、姓名（包括笔名、艺名、译名等）；(3)擅自使用他人有一定影响的域名主体部分、网站名称、网页等；(4)其他足以引人误认为是他人商品或者与他人存在特定联系的混淆行为。

参考案例

大连市西岗区金夫人婚纱摄影店与大连金夫人婚纱摄影有限公司商业贿赂不正当竞争纠纷案[①]

中山区金夫人的经营场所位于大连市中山区长江路244号，经营范围为婚纱摄影、婚庆礼仪。西岗区金夫人的经营场所位于大连市西岗区新开路21号，经营范围为摄影、摄像服务。大连市西岗区公证处应中山区金夫人婚纱摄影馆的证据保全申请，于2017年8月16日出具(2017)西证民字第1066号公证书，载明：点击火狐浏览器，进入百度首页，在搜索栏内输入“大连金夫人婚纱摄影”，点击“[百度糯米]大连金夫人婚纱摄影团购大全，3999元起”下方的第二张图片“大连市金夫人婚纱摄金夫人3999元婚纱￥3999”，进入相关页面，即时打印该页面一式六份，结果见即时打印页面4、5、6、7、8、9、10、11、12。上述页面

① 辽宁省大连市西岗区人民法院(2018)辽0203民初2595号民事判决书。

显示的内容有"大连市金夫人婚纱摄影店团购，中国金夫人集团大连唯一直营店，金夫人中国婚纱摄影行业最受欢迎第一品牌，中国金夫人集团大连唯一直营店，东北唯一一家拥有三个独家影视基地的婚纱影楼，中国婚纱行业标志性品牌，国家名片、最高荣誉、走向全球"字样。一审诉讼中，西岗区金夫人自认案涉公证书公证的内容系其发布，但已联系运营商删除，中山区金夫人认可西岗区金夫人已删除案涉公证书所述内容。西岗区金夫人在大连市中山区青泥洼桥步行街设立经营场所，牌匾名称为"金夫人婚纱摄影"。其在经营活动中宣称"中山区金夫人走低端，西岗区金夫人走高端""中山区金夫人挂羊头卖狗肉"。另查，重庆金夫人实业有限公司系"金夫人"注册商标的商标权人。2014 年 3 月，重庆金夫人实业有限公司出具声明，载明西岗区金夫人是该公司在辽宁大连地区的唯一指定直营店。

一、西岗区金夫人是否存在商业诋毁行为

首先，中山区金夫人提交的证据不足以证明西岗区金夫人在经营活动中宣称"中山区金夫人挂羊头卖狗肉"，故中山区金夫人以此为由主张西岗区金夫人构成商业诋毁，事实依据不足。其次，从中山区金夫人提供的视频来看，西岗区金夫人的店员在与视频录制者交谈时确实两次提及"因为他家走低端、我家走高端"，但该行为是否构成《反不正当竞争法》第 14 条所规定的"商业诋毁行为"，应依照法律规定予以把握。商业诋毁行为，也称为商业诽谤行为，是指经营者捏造、散布虚伪事实，对竞争对手的商业信誉、商品声誉进行恶意的诋毁、贬低，以削弱其市场竞争能力，并为自己谋取不正当利益的行为。其构成要件应包括：(1)行为人捏造、散布了有关他人和他人经营的商品或服务的不真实的事实；(2)该捏造、散布行为足以造成相关公众误解；(3)该行为对他人的商业信誉或商品声誉造成影响。"相关公众"是一个法律拟制群体，而非特定个体。在反不正当竞争案件中，相关公众是判断引人误解的主体，主要包括商品或服务的消费者和与该商品或服务的营销有密切关系的其他经营者。消费者和其他经营者是判断混淆、误解的主体，二者对商品或服务的评价及认知状况是判断是否构成商业诋毁的重要考量因素。在具体个案中，二者的重要性则因案涉行业的不同以及被指称侵权经营者所处的经济环节的不同而有所偏重。在本案中，"相关公众"应界定为与婚纱摄影服务有关的消费者和与该服务的营销有密切关系的其他经营者。本案双方当事人均属于提供婚纱摄影服务的经营机构,故对“相关公众”的考量应侧重于有意于拍摄婚纱照的终端消费者。据中山区金夫人称,视频1系消费者王某于2017年9月16日在西岗区金夫人店内拍摄,并提交摄影单证明王某已在中山区金夫人店实际消费。但据摄影单显示,王某在中山区金夫人店的预约日期为“2017年9月15日”,套系价格为4000元,王某预交定金500元。可见,王某在与中山区金夫人就拍摄套系、价格协商完毕且交纳定金后,第二天又到西岗区金夫人处进行了咨询、拍摄。在与店员长达10分49秒的交流过程中,店员虽两次重复“因为他家走低端、我家走高端”,但该评价并非面向不特定消费群体,未对王某选择婚纱摄影机构造成影响,王某亦未因此对中山区金夫人的消费定位、摄影水准、套系定价产生误解,且中山区金夫人亦未提交其他证据证明其因此导致商业信誉受损。故一审法院认定西岗区金夫人的行为构成商业诋毁的事实和法律依据不足,法院予以纠正。另需说明的是,本案虽未认定西岗区金夫人的行为构成商业诋毁,但在今后的经营活动中,西岗区金夫人应规范员工的言行,对他人的产品、服务或者其他经营活动进行评价时,应保持客观、真实、公允和中立的态度,遵守商业道德,以免再次引发纠纷。

二、西岗区金夫人应否规范使用企业名称

西岗区金夫人上诉称,一审判决第二项内容与中山区金夫人的诉讼请求存在较大差异,一审未进行释明。经查阅一审卷宗,中山区金夫人在起诉时的诉请是“西岗区金夫人停止商业混淆行为,立即撤离位于青泥洼桥步行街的非法经营场所”,第一次庭审时诉请变更为“西岗区金夫人停止在大连市中山区以‘金夫人摄影’名义从事经营活动”,西岗区金夫人在第二次庭审时针对变更后的诉请已进行了答辩。一审法院针对中山区金夫人变更后的诉讼请求进行审理,不存在西岗区金夫人上诉所称的未释明问题。西岗区金夫人称,不许可其使用“金夫人”字号,侵害了其合法权益。法院认为,中山区金夫人与西岗区金夫人的营业范围均包括婚纱摄影服务,存在同业竞争关系。《反不正当竞争法》第2条规定:“经营者在市场交易中,应当遵循自愿、平等、公平、诚实信用的原则,遵守公认的商业道德。”西岗区金夫人的登记经营场位于“大连市西岗区新开路21号”,现中山区金夫人提交的证据可证明西岗区金夫人在大连市中山区青泥洼桥步行街设立经营场所,并冠以“金夫人摄影”名义,该行为容易使相关公众误认为系中山区金夫人,造成混淆。鉴于西岗区金夫人经核准登记的名称中亦包括“金夫人”字号，故一审法院判令西岗区金夫人“停止突出在大连市中山区经营地使用金夫人婚纱摄影企业名称”规范使用企业名称，并未判令其停止使用企业名称，西岗区金夫人此点理由不能成立。

二、商业贿赂行为

商业贿赂行为，一般是指经营者在经营活动中采用财物或者其他手段贿赂与交易相关的人员或企业，以谋求不正当的交易机会或者竞争优势。根据《反不正当竞争法》第 7 条的规定，通常情况下商业贿赂的相对方有以下几种：(1)商业交易相对方涉及此次交易的工作人员；(2)商业交易过程之中受相对方委托办理相关交易事务的个人或者企业；(3)对于交易有重大影响的企业或者个人。经营者在交易活动中可以向交易相对方明示可以支付折扣，也可以向相关中介人支付佣金，向交易相对人支付的折扣和向中介人支付的佣金，都应当如实入账。接受折扣的交易相对人和接受佣金的中介人也应当将其所得如实入账。在商业交易活动中，经营者的相关工作人员进行商业贿赂的，除经营者有证据证明该工作人员的商业贿赂行为与为经营者所谋求的交易机会和竞争优势无关的以外，应当认定为经营者进行了商业贿赂行为。

三、商业虚假宣传

商业虚假宣传，一般是指经营者对其所提供的商品和服务的具体内容做虚假的陈述，且该虚假陈述足以引起交易相关人的误解，影响到交易相关人员对于商品服务的选择。商业虚假宣传行为应当被定义为欺骗、误导消费者的行为，而我国法律有明确规定，经营者不得通过组织虚假宣传等行为帮助企业进行交易或商业宣传。

四、侵犯商业秘密

在市场交易中，商业秘密，一般是指不为公众所知悉的，具有一定的商业价值并且权利人对其采取了一定的保密措施的技术信息、经营信息等商业信息。我国法律保护企业的商业秘密，侵犯企业商业秘密的行为被视为一种不正当竞争行为。根据《反不正当竞争法》第 9 条的规定，经营者施行侵犯商业秘密的一般行为有以下几种：(1)以不正当手段获取权利人的商业秘密，如通过盗窃、胁迫、电子入侵或欺诈、贿赂等行为获取他人的商业秘密；(2)通过不正当手段获取到他人的商业秘密，并进行使用、披露或允许他人使用以前项手段获取的权利人的商业秘密的行为；(3)具有保密义务的相关责任人员和与商业秘密的权利人签订相关保密协议的相对人，违反有关约定对商业秘密进行使用、披露或允许他人使用的行为；(4)引诱、教唆或者帮助具有保密义务的相关责任人员和与商业秘密的权利人签订相关保密协议的相对人，违反有关约定对商业秘密进行使用、披露或允许他人使用的行为。经营者有权决定如何使用其商业秘密，除经营者外的其他自然人、法人和非法人组织实施上述行为的，应当被视为侵犯了企业的商业秘密。第三人明知或应当知道其所获取的信息系违法侵犯商业秘密所得，但仍获取、使用乃至披露或允许他人使用其所获取的商业秘密的，也一同被视为侵犯商业秘密。

参考案例

郭某某、盛某某、何某某、徐甲、潘甲侵犯商业秘密案①

中船第九设计研究院工程有限公司(以下简称九院)设备所系长期研究设计船坞、起重机械等设备的专业研究所，经国家投资及多年的研究，该所设计的技术图纸中各要素组合构成的完整设计包含不为公众所知悉的技术信息，为此九院制定了院商业秘密管理规定、计算机信息系统安全保密管理规定等规章制度，并在九院局域网上予以公布，该规章制度对九院商业秘密的范围、保密措施等作出了规定。2006年年底，九院设备所为防止技术信息的泄露，对电脑机箱采取了上锁的措施。被告人郭某某、盛某某原系九院设备所的所长、副所长；被告人徐甲原系九院设备所设计室主任；被告人何某某、潘甲原系九院设备所技术人员，上述5名被告人均有机会接触有关起重机械、船坞、下水等设备的商业秘密，并负有保密义务，且被告人郭某某、盛某某对九院设备所的保密工作承担管理职能。2007年年初，被告人郭某某、盛某某在担任九院设备所所长、副所长

① 上海市第二中级人民法院(2009)沪二中刑终字第253号刑事判决书。

期间，因不满上级的工作安排，欲辞职自行成立公司开展业务。春节后，被告人郗某某、盛某某经与九院设备所退休返聘职工黄某某及被告人何某某、徐甲等人商定，分别从九院辞职，随后便成立公司，主要开展与九院设备所相同的业务。被告人潘甲及被告人何某某、徐甲在被告人郗某某、盛某某的默许下，违反九院规定，利用工作便利，采用拷贝自己或其他设计人员设计的技术图纸的方法，窃得九院的技术信息。2007 年 3 月，被告人盛某某率先从九院辞职，成立了由被告人郗某某、盛某某、徐甲及黄某某、张甲为股东的上海东金设备工程有限公司（以下简称东金公司），并由黄某某担任法定代表人，后被告人郗某某、何某某、徐甲、潘甲等人陆续从九院辞职至东金公司工作。东金公司成立后，由被告人郗某某担任董事长；被告人盛某某担任总经理，主要负责财务、人事等工作；被告人何某某担任副总经理，主要负责起重设备工程的设计；被告人徐甲担任副总经理，主要负责坞门、下水工程的设计；被告人潘甲主要负责电脑配置及起重设备工程的设计等。在黄某某、张甲退出东金公司后，被告人何某某成为东金公司股东并担任法定代表人，同年 9 月东金公司的法定代表人变更为被告人郗某某。2007 年 3 月至 10 月，东金公司主要与九院客户开展业务，并使用九院设计的技术图纸中不为公众所知悉的技术信息，在对九院的技术图纸进行简单修改后交付客户企业使用。东金公司先后为大连辽南船厂、浙江造船有限公司、招商局重工（深圳）有限公司、山海关船舶重工有限责任公司、上海豪力起重机械有限公司、江苏象王起重机械厂、江苏蓝波船舶制造有限公司、无锡大力起重机械有限公司等 8 家企业完成设计委托合同，共获取人民币 428.60 万元，经鉴定机构评估，造成九院直接经济损失达人民币 282.19 万元。被告人郗某某、盛某某分别担任被告企业上海东金设备工程有限公司的董事长、总经理，对被告企业侵犯权利人九院商业秘密的行为负直接负责的主管人员责任；被告人何某某、徐甲、潘甲具体实施了侵犯权利人九院商业秘密的行为，对被告企业侵犯商业秘密负有直接责任人员的责任。

五、商业有奖销售

我国法律并不禁止正常的商业有奖销售行为，但经营者在进行商业有奖销售时不得对所设奖项的种类、兑奖条件、奖金数额或者与兑奖有关的信息进行模糊化处理，影响最终兑奖，或者谎称有奖却故意让已经内定的经营者内部工作人员中奖的欺骗方式进行有奖销售。同时商业有奖销售的最高奖项金额不得超过5万元。

六、诋毁商誉的行为

诋毁商誉的行为与自然人之间的名誉纠纷较为相似，但对被诋毁的经营者来说，其因商誉受损所遭受的可能是直接的经济损失，因此经营者编造、传播虚假信息或误导性信息损害竞争对手的商业信誉和商品服务信誉的应当承担相应的赔偿责任和法律责任。

参考案例

重庆某制冷产品销售有限公司与重庆某电器销售有限公司不正当竞争纠纷案[①]

重庆市渝中区人民法院于2012年9月20日作出(2012)渝中知民初字第00044号民事判决。重庆某制冷产品销售有限公司(以下简称重庆某公司)不服，向法院提起上诉。法院于2012年11月9日受理后，依法组成合议庭，于2012年11月27日公开开庭进行了审理。上诉人重庆某公司的委托代理人刘进然、夏杰，被上诉人重庆某电器销售有限公司(以下简称重庆某公司)的委托代理人王某、徐某到庭参加了诉讼。本案现已审理终结。

一审法院审理查明:2011年，珠海某电器股份有限公司(以下简称珠海某公司)分别在《看天下》及《新周刊》杂志上刊登内容为“1赫兹，好变频，最低功率只需45瓦，让节能舒适1路领先”的广告，并宣传其生产的使用1赫兹技术的空调产品。2011年至2012年，珠海某公司分别在中央电视台第一套节目《新闻联播》后、凤凰卫视《一虎一席谈》《时事直通车》前、中央人民广播电台《中国之声》播放内容为“格力1赫兹变频空调。最低功率只需45瓦。1赫兹，好变频。格力，掌握核心科技”的广告，并宣传其生产的使用1赫兹技术的空调产品。重

① 重庆市第五中级人民法院(2012)渝五中法民终字第04749号民事判决书。

庆某公司分别在2012年4月25日发行的《新女报》第76页，在2012年4月26日发行的第557期《渝报》第29页刊登关于“美的全直流变频空调”的同一则广告。该广告占整个版面的一半，显著位置标有“全直流比1赫兹好，为什么？”字样。

重庆某公司请求一审法院依法判令：(1)重庆某公司停止损害原告商品声誉的行为和虚假宣传的行为；(2)重庆某公司在重庆市级报纸、电视、广播等媒体上向原告公开赔礼道歉；(3)重庆某公司赔偿原告经济损失50万元。

一审法院认为，本案争议焦点为：(1)重庆某公司是否为本案适格原告；(2)案涉广告是否构成虚假宣传的不正当竞争行为；(3)案涉广告是否构成商业诋毁的不正当竞争行为。

首先，关于重庆某公司是否为本案适格原告。珠海某公司通过多种媒体在全国范围内宣传使用1赫兹技术的格力空调产品。原告重庆某公司是在重庆范围内销售格力空调产品的公司。重庆某公司是在重庆范围内销售美的空调产品的公司。重庆某公司与重庆某公司都是从事空调产品销售的公司，存在竞争关系。重庆某公司在重庆发行的报刊《新女报》《渝报》上刊登“全直流比1赫兹好，为什么？”的案涉广告涉嫌侵犯作为格力空调销售商的重庆某公司的竞争利益，因此，重庆某公司有权提起本案诉讼。

其次，关于案涉广告是否构成虚假宣传的不正当竞争行为。《反不正当竞争法》第9条第1款规定，经营者不得利用广告或者其他方法，对商品的质量、制作成分、性能、用途、生产者、有效期限、产地等作引人误解的虚假宣传。《最高人民法院关于审理不正当竞争民事案件应用法律若干问题的解释》(以下简称《不正当竞争解释》)第8条第1款第1项规定，经营者对商品作片面的宣传或者对比，足以造成相关公众误解的，可以认定为《反不正当竞争法》第9条第1款规定的引人误解的虚假宣传行为。本案中，重庆某公司在广告中陈述“全直流比1赫兹好”，无疑是将其销售的产品与重庆某公司销售的产品进行比较，并得出其销售的产品好的结论。判断两种事物的优劣，采用不同的标准会得出不同的结论。重庆某公司在案涉广告中得出全直流空调比1赫兹空调好的结论并没有事实依据。案涉广告足以造成购买空调的消费者对重庆某公司、重庆某公司销售的不同品牌的空调产生错误认识，影响相关消费者的购买决策。案涉广告损害了重庆某公司正当竞争的合法权益，构成虚假宣传的不正当竞争行为。

再次,关于案涉广告是否构成商业诋毁的不正当竞争行为。《反不正当竞争法》第14条规定,经营者不得捏造、散布虚伪事实,损害竞争对手的商业信誉、商品声誉。经营者为推销自己的产品而评价其他经营者的产品,进行产品的对比宣传,如果经营者在宣传用语、比较项目、形式和内容等方面采取了不恰当的方式,就易于引人误解,造成对他人商业信誉或产品声誉的不利影响。重庆某公司在案涉广告中得出全直流变频空调比1赫兹空调好的结论并没有事实依据。案涉广告足以使消费者对重庆某公司销售的1赫兹空调产品产生怀疑,直接损害了重庆某公司的商业信誉和1赫兹空调的商品声誉,构成商业诋毁的不正当竞争行为。

最后,重庆某公司实施上述不正当竞争行为,应当承担相应的民事责任。《反不正当竞争法》第20条第1款规定,经营者违反本法规定,给被侵害的经营者造成损害的,应当承担损害赔偿责任,被侵害的经营者损失难以计算的,赔偿额为侵权人在侵权期间因侵权所获得的利润;并应当承担被侵害的经营者因调查该经营者侵害其合法权益的不正当竞争行为所支付的合理费用。重庆某公司应当承担停止不正当竞争行为、消除影响、赔偿损失的民事责任。关于停止不正当竞争行为的方式问题,重庆某公司登载的"全直流比1赫兹好,为什么?"的广告语构成虚假宣传和商业诋毁的不正当竞争行为,因此,重庆某公司应当停止登载"全直流比1赫兹好,为什么?"的广告。关于消除影响的方式问题,重庆某公司是在《新女报》《渝报》上登载引人误解的广告,该广告的受众范围限于阅读该报刊的读者。因此,重庆某公司在《新女报》《渝报》上刊登声明就可以达到在相应侵权范围内消除影响的目的。关于经济损失数额的确定,《不正当竞争解释》第17条第1款规定,确定《反不正当竞争法》第5条、第9条、第14条规定的不正当竞争行为的损害赔偿额,可以参照确定侵犯注册商标专用权的损害赔偿额的方法进行。由于重庆某公司、重庆某公司均未提供相应的有效证据,权利人的实际损失或侵权人的违法所得不能确定,故根据本案性质、重庆某公司的知名度、重庆某公司侵权时间、手段、范围等情况,酌情确定赔偿经济损失30,000元。根据《反不正当竞争法》第9条第1款、第14条、第20条第1款、第24条第1款,《不正当竞争解释》第8条第1款第1项、第17条第1款,《民事诉讼法》第128条之规定,判决:(1)重庆某公司立即停止登载"全直流比1赫兹好，为什么？”的广告。(2)重庆某公司于判决生效之日起30日内在《新女报》《渝报》上刊登声明，向重庆某公司公开赔礼道歉（该声明内容须经一审法院审核，如重庆某公司不履行本判决事项，一审法院将在《重庆日报》除中缝以外的版面内公布一审判决主要内容，刊登费用由重庆某公司负担）。(3)重庆某公司于判决生效之日起10日内赔偿重庆某公司经济损失30,000元。如果重庆某公司未按一审判决指定的期间履行给付金钱义务，应当依照《民事诉讼法》第229条之规定，加倍支付迟延履行期间的债务利息。(4)驳回重庆某公司的其他诉讼请求。案件受理费减半收取4400元，由重庆某公司负担。

二审审理查明：被上诉人重庆某公司在一审举示了珠海某公司于2011年8月10日出具的《授权书》复印件，庭审之后，被上诉人向一审法院邮寄了该《授权书》的原件。该《授权书》载明：珠海某电器股份有限公司授权被上诉人在重庆范围内销售格力空调系列产品。同时，就维护格力空调产品及相关技术的品牌形象、商品声誉、商标权、专利权等相关事宜，被上诉人有权在重庆范围内以自己名义采取包括但不限于提起民事诉讼、上诉、申请强制执行、取得赔偿等相关法律措施。被上诉人的经营范围是家用电器、空调设备销售、维修。上诉人的经营范围是销售空调设备、家用电器及其零配件等。二审查明的其他事实与一审法院查明的事实一致，法院予以确认。

上诉人重庆某公司与被上诉人重庆某公司在二审中争议的焦点是：(1)被上诉人是否一审适格的原告。(2)涉案广告是否构成虚假宣传和诋毁商誉。(3)一审判决上诉人停止侵权、赔礼道歉是否适当、判决上诉人赔偿被上诉人3万元经济损失是否过高。(4)被上诉人是否应当负担部分一审案件受理费。法院结合本案查明的事实和双方争议的焦点评判如下：

一、上诉人是否一审适格的原告

上诉人重庆某公司的经营范围是销售空调设备、家用电器及其零配件等，被上诉人重庆某公司的经营范围是家用电器、空调设备销售、维修。双方均是销售空调设备的经营者，存在竞争关系。被上诉人以上诉人发布的“全直流比1赫兹好，为什么？”的宣传广告涉嫌虚假宣传和损害竞争对手的商誉为由起诉符合法律规定。上诉人上诉称被上诉人不是一审适格的原告的理由不成立。

二、案涉广告是否构成虚假宣传和诋毁商誉

上诉人重庆某公司分别在《新女报》《渝报》上刊登关于“美的全直流变频

空调”的广告，该广告的显著位置标有“全直流比1赫兹好，为什么？”字样，宣传上诉人销售的美的全直流变频空调。珠海某公司分别在《看天下》《新周刊》杂志上刊登内容为“1赫兹，好变频，最低功率只需45瓦，让节能舒适1路领先”的广告；在中央电视台第一套节目《新闻联播》后、凤凰卫视《一虎一席谈》《时事直通车》前、中央人民广播电台《中国之声》播放内容为“格力1赫兹变频空调。最低功率只需45瓦。1赫兹，好变频。格力，掌握核心科技”的广告，宣传其生产的使用1赫兹技术的空调产品。上诉人的案涉广告中的“全直流比1赫兹好，为什么？”的广告易使相关公众对双方当事人销售的空调的质量、性能等进行对比，并得出全直流空调比1赫兹空调好的印象，上诉人以“全直流比1赫兹好，为什么？”的问句是想让相关公众进一步了解好在什么地方，但上诉人举示的证据不足以证明全直流空调比1赫兹空调好，故“全直流比1赫兹好，为什么？”的广告没有事实依据，对变频空调进行片面对比，足以造成相关公众误解，构成虚假宣传。上诉人称案涉广告不构成虚假宣传的理由不成立。珠海某公司在《看天下》《新周刊》《新闻联播》后，《一虎一席谈》《时事直通车》前，《中国之声》上宣传其生产的使用1赫兹技术的空调产品，足以使相关公众知道珠海某公司生产了1赫兹变频空调。由于案涉广告“全直流比1赫兹好，为什么？”是宣传上诉人销售的美的全直流变频空调，会使相关公众产生联想并形成美的全直流变频空调比珠海某公司生产的1赫兹变频空调质量、性能好的看法，而全直流比1赫兹好没有事实依据，故上诉人的该广告损害了珠海某公司的商誉。因被上诉人是销售珠海某公司1赫兹变频空调的经销商，其销售的产品被误解为质量、性能没有上诉人销售的产品好，其商誉也会受到损害。上诉人称案涉广告不构成虚假宣传和诋毁商誉的理由不成立。

三、一审判决是否适当

上诉人刊登的案涉广告构成虚假宣传和诋毁商誉，属于民事侵权行为，应承担相应的民事责任。承担民事责任的方式主要有停止侵害、赔礼道歉、赔偿损失、消除影响、恢复名誉等。一审法院根据当事人的诉请，判决上诉人立即停止登载案涉广告是禁止上诉人继续发生涉案的不正当行为。上诉人应当知道被上诉人在多家媒体上以“1赫兹，好变频”作为广告语宣传其1赫兹变频空调，而以案涉广告进行宣传美的全直流变频空调，损害了被上诉人的商誉，故上诉人应当消除影响。一审判决上诉人以在《新女报》《渝报》上刊登声明，向重庆某公司公开赔礼道歉的方式消除影响符合法律规定。

由于被上诉人重庆某公司未提供其在被侵权期间因被侵权所受到的损失、上诉人重庆某公司未提供其在侵权期间因侵权所获得的利益的有效证据，权利人的实际损失或侵权人的违法所得不能确定，一审法院根据本案性质、重庆某公司的知名度、重庆某公司侵权时间、手段、范围等情况，酌情确定赔偿经济损失30,000元并无不当。上诉人称案涉广告属于一次性广告，被上诉人要求停止侵权的诉讼请求应当予以驳回；一审法院作出“公开赔礼道歉”的判决，既无事实依据又无法律依据；一审判决作出30,000元的赔偿过高的上诉理由不成立。

七、互联网领域不正当竞争行为

互联网领域的不正当竞争行为并非特指互联网行业内部的不正当竞争行为，而是指经营者利用互联网中的技术手段，干扰或者影响其他经营者所对外提供的网络产品和服务的正常运行，并导致相关用户、交易相对人对产品和服务的选择受到不公平的影响。根据《反不正当竞争法》第12条的规定，其具体体现为：(1)未经其他经营者同意，在其合法提供的网络产品或者服务中，插入链接、强制进行目标跳转；(2)误导、欺骗、强迫用户修改、关闭、卸载其他经营者合法提供的网络产品或者服务；(3)恶意对其他经营者合法提供的网络产品或者服务实施不兼容；(4)其他妨碍、破坏其他经营者合法提供的网络产品或者服务正常运行的行为。

八、法律风险

经营者实施上述不正当竞争行为，并给其他经营者或相关人员造成损害的，应当依法承担相应的法律责任。《反不正当竞争法》第16条规定，经营者在正常经营生产的过程中，对涉嫌不正当竞争行为，任何单位和个人都有权向相关的监督检查部门举报，相关的监督检查部门在收到举报后，应当依法律规定及时处理。相关的监督检查部门应当对经营者的举报提供便利性条件，如公开其受理举报电话、受理举报信箱或者电子邮件地址，并且应当为举报人进行保密。其中实名举报并且提供了相关不正当竞争行为的事实和证据的，相关监督检查部门在查清后应当将结果告知举报人员，经营者也可以依据相关监督检查部门的调查结果向法院提起诉讼。

在诉讼中应当按照经营者因不正当竞争行为所遭受的实际损害确定相应的赔偿数额,但通常情况下,受到损害的经营者的实际损失难以确定,一般可以按照不正当竞争行为的行为人因不正当竞争所获利润的多少确认,即依据《反不正当竞争法》第17条“经营者违反本法规定,给他人造成损害的,应当依法承担民事责任。经营者的合法权益受到不正当竞争行为损害的,可以向人民法院提起诉讼。因不正当竞争行为受到损害的经营者的赔偿数额,按照其因被侵权所受到的实际损失确定;实际损失难以计算的,按照侵权人因侵权所获得的利益确定。经营者恶意实施侵犯商业秘密行为,情节严重的,可以在按照上述方法确定数额的一倍以上五倍以下确定赔偿数额。赔偿数额还应当包括经营者为制止侵权行为所支付的合理开支。经营者违反本法第六条、第九条规定,权利人因被侵权所受到的实际损失、侵权人因侵权所获得的利益难以确定的,由人民法院根据侵权行为的情节判决给予权利人五百万元以下的赔偿”的规定进行获利数额确定。

经营者实施商业混淆行为的,除相关权利人有权主张停止侵权和赔偿损失外,依据《反不正当竞争法》第18条的规定,有关的监督检查部门也可以责令侵权人停止侵权等违法行为、没收相应的产品并依据违法经营额处以一定数额的罚款。情节严重的,可以吊销侵权人的营业执照。

《反不正当竞争法》第20条规定,经营者在经营过程中,对其产品和服务进行虚假宣传、易导致相关人产生误解的商业宣传等类似虚假宣传行为的,监督检查部门在发现其进行虚假宣传行为的应当责令其停止违法行为并处以罚款;情节严重的,还可以吊销营业执照。其中经营者的虚假宣传行为属于发布虚假广告的,应当依照《广告法》的相关规定进行处罚。

第五节　企业并购

在国际上习惯将企业的合并和企业的收购合在一起进行表述,用英文M & A(Mergers and Acquisitions)来表示,我国法律界一般将其统称为并购。所以从字面意义上不难理解企业并购简单地包含企业之间的合并和收购两层含义。此两种行为遵循民法平等主体之间的一般交易原理，是不同的企业之间在平等自愿、等价有偿的基础上，对企业的产权进行整合的商业行为，是企业资本进行运作和经营的一种主要模式。① 企业并购主要通过公司合并、资产收购、股权收购三种形式来实现。

我国一般将企业的合并定义为两种：一种是一个公司吸收其他公司，被吸收的公司解散，即吸收合并；另一种是两个以上公司合并设立一个新的公司，合并各方解散，即新设合并。除此之外，在实际案例中，也有部分被收购企业作为经济实体仍然存在，仍具有法人资格，也独立进行财会核算，收购方只是通过控股掌握了该公司的部分所有权和经营决策权。我国法律仅对上市公司的股权收购（具体体现在《上市公司收购管理办法》）和部分特殊行业公司之间的收购作出了程序性限制，对于非上市公司和一般行业的收购并未作出过多的限制，只要求企业相互自愿协商。《国务院关于促进企业兼并重组的意见》（国发〔2010〕27 号）对企业的合并重组作出倡导性意见：（1）发挥企业的主体作用。充分尊重企业意愿，充分调动企业积极性，通过完善相关行业规划和政策措施，引导和激励企业自愿、自主参与合并重组。（2）坚持市场化运作。遵循市场经济规则，充分发挥市场机制的基础性作用，规范行政行为，由企业通过平等协商、依法合规开展合并重组，防止"拉郎配"。（3）促进市场有效竞争。统筹协调，分类指导，促进提高产业集中度，促进大中小企业协调发展，促进各种所有制企业公平竞争和优胜劣汰，形成结构合理、竞争有效、规范有序的市场格局。（4）维护企业与社会和谐稳定。严格执行相关法律法规和规章制度，妥善解决企业合并重组中资产债务处置、职工安置等问题，依法维护债权人、债务人以及企业职工等利益主体的合法权益，促进企业、社会的和谐稳定。

虽然国内法律对合并和收购作出了不同的规定，并且在国际习惯上也将企业的合并和收购用不同的词语做出表达，但从广义的角度上来说企业的合并和收购是同一含义，可以将其归结为在市场机制作用下，企业为了获得其他企业的控制权而进行的产权交易活动，可以将其统称为企业的并购。企业的并购往往也伴随着企业的重组，企业的重组以企业资产分布状态可分为资产重组和债

---

① 向雨婷：《食品行业上市公司并购过程中的整合风险研究——以黑芝麻收购礼多多为例》，载《中国新通信》2019 年第 4 期。

务重组,亦可分为内部重组和外部重组。当企业规模太大导致效率不高、效益不佳时,企业就应当剥离出部分亏本、效益不匹配的业务;当企业规模太小、业务较单一时,可以通过收购、合并适时进入新业务领域,开展多种经营,以降低整体风险。企业的重组包括人的资源、财的资源和物的资源等多方面的重组,是企业资源配置调整的一种方式。

一、公司并购的目的

在企业运转过程中,企业行为的直接动因是实现企业现有资本的最大化收益。企业作为一个复杂的财富管理人,企业的资产是其价值的唯一体现。而并购则是帮助企业披荆斩棘、扩大规模、进入新行业、增强竞争优势的最快捷、有力的手段。但企业并购往往也蕴含风险,是一把“双刃剑”,所以从设计并购方案、到对目标公司的合理定价、再到对并购风险的评估,都应当从我国现有的法律法规的多个角度进行考虑。在现有市场体制下,公司并购一般分为以下三种形式。

(一)横向并购

横向并购,是指同属于一个产业链、一个市场的同一阶层,或类似产品处于同一市场的企业之间发生的并购行为。[①] 横向并购大多发生在同行业、同阶层的企业之间,其直接目的是减少一个企业的直接竞争者,在一定的范围内更多地占据市场份额,在一定的区域范围内针对某一产品或服务形成垄断。横向并购可以在短时间内实现对同类产品生产规模的一定控制,进而降低生产所需成本,消除市场竞争,同时提高市场的占有率。[②] 在19世纪下半叶,西欧地区国家与北美地区国家因工业革命促成的技术与经济上的进步,大大促进了社会生产力的发展,消除了原有的生产条件对商品大规模生产的限制,为以铁路、冶金、石化、机械等为代表的制造行业大规模并购创造了条件,这些行业中的许多企业通过资本集中组成了规模巨大的垄断公司。在1899年,发生在美国的公司

---

① 曹原、刘玉立:《中国前500家大企业集团的差异性增长与组织结构调整》,载《经济研究参考》2012年第5期。

② 乔铁军:《浅议企业重组并购》,载《机械管理开发》2011年第2期。

并购事件达到1208起，是1896年的46倍，并购所涉及的资产总额额达22.6亿美元。在1895年至1904年的并购高潮中，美国有75%的公司因并购而消失。在此期间，作为工业革命发源地的英国，并购活动也大幅增长，在1880—1981年，有665家中小型企业通过合并组成了74家大型企业，垄断着主要的工业部门。后起的资本主义国家德国的工业革命完成比较晚，但企业并购重组的发展也很快。1875年，德国出现第一个卡特尔组织，通过大规模的并购活动，1911年就增加到了550—600个，控制了德国国民经济的主要部门。在这股并购浪潮中，大企业在各行各业的市场份额迅速提高，形成了比较大规模的垄断。该种并购模式被称为卡特尔（Cartel）。卡特尔是一种光明正大的串谋行为，它可以迅速地将一个充满竞争性的市场变成一个受到极其严密控制的垄断市场，是寡头市场的一种特别体现。① 卡特尔出现的主要原因是为了扩大市场经营者的整体利益。为了实现这一目的，在整个卡特尔的内部将会出现一系列的关于产品产量、产品价格、指定给各交易对象的交易额和交易地区的协议。

（二）纵向并购

纵向并购，是指生产过程或经营环节紧密相关的企业之间的并购行为。纵向并购所形成的一个产业链的垄断，从一个商品或者服务的原材料到商品的制作、精加工，直至包装、销售，乃至售后，都是由一个垄断性的大企业进行掌控。② 在纵向并购模式中因为一个商品从原材料到出售都是由一家企业进行运作，所以可以加速生产流程，节约运输、仓储等费用。20世纪20年代中后期（1925—1930年）发生的第二次并购浪潮大多为在第一次并购浪潮中形成的大型企业的继续进行并购。为进一步增强经济实力，扩展对市场的垄断地位，这一时期的并购的典型特征是以纵向并购为主，即把一个部门的各个生产环节统一在一个企业联合体内，形成纵向托拉斯组织，行业结构从自由垄断转向寡头垄断。第二次并购浪潮中有85%的企业并购属于纵向并购。通过这些并购，在一些主要的工业化国家出现了一家或者几家企业垄断国家内主要经济市场的局面。该

① 代雨薇等：《稀土厂商卡特尔化可行性及其路径选择——以江西为例》，载《企业导报》2012年第10期。

② 曹原、刘玉立：《中国前500家大企业集团的差异性增长与组织结构调整》，载《经济研究参考》2012年第15期。

种模式被称为托拉斯(英文 trust 的音译),是垄断组织的高级形式之一。这种垄断组织一般由处于同一产业链上的许多家企业或者与该产业链有密切关系的企业组成,这样的组织目的在于垄断市场,控制原料产地和资金流向,加强其内部企业的竞争力,从而获取高额利益。[①] 参加的企业在生产上、商业上和法律上都丧失独立性。托拉斯的领导权一般情况下掌握在托拉斯内部最大的资本家手中,原企业主成为股东,按其股份取得红利。参加的资本家为分配利润和争夺领导权进行剧烈的竞争。

(三)混合并购

混合并购,是指生产和经营彼此没有关联的产品或服务的企业之间的并购行为。混合并购的主要目的是分散经营风险,提高企业的市场适应能力。20 世纪 50 年代中期,各主要工业国出现了第三次并购浪潮。第二次世界大战以后,各国经济经过 20 世纪 40 年代后期和 50 年代的逐步恢复,在 60 年代迎来了经济发展的黄金时期,主要发达国家都进行了大规模的固定资产投资。随着第三次科技革命的兴起,一系列新的科技成就得到广泛应用,社会生产力实现迅猛发展。在这一时期,以混合并购为特征的第三次并购浪潮来临,其规模、速度均超过了前两次并购浪潮。

企业的并购会导致资本的集中。资本集中,是指已经形成的各个资本的合并,它是通过大资本吞并小资本,或若干小资本联合成少数大资本而实现的个别资本迅速增大,最终导致某一行业甚至是某一经济部门的垄断。通过上文分析,在历史上多次并购浪潮中存活下来的企业现在都是在商界赫赫有名的跨国性企业,如美国国际集团、摩根士丹利、洛克希德·马丁,以及站在这些大企业之后的财团如摩根财团、洛克菲勒财团以及第一花旗银行财团。这些企业无一不是通过不停地并购来吸取新鲜的血液与活力,从而保持自身的竞争力以及市场活性,以及排除后来的竞争者。由于垄断者是其所生产产品的唯一销售者,因此,其直接面对整个市场。换句话说,垄断者将面对向下倾斜的市场需求。而消费者人数众多,因此是竞争性的,也就是说,消费者是价格接受者。因此,垄断者可以通过控制产品价格,或者产量来最大化自己的利润。当然一般行业

---

① 张平:《论国际法律环境中垄断的反对与救济》,载《现代营销(学苑版)》2011 年第 8 期。

的垄断在我国是不被接受的,但是这显然不失为一种企业利益最大化的一种发展方向和手段。

参考案例

中国移动通信集团有限公司发展史[①]

中国移动通信集团有限公司(China Mobile Communications Group Co., Ltd.,以下简称"中国移动""CMCC"或"中国移动通信""中国移动集团"及"中移动")是按照国家电信体制改革的总体部署,于2000年4月20日成立的中央企业。2017年12月,中国移动通信集团公司进行公司制改制,企业类型由全民所有制企业变更为国有独资公司,并更名为中国移动通信集团有限公司。中国移动是一家基于GSM、TD-SCDMA和TD-LTE制式网络的移动通信运营商。中国移动全资拥有中国移动(香港)集团有限公司,由其控股的中国移动有限公司在国内31个省(自治区、直辖市)和香港特区设立全资子公司,并在香港特区和纽约上市,主要经营移动语音、数据、宽带、IP电话和多媒体业务,并具有计算机互联网国际联网企业经营权和国际出入口经营权。注册资本为3000亿元人民币,资产规模近1.7万亿元人民币,员工总数近50万人。2016年7月20日,财富世界500强出炉,中国移动名列财富世界500强之一。2016年8月,中国移动在2016中国企业500强中,排名第10。2017年7月,中国移动在2017中国企业500强中,排名第6。2018年7月,中国移动在《财富》世界500强排行榜中,位列第53名。12月18日,世界品牌实验室编制的《2018世界品牌500强》揭晓,中国移动排名第76。以下为中国移动并购历程:2000年11月3日,中国移动(香港)有限公司完成约68.65亿美元的股票发行和6.9亿美元的于2005年到期的美元可转换票据的发行。中国移动(香港)有限公司亦通过银团贷款,融资125亿元人民币。2000年11月13日,中国移动(香港)有限公司正式完成收购北京移动、上海移动、天津移动、河北移动、辽宁移动、山东移动和广

① 摘自中国移动通信集团有限公司网站。

西移动的权益。

2001 年 6 月 18 日，中国移动（香港）有限公司通过其全资子公司广东移动通信有限责任公司在中国内地发行了总额为 50 亿元人民币的债券，并在 10 月 23 日于上海证券交易所成功挂牌上市。2002 年 7 月 1 日，中国移动（香港）有限公司正式完成收购安徽移动、江西移动、重庆移动、四川移动、湖北移动、湖南移动、陕西移动和山西移动的权益。2002 年 10 月 28 日，中国移动（香港）有限公司通过其全资子公司广东移动通信有限责任公司，在中国内地再次发行了总额为 80 亿元人民币的债券。2003 年 1 月 22 日，中国移动（香港）有限公司通过其全资子公司在中国内地发行的 80 亿元人民币债券在上海证券交易所成功挂牌上市。2004 年 7 月 1 日，中国移动（香港）有限公司正式完成收购内蒙古移动、吉林移动、黑龙江移动、贵州移动、云南移动、西藏移动、甘肃移动、青海移动、宁夏移动、新疆移动，中国移动通信有限公司和京移通信设计院有限公司的权益，成为第一家在中国内地所有 31 省（自治区、直辖市）经营电信业务的海外上市中国电信企业。2004 年 7 月 21 日，中国移动正式成为北京 2008 年奥运会移动通信服务合作伙伴。2005 年 11 月 10 日，中国移动（香港）有限公司提出以自愿有条件现金收购要约方式，通过全资附属公司 Fit Best Limited 收购华润万众电话有限公司全部已发行股份。2006 年 3 月 28 日，中国移动（香港）有限公司正式完成对前华润万众电话有限公司的收购和私有化，该公司后改名为中国移动万众电话有限公司。2008 年 5 月 23 日，中国铁通集团有限公司并入中国移动，成为其全资子企业，保持相对独立运营。2009 年 4 月 29 日，中国移动有限公司与台湾远传电信股份有限公司（以下简称远传电信）签订股份认购协议，其将通过全资子公司认购远传电信 444,341,020 股股份，占远传电信扩大后已发行股本的 12%。2010 年 3 月 10 日，公司全资子公司广东移动与上海浦东发展银行股份有限公司（以下简称浦发银行）签订了股份认购协议，以 395 亿元人民币认购浦发银行 20% 股权。股权认购于 10 月完成交割。2010 年 11 月 25 日，中国移动有限公司与浦发银行签署了《战略合作协议》，正式启动了在移动金融及移动电子商务领域的合作。2012 年 8 月 23 日，公司加快移动互联网布局，其全资子公司通信公司与安徽科大讯飞信息科技股份有限公司（科大讯飞）签订股份认购协议，认购科大讯飞 70,273,935 股普通股，占科大讯飞扩大后已发行股本的 15%。2014 年 6 月 9 日，公司透过全资附属公司以约合 55 亿元人民币的交易价格认购泰国 True Corporation Public Company Limited(以下简称 True Corporation)非公开发行的股份,交易完成后公司间接持有该公司18%权益。2014年7月11日,中国移动、中国电信、中国联通共同发起设立了中国通信设施服务股份有限公司(后更名为中国铁塔股份有限公司),公司通过全资附属公司以40亿元人民币认购该公司股份,占其注册资本的40%。2015年11月27日,公司通过中移铁通(中国移动通信集团有限公司的一家全资附属公司),与铁通(中国移动通信集团有限公司的一家全资附属公司)签订了收购协议,收购铁通的资产和业务,收购的最终对价为人民币319.67亿元。此次收购使公司获得有线宽带牌照和资源。

二、企业并购中尽职调查的意义

当企业决定合并时,应立即编制资产负债表及财产目录并将其提供给债权人以进行查阅,以明确其财产状况,企业通过合并的程序来保护债权人的利益。合并中,经股东会的决议和资产负债的结算,必须征询债权人是否存在异议。如债权人在一定期限内没有提出异议,即为承认此合并案。资产负债表及财产目录是目标企业自身出具的证明性文件,不管作为债权人还是作为另一方的并购企业都应当对这些文件进行谨慎的审查,这种审查的必要性体现在目标企业与并购企业所持有的目标企业的信息的不对称。我国相关政策已经在现阶段大幅度地放宽了对于企业之间并购的限制,因此国内也爆发了一股并购的热潮。企业之间的并购已成为企业扩大生产规模、占据市场份额的重要手段。但在这么多的企业并购之中,真正能够成功的还只是很少一部分。企业并购成功率如此之低的原因主要体现在目标企业与并购企业的信息不对称,并购企业的情况只有通过详尽的、专业的调查才能摸清楚目标企业的实际状况,主要包括对目标公司进行法律方面调查,掌握目标公司现状及历史沿革、资产和权益的权属和限制、业务运营及守法合规等方面的法律状态,发现、分析评估目标公司存在的各方面法律问题,揭示或提示相关法律风险。本书将这种调查称为尽职调查,包括公司背景情况调查、行业和业务经营调查、法律调查、资产调查、财务税务调查,乃至发展规划与财务预测的调查。

尽职调查内容一般从以下方面进行展开:(1)公司设立及历史沿革;(2)主体资格、登记与备案;(3)公司业务;(4)关联交易、同业竞争;(5)主要财产;

(6)知识产权;(7)公司重大经营合同;(8)重大债权债务;(9)税收;(10)环境保护;(11)劳动关系与人力资源;(12)民事诉讼、刑事犯罪或行政处罚。

一次合格的尽职调查应当做到发现目标企业的内在价值,判明此次投资或并购是否存在风险或致命的缺陷,并且为出具完备的并购方案做准备。

第三编

企业外部经营中的法律风险及防范

在企业经营过程中外部原因也会导致企业在运营、管理过程中产生法律风险，譬如企业在签订合同过程中、履行合同过程中、企业自身权益维护过程中的不恰当行为都易引发企业法律风险，导致企业经济损失巨大，甚至会导致很多中小企业自此一蹶不振，这种情况在市场经济中是普遍存在的。因此本编将从企业的合同签订、履行、维权、知识产权维护、企业自然环境保护、企业涉诉等方面逐一进行分析，并给企业提出相对应的防范措施、处理意见。

第七章　合同法律风险

在企业外部法律风险中，合同所涉法律风险是企业认识和学习的要点之一。如果企业管理者做好合同法律风险的防控，那么企业发展就已经成功了一半。企业合同法律风险，主要是指企业作为合同签订一方，在订立、履行、变更、转让、终止合同及合同的违约救济、索赔等过程中，可能受到利益损失的法律风险。从概念上讲，合同作为一种实现合同当事人利益的手段或工具，其具有动态性，签订方通过合同来确定双方当事人权利、义务的内容，确定某种财产关系或与财产关系相关状态，最终得到一种静态财产归属或类似的归属关系。① 根据合同的概念、性质可以推断企业的合同法律风险具有客观存在性、损失性、可预测性等特点，企业管理者对此类法律风险予以全面的了解、分析后，可以最大限度地将企业合同法律风险发生的概率降至最低。本章从企业合同的签订、履行、违约救济等各阶段全面剖析其可能存在的法律风险及成因、类型，最终给企业提供系统的规避、防范该类法律风险的措施。

第一节　合同订立

合同订立是市场交易主体享有权利和履行义务的依据，因此企业管理者应

① 陈尚本等：《华丰煤矿法律风险防范机制的建设》，载《煤炭经济管理新论》（第8辑），中国矿业大学出版社2008年版。

在合同订立阶段将潜藏的法律风险予以挖掘并做好防范措施,从合同订立的相对主体、条款内容、违约责任等方面考量,在根源上降低合同引发的法律风险。

一、缔约相对人的选择

缔约相对人可以大致分为自然人、法人和非法人组织。因相对主体的不同引发的法律风险也存在诸多差异,因此需要将各主体的不同情况予以单独分析,再制定对应的防范措施,这才能有效地降低法律风险的发生。

在企业订立合同过程中,合同主体是否明确直接关系到合同成立与否、是否可以完整履行。合同主体即民事主体,是指在民事法律关系中独立享有民事权利、承担民事义务的主体,包括自然人、法人及非法人组织。企业在订立合同时应多方面考量合同相对人的情况,譬如主体是否适格、资信状况是否良好、履约能力强弱等。实践中,很多企业在订立合同过程中最容易忽视的是缔约人的法律主体资格、行为能力状况、授权状况,而这些易被忽视的考量因素,正是企业法律风险爆发的导火线,法律风险一旦爆发将给企业带来无法预估的损失。那么面对不同的主体,又会存在哪些潜在的法律风险呢?作为企业管理者又应当如何去规避这些风险呢?

(一)与自然人缔结合同

企业与自然人缔约主要存在的问题是相对人不具备完全行为能力或者存在权利瑕疵。自然人的行为能力是自然人从事民事法律行为的能力,是自然人依据自己独立的意思表示享有权利、承担义务的能力,其与自然人的年龄、精神状态密切相关,不同年龄段及不同精神状况的自然人权利范围存在差异,故而在签订合同过程中须甄别相对人的权利状态,避免出现合同相对人权利瑕疵,致使合同效力处于不确定甚至归于无效状态。自然人的权利瑕疵还包括代理权瑕疵与处分权瑕疵。上述瑕疵可归结为自然人的行为能力瑕疵与权利瑕疵,这都可能是导致合同效力待定,法律风险发生的因素。

1. 不符合法定年龄

自然人的年龄是确定自然人行为能力的重要标准,而自然人的行为能力直接影响合同的效力。《民法典》第 17 条规定:“十八周岁以上的自然人为成年人,不满十八周岁的自然人为未成年人。”第 18 条规定:“成年人为完全民事行为能力人,可以独立实施民事法律行为;十六周岁以上的未成年人,以自己的劳动收入为主要生活来源的,视为完全民事行为能力人。”第 19 条规定:“八周岁以上的未成年人为限制民事行为能力人,实施民事法律行为由其法定代理人代理或者经其法定代理人同意、追认;但是,可以独立实施纯获利益的民事法律行为或者与其年龄、智力相适应的民事法律行为。”第 20 条规定:“不满八周岁的未成年人为无民事行为能力人,由其法定代理人代理实施民事法律行为。”第 21 条规定:“不能辨认自己行为的成年人为无民事行为能力人,由其法定代理人代理实施民事法律行为。八周岁以上的未成年人不能辨认自己行为的,适用前款规定。”

因此,企业与自然人订立合同时,应当考虑合同相对方是否符合法定年龄、是否具备完全民事行为能力,并对此做好详细调查,否则与无民事行为能力人、限制行为能力人签订的合同就属于效力待定合同,若其法定代理人不追认则会导致合同自始无效,企业签订合同前若发现相对主体的行为能力存在瑕疵,则应当事前征得其法定代理人的同意,在合同中表明法定代理人的身份并签订同意书或其他相关文件,以证明相对主体享有代理权限或已征得其法定代理人同意而签订合同。最后要注意将相关书面证据予以保留,避免在发生法律纠纷时由于的证据缺失导致企业利益受损。若企业在签订合同后发现缔约人存在行为能力瑕疵,首先应及时与其法定代理人取得联系,确认是否予以追认,若同意应将书面证据予以存留。

2. 精神状态瑕疵

《民法典》第 22 条规定:“不能完全辨认自己行为的成年人为限制民事行为能力人,实施民事法律行为由其法定代理人代理或者经其法定代理人同意、追认,但是可以独立实施纯获利益的民事法律行为或者与其智力、精神健康状况相适应的民事法律行为。”第 23 条规定:“无民事行为能力人、限制民事行为能力人的监护人是其法定代理人。”第 24 条第 1 款、第 2 款规定:“不能辨认或者不能完全辨认自己行为的成年人,其利害关系人或者有关组织,可以向人民法院申请认定该成年人为无民事行为能力人或者限制民事行为能力人。被人民法院认定为无民事行为能力人或者限制民事行为能力人的,经本人、利害关系人或者有关组织申请,人民法院可以根据其智力、精神健康恢复的状况,认定该成年人恢复为限制民事行为能力人或者完全民事行为能力人。本条规定的有关组织包括：居民委员会、村民委员会、学校、医疗机构、妇女联合会、残疾人联合会、依法设立的老年人组织、民政部门等。”从上述规定可以看出，企业与不能辨认自己行为的精神病人、不能完全辨认自己行为的精神病人订立的合同属于效力待定合同，该种合同会存在法定代理人的不追认而使合同归于无效的法律风险。

基于上述法律风险，企业与自然人订立合同必须要考虑到对方的精神状态，若存在不能完全辨认自己行为和不能辨认自己行为的精神病人，可以选择要求其法定代理人代为签订合同或者征得法定代理人的同意后与缔约人直接签订合同，其间应做好对证据的收集与保存；如签订合同时遇到间歇性精神病人，应当在其能辨别自己行为时与其订立合同，但是企业应当保存相对人能辨别自己行为的证据，可以考虑让相对人对其行为法律后果的认识做出明确的说明。

3. 权利瑕疵

自然人权利瑕疵的法律风险主要包括自然人无权代理或者无权处分而引发合同效力瑕疵。《民法典》第 171 条规定，行为人没有代理权、超越代理权或者代理权终止后以被代理人的名义签订合同，若未经被代理人同意、追认，对被代理人是不发生法律效力的，应由行为人承担该法律责任。无权处分人处分他人财产的，只有经过权利人追认或无权处分人取得该财产处分权，合同方才属于有效状态，否则一律视为无效。但也存在特殊情况，为保护市场交易的公平性，维护经济秩序平衡，该无效合同并不对抗善意第三人，也即第三人依据善意取得的制度签订合同后，依旧可以取得相关权利。

为避免相对人权利瑕疵导致的法律风险，企业在缔约时应该对相对人的权利状态进行详尽的审查。涉及与相对人的代理人签订合同的，应当审查代理人的授权委托书、法定代理人证明和被代理人确认授权的范围、授权委托书的时效；涉及财产处分、权利处分的情况时，应当调查相对人对财产或权利是否享有处分权，如要求相对人提供权利证书、向行政机关调取权利证书。实践中，在涉及财产权属状态时，很多企业管理者会进一步做真实性验证，如委托专业的律师进行调查并出具尽职调查报告，将该类法律风险在最大程度上降到最低。

4. 履约能力瑕疵

合同签订后，实现合同权利内容、履行合同义务便是签订合同的最终目的，但不同性质、不同内容的合同对当事人的履约能力有不同要求。如签订买卖合同时，应当对相对人的给付能力进行评估；签订委托合同时，应当对受托人完成受托任务能力进行评估；签订承揽合同时，应当对承揽人的工作资质、工作完成状况做评估。总而言之，企业在签订合同之前，对缔约方的资质、信用、履约能力的调查是必要的，包括但不限于是否有不良的财务记录、是否有长期无法偿还的债务、是否有违法犯罪记录等。若合同相对人的履约能力较差，则会出现履行不能、不完全履行、迟延履行、瑕疵履行等法律风险；若合同签订后发现相对方履约能力存在瑕疵，企业应当及时取消交易计划，采取协商、提供担保等方式予以救济，减少投资损失。我们来看以下三个案例：

例一：李甲，19 周岁，汉族，无业，2017 年 1 月 22 日，李甲为满足自己的虚荣心向汽车租赁公司租赁一辆汽车向朋友炫耀，承租期间出现交通事故，但是无力对受损车辆进行赔偿。

例二：李甲、王乙、赵丙、张丁、孙戊、钱己、刘庚均为未满 17 周岁的在校大学生，为自驾旅游向租赁公司各自租车一辆，后无力支付高额租金。

例三：李甲、王乙、赵丙、张丁、孙戊、钱己、刘庚年龄依次为 17 周岁到 23 周岁，均属无业、小学文化水平，因合资做生意，向汽车租赁公司租赁汽车 7 辆，后 7 人将租赁的汽车全部低价变卖、抵押后获得现金约 300 万余元。

上述三个案例中，汽车租赁公司均未对租车人的经济能力、履约能力进行审核、考察，也没有要求租赁人提供履约保证金，即使上述案例中的租赁合同生效，但出现缔约人没有能力完全履行合同义务的情况，最终出现车辆租金无法收回的法律风险，甚至在车辆受损的情况下无法得到车辆赔偿。如果企业在签订合同时想最大限度地规避法律风险，就要在签订合同时做好对缔约人的姓名、住址、身份证、委托书、财产状况、履约能力等方面的考察，或者可以采用履约保证金等事前防范方式降低法律风险，以最大限度地保证合同如约履行或减少合同违约带来的损失。

（二）与法人、其他组织缔结合同

与法人或者其他组织签订合同需要对法人及非法人组织（包含但不限于企

业法人、事业单位法人、机关法人和社会团体法人等，其他组织包括但不限于居民委员会、村民委员会、学校、医疗机构、妇女联合会、残疾人联合会、依法设立的老年人组织、民政部门等）的资质、法定代表人及代理人的资格、履约能力、资信状况等进行审核，防止出现因资质瑕疵导致的合同效力瑕疵，甚至合同无效的法律风险出现。

法人、其他组织的主体资格瑕疵包括无主体资格、无独立主体资格等情形，但实际上存在更多的是主体瑕疵，如挂靠、冒用、恶意利用公司人格等错综复杂的情况，企业管理者疏于审查引发的法律风险屡见不鲜。

（1）无主体资格法律风险与防范。缔约相对人无主体资格主要表现在以下几个方面：第一，相对人自始至终未取得法律主体资格；第二，相对人曾经享有但后来丧失法律主体资格；第三，相对人的主体资格仅在一定的范围内享有。那么企业若与上述几种无主体资格的相对人签订合同，就会出现合同效力瑕疵及合同履行不能的法律风险。

参考案例一

甲销售公司与乙制造公司买卖合同纠纷案

甲销售公司与乙制造公司签订一份电冰箱供销合同，由乙公司向甲公司供货，数量为1000台，合同金额为200万元，甲、乙双方约定，乙公司在合同签订后向甲公司支付履约保证金10万元，甲公司在合同签订后15日之内向乙方支付75%的货款，乙方在收到货款后5日内向甲方提交货物，此时甲方将余下货款全部支付完毕；合同签订后乙公司按照合同约定缴纳保证金10万元，甲方也按照合同约定支付了75%的货款，后乙公司并未按照约定日期交货，在甲方的催促下乙方向甲方出具承诺书，将交货日期在原来的基础上延期10日，后乙公司依旧未在指定的时间内交货，由于给甲方造成巨大的经济损失。而后，甲方在工商管理部门查询后，发现乙公司并未取得有关部门的审批，尚未取得生产许可经营资格。

参考案例二

丁与某家私公司买卖合同纠纷案

丙县个体商户丁，在某家私公司的门户网站上看到该公司销售部刊登的家具、厨具等产品的广告，丁某便和该公司销售部的戊某取得联系，戊某以家私公司的名义与丁签订了一份买卖合同，合同所约定商品内容均与广告所登记的出售信息一致。几天后，丁收到的商品和广告宣传的商品完全不一致，双方经协商，仍无法解决。后经工商局查明，该家私公司早已被注销，戊某时常借用各种广告平台来宣传质次价高的商品，非法销售额高达250万元。

上述两个案例中，当事人对缔约方的资格均未进行实质审核，就贸然签订合同并支付款额及履约保证金，最终出现合同无法完全履行、合同目的无法实现的法律风险。因此，建议企业在签订合同前对合同相对方的法人、非法人组织的资质进行全面、实质的调查，否则出现上述案例中的法律风险的概率就较大，同时会给企业造成不可挽回的经济损失。

我国很多法律、法规对部分行业经营范围予以限制，设置了特许经营权，企业法人未经批准不得对外经营该行业。与该类企业订立合同时更需要企业管理者的谨慎，否则容易出现合同目的无法实现，甚至违反国家法律禁止性规定从而导致合同无效的法律风险出现。除此之外，法律同时也规定国有企业法人、事业单位企业法人、社会团体法人不得为保证人，目的是防止国有资产的流失。因此企业签订合同时，应将缔约企业的经营范围、企业法人的性质予以全面的审查、确认。近几年，国家为保障交易安全，开放了工商登记信息查询系统，当事人可以较为方便地了解企业的注册资本、法定代表人、经营范围等注册信息。另外，企业也可以选择聘请法律顾问、委托律师代理查询等方式以最大限度地降低合同无效的法律风险。

（2）无独立主体资格。相对人无独立主体资格主要体现在两个方面：第一，相对人未取得法律主体资格；第二，相对人的主体享有法律主体资格，但是相对人属于其组成部分，譬如分支机构、组成部门等。当事人在与上述机构缔结的合同后可能会出现合同效力瑕疵和履行能力瑕疵等法律风险，因为其不具有独立的主体资格和缔约能力。

(3)挂靠经营。挂靠经营并非专门的法律术语。在我国市场经济发展尚不完善的情况下，大量的企业以挂靠的方式存在，因为挂靠经营可以免去设立、注册、资质审批等程序，直接进行运营并盈利，因此其存在有其合理性；实践中挂靠经营行为依据具体经营情况和表现形式，可分为三种类型：①一体型。此种类型指的是一些自然人、合伙企业（包括个体工商户）依附于某一企业法人（或有关部门），由被依附者代开发票、代为建账、代为缴税，个体私营业者利用被依附单位的名义和提供的便利条件从事经营活动，并向被依附单位交付一定金额的保证金，或按经营比例交纳所谓的“管理费”。由于经营者与主管单位是一种依附关系，被依附的企业不仅为实际经营者提供经营上的便利，而且还能获得一定的利益。[①] ②相对独立型。此类挂靠经营者在形式上属于法人或者非法人组织，但是其经营活动相对独立，即挂靠经营者与法人或其他组织在经济上有利害关系。通常经营者与有关法人进行商议，挂靠该法人并以该法人作为主管部门；被挂靠单位为挂靠经营者出具证明，申请工商登记，并领取企业执照。成立的挂靠企业由挂靠经营者独立经营，并按照约定给付被挂靠单位一定数额的管理费或上交一定的利润。这种类型的挂靠单位最为显著的特点就是经营者通过工商登记成立一个新的企业法人。[②] ③完全独立型。此类挂靠经营者在形式上属于法人或者非法人组织，挂靠者完全自我经营，和挂靠单位无经济上的利害关系。在市场中的表现形式一般为个体或私营者凭借有关单位或者部门的证明、报告、文件等凭证，到工商行政部门申请登记成立的企业。但是上述单位、部门并不收取登记企业的管理费，亦不过问企业的生产经营状况，企业登记后，与上述单位并无任何经济上的往来，相互经济属于完全独立的状态。

实践中，挂靠人往往履约能力较弱，其对外以被挂靠企业的名义从事经营活动，很可能使被挂靠企业承担商业信誉降低的风险。从被挂靠企业的角度讲，其负担的法律风险主要是与被挂靠企业承担连带赔偿责任。在一体型和相

---

① 褚宸舸、魏晓春：《对挂靠经营行为几种常见类型的法律思考》，载《陕西教育学院学报》2003 年第 3 期。

② 褚宸舸、魏晓春：《对挂靠经营行为几种常见类型的法律思考》，载《陕西教育学院学报》2003 年第 3 期。

对独立型的挂靠关系中，挂靠单位并无独立的缔约资格，在发生纠纷时被挂靠单位才是被明确认定的损害赔偿主体。事实上挂靠关系的存在，不仅使合同签订方对企业实际履行能力的期望值降低，同时工商登记的企业并非实际的履行企业。因此，作为取得经营主体资格的企业，从长远的角度及防范自身法律风险的角度来讲，最好不要充当其他经营者的被挂靠人，因为在挂靠人存在履约不能或者合同欺诈等情况下，被挂靠人不仅要承担相应的民事责任，甚至要负担刑事责任。

因此，企业选择缔约者时，应当对相对人的主体进行资格审查，警惕以企业的机构为名进行缔约的经营者。另外，缔约过程中，除对形式要件进行审查外，对实质要件的审查也是必要的，应多方面了解缔约方的关联企业和具体组织情况，避免出现损害赔偿、刑事犯罪等法律风险。企业审查时涉及的内容繁多且复杂，可能会遗漏审查要点，所以建议企业委托专业的律师事务所进行尽职调查。

（4）冒用合法主体名义缔约。冒用合法主体名义进行缔约，是指相对人并未取得合法主体的授权，而假冒该主体的名义进行缔结合同的行为。相对人一般在冒用企业名义前，会伪造或者变造某企业的合法营业执照、授权证明、合同专用章等手续和文件。

参考案例

甲企业伪造证件制作标书

2018 年 12 月，甲企业通过朋友介绍向乙公司投标，由于甲企业并不具备投标资质，便冒用丙公司的名义，伪造相关的证件制作标书，甲企业中标后便与乙公司签订了标的额为 200 万元的材料供应合同，并且自行租赁工厂进行生产该批材料，后甲企业的生产工厂被工商局依法取缔。

本案中，若招标公司乙公司在签订合同前对投标公司甲公司进行形式和实质审查，就会发现甲公司冒用其他公司资质进行投标的事实，但乙公司因为忽略审查的环节，使其不仅损失了缔约成本，而且在合同归于无效后也只能向甲企业主张损害赔偿，并另行选择投标人，这将耗费大量的时间成本和经济成本。而对于甲企业来讲，其不仅需要负担民事赔偿责任，负责人也会受到刑事处罚。

企业与冒用他人名义的经营者签订合同，往往面临合同难以履行、合同无效等法律风险；而被冒用的企业，原则上并无履行合同的义务，也就无须承担由此引发的法律责任。为防止合同相对人冒用合法主体名义进行缔约，在签订合同前要全方位了解该相对人的信息。为保证缔约方的信息真实，企业可选择向工商行政管理部门查询、登录中国企业信息查询网站查询、实地考察等方式予以求证。

(5)相对人为“形式”缔约人。相对人为“形式”缔约人，是指相对人在签订合同时，并不以合同的履行为目的，而是为实现合同外的其他目的，虽然相对人形式上是合同的主体，但是并非合同实际的履行主体的情形。

参考案例

上海市甲公司与上海市乙公司买卖合同纠纷案

自2018年3月19日，上海市甲公司与上海市乙公司曾有多笔买卖设备的业务往来，乙公司向甲公司开具增值税发票后，甲公司陆续向乙公司支付货款。2019年1月12日，乙公司又向甲公司开具增值税发票7张，载明内容为驱动装置20套，防护装置25套，价税合计200万元。甲公司收到发票后，向税务局申办抵扣发票。事实上双方当事人之间并无真实的业务往来，甲公司当时为了提升公司销售额，达到开具增值税发票达到1000万元的目的，经朋友介绍甲公司和乙公司相互认识，并约定由乙公司开具发票给甲公司，再由甲公司开具发票给第三人丙公司，丙公司再向甲公司支付对应价款用于流转。后甲公司、乙公司发生纠纷，根据案情我们应认定甲公司和乙公司虽未进行实际上交易，但双方签订的合同均属于有效合同。

虽然当事人双方在实质上没有业务往来,但是当事人之间的合同关系在法律上成立并且有效。本案中,上海市乙公司在合同签订时,就为自己设置了款项中转的风险,当上海市甲公司没有收到案外人丙公司的付款时,其对于上海市乙公司的履约情况就很可能受到影响。因此,企业在选择合同相对人时,不仅要对相对人的主体真实情况进行审查,还要对主体缔约的目的、意思表示的真实性进行审查。因此在合同缔约阶段,企业要多和相对人进行沟通,多了解缔约意图、相关信息,避免出现形式缔约导致企业预计的合同目的无法实现的法律风险出现。

(6)恶意利用公司人格。法人人格独立的特点就是公司以其全部资产为限对外承担责任,股东以其出资额为限对公司承担有限责任。恶意利用公司法人人格,是指相对人明知会损害债权人的利益,而故意利用公司或者股东的有限责任,逃避应付债务的情形。那么缔约相对人恶意利用公司人格会存在哪些法律风险呢?

第一,公司资本显著不足的法律风险。所谓资本不足,应与公司从事营业的性质和所承担的风险对照判断。当公司的资本、营业的性质和风险相比显著不足,或者股东抽逃出资,或者公司在经营过程中对公司资本做欺诈性的虚伪表述时,就存在对公司人格的恶意利用。[①] 公司资本作为公司赖以生存的物质基础,也是对外承担债务责任的总担保,当公司资本不足时,实质上就等同于将公司的经营风险转移给了公司的债权人,那么此时公司实际上就逐渐成为股东逃避债务的掩护体。[②]

第二,利用公司人格规避契约义务的法律风险。实践中存在负有契约上特定的不作为义务(如竞业禁止义务)的当事人,为了回避这一义务而新设立公司,或与新设立公司签约的同时利用旧公司掩盖其真实行为的情况。也存在负有债务的公司为了不继续履行合同,而转移财产另行成立新公司,故意让原公司破产以达到脱壳经营的目的,从而造成公司债务难以清偿的情况。

第三,公司与股东完全混同、股东利用公司转移法律责任的风险。股东与公司混同,主要是指公司法人和股东在财产、人格、业务上的混同。财产混同,

---

① 谈国苹:《公司人格否认制度在公司法中的适用》,载《江苏法制报》2005 年 8 月 10 日。

② 谈国苹:《公司人格否认制度在公司法中的适用》,载《江苏法制报》2005 年 8 月 10 日。

是指公司的财产和公司股东成员的财产无法作出明确的区分。公司的财产与其股东成员的财产、其关联公司的财产分离是有限责任公司存在的基础，只有在财产分离的情况下，公司才能以自己的财产独立地对其债权、债务负责。财产一旦发生混同，不仅难以实现有限公司制度，而且极容易使一些非法行为人借此隐匿财产、非法转移财产、逃避债务和责任等，也会使某些股东非法侵吞公司财产。财产混同也可能是利益的一体化，即公司的盈利与股东的收益之间没有区别，公司的盈利可以随意转化为公司成员的个人财产，或者转换为另一个公司的财产，而公司的负债则为公司的债务，在这种情况下公司并没有自己独立的财产。人格混同，是指公司与其股东成员之间及和其关联公司之间没有严格的分别。在实际中常表现为“一套人马，两块牌子”，名为公司实为个人就属于人格混同的情况，主要有以下几种情形：①一人组成数个公司，各个公司表面上是彼此独立的，实际上是在财产利益盈余分配方面为一体，且各个公司的经营决策等权利均由该投资者所掌握；②相互投资引起的人格混同；③因母公司与子公司之间的相互控制关系引起的人格混同。[①] 业务混同常见的表现为：公司股东或不同公司之间从事相同的业务活动时，具体交易行为不单独进行，并且这些交易行为受同一控制股东或同一董事会指挥、支配；公司集团内部实施大量的交易活动，以母公司或公司集团的整体利益的需要为标准，无独立、自由的竞争，公司对于业务活动无真实记录或者连续记录。[②] 这些业务混同足以使公司与股东之间或母子公司之间的独立性丧失。

参考案例

拜泉融兴村镇银行有限责任公司与山东网上有名网络科技有限公司、赢联科技集团有限公司合同纠纷案[③]

2016年6月6日，拜泉村镇银行与网上有名公司签订《T+0交易资金清算

① 谈国苹：《公司人格否认制度在公司法中的适用》，载《江苏法制报》2005年8月10日。

② 谈国苹：《公司人格否认制度在公司法中的适用》，载《江苏法制报》2005年8月10日。

③ 黑龙江省高级人民法院（2017）黑民初130号民事判决书。

业务合作协议》（以下简称《合作协议》），约定拜泉村镇银行为网上有名公司T+0交易资金清算业务提供资金垫付服务，网上有名公司应于次日将垫付的资金返还拜泉村镇银行，并按0.03%支付服务费，按日记月结方式计算。若垫付资金未按约定于2个工作日内返还，则拜泉村镇银行有权解除合同，并按约定费率上浮50%计付服务费。同日，拜泉村镇银行与赢联集团公司签订《T+0交易资金清算业务担保合同》（以下简称《担保合同》），赢联集团公司为上述合同项下的清算本金、手续费及其他所有应付费用提供连带责任保证担保。2016年9月6日、2017年6月28日，双方两次签订《支付商户T+0交易资金清算业务补充协议》（以下简称《补充协议》），并约定自2017年7月1日将服务费标准调至0.0225%。2017年7月19日，拜泉村镇银行为网上有名公司垫付清算业务资金196,816,673.42元，因账户涉嫌赌博行为被公安机关冻结，未能在2个工作日内返还。网上有名公司应返还该笔款项及2017年7月3日至7月19日的服务费577,574.86元。青岛赢联投资公司、生活客服务公司与网上有名公司、赢联集团公司是关联公司，实际控制人均为张某丙，在人员、财务上均处于交叉混同状态，且青岛赢联投资公司、生活客服务公司同意清偿案涉债务，其应对网上有名公司、赢联集团公司所负债务承担连带清偿责任。

拜泉村镇银行因无法向网上有名公司收回相关款项，故诉至人民法院，请求解除其与网上有名公司签订的《合作协议》；并要求网上有名公司返还其垫付的资金196,816,673.42元，赔偿逾期损失142,692.09元（自2017年7月21日至2017年7月24日，按人民银行同期贷款利率上浮50%计算，之后计算至实际给付之日）；支付服务费577,574.86元及服务费的逾期损失（自起诉之日起计算至实际给付之日，按人民银行同期贷款利率上浮50%计算）；赢联集团公司、青岛赢联投资公司、生活客服务公司对上述债务承担连带清偿责任等相关诉讼请求。

后经法院根据各方当事人的举证、质证，并结合庭审调查情况，确认如下案件事实：2016年6月6日，拜泉村镇银行与网上有名公司签订《合作协议》，约定：拜泉村镇银行根据网上有名公司商户T+0交易资金清算业务需要，为其提供资金支持。网上有名公司在拜泉村镇银行开立保证金账户，按照月日均清算额度的10%预存保证金，首次预存保证金100万元，垫款额度发生变化，保证金按月调整。网上有名公司保证在次日的16时前将双方确认的上日实际使用资金全额回款至拜泉村镇银行指定账户。按日均垫款金额0.03%的标准支付手续费,按日统计,按月结算。超过2个工作日未能返还的,拜泉村镇银行有权提前终止业务合作,并按约定费率上浮50%计付手续费。在无拜泉村镇银行书面认可的情况下,网上有名公司超过2个工作日未能划回垫付资金(包括每月手续费),拜泉村镇银行可在相关业务保证金账户内全额扣划,网上有名公司应在5个工作日内补足保证金账户余额。任何一方未履行或不完全履行义务,守约方有权暂停相关业务合作,并提前15个工作日书面通知违约方解除本协议,违约方承担相应违约责任。协议有效期为2016年6月6日至2017年12月31日。同日,拜泉村镇银行与赢联集团公司签订《担保合同》,赢联集团公司为上述主合同形成的债权提供连带责任保证担保,担保范围为主合同项下的清算本金、手续费及所有其他应付费用,担保期间为债务履行期限届满之日起两年。2016年9月6日、2017年6月28日,双方两次签订《补充协议》将合作业务资金垫付手续费日费率调至0.0225%,预存保证金清算额度10%,自2017年7月1日起生效。

2017年7月19日,拜泉村镇银行为网上有名公司垫付清算业务资金196,816,673.42元,网上有名公司未能在2个工作日内返还,其在2017年7月3日至7月19日共计欠付手续费577,574.86元。2017年7月23日,拜泉村镇银行从网上有名公司保证金账户扣划2000万元保证金;2017年9月7日,网上有名公司、赢联集团公司处置从明石基金收回款项偿还债务时,拜泉村镇银行根据债权比例取得943.20万元;网上有名公司2018年1月10日还款1,020,011.83元、1月15日还款331,825.49元、1月17日还款5742.78元、1月23日还款2,216,133元、1月24日还款9,224,553.95元、3月2日还款3,240,155.48元,以上共计还款45,470,422.53元,拜泉村镇银行确认所还款项均偿还的垫款本金。

2017年7月27日,青岛赢联投资公司、生活客服务公司向法院出具同意参加诉讼的函,载明该两个公司是网上有名公司、赢联集团公司的关联公司,实际控制人都是张某丙,且在同一地点办公,工作人员有交叉。拜泉村镇银行与网上有名公司合同纠纷一案,现网上有名公司因故不能尽快偿还银行欠款,如法院依职权追加两公司为第三人,两公司将积极参加诉讼,配合网上有名公司、赢联集团公司清偿银行债务。网上有名公司、赢联集团公司、青岛赢联投资公司、生活客服务公司的注册登记信息体现,四公司存在直接或间接持股的情形。本院在向四公司送达应诉及开庭手续时,四公司及瀛联集团公司的其他关联公司均在瀛联集团公司所在地办公。

瀛联集团公司7—9月资金需求汇总载明,网上有名公司、瀛联集团公司、青岛瀛联投资公司、生活客服务公司、青岛明石、金服集团、金融小镇、小贷等25项各自资金需求。7—9月费用汇总载明,工资、补偿金、公积金、办公费、房租、通信费、生活客服务公司退代理商保证金、明石基金管理费、金融小镇拍地保证金等23项费用。

根据案例我们可以作以下分析:拜泉村镇银行与网上有名公司签订的《合作协议》《补充协议》,与瀛联集团公司签订的《担保合同》均系各方当事人的真实意思表示,内容不违反法律、行政法规效力性强制性规定,又无导致合同无效的其他法定情形,均应认定为有效。虽然双方均同意解除该《合作协议》,但协议约定的合作期限现已届满,故无须再行判决解除。案涉纠纷需解决如下争议焦点问题:

第一,关于网上有名公司、瀛联集团公司应否偿还拜泉村镇银行垫付的资金并支付手续费问题。2017年7月19日,拜泉村镇银行为网上有名公司垫付资金196,816,673.42元,网上有名公司未按约定于次日返还构成违约,应返还垫付的资金并承担相应的违约责任。鉴于双方当事人未对如何承担违约责任作出约定,根据《最高人民法院关于审理买卖合同纠纷案件适用法律问题的解释》(以下简称《买卖合同纠纷解释》)[①]第24条第4款关于"买卖合同没有约定逾期付款违约金或者违约金的计算方法,出卖人以买受人违约为由主张赔偿逾期付款损失的,人民法院可以中国人民银行同期同类人民币贷款基准利率为基础,参照逾期罚息利率标准计算"及中国人民银行关于"罚息利率为在借款合同载明的贷款利率基础上加收30%—50%"的规定,拜泉村镇银行主张按中国人民银行同期贷款基准利率上浮50%计算逾期付款的损失符合规定,应予支持。瀛联集团公司与拜泉村镇银行签订了《担保合同》,为案涉债务提供连带责任保证担保,拜泉村镇银行在担保期间内向其主张权利,且未超出担保的范围,瀛联集团公司应对网上有名公司所负案涉债务承担连带清偿责任。

第二,关于青岛瀛联投资公司、生活客服务公司对于案涉债务应否承担清

① 该判决书中引用的司法解释已因修订而有所变化,现参考《最高人民法院关于审理买卖合同纠纷案件适用法律问题的解释》(2020年修正)的相关规定。——编者注

偿责任问题。从网上有名公司、赢联集团公司、青岛赢联投资公司、生活客服务公司工商登记信息看,是以张某甲、张某乙、张某丙及赢联集团公司为中心,交叉持股的关联公司。本院送达时可见四公司在同一地点办公、人员存在统一管理;拜泉村镇银行提供的赢联集团资金需求汇总表、费用汇总表体现了四公司资金统一调配,工资、公积金、办公费、水电物业费、房租等经营支出统一支付,财务上不独立。且青岛赢联投资公司、生活客服务公司向本院出具了书面的函件,认可各公司间工作人员交叉,愿意清偿网上有名公司、赢联集团公司欠银行债务,诉讼中亦偿还了部分款项,故基于现有证据可以认定网上有名公司、赢联集团公司、青岛赢联投资公司、生活客服务公司在人员和财务上存在混同,青岛赢联投资公司、生活客服务公司应对网上有名公司所负案涉债务承担连带清偿责任,故法院对拜泉村镇银行的诉讼主张予以支持。

《公司法》第20条规定:"公司股东应当遵守法律、行政法规和公司章程,依法行使股东权利,不得滥用股东权利损害公司或者其他股东的利益;不得滥用公司法人独立地位和股东有限责任损害公司债权人的利益。公司股东滥用股东权利给公司或者其他股东造成损失的,应当依法承担赔偿责任。公司股东滥用公司法人独立地位和股东有限责任,逃避债务,严重损害公司债权人利益的,应当对公司债务承担连带责任。"在该案件中,若拜泉村镇银行在签订合同前,对网上有名公司进行充分的调查,则能在一定程度上避免对方利用公司独立人格、逃避债务的法律风险。换个角度讲,网上有名公司虽作为独立主体与拜泉村镇银行签订合同但在其无法完全履行合同义务时,作为财产、人格互为混同状态的关联公司均作为债务人承担了网上有名公司对外的债务,因此多个关联公司之间应当做到财产、人格的相互独立,避免出现"牵一发而动全身"的法律风险。

实践操作中对缔约企业实际状况进行充分全面的尽职调查,是非常复杂的过程,公司除为并购、上市、风险投资等存在重大资产和股权变动外,通常情况下,企业可能不愿意为充分调查而付出相应的时间或者经济成本,从而忽视事前对缔约企业做全面调查,最终给企业带来成本消耗和损失,这些损失与缔约前的尽职调查成本相比要多几十倍甚至几百倍。

(7)相对人行政许可瑕疵。相对人行政许可瑕疵,是指相对人从事的行业、经营活动、生产的产品等,按照国家法律规定,应当取得行政许可,而相对人未取得行政许可,或虽取得行政许可,但存在行政违规等瑕疵。《行政许可法》第12条规定,下列事项属于可以设定行政许可:①直接涉及国家安全、公共安全、经济宏观调控、生态环境保护以及直接关系人身健康、生命财产安全等特定活动,需要按照法定条件予以批准的事项;②有限自然资源开发利用、公共资源配置以及直接关系公共利益的特定行业的市场准入等,需要赋予特定权利的事项;③提供公众服务并且直接关系公共利益的职业、行业,需要确定具备特殊信誉、特殊条件或者特殊技能等资格、资质的事项;④直接关系公共安全、人身健康、生命财产安全的重要设备、设施、产品、物品,需要按照技术标准、技术规范,通过检验、检测、检疫等方式进行审定的事项;⑤企业或者其他组织的设立等,需要确定主体资格的事项;⑥法律、行政法规规定可以设定行政许可的其他事项。

据统计,我国现行的行政许可项目,除法律、行政法规的许可项目外,保留了其他规范性文件的行政许可项目共计460余项,但各地区经济状况存在差异,因此地方行政许可会存在差异性的增加。建议企业在缔结合同时,对于缔约企业是否存在行政许可的瑕疵或是否已取得行政许可,应事前做好调查,否则一旦违反国家强制性的法律规定,会造成合同全部无效或部分无效的法律风险。

参考案例

兆丰置业有限责任公司与鑫夏公司建筑施工合同纠纷案[①]

信阳市凤凰·新世界工程项目由兆丰置业有限责任公司开发建设,中标单位为鑫夏公司,信阳市建设工程招标投标管理办公室作为监督结构,主持了招投标。2009年12月11日,发包方兆丰公司(作为甲方)与承包方昊润公司(作为乙方)签订了一份《劳务承包协议书》,合同内容除了不包括建筑主材外,涉及

① 河南省信阳市平桥区人民法院(2015)平民初字第00994号民事判决书。

建筑施工的所有方面,建设施工期间昊润公司所提供劳务的“凤凰·新世界一期A区、B区项目”的建设单位为兆丰公司、施工单位为鑫夏公司(原名为河南鑫厦建筑工程有限公司)、监理单位为河南宏业建设管理有限公司。

兆丰公司和昊润公司双方签订的《劳务承包协议书》,其名称虽为劳务承包,但合同内容除了不包括建筑主材外,涉及建筑施工的所有方面,故该协议书虽名为劳务承包协议,但实为建设工程施工合同。而昊润公司的经营范围为建筑劳务分包,截至目前亦未取得相关的房屋建筑资质。依据《最高人民法院关于审理建设工程施工合同纠纷案件适用法律问题的解释(一)》[①](以下简称《建筑施工合同纠纷解释一》)第1条的规定:“建设工程施工合同具有下列情形之一的,应当根据合同法[②]第五十二条第(五)项的规定,认定无效:(一)承包人未取得建筑业资质或者超越资质等级的;(二)没有资质的实际施工人借用有资质的建筑施工企业名义的;(三)建设工程必须进行招标而未招标或者中标无效的。”因施工方昊润公司只是劳务分包企业并无建筑企业资质,故法院依法认定,该《劳务承包协议书》属于无效合同,其关于违约金的约定也归于无效。

基于上述案例,不难得出企业在签订合同之前,首先,应查明该类项目所属行业是否属于特许经营的范围。其次,作为合同签订方,对缔约方相关审查也是必不可少的,如对企业的资质期限、资质范围、资质真实性等均应予以审查。再次,实践中相关领域的行政许可是具有相似性的,这很容易发生混淆,比如实践中,房地产开发企业原则上不承接房屋拆迁业务,但事实上很多企业对此并不知晓。最后,企业在审查资质时,应当着重审查其资质许可证的名称与其实际的业务范围是否一致,并应当到批准部门验证资质证书的真实性。

(三)代理人、代表人资格瑕疵

很多中、小型企业在签订合同时认为,与谁签订合同,谁就是合同当事人。在未清楚查明实际签约主体和代理人、代表人关系的情况下,一些企业就贸然

---

① 该判决书中引用的司法解释现变更为《最高人民法院关于审理建设工程施工合同纠纷案件适用法律问题的解释(一)》。——编者注

② 该判决书中引用的《合同法》已因《民法典》的颁布而有所变化,现参考《民法典》第153条第1款的规定。——编者注

签订合同，当出现合同履行纠纷、损失补偿纠纷等情况时，就无法向正确的当事人主张自己的权利。那么企业应如何认定、区分企业代理人、代表人的权限，预防法律风险发生呢？

1. 代理人资格瑕疵

代理是代理人在代理的权限范围内，以被代理人的名义向第三人做出意思表示，而该意思表示与被代理人产生直接的法律关系。企业是最活跃的市场经济主体之一，因此，企业代理人在实践中也较为普遍存在，它不仅扩大了企业活动范围，而且在一定程度上弥补了企业作为民事主体的先天性不足。

作为合同缔约主体之一，能正确辨别企业代理人的代理权限真伪、范围及期限等，是经济活动顺利进行的先决条件。在了解代理人、代表人前，本书先为代理人和传达人做一个基础的区别。代理人在被代理人的授权范围内有自由的选择权利，只要其意思表示不超出授权范围即可；但传达人并无自由选择的权利，仅是被传达人意思表示的传递，其对被传递内容的变更不具有法律效力。因此企业在缔约合同时，需要明确对方属于企业的代理人还是传达人，避免因合同内容的变更使合同的效力产生法律瑕疵，最终导致合同目的无法实现。企业代理风险主要表现在无权代理方面，即行为人没有代理权而以他人的名义实施代理。无权代理的情形主要包括：(1)行为人自始就没代理权；(2)行为人超越代理权；(3)行为人的代理权已经消灭。上述几种无权代理均可能会造成表见代理及合同效力待定的法律后果。

表见代理，是指相对人有理由相信无权代理人有权利代理，此种代理行为是有效的，法律后果直接归于被代理人。所以企业在签订合同时需要将代理人的授权、委托等证据予以保留，作为“有理由相信其有代理权”的证据，避免当出现法律纠纷时因证据缺失而导致表见代理的主张难以得到支撑的法律风险。此外，作为企业，其对于授权、委托的代理人需要做好授权文件的严格审查（包括但不限于授权范围、授权期限）、企业公章的保管、代理人的公示公告等，避免无权代理人、越权代理人及代理权已消失的行为人的法律行为给企业带来损失。

合同效力待定存在于非表见代理造成的法律后果，一旦代理行为被认定属于无权代理，那么合同另一方就无权要求相对方企业履行合同义务，在被代理人追认前，合同就处于效力待定的状态；若被代理人拒绝追认，那么该合同中约定的权利、义务不及于相对方，企业只能请求无权代理人继续履行合同义务或赔偿损失。实践中,无权代理人的履行能力、赔偿能力与被代理人的履行能力、赔偿能力往往是相差悬殊的,所以企业一般都无法达到预期的目的。

参考案例一

丙典当公司与甲典当合同纠纷案

2006年6月13日,甲持乙的房产证(坐落于海宁市硖石紫薇街93号303室房屋)去丙典当公司处要求办理典当手续。丙典当公司签发了当户为乙的当票一份,当票载明:当物为商品房一套,典当金额为180,000元,月综合费率2.5%,月利率为0.5%,典当期限为2006年6月13日至2006年12月10日,无其他约定。甲在当票上签名后,领取当金180,000元(丙典当公司当场扣除6个月的综合服务费27,000元,甲实领153,000元)。同日,丙典当公司签订了一份《典当合同》,但合同中"乙"签名非乙本人。丙典当公司持非乙签名的委托书、典当合同及乙的房产证去房地产管理部门办理了房产抵押登记。典当到期后,甲与丙典当公司办理了6次续当手续,续当期限为:2006年12月11日至2007年6月7日,续当期间的月费率与月利率与当票一致。甲在续当期间内支付丙典当公司综合服务费25,950元及利息10,050元。续当期限届满后,甲并未续期,丙典当公司便要求甲、乙赎回房屋,但甲以无钱为由,乙以不知甲将自己房屋典当及授权合同、典当合同并非本人签字为由拒绝回赎。

依据上述事实可以得出:典当合同及办理房屋抵押的委托书均不是乙所签名,而乙公司事后也不予追认,因此《典当合同》不成立,房屋抵押亦无效。故丙典当公司要求乙归还当金、综合服务费、利息及违约金的诉讼请求不予支持。当票是典当行与当户之间的借贷契约,是典当行向当户支付当金的付款凭证。《典当合同》只是双方对当票以外事项的补充约定。《典当合同》不成立,不影响当票的成立。依据《民法通则》第66条之规定:"没有代理权、超越代理权或者代理权终止后的行为,只有经过被代理人的追认,被代理人才承担民事责任。未经追认的行为,由行为人承担民事责任。"本案当票系甲以乙的名义签订,乙事后不予追认且甲实际领取了当金并连续支付过综合服务费与利息,因此丙典当公司认为与乙的典当关系实际为其与甲之间的典当关系，甲无权代理的行为应由其自己承担民事责任。由于房屋抵押无效，甲实际上未交付当物，丙典当公司无法处理当物来收取当金。因此当期届满后，甲应当归还丙典当公司当金及利息。由于双方在当票上未约定当期届满后当户须支付逾期综合服务费、违约金等，因此丙典当公司无权要求甲公司支付逾期综合服务费、违约金。

案例中，丙典当公司并未审查相对人的代理权真实与否而是直接签订《典当合同》，最终导致合同效力归于无权代理人，且房屋抵押权也归于无效。因此，企业不仅仅要严格落实代理权资格的形式审查，同时也应积极进行实质性审查，譬如第一次签订委托合同可以要求委托人与被委托人当面签订委托合同，或采取将委托合同进行公证等方式，从根源上将无权代理的法律风险予以遏制。

参考案例二

陈某与A市甲公司商品房买卖合同纠纷案[①]

陈某与A市甲公司，于2014年11月21日签订了《万佳广场预购协议》(以下简称《预购协议》)约定：由陈某向甲公司购买万佳广场3单元3、4、5层商品房，建筑面积约330平方米，单价为1500元/平方米。交房时间为2014年12月21日。同时双方还对付款方式、违约责任等进行了约定。合同签订后，陈某按约向甲公司支付购房款495,000元、维修基金5000元。现甲公司又将房屋卖给了乙、丙，导致陈某至今不能合法入住，故陈某诉至法院。法院经审理查明：2014年11月21日，丁以甲公司万佳广场项目部的名义与陈某签订了《预购协议》约定：由陈某向甲公司购买万佳广场商品房3单元3、4、5层，面积约330平方米，单价为1500元/平方米，计人民币495,000元。付款方式：一次性付清购房款495,000元。交房时间：甲公司预定于2014年12月21日前将陈某所预订商品房交付使用。违约责任及违约金约定：甲公司未经陈某同意将陈某预购之房屋出售他人，应向陈某支付购房总款300%的违约金，并解除双方的预购协

① 贵州省赤水市人民法院(2016)黔0381民初879号民事判决书。

议。《预购协议》甲方签章处加盖“A市甲公司万佳广场项目部”印章，法定代表人处加盖其公司法定代表人的印章，委托代理人处签有“丁”字样；乙方签章处签有“陈某”字样，该《预购协议》共4页，每页边沿骑缝加盖“A市甲公司万佳广场项目部”印章。同日，陈某通过中国建设银行湘江支行转账300,000元至丁账户内；丁出具一张收条交陈某执存。此收条载明：今收到陈某现金人民币叁拾万元整，收款人丁。2014年9月3日，甲公司出具一份授权委托书交丁执存。该授权委托书上委托事由一栏载明：“代表本人办理万佳广场开发项目的财务及其他所有一切事务”；委托权限一栏载明：接受询问（调查）、告知，提供资料，确认资料，签收法律文书，进行陈述申辩或提出（放权）听证。另查明：2013年4月10日，甲公司万佳广场1、2号楼建筑工程发包给城建工程有限责任公司承建。2014年4月22日、23日，某房地产测绘有限公司受甲公司委托，分别对万佳广场1、2号楼作出房屋面积测绘报告。该报告显示：万佳广场1号楼3、4、5层楼的3号住房建筑面积为110.77平方米。甲公司将此三套住房分别编号为2-3-3号、2-4-3号、2-5-3号。2016年4月9日，经陈某、甲公司法定代表人到万佳广场进行现场指认，陈某指认其与甲公司签订合同时购买的即是1号楼2-3-3号、2-4-3号、2-5-3号三套住房。2015年1月22日，甲公司获得市住房和城乡建设局准许的“A市天台镇万佳广场1、2号楼”的商品房预售许可证，其中载明开工日期为2013年4月，竣工日期为2014年10月。住宅80套，总面积为8111.72平方米。还查明：甲公司在2015年2月10日以甲公司万佳广场项目部的名义与案外人王某签订商品房预购协议。该协议甲方签章处加盖“A市甲公司万佳广场项目部”印章，法定代表人处加盖其公司法定代表人印章，委托代理人处签有“丁”字样；乙方签章处签有“王某”字样。2015年10月，陈某要求甲公司按协议约定交房，甲公司以不知情为由拒绝。

根据上述事实，我们可以判断本案系商品房预售合同纠纷，总结争议焦点如下几点：(1)《预购协议》上约定的面积约为330平方米的预售住房所在具体位置是否确定。(2)丁代理甲公司与陈某签订商品房预售协议，其代理行为是否有效。(3)《预购协议》是否有效，能否解除。

关于本案焦点一：《预购协议》上约定由陈某向甲公司购买万佳广场商品房3单元3、4、5层，面积约330平方米。陈某诉称其向甲公司预购的住房是3单元3、4、5层中间靠右的那三套住房，每套建筑面积约为110平方米；通过双方现场指认，协议上约定的3单元即是1号楼，而3、4、5层中间靠右的那三套住房分别是2－3－3号、2－4－3号、2－5－3号住房。而甲公司提供的1号楼房屋面积测绘报告显示，2－3－3号、2－4－3号、2－5－3号住房的建筑面积都是110.77平方米，这与陈某诉称及指认相符。根据《合同法》[①]第61条、第62条的规定，当事人就有关合同内容约定不明确，按照合同有关条款或者交易习惯确定。《预购协议》上就预购住房所在楼号、套数、号数不明确，但根据其约定的预购住房面积约为330平方米的条款，结合陈某诉称及现场指认，可以认定《预购协议》上约定的面积约为330平方米的预售住房是1号楼2－3－3号、2－4－3号、2－5－3号三套住房。

关于本案焦点二：丁以甲公司万佳广场项目部的名义与陈某签订《万佳广场预购协议》，虽然丁并不是甲公司员工，但其能提供"A市甲公司万佳广场项目部"印章及授权委托书，因而陈某有理由相信丁有代理权。结合甲公司以A市甲公司万佳广场项目部的名义与案外人王某签订商品房预购协议的事实，根据《合同法》[②]第49条"行为人没有代理权、超越代理权或者代理权终止后以被代理人名义订立合同，相对人有理由相信行为人有代理权的，该代理行为有效"之规定，丁代理甲公司与陈某签订商品房预售协议的行为有效；丁以甲公司万佳广场项目部的名义与陈某签订《预购协议》，即是陈某与甲公司签订的协议。同理，陈某向丁支付购房款，即是向甲公司支付购房款。

关于本案焦点三：(1)《万佳广场预购协议》是否有效。协议签订时间是2014年11月21日，甲公司于本案起诉前的2015年1月22日获得"万佳广场1、2号楼"商品房预售许可证，根据《最高人民法院关于审理商品房买卖合同纠纷案件适用法律若干问题的解释》(以下简称《商品房买卖合同纠纷解释》)第2条"出卖人未取得商品房预售许可证明，与买受人订立的商品房预购合同，应当认定无效，但是在起诉前取得商品房预售许可证明的，可以认定为有效"的规定，《预购协议》应为有效合同。(2)协议能否解除。2015年10月，陈某要求甲

---

① 该判决书中引用的《合同法》已因《民法典》的颁布而有所变化，现参考《民法典》第510条规定。——编者注

② 该判决书中引用的《合同法》已因《民法典》的颁布而有所变化，现参考《民法典》第510条规定。——编者注

公司按协议约定交房，甲公司以不知情为由拒绝。根据《合同法》[①]第94条“有下列情形之一的，当事人可以解除合同：……（四）当事人一方迟延履行债务或者有其他违约行为致使不能实现合同目的……”之规定，故陈某完全可以解除其与甲公司签订的《预购协议》。

案件中陈某签订合同时有足够的理由相信丁属于甲公司的代理人，故而选择签订合同并支付价款，暂且不论甲公司是否真正授权丁去签订合同，单从案例来讲，因为丁的行为足够让陈某相信其属于甲公司的代理人，尤其丁携带的甲公司印章的行为，最后该合同造成的损失均是由甲公司来承担，因为合同的相对人就是甲公司。推及企业，首先，在与代理人签订合同时，应提前核实代理人的身份，包括收集代理人信息、身份证件等基本的信息，让代理人出示授权委托，必要的时候可以选择当面签订授权委托书，或者选择公证等方式对授权委托书的真伪性进行认定。其次，对于授权委托书中代理人的授权范围、期限、方式等应仔细核实，上述所有的证据应当予以保留。另外，企业对内部合同印章、财务印章、空白授权合同等均应设立严密的保管制度，避免企业职工或非企业职工通过盗用、借用等方式对外签订合同，最终导致企业无辜承担此类合同造成的损害。

2. 代表人资格瑕疵

企业代表人主要包括法定代表人及负责人。实践中，很多人另将企业法定代表人和法人代表混淆或视为同一概念，事实上两者有本质的区别：法定代表人，是指依据法律或法人组织章程的规定，代表法人行使职权的负责人，如公司的经理、厂长等，实质上其属于法人的机关；而法人代表并非法人的机关，法人的任何工作人员乃至法人以外的其他个人或者组织，均可以成为法人的代表，其权利来源于法定代表人的授权，是按照代理关系而代表法人进行民事活动的。

对于上述二者的代理效力，《民法典》第504条规定：“法人的法定代表人或者非法人组织的负责人超越权限订立的合同，除相对人知道或者应当知道其超越权限外，该代表行为有效，订立的合同对法人或者非法人组织发生效力。”《最

① 该判决书中引用的《合同法》已因《民法典》的颁布而有所变化，现参考《民法典》第563条规定。——编者注

高人民法院关于适用〈中华人民共和国民法典〉有关担保制度的解释》第7条规定:"公司的法定代表人违反公司法关于公司对外担保决议程序的规定,超越权限代表公司与相对人订立担保合同,人民法院应当依照民法典第六十一条和第五百零四条等规定处理:(一)相对人善意的,担保合同对公司发生效力;相对人请求公司承担担保责任的,人民法院应予支持。(二)相对人非善意的,担保合同对公司不发生效力;相对人请求公司承担赔偿责任的,参照适用本解释第十七条的有关规定。法定代表人超越权限提供担保造成公司损失,公司请求法定代表人承担赔偿责任的,人民法院应予支持。第一款所称善意,是指相对人在订立担保合同时不知道且不应当知道法定代表人超越权限。相对人有证据证明已对公司决议进行了合理审查,人民法院应当认定其构成善意,但是公司有证据证明相对人知道或者应当知道决议系伪造、变造的除外。"第8条规定:"有下列情形之一,公司以其未依照公司法关于公司对外担保的规定作出决议为由主张不承担担保责任的,人民法院不予支持:(一)金融机构开立保函或者担保公司提供担保;(二)公司为其全资子公司开展经营活动提供担保;(三)担保合同系由单独或者共同持有公司三分之二以上对担保事项有表决权的股东签字同意。上市公司对外提供担保,不适用前款第二项、第三项的规定。"第9条规定:"相对人根据上市公司公开披露的关于担保事项已经董事会或者股东大会决议通过的信息,与上市公司订立担保合同,相对人主张担保合同对上市公司发生效力,并由上市公司承担担保责任的,人民法院应予支持。相对人未根据上市公司公开披露的关于担保事项已经董事会或者股东大会决议通过的信息,与上市公司订立担保合同,上市公司主张担保合同对其不发生效力,且不承担担保责任或者赔偿责任的,人民法院应予支持。相对人与上市公司已公开披露的控股子公司订立的担保合同,或者相对人与股票在国务院批准的其他全国性证券交易场所交易的公司订立的担保合同,适用前两款规定。"第10条规定:"一人有限责任公司为其股东提供担保,公司以违反公司法关于公司对外担保决议程序的规定为由主张不承担担保责任的,人民法院不予支持。公司因承担担保责任导致无法清偿其他债务,提供担保时的股东不能证明公司财产独立于自己的财产,其他债权人请求该股东承担连带责任的,人民法院应予支持。"第11条规定:"公司的分支机构未经公司股东(大)会或者董事会决议以自己的名义对外提供担保,相对人请求公司或者其分支机构承担担保责任的,人民法院不予支持，但是相对人不知道且不应当知道分支机构对外提供担保未经公司决议程序的除外。金融机构的分支机构在其营业执照记载的经营范围内开立保函，或者经有权从事担保业务的上级机构授权开立保函，金融机构或者其分支机构以违反公司法关于公司对外担保决议程序的规定为由主张不承担担保责任的，人民法院不予支持。金融机构的分支机构未经金融机构授权提供保函之外的担保，金融机构或者其分支机构主张不承担担保责任的，人民法院应予支持，但是相对人不知道且不应当知道分支机构对外提供担保未经金融机构授权的除外。担保公司的分支机构未经担保公司授权对外提供担保，担保公司或者其分支机构主张不承担担保责任的，人民法院应予支持，但是相对人不知道且不应当知道分支机构对外提供担保未经担保公司授权的除外。公司的分支机构对外提供担保，相对人非善意，请求公司承担赔偿责任的，参照本解释第十七条的有关规定处理。”从上述法条规定中不难看出，《民法典》对法人的外部担保的规定属于任意性规定，而对法人的内部担保的规定属于强制性担保，故而法定代表人、负责人签订担保合同违反公司法律、法规及司法解释等任意性规定不会必然导致合同无效，但违反强制性规定应属当然无效。

实践中企业法人作为担保人的现象尤为众多，在担保合同签订时，一方面要保证对合同相对方的公司章程熟悉，包括对所提供的章程材料的真伪性、章程变更内容等的审查；另一方面，对法定代表人出示的公司股东、股东会、股东大会、董事会决议等文件也应进行实质审查。

3. 相对人履约能力

相对人的履约能力直接影响到合同目的能否实现，企业签订合同前对相对人履约能力的了解，可以为合同的履行状况做基本的评估和风险防控，因相对人的不完全履行或无法履行造成的损失，不仅是企业自身的损失，还有可能会涉及对第三人的赔偿。譬如，在涉及消费者权益中，企业作为销售产品方，若生产制造商的产品出现产品质量问题，导致消费者的财产权益、人身权益受到侵害，消费者可依照《民法典》及相关司法解释、《消费者权益保护法》等法律直接要求销售企业赔偿财产损害、人身损害等。因此，企业在缔结合同时，应先对相对方的履约能力做全面的调查，再依据调查报告，决定是否缔结合或缔结合同后违约责任应如何约定等。实践中很多企业也选择要求履约方提前交纳履约保证金或提供其他担保等方式，以便最大限度降低因履约能力瑕疵带来的法律风险。

二、合同性质、形式和签订方式

如果说合同相对人的选择直接关系到合同效力及合同目的能否完全实现，那么合同性质、形式和签订方式，不仅涉及合同效力问题，更关系到合同目的能否得以实现，甚至会直接影响到发生合同纠纷后的证据收集及纠纷如何解决等问题。因此企业在缔结合同时对此也是需要做好详细的了解，尽可能地降低法律风险发生的概率。

（一）合同性质的选择

企业在订立合同时，首先要选择合同的性质并予以确定，如保管合同、买卖合同、租赁合同、代理合同等。不同性质的合同决定了双方当事人之间的权利、义务存在天壤之别，因此订立合同时合同性质的确定是很重要的一步。但实践中存在很多特殊情形导致合同性质无法明确，下面通过案例逐一予以分析。

参考案例

甲物业公司与乙工程开发公司签订《合作开发协议》案

甲物业公司与乙工程开发公司签订《合作开发协议》，双方约定：甲物业公司在某市林荫大道取得300平方米土地使用权并在该地上建设商品房，乙工程开发公司与甲物业公司合作建设，乙工程开发公司投资总额约7000万元；双方约定采取一次性固定回报的方式作为对乙工程开发公司的投资的回报，也即乙工程开发公司将获得该商品房总面积的25%的房产所有权，办理产权的相关手续费用由乙工程开发公司自行负担。

上述案例中，甲物业公司、乙工程开发公司虽然将合同命名为《合作开发协议》，但合同实质上属于商品房买卖合同。合作协议和商品房买卖合同导致的法律后果和法律风险是完全不同的。事实上合作协议，尤其建设施工协议，涉及建设单位的资质是否符合规定、分包转包是否按照程序、工程是否必须进行招投标、工程款是否承担连带责任等法律问题，其协议必须符合法律规定，一旦违反法律强制性规定，合同就属于无效合同。商品房买卖合同中，是否取得预售许可证、行政部门备案登记商品房预售情况等因素直接关系到商品房买卖合同的成立与否、生效与否。因此，企业双方对合同性质的选择直接关系到合同的效力、当事人的权利及义务等问题。建议企业在签订合同前，首先应将合同的性质予以确定，这就要求企业对于合同的性质、内容、权利、义务主张有明确的认识，最后再同专业人士进行沟通，以确定合同的类型。

1. 预约合同与本合同

预约合同，是指约定将来要订立合同的合同，预约合同成立之后当事人负有履行签订本合同的义务。其合同目的就在于成立本合同，若本合同没有签订，就属于没有履行预约合同。当事人之所以不直接订立本合同，原因在于法律或事实上致使本合同不满足订立的条件，所以先订立预约合同，使相对方受到约束，以保证后期本合同的订立。同时，要区分当事人双方签订的《初步协议》和《意向书协议》，在当事人没有对协议的法律效力予以认可时，不能认定为预约合同。

在实际商品房买卖中，预约合同使用最为广泛，其中《商品房认购书》是消费者为购买商品房和房地产开发企业签订买卖合同前签订的法律文书，其内容包含买卖双方的基本信息、房屋面积、位置、单价及正式买卖合同签订的时间等事项。企业在办理立项、规划、报建审批并取得商品房预售许可证后才可与消费者订立《商品房认购书》。《商品房买卖合同纠纷解释》第 2 条规定："出卖人未取得商品房预售许可证明，与买受人订立的商品房预售合同，应当认定无效，但是在起诉前取得商品房预售许可证明的，可以认定有效。"该规定对消费者、房地产开发商均有保护的作用。消费者的权利可以在短时间内得到保障。使其与开发商签订的商品房买卖合同得到一定的保障，从而稳定交易市场。房地产开发商通过积极弥补程序的违法，减少因为程序性问题导致的交易率下降。同时，司法机关也节约了诉讼成本。《商品房买卖合同纠纷解释》第 4 条规定："出卖人通过认购、订购、预订等方式向买受人收受定金作为订立商品房买卖合同担保的，如果因当事人一方原因未能订立商品房买卖合同，应当按照法律关于定金的规定处理；因不可归责于当事人双方的事由，导致商品房买卖合同未能订立的，出卖人应当将定金返还买受人。"《商品房买卖合同纠纷解释》第 5 条也规定了若商品房的认购、订购、预订等协议具备《商品房销售管理办法》第16条规定的商品房买卖合同的主要内容，并且出卖人已经按照约定收受购房款的，该协议应当认定为商品房买卖合同。《商品房销售管理办法》第16条规定："商品房销售时，房地产开发企业和买受人应当订立书面商品房买卖合同。商品房买卖合同应当明确以下主要内容：（一）当事人名称或者姓名和住所；（二）商品房基本状况；（三）商品房的销售方式；（四）商品房价款的确定方式及总价款、付款方式、付款时间；（五）交付使用条件及日期；（六）装饰、设备标准承诺；（七）供水、供电、供热、燃气、通讯、道路、绿化等配套基础设施和公共设施的交付承诺和有关权益、责任；（八）公共配套建筑的产权归属；（九）面积差异的处理方式；（十）办理产权登记有关事宜；（十一）解决争议的方法；（十二）违约责任；（十三）双方约定的其他事项。"上述法条释明，第一，签订预约合同所支付的定金属于预约定金；第二，明确区分了商品房买卖合同、认购书的界限，保障消费者的权益，降低交易风险，最大限度地避免出现非法融资的现象。

参考案例

甲与乙公司商品房买卖合同纠纷案

2018年12月19日，甲与乙公司订立《商品房认购合同》，双方约定：甲向乙公司订购一套位于A市B区建国路惠明苑小区的商品房，单价为15,000元/平方米，面积总额为220平方米，签订认购书时交纳定金15万元，签订预售合同时支付房款的25%，6个月后再支付房款的75%；同时约定甲应在2019年1月1日之前与公司签订《商品房出售合同》，否则视为违约，乙公司就有权利取消本协议，没收甲支付的定金，房屋可以再次出售。甲以此认购合同为依据向乙公司支付上述定金。2019年1月1日，甲按合同约定前去签订出售合同，在签订合同时，乙公司无端地在《商品房出售合同》增加两条条款，即关于迟延付款及交房责任方面的内容，对这两条条款甲表示坚决不同意，认为违反了双方事先的约定，故要求乙公司删除，但是乙公司坚决不删除，就此产生分歧导致合同当日无法签订。2019年1月3日，甲要求乙公司修改条款，但乙公司一直未解决此事，甲因此诉至法院。法院认为，甲与乙公司在签订《商品房认购合同》时出示的《商品房出售合同》并无关于新增条款的内容，后甲不接受该补充条款致使《商品房出售合同》未签订，表明甲与乙公司关于出售合同未达成一致的意见，甲并不构成违约，乙公司应当返还甲支付的定金。

上述案例表明，企业在订立预约合同时，对本合同的约定内容已经形成固定内容，不可单方面予以变更，否则就会造成本合同的签订无法实现，同时也是对预约合同的违约。企业订立合同时必须要分清合同的性质，协议书、意向书等并不致使合同相对方负有订立合同的义务，若要想合同相对方负有订立合同的义务或想要确定本合同的内容就可以选择订立预约合同。也应当注意，为更好保证本合同的签订，双方当事人在订立预约合同时可以对本合同的内容作出约定，要求对方不得对此内容予以变更，否则需要承担违约责任。

2. 主合同与从合同

主合同是独立存在的合同，不以他种合同的存在为前提，而依附于其存在的合同就属于从合同。从合同无法独立产生，最为常见的类型就是抵押合同、质押合同、保证合同。关于主合同、从合同的效力问题，《民法典》第388条规定："设立担保物权，应当依照本法和其他法律的规定订立担保合同。担保合同包括抵押合同、质押合同和其他具有担保功能的合同。担保合同是主债权债务合同的从合同。主债权债务合同无效的，担保合同无效，但是法律另有规定的除外。担保合同被确认无效后，债务人、担保人、债权人有过错的，应当根据其过错各自承担相应的民事责任。"《最高人民法院关于适用〈中华人民共和国民法典〉有关担保制度的解释》第16条规定："主合同当事人协议以新贷偿还旧贷，债权人请求旧贷的担保人承担担保责任的，人民法院不予支持；债权人请求新贷的担保人承担担保责任的，按照下列情形处理：（一）新贷与旧贷的担保人相同的，人民法院应予支持；（二）新贷与旧贷的担保人不同，或者旧贷无担保新贷有担保的，人民法院不予支持，但是债权人有证据证明新贷的担保人提供担保时对以新贷偿还旧贷的事实知道或者应当知道的除外。主合同当事人协议以新贷偿还旧贷，旧贷的物的担保人在登记尚未注销的情形下同意继续为新贷提供担保，在订立新的贷款合同前又以该担保财产为其他债权人设立担保物权，其他债权人主张其担保物权顺位优先于新贷债权人的，人民法院不予支持。”

参考案例

庄稼源公司与地博公司合同纠纷案[①]

2008年10月10日，四川省凉山州国土资源局受四川省国土资源厅的委托，组织对四川省德昌县永郎镇高家湾萤石矿普查探矿权进行拍卖出让，庄稼源公司以1900万元最高应价竞得。2015年8月6日，庄稼源公司延续探矿权，并取得《矿产资源勘查许可证》，载明：“有限期限为2015年6月30日至2017年6月30日，勘查单位为四川华地勘探股份有限公司。”2017年4月6日，庄稼源公司作为甲方与地博公司作为乙方签订了《开发经营合作协议》《办证合作协议》《补充协议》，约定庄稼源公司将德昌县永郎镇高家湾萤石矿探矿权及已办好手续的林地使用权与地博公司合作开发经营。三份协议签订后，地博公司按约定向庄稼源公司交纳了30万元保证金，并安排人员进行了前期工作。其间，自2017年4月16日起，双方为庄稼源公司是否应履行合同中未明确约定的相关配合义务及解决相关遗留问题发生争议。地博公司遂于2017年4月16日、2017年5月8日、2017年5月18日连续三次向庄稼源公司发送了催告函件，催告庄稼源公司尽快履行移交矿山相关资料及移交矿山等相关配合义务，但双方经多次协商仍存在分歧。2017年5月31日，地博公司最后一次向庄稼源公司发送了解除合同的函件，以庄稼源公司不配合地博公司的工作，不完成矿山移交工作，不配合地博公司进行矿山物探、地质勘探、矿山井洞整理、地质编录，不厘清处理好与各方面、各施工队伍的遗留问题及管理关系，不履行自己的义务，已构成实际违约为由，要求依法解除合同。同时要求合同解除后，庄稼源公司应退还地博公司保证金及赔偿损失并承担违约金。同日，地博公司委托四川某律师事务所杨律师向庄稼源公司发送了《律师函》。由于庄稼源公司不接受解

① 四川省凉山彝族自治州中级人民法院(2018)川34民终338号民事判决书。

除合同，而要求地博公司继续履行合同，且要求地博公司继续履行合同内容并支付违约金。

根据上述事实庄稼源公司与地博公司于2017年4月6日当日共签订了三份协议，即《开发经营合作协议》《办证合作协议》《补充协议》，地博公司同时也向庄稼源公司交纳履约保证金30万元，双方签订协议的目的在于对德昌县永郎镇高家湾萤石矿进行勘查开采活动。《最高人民法院关于审理矿业权纠纷案件适用法律若干问题的解释》第5条规定："未取得矿产资源勘查许可证、采矿许可证，签订合同将矿产资源交由他人勘查开采的，人民法院应依法认定合同无效。"庄稼源公司在未取得采矿许可证的情况下与地博公司签订《开发经营合作协议》，将其依法取得的德昌县永郎镇高家湾萤石矿矿产资源交由地博公司勘查开采，故双方签订的《开发经营合作协议》应为无效合同。《办证合作协议》系基于《开发经营合作协议》约定"探矿证延续、采矿证办理"的合同内容对办证活动进行进一步的约定及补充，应属《开发经营合作协议》的一份补充协议，故与《补充协议》均为《开发经营合作协议》的从合同。主合同无效，从合同当然无效，故庄稼源公司与地博公司于当日签订的《办证合作协议》及《补充协议》依然无效。《合同法》①第56条规定，无效的合同自始没有法律约束力，故对庄稼源公司要求地博公司按约定认真履行《开发经营合作协议》《办证合作协议》以及支付违约金的诉讼请求，法院均不予支持；依照《合同法》②的规定，合同无效或者被撤销后，因该合同取得的财产，应当予以返还，庄稼源公司应当返还从地博公司获取的保证金30万元。

案例中，既然庄稼源公司和地博公司签订的主合同属于无效合同，那么双方再继续签订其他再多的合同都是无济于事的，法院虽然判决无效合同双方应互返财产，但是企业投入的时间成本、物力资源等都是不可估量的损失，因此企业签订合同时，主要侧重审核主合同的效力，只有主合同有效、从合同在合法合规的基础上才能有效；一旦主合同处于无效状态，那么从合同即使合规合法也必然导致无效；故企业在签订合同之前要将其法务部门或法律顾问的效用最大

---

① 该判决书中引用的《合同法》已因《民法典》的颁布而有所变化，现参考《民法典》第155条、第175条规定。——编者注

② 该判决书中引用的《合同法》已因《民法典》的颁布而有所变化，现参考《民法典》相关规定适用。——编者注

化发挥,降低合同法律风险的发生概率。

(二)合同形式选择的法律风险与防范

合同的形式,也即合同的方式,是指当事人合意的表现形式,是合同内容的载体,我国现行的合同形式主要包含:口头形式、书面形式和其他形式。

1. 书面合同与口头合同

书面合同,是当事人之间签订合同时以文字方式明确合同条款的形式,譬如通过电子邮件、传真、信件等方式。合同采用书面形式,一部分是基于法律强制性规定,如《民法典》第707条规定:“租赁期限六个月以上的,应当采用书面形式。当事人未采用书面形式的,无法确定租赁期限的,视为不定期租赁。”第736条规定:“融资租赁合同的内容一般包括租赁物名称、数量、规格、技术性能、检验方法、租赁期限、租金构成及其支付期限和方式、币种、租赁期间届满租赁物的归属等条款。融资租赁合同应当采用书面形式。”第789条规定:“建设工程合同应当采用书面形式。”第851条规定:“技术开发合同是当事人之间就新技术、新产品、新工艺或者新材料及其系统的研究开发所订立的合同,技术开发合同包括委托开发合同和合作开发合同。技术开发合同应当采用书面形式。当事人之间就具有产业应用价值的科技成果实施转化订立的合同,参照适用技术开发合同的规定。”第863条规定:“技术转让合同包括专利权转让、专利申请权转让、技术秘密转让等合同。技术许可合同包括专利实施许可、技术秘密使用许可等合同。技术转让合同和技术许可合同应当采用书面形式。”上述法律规定的情形中必须采用书面形式订立合同,否则违反法律应然性会直接导致合同无效。还有部分当事人选择以书面形式订立合同,可能是因为对彼此的信任度较低,或者双方当事人想要更加明确权利义务内容,再或者是为了保存证据避免在履行过程中出现纠纷等。口头合同,顾名思义,是指当事人间仅用口头言语做出意思表示达成协议。口头合同在实践中也比较常见,企业会在小额交易、固定交易或对彼此信任度极高的情况下使用口头形式订立合同。

两者间的优缺点其实是显而易见的。书面合同意思明了、清楚且有据可查,但书面合同缔约过程相对繁杂,签订周期较长,合同签订时当事人之间可能需要对合同进行各层级的审核、各部门的签字盖章等,有的还需要对委托人、代理人资质进行审核。对于口头合同,当事人间意思表示一致即可成立、生效,订立周期短、程序简单,但出现合同纠纷时,就需对签订协议的内容进行确认并证明,且证据收集相对较难。另外,当司法实践中出现大额的口头协议并即时结算价款的情况时,会存在相对人否认合同内容、否认合同成立的法律风险。事实上,很多企业在口头合同目的不能达成进入司法程序之后,会因证据收集困难,无法支撑事实最终败诉。因此,除法律规定的应当用使用书面合同的情形外,企业在订立大额合同、涉外合同等其他较为复杂的合同时,建议选择以书面形式订立合同,且在签订前应当进行合同审核。合同签订后,对法律规定应当采用书面形式订立补充协议增加条款或变更主合同内容的,须再次签订书面补充协议,补充协议作为正式合同的一部分,不能以口头形式订立,否则就可能会造成补充协议无效,对当事人双方不产生法律效力的情况。即使双方选择以口头形式订立合同也须注意证据的收集、保留,否则就要承担合同无效或合同不成立等法律风险。

2. 关于其他形式的合同

根据《民法典》第 135 条的规定:"民事法律行为可以采用书面形式、口头形式或者其他形式;法律、行政法规规定或者当事人约定采用特定形式的,应当采用特定形式。"第 469 条规定:"当事人订立合同,可以采用书面形式、口头形式或者其他形式。书面形式是合同书、信件、电报、电传、传真等可以有形地表现所载内容的形式。以电子数据交换、电子邮件等方式能够有形地表现所载内容,并可以随时调取查用的数据电文,视为书面形式。"因此可以将其他形式的合同定义为推定形式的合同。

参考案例

某国际旅行社与某市文化市场发展中心及第三方锦城公司合同纠纷案

某国际旅行社与某市文化市场发展中心及第三方锦城公司曾就联合主办 2019 年中国艺术之乡文化博览会事宜达成合作协议,因遭受新冠肺炎疫情,该博览会被迫延期,三方就延期举办博览会事宜又签订协议书,但某市文化市场发展中心于疫情解除后单方做出停办决定，给某国际旅行社造成损失，故要求某市文化市场发展中心返还投资款、支付投资款的利息并赔偿损失。后三方就此次疫情造成的经济损失如何处理进行了约定，三方清理完账目后签署了备忘录，确认三方分别承担前期经济损失费用，对组委会购买的财产进行了分配，同时，某市文化市场发展中心退还某国际旅行社企业投资款。

合同系自然人、法人、非法人组织等平等主体间设立、变更、终止民事权利义务关系的协议。本案三方签订合作协议的形式和内容不违背法律规定，属于有效合同。同时三方签署的关于各方平均承担博览会前期经济损失的备忘录的形式和内容亦不违背法律规定，系三方的真实意思表示，应确认为有效合同。现三方已在具有合同性质的备忘录中就共同承担前期经济损失事宜达成一致，并且被告已按备忘录的约定，向某国际旅行社退还了扣除应承担的前期损失后的剩余投资款。上述案例所涉其他形式（备忘录）的合同，法院在实践中是认定其为有效合同。

备忘录、会议纪要等其他形式的合同，虽被法院认定为有效合同，但其弊端也是显而易见的。采用其他形式作出约定，双方或多方发生法律纠纷时，合同当事人对于证据的收集比较困难，第三方对其法律效力认定过程周期较长、困难较大。故建议企业在交易过程中，最好采取以书面形式订立合同。同时，若采用其他形式订立合同，则需做好证据的收集、存留，最好形成完整的证据链条，这样才可以保证双方当事人在合同履行过程中的权利义务的内容明确化，在发生法律纠纷时，减少不必要的时间、财力、人力资源的浪费，保证纠纷高效解决。

（三）合同签订方式的法律风险与防范

1. 一般要约与承诺

企业订立合同时需要经过要约、承诺的过程，而其中的要约就是一方当事人以订立合同为目的而发出，由相对人受领意思表示，在商业活动中俗称“报价”、“发价”或“发盘”。与要约相对应的承诺，是指受领要约的相对人为成立合同而同意接受要约的意思表示，在商业交易中俗称“接盘”“还盘”“收盘”。

（1）要约。在剖析此部分的法律风险前，首先要明确两个易混淆的概念，即要约邀请和要约。要约邀请是一方当事人为得到他人的要约而作出的意思表示,发出的内容并不具有法律效力。当事人一方基于要约邀请可以向邀请方发出要约,也可不以要约邀请为前提直接作出要约,所以说要约邀请不是合同成立的必要程序。举例来说,商店价目表、拍卖公告、招标公告、招股说明书等都属于要约邀请,它们的共同点在于内容不具体、不明确,不足以使双方明确应负有的权利和义务。商品房买卖中的销售广告、宣传资料也属于要约邀请,但如果出卖人就商品房的相关价格、位置、实施等作出具体的描述,其就属于要约,相对方一旦作出承诺,合同就基本成立,合同任意一方违反合同义务都可能需要承担对应的违约责任。

要约经当事人一方发出即具有约束力,不可随意撤回、撤销。受要约人在接收到要约后,即具有作出承诺的法律地位。需要注意的是,受要约人的意思表示需要在要约规定的期限内作出,否则就丧失法律效力。在规定期限内作出的承诺就对承诺方产生约束力,不得随意撤销、撤回,法律这样做的目的在于保护双方的合法权益、交易安全,维护市场的稳定性。在遇到要约发出方需要撤回、撤销要约的情况时,如何去做才能使其发生预期的法律效力,是企业需要考虑的。要约人应在要约生效前撤回要约,要约通知书应先于或与要约同时到达受要约人,才可以产生撤回要约的效力。而撤销,是指在要约生效后、受要约人的发出承诺通知前,要约人的撤销通知到达受要约人。因为撤销要约会使要约归于无效的状态,会让受要约人承担不利的法律效果,所以时间节点非常重要。另外,法律还规定了要约不得撤销的情形以保障受要约人的信赖利益:①要约人确定了承诺期限或者以其他形式明示要约不可撤销;②受要约人有理由认为要约是不可撤销的,并已经为履行合同做了准备工作。

最后注意一点,企业若向相对方作出要约的意思表示,则必须明确是否要产生合同的法律效力。如果是,那么就应当向相对方作出明确的意思表示,并明确其效力,即一经发出就具有等同于合同的法律约束力;如果不是,那么意思表示内容就不需要明确、具体,应表明希望相对方作出要约,否则很容易让企业自身受到约束。另外,关于要约的撤回、撤销,建议企业在作出要约时保留要约的撤销权,如果明确要约不可撤销,那么可以选择对承诺的日期作出限制。企业应当做好时间的把控,并做好撤销、撤回通知发出的证据存留。

(2)承诺。承诺,是指受要约人作出同意要约的内容并与要约人订立合同的意思表示。企业作出承诺必须要满足以下几点:①承诺必须是受要约人作出。②承诺的内容必须与要约内容一致。③部分要约限定承诺期限的,承诺人应当在要约确定的期限内使承诺到达要约人;对于要约没有确定承诺期限的,依据《民法典》第481条第2款的规定:"要约没有确定承诺期限的,承诺应当依照下列规定到达:(一)要约以对话方式作出的,应当即时作出承诺;(二)要约以非对话方式作出的,承诺应当在合理期限内到达。"上述任何一点不满足,都会导致承诺无效、合同不成立,超出期限作出的承诺会被视为新的要约。实践中很多企业对承诺内容与要约内容保持一致这一点容易忽略,承诺人对要约的内容予以扩充、缩减,必须把握好对要约的实质内容不作任何变更(其实质内容主要包括合同标的、质量、数量、价款等内容),否则就属于对要约的拒绝而发出新的要约。

承诺发出后也存在需要撤回的情况,对此《民法典》第485条明确规定:"承诺可以撤回。承诺的撤回适用本法第一百四十一条的规定。"但实践操作中,承诺的撤回会因为不可抗力或其他原因导致迟延到达,此时应该及时地向要约人作出说明并提供对应的证据以证明迟延的缘由,避免因承诺撤回无效产生的法律风险。承诺不同于要约的是其没有撤销的情况,承诺一旦到达要约人,合同即告成立甚至生效,那么就需要对合同进行解除或变更,而非撤销承诺。

故要约对承诺的日期有明确限定的,受要约方应当在期限内作出承诺并在期限内向要约方发出。承诺若没有明确的日期限定,就应在法律规定的合理期限内作出,避免合同不成立或承诺变为新要约的法律风险。承诺方若认为期限内其无法作出承诺,则可向要约人申请延长期限,经要约人同意后方可延长期限,此时受要约方要注意证据的保留。涉及承诺方撤回承诺的时间问题,需要企业注意撤回通知发送的即时性、快速性,并且及时关注撤回通知是否被要约人收到,若遇到迟延,应再次及时作出补救,尽早地联系要约人。

2. 招标、投标

招标、投标,是指由招标人向特定方或不特定方发出招标通知或公告。招标人以招标公告的方式邀请不特定的法人或者其他组织投标的,称为公开招标,招标人也可以选择以投标邀请书的方式邀请特定的法人或者其他组织投标,但要注意应当向3个以上具备承担招标项目的能力、资信良好的特定的法人或者其他组织发出,这称为邀请招标。邀请招标属于要约邀请。随后各投标人依据招标通知或公告作出标书响应,此阶段属于要约。最后招标人经过评审程序在投标人中选择符合标书的投标人并签订合同的方式,那么在招标人确定投标人时就属于承诺。企业选择招标、投标方式缔结合同,对招标方和投标方是共益的。譬如对招标方而言,其可以最优价格、最佳方案选择投标方;对投标方而言,其可获得更多的业务发展机会,增加投标方的竞争力,倒逼投标方的发展。企业进行招标、投标主要分为以下几个阶段:①招标阶段。为规范市场经济运行,国家出于对产业特殊性的考虑,《招标投标法》第3条规定:"在中华人民共和国境内进行下列工程建设项目包括项目的勘察、设计、施工、监理以及与工程建设有关的重要设备、材料等的采购,必须进行招标:(一)大型基础设施、公用事业等关系社会公共利益、公众安全的项目;(二)全部或者部分使用国有资金投资或者国家融资的项目;(三)使用国际组织或者外国政府贷款、援助资金的项目。前款所列项目的具体范围和规模标准,由国务院发展计划部门会同国务院有关部门制订,报国务院批准。法律或者国务院对必须进行招标的其他项目的范围有规定的,依照其规定。"若招标人未进行招标直接进入签订合同阶段,则可能将直接导致签订合同无效的法律风险出现。从行政法角度来看,必须进行招标的项目而不招标的,或必须进行招标的项目化以其他方式规避招标的,将会受到行政部门的责令限期改正,或处项目合同金额5‰以上10‰以下的罚款。对全部或者部分使用国有资金的项目,可暂停项目执行、暂停资金拨付,也可对单位直接负责的主管人员和其他直接责任人员依法给予行政处分。另外,需要注意的是,招标企业发出的标书应当合理确定投标有效期,投标有效期从提交投标文件的截止之日起算。②投标阶段。与招标人存在利害关系的企业不得参加投标。比如,单位负责人为同一人或者存在控股、管理关系的不同单位,不得参加同一标段投标或者未划分标段的同一招标项目投标,否则就可能影响招标公正性,相关投标均可能被认定为无效。当投标人需要撤回已提交的投标文件时,应当在投标截止时间前书面通知招标人,招标人已收取投标保证金的,应当自收到投标人书面撤回通知之日起5日内退还。投标截止后,投标人撤销投标文件的,招标人可以不退还投标保证金,因为此时投标文件已具有法律效力。③开标、验标阶段。此阶段是指招标人按照招标文件,在投标会议上当众启封标书,公示标书内容,但是当投标人少于3个的,不得开标,招标人应当重新招标。④评标、定标阶段。该阶段是由招标人依据法律规定组成评标委员会,对投标人的标书进行评审,选择最佳的标书,决定投标人。若对标书的全部内容接受,就属于承诺。需要注意的是,招标项目设有标底的,招标人应当在开标时公布。标底只能作为评标的参考,不得以投标报价是否接近标底作为中标条件,也不得以投标报价超过标底上下浮动范围作为否决投标的条件。⑤签订合同。中标人在接到中标通知书后,应在指定时间、指定地点与招标人签订合同,合同的标的、价款、质量、履行期限等主要条款应当与招标文件和中标人的投标文件的内容一致。招标人和中标人不得另行订立背离合同实质性内容的其他协议。如投标人已经缴纳投标保证金,最迟应当在书面合同签订后5日内向中标人和未中标的投标人退还投标保证金及银行同期存款利息。

企业采用招投标方式订立合同,应当遵守国家相关法律法规的规定,厘清招标、投标作为特殊的要约邀请、要约、承诺方式的法律规定,其中包含对要约邀请方、要约方、承诺方主体的资格、义务、标书内容、中标与合同签订等方面的要求,避免出现招标、投标违规导致合同效力瑕疵或企业及其管理者遭受行政处罚甚至是刑事处罚。

3. 格式合同

格式合同,也称定式合同、标准合同,是由合同签订一方按照自己意志决定合同内容,相对人对合同内容表示完全接受或不接受的一种形式化、内容定性化的合同。虽然格式合同的内容是由合同当事人一方所拟定,且相对方对格式合同内容也只能表示完全同意或完全不同意,但对于格式合同制定方来讲其也是为了促成合同的签订,因此为保证该种合同能够顺利签订,格式合同的内容必须要考虑缔约相对方的权利义务,做到最大限度的公平、合理。

格式合同在同等条件下适用于不特定的相对人,内容较为固定,一般不会依据当事人的要求而做出变更。格式合同常见于金融业务领域、通信领域,因为格式合同可以最大限度地提高效率、简化缔约程序,节约交易成本。企业在制定格式合同时应当注意以下几点:

(1)格式合同须以公平原则为基础。在制定格式合同的过程中虽会考虑合同相对方的权利,但市场经济中交易主体大多是为谋取利益,合同内容可能过于强调保护自身利益,这可能最终导致格式合同有损合同的公平原则,甚至会导致合同的效力瑕疵的法律风险出现。《民法典》第496条第2款规定:“采用格式条款订立合同的，提供格式条款的一方应当遵循公平原则确定当事人之间的权利和义务，并采取合理的方式提示对方注意免除或者减轻其责任等与对方有重大利害关系的条款，按照对方的要求，对该条款予以说明。提供格式条款的一方未履行提示或者说明义务，致使对方没有注意或者理解与其有重大利害关系的条款的，对方可以主张该条款不成为合同的内容。”格式条款作为企业重复使用而预先拟定的合同，订立合同前并未与相对方协商，因此企业在制定合同的过程中就需要更加注重对合同原则性的体现，否则如果出现显失公平的情况，合同即使签订也可能会因为违反合同原则性内容而被撤销。

（2）免责条款内容的设置。该类型条款旨在免除或限制相对人的责任，也可理解为提请相对人注意的风险条款。在合同签订前，缔约人应当对免责条款采取合理的方式引起相对人注意、提醒对方，实践中大多企业会采取签字、标注、特别告知、说明等方式，提请对方注意免除、限制条款，或按照对方的要求，对免责条款进行解释说明，否则当对方没有注意到免除、限制其责任的条款时，就会使因企业未尽提醒义务而致使合同被全部撤销、部分撤销或自始无效的法律风险出现。值得注意的是，当提供格式条款一方想要通过免责条款免除其责任、加重对方责任、排除对方主要权利，那么该免责条款属于自始就无效的条款。

参考案例

陕西佳县农村商业银行股份有限公司与某人寿保险公司保险纠纷案[①]

2015 年 12 月 3 日，借款人王某某向陕西佳县农村商业银行股份有限公司（以下简称佳县农商行）借款 200,000 元，借款期限为 1 年，同日，借款人王某某向某人寿保险公司榆林中心支公司购买了借贷安心保险（保险公司委托银行工作人员同投保人签署保险合同），保单号：07100005829689，保险金额 200,000

① 陕西省佳县人民法院（2018）陕 0828 民初 1292 号民事判决书。

元，保险期间为 2015 年 12 月 4 日至 2016 年 12 月 2 日 24 时。约定的保险金第一受益人为佳县农商行，受益份额为未偿还贷款本息总额，以保险金人民币 200,000 元为限。2016 年 6 月 7 日 20 时 40 分，刘某某驾驶三轮车沿 302 省道由南向北行驶至 47 千米 +400 米路段时，与同向行驶由王某某（持有 G 证）驾驶的三轮车相撞，王某某经抢救无效后死亡。该事故经佳县公安局交警队认定，刘某某对此次事故承担全部责任，王某某无责任。王某某死亡后，其长子王某刚于 2016 年 6 月 25 日向佳县农商行偿还借款利息 6624 元，于 2018 年 6 月 28 日又向佳县农商行偿还借款本金 100,000 元。依据《借贷安心保险单》的约定，被保险人王某某在保险期间死亡，属于新华保险承保范围，故王某刚不予偿还余下借款，后佳县农商行、某人寿保险公司、王某刚多次协商未果。故佳县农商行将某人寿保险公司诉至法院。

依据上述案件王某某与某人寿保险公司签订的《借贷安心保险单》，是双方当事人的真实意思表示，内容未违反法律、行政法规的强制性规定，属于有效合同，但某人寿保险公司在签订保险合同时将被保险人无证驾驶导致死亡的情况列为免责条款。案件争议焦点为：第一，某人寿保险公司在签订保险合同时，是否对免责条款作出足以引起投保人注意的提示，并对该条款的内容以书面或口头的形式向投保人作出明确的说明。第二，该免责条款是否有效。本案中免责条款直接属于保险合同的一部分，并未做加注提醒，保险合同中对免责条款予以解释和说明的条款不能替代明确说明，因为这种条款属于与免责条款相关联的保险合同内容，而且它并非保险人对投保人个体的积极解释行为，而是消极应对投保人全体的消极解释行为。明确说明是针对免责条款进行的解释。这就表明免责条款和对免责条款的明确说明就性质来说是不同的，免责条款属于合同内容的一部分，而对免责条款的明确说明，则是保险人对合同免责条款内容（概念、内容和法律后果）的明确、详细、具体的解释，这种解释不属于合同条款或合同内容，而是合同中免责条款生效的法定条件，即只有保险人向投保人履行了免责条款的明确说明义务，免责条款才能生效。否则，该免责条款不发生法律效力。投保人王某某与保险公司在签订保险合同时，由保险公司委托原告银行员工来代替签订，保险公司所述其签订保险合同中免责条款的明确说明义务也是由银行员工来代替履行。银行与保险公司员工在业务内容掌握上、职责要求上都存在巨大差异，保险公司的委托签订合同行为不能证明其履行了免责条款明确提示和说明义务,《最高人民法院关于适用〈中华人民共和国保险法〉若干问题的解释(二)》第13条中规定了保险人对其是否履行了明确说明义务负有举证责任。本案中因新华保险公司未能履行明确说明义务,其应当按照保险合同约定履行赔偿义务。

上述案件中,保险公司在书面合同上将免责条款明确写入,但因疏于提示、提醒,导致被保险人并没有认识到免责条款的存在,出现法律纠纷时,具有提醒义务的一方当事人就处于很不利的地位。制定格式合同的企业虽处于市场中的强势地位,但格式合同的制定也要考虑合同的基本原则,如意思表示真实原则、公平原则、诚信原则等。尤其对于处于强势地位的格式合同制定者,一旦合同显失公平,就会存在效力瑕疵的法律风险。企业做好制定工作的同时也应做好向缔约相对方释明的工作,譬如可采用显眼字体标注、进行说明解释等方式、经对方签字或拍照等方式加以确认,并将释明证据保留。

格式条款也会存在表意不明、含糊其词的情况,对于有争议的格式条款,合同签订方如何解决呢?《民法典》第498条对此作出了明确的规定,当格式条款的理解发生争议时,应当按照通常理解予以解释;对格式条款有两种以上解释的,应当作出不利于提供格式条款一方的解释。格式条款和非格式条款不一致的,应当采用非格式条款。对格式合同和非格式合同的优先性作出此规定,主要是为保护合同相对方的利益。实践中格式合同内容很少可以面面俱到,企业如要对格式合同进行补充、更改,建议参考法务部门或法律顾问单位的意见。作为签订一方,企业对于格式合同的审核,应注意制定方是否削弱己方权利、增加己方义务、存在显失公平的情况,要充分了解关于免责条款的内容,避免出现制定方违反法律法规、故意损害利益等情况。

三、合同条款的法律风险与防范

合同条款按照意义的不同,可分为必备条款和非必备条款。必备条款,是指合同成立所必要的条款内容,如当事人双方的信息、标的条款。非必备条款,是任意性的条款,是指当事人对此可约定也可不约定,不约定的条款内容按照法律规定确定,如交易方式、款额、违约责任等。如果缺失合同必备条款,就会导致合同不成立,但是缺失非必备条款,合同依旧成立并生效,缺失内容可以按照法律规定来补充。

（一）合同当事人条款

当事人条款应当包括姓名、名称、地址、住所地、身份证信息、企业统一信用代码、联系方式、法定代表人等对缔约主体的具体信息情况的记载。合同的成立与缔约主体资格有着必然联系，不适格的缔约主体会导致合同不成立。作为判断合同成立与否的主要条件之一，当合同缺失当事人信息条款时，就必然导致合同不成立。部分主体为促使合同的成立，对关于当事人主体信息的记载并不准确、完善，使后期发生法律纠纷时，对合同的主体难以认定或无法认定，以致损失无法追回。因此，在合同签订前，对缔约方主体资格的信息真实性应当做全面的审查以保证合同权益。

合同签订主体包含自然人、法人、非法人组织。自然人条款信息包含姓名、住址、身份证号码、住址、联系方式、签章等。（1）姓名。在签订时，要注意审查当事人身份证原件，对身份证件有效期内的姓名、年龄等予以核对，并注意对身份证复印件的保留。关于此阶段的证据应当注明时间和证明事项，并可要求当事人签字捺印。（2）住所信息。该信息影响到合同履行的地点、合同签订方相互文件的有效往来，最重要的是发生纠纷时的司法管辖范围。因此，在签订合同时相对方的住所地的真实性也需要审核，并留存证据。（3）联系信息。包含当事人电话、紧急联系人、邮件、传真等信息的记录，鉴于联系方式易变动的客观因素，为保证能够及时联系相对方，可以约定当事人在住址、联系方式变更后应及时向相对方通知，未及时通知而导致的不利后果由过错方承担。（4）签字、盖章、捺印。自然人对合同进行签字、盖章、捺印就是对合同内容的完全认可。实践中，缔约人对合同的内容往往很重视，但是对于签字、捺印、盖章环节很容易忽视，存在代签、假签、漏签等情况，直接导致合同效力存在瑕疵。为了规避此类风险，缔约方在签订合同时最好面签并核对好相对方的名字信息，非面签的应做好公证手续。

与法人缔约的条款信息涉及法人本身信息及法定代表人、代理人的信息。（1）对法人信息的审查。缔约方签订合同时应当出示企业社会统一信用代码证件、营业执照、特殊行业的行业许可证等原件，相对人如果是企业的分支机构或营业部门，应当出示企业的授权。对于上述所有的证件，企业应当审查证件有效期等信息,避免出现合同成立但不生效的法律风险。(2)对法定代表人、代理人的审查。对法定代表人的审查主要是资格的审查,包含证明文件和身份信息的有效性和真实性。代理人则主要涉及审查企业是否出具有效的授权书,是否在授权范围内签订合同,以防范合同的效力瑕疵和履行不能。

(二)标的条款

合同中的标的是指合同权利义务的指向对象。如果合同没有标的,那么合同就无给付的内容,合同就没有存在的意义。标的作为合同的必备条款,最易产生合同纠纷,主要原因是对合同标的概述不完整,使很难概括标的的全部内容。譬如,在买卖合同中未对标的物的规格、质量标准、不动产的所有权属等进行明确;在房屋租赁合同中未对房屋的使用范围、改造范围等予以明确;在保管合同中未将保管物存放的条件、保管物的数量等体现在合同中。为了避免在履行合同时出现双方理解歧义或相关事项遗漏,从而导致合同的履行不完全、未按照合同约定履行的法律风险的出现。因此,在对合同标的条款作出约定时,存在标的物的应当在条款中明确标的物权属、状态,如标的物的所有权、使用权、担保状况等,确保合同标的权属、状态明晰以促进合同积极履行。

(三)合同主要条款

合同主要条款体现了缔约双方之间的自愿协定性。实践中不乏存在合同缔约方对主要条款缺失、约定不明,导致双方或多方当事人在合同履行过程中存在诸多争议的情况。那么,作为缔约方应该如何去解决该类条款缺失所引发的法律风险呢?

当合同生效后,当事人就质量、价款、报酬、履行地点等内容没有约定或者约定不明确的,应及时协议补充合同条款内容,不能达成补充协议的,应按照合同有关条款或者交易习惯确定。如依上述内容仍不能确定的,依据《民法典》第511条的规定:"当事人就有关合同内容约定不明确,依据前条规定仍不能确定的,适用下列规定:(一)质量要求不明确的,按照强制性国家标准履行;没有强制性国家标准的,按照推荐性国家标准履行;没有推荐性国家标准的,按照行业标准履行;没有国家标准、行业标准的,按照通常标准或者符合合同目的的特定标准履行。(二)价款或者报酬不明确的,按照订立合同时履行地的市场价格履行;依法应当执行政府定价或者政府指导价的,依照规定履行。(三)履行地点不明确,给付货币的,在接受货币一方所在地履行;交付不动产的,在不动产所在地履行;其他标的,在履行义务一方所在地履行。(四)履行期限不明确的,债务人可以随时履行,债权人也可以随时请求履行,但是应当给对方必要的准备时间。(五)履行方式不明确的,按照有利于实现合同目的的方式履行。(六)履行费用的负担不明确的,由履行义务一方负担;因债权人原因增加的履行费用,由债权人负担。”

虽然法律对合同主要条款缺失设置了解决的途径,但还是建议企业在签订合同时,将合同的主要内容尽量予以明确化、具体化。这一方面保证合同内容的完整性,另一方面避免合同缔约双方或多方在合同履行期间因履行内容的不明确而出现纠纷,并在很大程度上能减少诉累给企业带来财力和信誉的损失。涉诉问题的解决周期长、困难大,不仅会降低企业盈利,还需要企业承担额外的人力、物力及时间成本。以下列举的合同所具备的主要条款,本节将对此逐一予以研究。

1. 价款、报酬、支付方式、结算方式等条款

该条款作为合同主要条款,只有对其约定方式和内容作细致入微的了解,才能最大限度地减少合同履行过程中法律风险的发生,常见的类似条款包括价款的支付是分期还是一次性,是指定账户转账、付现还是支票,以及报酬的结算方式、周期等,这些都需作出明确的约定。另外,关于此类条款的约定,缔约方可将标的的单价、总价均写入合同并标清大小写,支付方式可以相互约定是分期支付还是一次结清,如涉及涉外业务则须写明价款是按照人民币还是外汇的方式结算,部分价款的计算涉及地域、时间,关于交付价款的时间、地点也可以进行详细的约定。

2. 质量条款

企业在签订合同时应当对质量要求作出明确的约定,避免因双方质量参数不一致而出现纠纷。比如,当合同的标的为工程时,对于验收的质量参考标准要先行约定,为买卖合同时,对产品的质量层级应作出明确约定。国家关于产品质量的规定相对明确的,合同缔约方可以参照国家标准、地区标准、行业标准等多标准进行选择,除特殊行业的产品标准是法律规定外,其他标准可以由合同缔约方进行自由约定。

参考案例

郭某与合肥市光科色选机械有限公司买卖合同纠纷案[①]

2014年6月14日，郭某（甲方）与合肥市光科色选机械有限公司（以下简称光科公司）（乙方）签订了设备购买合同，合同约定，甲作为需方向供方乙公司购买GK-256彩色茶叶色选机2台，每台单价22万元，共计货款44万元。合同约定发货时间为2014年6月29日，付款方式：预付款为4万元，发货前付20万元，后分四期于2015年7月10日前将货款付清。合同双方对买卖色选机的质量约定如下：产品质量标准以安装调试单客户签字为准。到货验收以需方在供方《收货确认单》回执签字为准。产品验收以需方在供方的《装箱清单》上签字为准。合同还对违约责任等作了约定。

甲按照合同的约定支付了货款24万元，乙公司于当月29日交货，甲在验收过程中，发现设备不能满足客户的加工要求，设备工作过程中，茶叶破碎率高，需要型选时挑茶叶梗的效果不佳，色选时会把茶叶的精品茶叶打入废品，客户非常不满意，造成甲无法开展经营。给甲造成严重的经济损失。因此需方甲未在安装调试单签字。后期双方对色选机的技术调试、程序更改等质量问题多次沟通，未能达成一致。

当事人双方签订《销售合同书》购销茶叶色选机，是双方自愿、真实的意思表示，双方均具有完全民事行为能力，行为不违反法律强制规定，也未侵害社会公共利益及他人合法权益，合法有效。结合双方合同对质量标准的约定及安装验收阶段调试的实际情况，买方甲认为色选机不符合使用要求，卖方对其技术困难未能有效克服，最终作为买方的甲未在调试单上签字确认。卖方对其合同交付义务未有效履行，故合同双方的交易行为在合同的履行阶段未能最终履行完毕。结合双方相关证据，卖方销售的色选机存在质量技术问题无法克服，不能满足客户的实际需求，合同目的无法实现。结合《合同法》[②]的相关规定，该

---

① 安徽省合肥市中级人民法院（2015）合民二终字第00717号民事判决书。

② 该判决书中引用的《合同法》已因《民法典》的颁布而有所变化，现参考《民法典》相关规定。——编者注

案合同买卖行为中，卖方销售的产品不能实现合同目的，存在违约行为，在无法采取更换等补救措施的情况下，双方应解除合同，乙公司退还甲购机款24万元。

本案中，甲、乙双方虽然并未对产品的质量作出具体的约定，但是约定产品质量标准以安装调试单客户签字为准，供方乙公司的产品质量并不能满足最基本的客户需求。作为供方产品，国家虽然没有统一的参数标准，但其产品质量应满足最基本的客户需求；作为需求方，为避免出现法律纠纷，对质量条款虽然有约定，但是鉴于该约定无具体质量参照标准，导致发生纠纷时需要对标的质量进一步鉴定，以证明质量瑕疵。因此关于质量条款缔约双方不仅需要约定，而且最好有具体的参数、标准。此外，关于质量验收的地点、方式、参加的人员、验收书的签字盖章、委托第三方做关于质量认定和检验的机构选择和费用承担等均可以做出明确的约定，否则后期依旧可能会出现法律纠纷。

3. 数量条款

该条款是指对合同所涉标的的数量或服务合同的服务次数等约定的款项。缔约方在签订产品合同时，需要注意采用统一的计量单位进行明确约定，避免采用“一捆”“一箱”“一打”等不确定的计量方式。涉及特殊的工矿业产品的，应当在合同中写明主管部门颁发的交换数量的正负尾差、合理磅差、在途的自然增减及计算方法。涉及服务合同、劳动合同的，应当对合同有效期内的服务次数、时间起止、劳务范围等作出明确约定。涉及工程建设的，应明确工程量承担、包括确定的数量、暂定的数量、参数等。数量条款根据合同种类的不同所约定的方式也有所不同。虽然不属于合同的必要条款，但是对此内容进行明确约定，可以最大限度降低合同履行过程中的纠纷发生，提高合同履行效率。

4. 履行期限、履行地点、交付方式条款

此三类条款属于履行合同类条款，是判断合同当事人是否违约的重要标准之一。关于履行期限的约定，是综合考虑标的或其他人为、客观等基本因素作出明确约定的条款。譬如，买卖合同中，交货期限一般是指出卖人向买受人履行交付出卖物的期间。缔约方可以约定分批次付清、一次性付清，或在合同签订后再进行交清，或在合同签订后某一时间段内交清，这样保证合同目的可以按照双方当事人预期目的进行履行。一旦发现相对方违反履行期限的约定，守约方即可在最短的时间内积极采取协商或诉讼等方式予以解决，避免企业经济损失扩大。关于合同履行地款项的约定，可以选择合同签订方任意一方所在地，也可以自由约定第三方所在地。法律对不同类型的合同在没有约定履行地时，规定了确定方式。2020 年修订的《最高人民法院关于适用〈中华人民共和国民事诉讼法〉的解释》第 18 条对于合同履行地明确规定："合同约定履行地点的，以约定的履行地点为合同履行地。合同对履行地点没有约定或者约定不明确，争议标的为给付货币的，接收货币一方所在地为合同履行地；交付不动产的，不动产所在地为合同履行地；其他标的，履行义务一方所在地为合同履行地。即时结清的合同，交易行为地为合同履行地。合同没有实际履行，当事人双方住所地都不在合同约定的履行地的，由被告住所地人民法院管辖。"即时结清的合同，交易行为地为合同履行地，合同没有实际履行且当事人双方住所地都不在合同约定的履行地的，由被告住所地人民法院管辖。实践中，若合同签订方在合同签订过程中对履行地约定不明或未约定，则极易引起法律纠纷，譬如货物交易中交货地点约定不明直接影响合同是否按期履行，还会导致货物运输额外产生运输费、保管费用等，或进入司法程序后对管辖产生异议直接影响司法程序是否可以按期结束等。

5. 关于合同的履行方式

该项条款主要是指合同当事人履行义务所采取的方式，主要包括产品的包装方式、运输方式、验收方式等。比如，在买卖合同中，特殊货物的包装方式直接影响收到货物的完整性，商品包装一般都是由出卖方负责，目的是保障货物在交货时外形、性质的完整性，因此包装方式包含包装技术和包装物的安全性和质量性。部分货物在交付前需要运输的，运输方式由双方自由协定，目前国际私法上有 13 种贸易术语对费用、运输、装卸等方面有成文规定。但这些贸易术语并非强制性规定，民事交易主体可以自由选择、变更合同内容，在遵循自愿平等交易原则的前提下也可以另行约定。货物验收阶段是合同标的交付的重要阶段，因此对于验收的方式、时间、地点均需要作出明确、具体的约定。部分商品的验收须由检验机构认证，实际交易中除国家作为合同缔约一方的买卖中存在指定的检验机构，其他均是由合同双方约定。实践中，缔约方容易忽视在合同文本中设置本条款，履行合同过程中也会因对包装费用、运输方式、验收期限方式等内容约定不明或未予约定发生争议。对此，缔约方可以选择另行协商，签订补充协议或按照交易习惯履行并及时告知相对方，或选择司法程序等方式予以解决。事实上，相比于全面制定合同内容，约定并履行好上述涉及的解决方式所需要花费的成本才是最大的。

6. 附条件和附期限的条款

合同签订成立但并不必然生效，因为部分合同是在所附条件成立后合同才会发生效力，如附生效条件、附解除条件、附期限合同等，只有当条件成就时合同才生效，才产生相对应的法律约束力。其中，附条件合同分为附生效条件合同、附解除条件合同，是指合同当事人在合同中约定特别条件，以该条件是否成就作为合同效力发生或消灭的决定性因素，因此合同在满足条件前并不确定会生效或失效。

企业在制定、签订附条件的合同时需要注意以下几点内容：(1)所附条件必须合法，否则合同就处于自始无效状态；(2)所附条件是将来必须发生的事实；(3)所附条件必须是不确定的事实，如果将来确定发生则属于附期限的合同，如果将来确定不发生就属于不生效合同；(4)所附条件必须是意定的不是法定的，如果出现法定条件作为合同生效的条件，那么合同就视为没有附条件；(5)所附条件不得与主合同内容相矛盾，如两者相互矛盾，则表明行为人的意思表示不真实，应认定为合同不成立。部分当事人为自己的利益，不正当阻止条件成就的，视为条件已成就；不正当促成条件实现的，视为没有成就。

附期限条款分为附生效期限条款和附终止期限条款是指附将来确定到来的期限作为合同生效、解除的条款，在该期限到来前合同全部或部分属于无效的状态，当确定期限到来时合同即告生效或者终止。对此《民法典》第 160 条规定："民事法律行为可以附期限，但是根据其性质不得附期限的除外。附生效期限的民事法律行为，自期限届至时生效。附终止期限的民事法律行为，自期限届满时失效。"

参考案例

甲公司与乙买卖合同纠纷案

2012 年 4 月 21 日，乙由于资金不足，向甲公司申请借款购车。经双方协商，乙采取分期还款方式，月利率 1%，还款分成 24 个月等额式还款，借款期限为2年。借款本金60,000元,利息14,400元,共计人民币74,400元。双方达成协议后,乙给甲公司出具借据、签订合同及提供相关手续,甲公司履行义务,双方签订协议生效。后乙按双方约定履行合同义务每月还款,但是乙还款到第3期以后,就以家里有事为由一拖再拖,甲公司多次追要无果。

根据上述案情作如下分析:双方签订的分期付款购车合同是有效的附条件的合同。依法成立的合同,对当事人具有法律约束力。当事人应当按照约定履行自己的义务,不得擅自变更或者解除合同。依法成立的合同,受法律保护。当事人对合同的效力可以约定附条件。附生效条件的合同,自条件成就时生效。本案中,甲公司与乙之间签订的分期付款购车合同,在签订时虽然没有明确约定是附条件的合同,但从其内容上看,该合同的第1条第6项、第7项,明确了由乙缴纳办理各项手续的费用,由甲公司统一办理营运证、统一安装出租灯和无线电台,这说明该合同是附条件的合同,所附条件是乙购买的车辆由甲公司方办理出租车营运手续。自双方签订合同至诉讼时,甲公司仍然没有将争议车辆办理营运手续。并且办理该营运手续,需要运输管理站的行政审批,甲公司没有得到该审批,不能够办理出租车的营运手续,因此视为条件没有成就,该合同仍然处于待定状态,甲公司要求乙履行合同的请求,无法律依据。

上述案例中,甲公司与乙对合同所附条件明确约定,当合同一方不满足其所附条件时,合同处于效力待定的状态,直接导致案件所涉合同的主要目的无法实现。因此合同当事人在缔结条约时,需要明确所附条件,并且应当谨慎审查合同的条件是否满足上述五个特征,否则会面临合同成立但不生效的法律风险。

7. 违约责任条款

违约责任条款,是指当事人双方可在合同中约定,任何一方违反合同约定款项或不按照合同约定内容履行义务时应承担向相对方支付违约金、赔偿损失、强制履行、修理、更换、重作、退货、减少价格或报酬等责任。该条款的设置可敦促合同当事人履行义务,同时,在一方当事人违约后,违约责任的设置可以使另一方当事人的损失最小化。违约事项的设置,其目的在于可执行性,事实上很多合同当事人对合同违约金的设置极高,但可以真正落实全部违约金的少之又少。缔约方应适当考虑违约责任人事前提供财产担保或保证人等方式,对此企业不要拘泥于外在形式,更要侧重于实质可执行性、可赔偿性。

8. 解决争议方式条款

合同纠纷解决方式主要有双方协商、调解、仲裁、诉讼。协商和调解可以由双方当事人自行解决或经双方同意后请第三方出面解决，仲裁和诉讼需要双方当事人事前、事中对很多事项予以协商约定，譬如商事纠纷如果优先选择仲裁就需要双方达成一致的仲裁协议。如涉及法院管辖，除法律明确规定外，当事人可以自由选择法院进行诉讼，因此缔约当事人可以协商确定管辖。争议方式选择的自由度很高，这里就不一一列举。合同缔约方对于争议方式的选择可以事前明确约定，防止产生歧义。约定不明的情况在仲裁或诉讼期间体现得较为明显，譬如合同争议方是否优先选择仲裁解决、法院对合同争议事项是否具有管辖权等，若不明确进行约定会增加企业发生纠纷后的时间成本、财产成本等，对纠纷的解决毫无利处。

根据《民事诉讼法》第 23—27 条的规定，因合同纠纷提起的诉讼，由被告住所地或者合同履行地人民法院管辖；因保险合同纠纷提起的诉讼，由被告住所地或者保险标的物所在地人民法院管辖；因票据纠纷提起的诉讼，由票据支付地或者被告住所地人民法院管辖；因公司设立、确认股东资格、分配利润、解散等纠纷提起的诉讼，由公司住所地人民法院管辖；因铁路、公路、水上、航空运输和联合运输合同纠纷提起的诉讼，由运输始发地、目的地或者被告住所地人民法院管辖。根据《民事诉讼法》第 33 条的规定，因不动产纠纷提起的诉讼，由不动产所在地人民法院管辖；因港口作业中产生纠纷提起的诉讼，由港口所在地人民法院管辖。

由此可以看出，部分争议事项的管辖属于法定管辖，合同当事人不可以任意选择管辖法院，当法律规定两个或两个以上的管辖法院时，当事人可以在规定的范围内进行选择。若法律对此没有强制性的规定，当事人就可以选择最有利于自己的仲裁或诉讼机构。

9. 保密条款

保密条款主要是涉及保密信息的企业在签订合同时应当注意的。企业的存活依靠的是技术的不断创新。在运营中，企业保密信息，是指不为公众所知的，但可为企业带来经济利益的所有信息、数据、技术，包括但不限于企业提供的服务、客户信息、发明专利、商业计划等。企业保密信息一旦泄露，其他企业可能在此技术、服务、信息基础上进行更新、使用，致使本企业研发的秘密技术、信息等带来的商业价值大打折扣。

因此,企业在劳动合同、技术合同、许可使用合同等加入保密条款实属必要之举。在涉及商业秘密的合同中,保密条款尤为重要。即使企业建立了全方位的保密措施,也无法保证合同相对方企业、个人具备保密条件。只明确义务没有违约责任的设置,其义务条款的设置也并无保证。违约责任不仅对保密方有督促的作用,在商业秘密泄露后也能使损失赔偿更加高效,最大限度地降低因为商业秘密的泄露致使企业经济利益受损的程度。

四、缔约过失责任法律风险与防范

缔约过失责任,又称先合同义务,是指缔约协商阶段缔约人故意或过失违反缔约过程中应当遵守的义务,包含但不限于相互协助、照顾、保护、通知的义务,而需要承担的民事责任。但缔约过失责任不是违反合同义务,因为此时合同并未正式签订,属于合同签订前的磋商阶段,故实质上缔约过失责任是违反了先合同义务,其义务产生的基础是因缔约合同而产生的相互信赖关系。在满足一方当事人因为故意或过失违反先合同义务致使另一方当事人损失,且损失与故意或过失行为存有因果关系的条件下才可以确定是否存在缔约过失责任。下文将具体分析缔约过失责任成立的要件。

(一)违反先合同义务

任何法律责任的承担均需以一定的法律义务为前提,缔约过失责任也不例外,其违反的是双方当事人为缔结合同形成的一种信赖关系,这种关系促使当事人为缔结合同而投资成本、放弃其他交易机会,是一种基于交易双方相互信任而出现的关系,法律对此也予以保护,并附有强制约束力,一旦任何一方违反先合同义务就需要承担民事责任。

(二)缔约过失

根据原《合同法》第42条的规定,缔约过失存在故意和过失两种过错情形。当事人在订立合同过程中有下列情形之一,给对方造成损失的,应当承担损害赔偿责任:(1)假借订立合同,恶意进行磋商;(2)故意隐瞒与订立合同有关的重要事实或者提供虚假情况;(3)有其他违背诚实信用原则的行为。上述行为很大概率会直接导致合同无法如约签订,也可能会使合同即使签订也只是一纸空文,更可能会让有意缔约的方错失原有的缔约机会。

(三)损害事实的存在

缔约过失导致损失才存在承担赔偿责任的情况,但赔偿范围一般限于赔偿信赖利益的损失,包括但不限于缔约费用、准备履行所付费、可得利益的减少或丧失等直接损失和间接损失,缔约中一方违反保护义务而导致他方人身损害或财产损害,过错方也应承担。

(四)因果关系

这是指缔约过失和损失之间存在的相当因果关系。所谓相当因果关系是指依据行为、一般社会经验及知识水平,认为某一行为在同样情形下具有发生同样结果的可能性,在此基础上,该实际行为的确引起该结果,即可认定为存在因果关系。因此,间接原因也即借助其他原因介入而产生损耗结果的原由,是被排除在外的,而仅承认必然引起损耗结果的直接原因。

参考案例

甲公司与丙公司租赁合同纠纷案

甲公司于2015年2月28日与乙工厂就位于A区乙工厂的租赁事宜,订立《合作协议书》。在该协议书中,甲公司承诺自行协商相关单位、部门对厂区内违法建筑的清退和拆除,负责与相关部门协调并达到拆除程序,具备可进行拆除和清退的条件,并承诺最终可使其解除厂区内被查封的建筑物,对违法建筑进行拆除、清退所产生的一切费用及法律责任均由甲公司全部承担。只有在甲公司履行了上述义务后,乙工厂才将全部土地及地上建筑物(除乙工厂现使用的房屋和土地外)出租给甲公司。2015年5月开始,丙公司与甲公司就租赁乙工厂进行磋商。2016年5月24日,甲公司发送给丙公司的《租赁合同草本》中约定:在合同签字盖章后15日内,甲公司无偿支付乙工厂因对租赁物人员清退即拆除违法建设所产生的费用，该笔费用是双方合作的前提条件，作为合同的生效条件之一；合同约定租赁厂区的拆迁、清退、改造、遗留司法问题等，由甲公司负责，丙公司不承担任何责任；甲公司完成全部租赁区域内清退、拆除改造，使租赁房屋达到丙公司所要求的适用状态。甲公司在本合同生效后90个工作日内完成清退拆除及法院解封工作。至2016年9月丙公司与甲公司及乙工厂多次协商和反复实地考察研讨，但最终未能与甲公司达成租赁协议。在此过程中，甲公司承担了乙工厂违章建筑的解封事宜，为此支付了相应款项，就款项的承担，甲公司与丙公司产生争议。

关于上述案例事实，《民法典》第500条规定："当事人在订立合同过程中有下列情形之一，造成对方损失的，应当承担赔偿责任：(一)假借订立合同，恶意进行磋商；(二)故意隐瞒与订立合同有关的重要事实或者提供虚假情况；(三)有其他违背诚信原则的行为。"缔约过失责任的理论依据是建立在诚实信用原则基础上的先合同义务。合同关系是一种基于信赖而发生的要约承诺关系。在订立合同过程中，因一方当事人的过失而使合同不成立、无效或被撤销并致对方当事人受害，此时由于在当事人间不存在合法有效的合同关系，受害人难以追究违反先合同义务当事人的法律责任。在此种情况下，当事人一方在为缔约而进行磋商的过程中，已由一般业务关系变成了具有特定信赖成分的特殊联系关系。这种关系虽不以给付为内容，但依据诚实信用原则，当事人应负有相互协力、告知、保密、照顾、保护等义务。当事人若违反上述先合同义务，且给对方造成损害，即应承担法律上的缔约过失责任。[①] 因此，缔约过失责任，是指在合同缔结过程中，缔约人故意或者过失地违反依据诚实信用原则所应负的先合同义务，致使另一方的信赖利益受损，而应承担的民事责任。那么企业如何去判定相对方是否违反了先合同义务呢？以下是缔约过失责任的构成要件：(1)缔约人违反了以诚实信用为基础的先合同义务，在缔约阶段，当事人为缔结契约而接触协商之际，已由原来的普通关系进入一种特殊的信赖关系，双方均应依诚实信用原则互负一定的义务，一般称为附随义务，即互相协助、互相照顾、互相告知、互相诚实等义务。若当事人违背了其所负有的附随义务，并破坏

---

① 参见班玮琦：《论缔约过失责任》，载《科技信息》2012年第14期。

了缔约关系，就构成了缔约过失，才有可能承担责任。(2)违反先合同义务的行为给对方造成了信赖利益损失，如果没有损失，就不会存在赔偿问题，而所谓信赖利益损失，是指相对人因信赖合同会有效成立却由于合同最终不成立或无效而受到的利益损失，这种信赖利益必须是基于合理的信赖而产生的利益，即在缔约阶段因为一方的行为使另一方足以相信合同能成立或生效。若从客观的事实中不能对合同的成立或生效产生信赖，即使已经支付了大量费用，但这是因为缔约人自身判断失误造成的，不能视为信赖利益的损失。(3)相关行为与损害之间有因果关系，即相对方的信赖利益损失是由行为人的缔约过失行为造成的，而不是其他行为造成的。如果这二者之间不存在因果关系，则不能让其承担缔约过失责任，这是该责任制度的内在要求。(4)行为人有过错。这里的过错既包括故意也包括过失。无论是故意还是过失，只要在缔约阶段违反了附随义务，并对合同最终不能成立或被确认无效或被撤销负有过错，就应当承担缔约过失责任。并且责任的大小与过错的形式没有任何关系，这是因为缔约过失责任以造成他人信赖利益损失为承担责任的条件，其落脚点在于行为的最终结果，而非行为的本身。[①] 以上四个要件是构成缔约过失责任的必备条件，缺一不可。

案件中，丙公司与甲公司双方自 2015 年 3 月起就签订房屋租赁合同一事进行磋商，由于甲公司并非租赁房屋的实际产权人，其与丙公司磋商租赁事宜的权利来源于本企业与乙工厂于 2015 年 2 月 28 日签订了《合作协议书》，甲公司由于对清理费用问题未协商一致，与乙工厂未订立租赁合同。在甲公司未履行上述义务的情况下，乙工厂不可能与其签订租赁合同，进而甲公司亦无法另行与丙公司签订转租合同，获取差价利益。但甲公司承担了乙工厂违章建筑的解封事宜，为此支付了相应款项，下面按照缔约过失责任的成立要件来分析丙公司是否存在违反先合同义务的行为。

其一，甲公司是否有信赖利益损失。在主观方面，信赖利益损失赔偿必须是基于合理的善意信赖，其在客观方面表现为订约、履行成本的支出和订约机会的丧失。其主要包括缔约费用、准备履行所支出的费用、因合理信赖从而丧失与第三人另行订合同的机会所产生的损失。究其本质，信赖利益主要是一种维持现存法律关系和事实状态的既存利益，是完成合同使命所付出的代价，在

---

① 刘翔、王少勃：《浅析缔约过失责任》，载《今日南国(理论创新版)》2010 年第 12 期。

合同有效成立并得到履行的情况下被履行利益所掩盖，如合同未成立，信赖利益损失则凸显出来。甲公司主张由于丙公司终止缔约谈判，导致其为缔约而先行支付的解封费用无法收回，应认定为系丙公司的行为对其造成的损失，该损失主要源于乙工厂与甲公司之间《合作协议书》的约定，如果甲公司坚持认为自己并非解封义务的主体，那么其就可以向乙工厂追偿该笔款项，因此法院认为该项支出与丙公司无关。

其二，丙公司是否具有过错。依据甲、乙双方签订的《租赁合同草本》，对解封、清退费用的负担已经明确为甲公司的义务，且上述义务的履行均是在合同订立后的一定期限内。甲公司称，由于担心合同订立后无法在短时间内完成上述工作，故提前将解封工作完成。但双方当时仍处于缔约磋商阶段，是否能够缔约成功尚不明确，在这种情况下，甲公司进行解封显然是对缔约结果的过于自信。故甲公司应当对自己的行为承担相应的责任。丙公司并未违反先合同义务，不应承担缔约过失责任。

合同缔约方在签订合同之前，应做好考察事项，谨慎投资，避免因不可抗力或人为原因导致无法缔结条约并造成经济损失。此外，缔约方也应遵循诚信原则，签订合同前应做到相互协助、照顾、通知，尽量避免相对方的经济损失。

第二节 合同效力

合同效力分为有效、无效、可撤销和效力待定。合同符合法律规定的有效要件时方为有效，有效要件包含民事行为能力、意思表示真实、不违反法律规定或社会公共利益。

一、无效合同

合同无效，是指虽经缔约当事人协商订立，但因其不满足合同有效要件或违反法定条件导致合同虽成立但仍属无效的情形。《民法典》第144条规定："无民事行为能力人实施的民事法律行为无效。"第146条规定："行为人与相对人以虚假的意思表示实施的民事法律行为无效。以虚假的意思表示隐藏的民事法律行为的效力，依照有关法律规定处理。"第153条规定："违反法律、行政法规的强制性规定的民事法律行为无效。但是，该强制性规定不导致该民事法律行为无效的除外。违背公序良俗的民事法律行为无效。"第 154 条规定："行为人与相对人恶意串通，损害他人合法权益的民事法律行为无效。"当合同符合上述几种情形时，就会使合同全部或者部分处无效状态，即使合同已经履行完毕或正在履行，也需要将缔约双方或多方已投资的人力、物力和财力等归于原始状态，譬如通过返还原物、折价赔偿等措施予以恢复。因此，企业在订立合同时需要事前做好合同交易内容的核查，保证合同合法有效，避免签订合同过程中出现上述法律规定的情况，进而导致合同无效的法律风险发生。

二、效力待定合同

效力待定合同，是指当事人签订的合同虽已经成立，但是依旧不符合部分合同生效要件的合同，其效力是否发生具有不确定性。效力待定合同分为以下几种：(1)与限制行为能力人订立的合同。与限制民事行为能力人订立的合同，经法定代理人追认后，应被认定有效。但纯获利益的合同或者与其年龄、智力、精神健康状况相适应的合同不必经法定代理人追认。相对人可以催告法定代理人在一个月内予以追认。法定代理人未作表示的，视为拒绝追认。合同被追认之前，善意相对人有撤销的权利。撤销应当以通知的方式作出。(2)与无权代理人订立的合同。行为人没有代理权、超越代理权或者代理权终止后以被代理人名义订立的合同，未经被代理人追认，对被代理人不发生效力，由行为人承担责任。相对人可以催告被代理人在一个月内予以追认。被代理人未作表示的，视为拒绝追认。合同被追认之前，善意相对人有撤销的权利，撤销应当以通知的方式作出。(3)表见代理。行为人没有代理权、超越代理权或者代理权终止后以被代理人名义订立合同，相对人有理由相信行为人有代理权的，该代理行为有效。(4)法人或者其他组织的法定代表人、负责人超越权限订立的合同，除相对人知道或者应当知道其超越权限的以外，该代表行为有效。(5)无处分权人处分他人财产，经权利人追认或者无处分权人订立合同后取得处分权的，该合同有效。综上，合同效力主要取决于相对人主体的资格及标的物权属状态，譬如主体是否属于完全行为能力人，是否享有代理权限。所以企业在签订合同过程中，为保证合同效力，应当做好对缔约相对人的资格审查及对物权状况的尽职调查。建议企业设置专门的法务部门或在签订合同前聘请专业律师团队进行实质审查。

三、可撤销合同

可撤销合同，是指因欠缺一定的生效要件，其有效与否，取决于有撤销权的一方当事人是否行使撤销权的合同。可撤销合同是一种相对有效的合同，在有撤销权的一方行使撤销权前，合同对双方当事人都是有效的。若可撤销一方不行使撤销权则合同属于有效合同；若合同可撤销一方行使撤销权，合同就存在无效的可能性。[①] 根据《民法典》第147—151条的规定，在以下情况下当事人可以行使撤销权：(1)重大误解。它是指行为人对于合同的重要内容产生错误的认识，并且基于错误认识而订立合同。多体现为因自己的过错，对行为的性质、对方当事人、标的物的品种、质量、规格和数量等合同的内容发生错误的认识，从而导致行为的后果与自己的意思相悖。(2)显失公平。它是指合同中的权利义务关系明显不符合权利义务对等原则，这是一方当事人利用市场优势地位或者利用对方缺乏经验，致使双方的权利与义务明显违反了公平、等价有偿这一基本民法原则，使一方利益严重受损的一种情形。(3)欺诈。它是指一方当事人故意实施某种欺骗他人的行为，并使他人陷入错误认识而订立合同。(4)胁迫。它是指一方当事人直接以物质性强制或精神性强制迫使对方与己订立合同，也就是行为人以给公民或其亲友的生命健康、荣誉、名誉、财产等造成损害，或者以给法人的荣誉、名誉、财产等造成损害为要胁，迫使对方作出违背真实意思表示的行为。(5)乘人之危。它是指行为人利用他人的危难处境或紧迫需要，强迫对方接受某种明显不公平的条件并作出违背其真意的意思表示。比如，乙某一直想购买甲某的一张邮票，但甲某并不想出卖，一日，甲某之子不幸落入一水库中，当时在场之人只有乙某会游泳，甲某重金求围观之人救助其子，于是乙某提出不要重金只要该邮票作为报酬，甲某救子心切，不得不同意该要求，事后甲某之子得救，但因此成诉，此案即属于乘人之危。另外，法律特别规定，一方以欺诈、胁迫手段订立的合同，只要涉及损害国家利益的合同就属于无效合同。但是在可撤销合同中，享有撤销权的当事人应自知道或者应当知道撤销事由之日起一年内行使撤销权，否则将视为放弃撤销权。

---

① 王辉：《浅谈合同的效力》，载《法制博览(中旬刊)》2013年第6期。

可撤销合同的法律风险在于，只有撤销权人主张撤销合同后，合同才归于无效，否则依旧属于有效合同。效力待定的法律风险在于其不确定性，当合同权利人放弃追认合同即归于自始无效，出现这样的法律风险，合同双方可能会承担以下法律责任：(1)返还财产，合同归于消灭。当事人一方或双方基于合同内容产生给付内容，相对方应当将其返还，无法返还的折价赔偿。(2)承担缔约过失责任。当事人一方因此受到损失，对方当事人对此有错的，应赔偿受害人的损失。

第三节　合同履行

合同签订后，并不代表合同目的必然会得到实现。合同签订方必须按照合同约定的权利、义务去达成合同目的，实现最终的经济利益。但实践中很多合同存在不完全履行、不履行的情况，进而导致合同目的不会得到完全实现或根本无法实现的法律风险。企业应做到以下几点来最大限度地降低履行瑕疵所造成的法律风险。

一、对争议条款的履行

合同是缔约合同方权利、义务的根本来源，因此合同条款是否包含权利、义务内容，或者合同条款是否明确清晰地表述权利和义务内容是极其重要的。只有明确了权利、义务才可保证合同完全履行。市场交易主体参差不齐，交易次数繁多，合同内容无法保证全面清晰，合同往往出现遗漏主要内容、条款之间相互矛盾、条款表达存在歧义等状况，进而导致合同难以履行或出现履行瑕疵，企业应当尽量规避这些法律风险。

合同条款内容存在争议的，根据《民法典》第 140 条的规定，有相对人的意思表示的解释，应当按照所使用词句、结合相关条款、行为的性质和目的、习惯以及诚实信用原则，确定意思表示的含义。无相对人的意思表示的解释，不能完全拘泥于所使用的词句，而应当结合相关条款，行为的性质和目的、习惯以及诚实信用原则，确定行为人的真实意见。

在争议条款的解释中涉及一个比较普遍的问题，就是关于格式条款的解释。对此，《民法典》第 498 条规定："对格式条款的理解发生争议的，应当按照通常理解予以解释。对格式条款有两种以上解释的,应当作出不利于提供格式条款一方的解释。格式条款和非格式条款不一致的,应当采用非格式条款。”涉及保险行业时,《保险法》第30条规定:“采用保险人提供的格式条款订立的保险合同,保险人与投保人、被保险人或者受益人对合同条款有争议的,应当按照通常理解予以解释。对合同条款有两种以上解释的,人民法院或者仲裁机构应当作出有利于被保险人和受益人的解释。”从上述两个法条不难看出,普通条款可以按照通常理解予以解释,但对于格式条款应当作出不利于提供格式条款一方的解释。法律作出此规定主要是为了保护弱势一方的利益,避免处于强势地位的企业制定的格式条款损害合同相对方的权利,也防止其作出表意不明、意思含糊的格式条款。虽然法律对合同存在歧义的条款给出了解决的路径,但企业也应事前对条款内容做专业审查,避免因争议条款导致履行合同时发生纠纷,额外增加时间、财力和人力成本,让企业利益受损。

二、合同履行不能的法律风险与防控

履行不能即给付不能,是指在合同履行过程中,负履行义务一方因客观原因造成其无法完成合同约定的义务,致使合同目的无法实现,导致合同义务消灭或转化为损害赔偿之债,合同相对方无法请求继续履行。履行不能区别于主观上的不愿履行,不愿履行属于拒绝履行。

履行不能应当依据一般社会观念判断,不能依靠一方主体判定。凡依社会观念认为合同义务内容事实上已经无法继续履行的,就属于履行不能。仅是由于履行困难、缺乏资金等不属于履行不能。基于不同原因的履行不能导致的法律后果也不同。实践中主要存在两种履行不能的原因:(1)不可抗力致使合同无法继续履行,如地震、海啸、政府政策等原因。此时合同义务人免除履行义务,且不承担违约责任、损害赔偿责任,但应及时通知合同相对方履行不能的原因,协定是否延期履行,或暂时部分履行,履行不能方应提供相应证据证明不可抗力的存在。此时若因合同履行义务方不及时告知相对方导致相对方的经济损失产生或扩大,负有履行义务方也应负赔偿责任。(2)因可归责于履行合同义务一方的事由而致使合同履行不能,其虽不承担继续履行的义务,但需要承担违约责任、损害赔偿责任。如合同部分可履行则仍需继续履行,这一般指履行义务一方未按照合同约定日期履行义务,导致后期发生不可抗力事由致使合同目的无法实现的情况。

当合同相对方出现履行不能，企业可以采取以下措施来尽量减少损失的发生。

（一）行使履行抗辩权

履行抗辩权即同时履行抗辩权、先履行抗辩权、不安抗辩权，它们虽称为履行抗辩权，但并不意味着只有在一方当事人请求履行时，才能主张抗辩，而是指该抗辩权与合同履行有密切的关联。在合同履行过程中，只要符合特定构成要件，享有履行抗辩权的主体即可主张抗辩权。

1. 同时履行抗辩权

我国《民法典》第525条规定："当事人互负债务，没有先后履行顺序的，应当同时履行。一方在对方履行之前有权拒绝其履行请求。一方在对方履行债务不符合约定时，有权拒绝其相应的履行请求。"实践中一般认为，同时履行抗辩权的成立要件有以下三个：（1）须因同一双务合同互负债务，即要求当事人之间给付与对待给付之间具有对价性（双务性）。（2）对方的债务及自己的债务均"已届履行期"，即双方债务均已经到期。在履行期届满前，债权人虽然也可以要求债务人履行债务，但债务人可明示拒绝或者沉默回应，此并非行使同时履行抗辩权，而是履行期限应有之义。故从实践上来说，履行期限届满后第一天才是成立同时履行抗辩权的初始起点。（3）对方未履行债务或履行债务不符合约定。一方不履行债务，另一方自然可以拒绝履全部债务；当一方履行债务不符合约定的，即构成所谓的不完全履行时，另一方可以拒绝履行相应的部分。

2. 先履行抗辩权

《民法典》第526条规定："当事人互负债务，有先后履行顺序，应当先履行债务一方未履行的，后履行一方有权拒绝其履行请求。先履行一方履行债务不符合约定的，后履行一方有权拒绝其相应的履行请求。"在市场经济条件下，大多数双务合同的订立和履行非同时进行。尤其在动产的交易中，标的物先行交付，价款于日后另行交付的交易安排占据压倒性的多数[①]。因而《民法典》将其规定为一种独立的履行抗辩权，确有其价值。

---

① 最高人民法院民事审判第二庭负责人《关于当前形势下审理民商事合同纠纷案件若干问题的指导意见》答记者问。

先履行抗辩权与同时履行抗辩权仅在合同履行上有先后顺序之别,在其他方面都可以类推适用同时履行抗辩权制度。先履行抗辩权的成立要件也有三个:(1)须因同一双务合同互负债务;(2)互负债务有先后履行顺序且均已届履行期;(3)先履行一方未履行债务或履行债务不符合约定。在判断一方当事人是否负担有在先履行义务时,首先要看合同是否明确约定了各方当事人义务的履行顺序;在没有明确约定时,要分析是否有法定履行顺序;在没有法定履行顺序时,要结合各方当事人之间或交易当地是否有交易习惯及交易习惯的具体内容,各方当事人在合同中是否约定了各方义务的具体履行时间,一方当事人的合同义务是否被约定为另一方当事人履行义务的条件,以及合同的整体安排和合同的性质、主旨、目的等因素,综合判断当事人在签约时的真实意思表示,再认定是否可以行使先履行抗辩权。

3. 不安抗辩权

不安抗辩权,是指双务合同成立后,应当先履行的当事人有证据证明对方不能履行义务,或者有不能履行合同义务的可能时,在对方没有履行或者提供担保前,有权中止履行合同义务。其存在于有先后履行顺序的双务合同中,但与先履行抗辩权不同的是,不安抗辩权的行使主体是先履行人,而先履行抗辩权的行使主体是后履行人。行使不安抗辩权需要满足以下三点:(1)须因同一双务合同互负债务。(2)须在合同订立后产生不安事由。在合同订立时即存在不安事由的,如当事人明知该事由,则属于自甘冒险行为,合同有效;如当事人被欺诈或认识错误,则合同无效或可撤销。(3)不安事由危及对方债权的实现,满足不安抗辩权构成要件的,当事人可以中止履行。《民法典》第 527 条规定:"应当先履行债务的当事人,有确切证据证明对方有下列情形之一的,可以中止履行:(一)经营状况严重恶化;(二)转移财产、抽逃资金,以逃避债务;(三)丧失商业信誉;(四)有丧失或者可能丧失履行债务能力的其他情形。当事人没有确切证据中止履行的,应当承担违约责任。"第 528 条规定:"当事人依据前条规定中止履行的,应当及时通知对方。对方提供适当担保的,应当恢复履行。中止履行后,对方在合理期限内未恢复履行能力且未提供适当担保的,视为以自己的行为表明不履行主要债务,中止履行的一方可以解除合同并可以请求对方承担违约责任。"实践中很多企业管理者对于不安抗辩权和预期违约的区别不是很明确。从法条规定来看,预期违约强调的是当事人主观上恶意不履行债务,而不安抗辩权则在强调当事人客观上无法履行债务(丧失或可能丧失债务履行能力)。不安抗辩权作为一种抗辩权,当具有履行抗辩权的效果时,其效果在于中止履行,这是一种消极、防御性作用。预期违约的效力在于要求对方承担违约责任,如先履行人可以解除合同,这是一种积极、进攻性的作用。

(二)解除合同

解除合同,是合同成立并生效后,当具备合同解除条件时,因当事人一方或双方的意思表示而使合同关系自始消灭或将来消灭的一种行为。解除权是为保障合同相对方的合法权益而赋予守约方的权利。及时行使解除权,可以最大限度地减少损失。合同当事人可以采取以下几种合同解除的方式:(1)按照法律规定。根据《民法典》第563条的规定,合同履行过程中出现下列情形,当事人可以解除合同:①因不可抗力致使合同目的不能实现;②在履行期限届满前,当事人一方明确表示或者以自己的行为表明不履行主要债务;③当事人一方迟延履行主要债务,经催告后在合理期限内仍未履行;④当事人一方迟延履行债务或者有其他违约行为致使不能实现合同目的;⑤法律规定的其他情形。(2)双方约定的期限解除。合同当事人对解除权的行使有约的,定按照约定的日期行使。《民法典》第562条规定:"当事人协商一致,可以解除合同。当事人可以约定一方解除合同的事由。解除合同的事由发生时,解除权人可以解除合同。"(3)在对方当事人催告后的合理期限内行使解除权,其运用情形一般是合同中并未对履行期限作出约定,因此当事人一方没有及时履行,法律也不认为属于违约情形,此时相对方也不能请求解除合同,只有在一方做出催告后,相对方在合理期限内仍然未履行合同义务的,催告方才可以行使解除权。

当事人在行使解除权的过程中,特别需要注意以下两点,即行使期限和行使方式。若解除权行使不当,则会给合同缔约方带来不可挽回的利益损失。比如,法律规定或者当事人约定解除权行使期限,期限届满当事人不行使的,该权利消灭,法律没有规定或者当事人没有约定解除权行使期限,经对方催告后在合理期限内不行使的,该权利也即告消灭。

三、合同一方拒绝履约

合同义务履行方因主观原因拒绝履行合同义务,致使合同目的无法实现,相对方就需要积极采取措施以保证自己的利益受损最小化。《民法典》第 525 条规定:“当事人互负债务,没有先后履行顺序的,应当同时履行。一方在对方履行之前有权拒绝其履行请求。一方在对方履行债务不符合约定时,有权拒绝其相应的履行请求。”第 526 条规定:“当事人互负债务,有先后履行顺序,应当先履行债务一方未履行的,后履行一方有权拒绝其履行请求。先履行一方履行债务不符合约定的,后履行一方有权拒绝其相应的履行请求。”第 527 条规定:“应当先履行债务的当事人,有确切证据证明对方有下列情形之一的,可以中止履行:(一)经营状况严重恶化;(二)转移财产、抽逃资金,以逃避债务;(三)丧失商业信誉;(四)有丧失或者可能丧失履行债务能力的其他情形。当事人没有确切证据中止履行的,应当承担违约责任。”通过上述法条可以看出,合同一方若拒绝履行合同,其并不必然属于违约,而可能是守约方的一种自我保护措施。但是实践中很多企业借此拒绝履行合同。此时,企业需要依据相对方提供的证据做好判断,一旦出现虚假抗辩事由,应积极维护权益,避免造成无法挽回的损失。

(一)催告

合同一方拒绝履行或中止履行合同义务的,守约方应及时以书面、电子邮件、传真等方式发出催告函,这一方面能及时维护自己的经济利益,向违约方施加履行合同的压力;另一方面可以避免自己的权利主张因超过诉讼时效而无法获得司法救济,所以在作出催告后,守约方应保存催告函和邮件、信息往来记录。

(二)追究违约责任

合同违约责任条款的设置在此时可以得以适用。当一方无正当理由拒绝履行合同时,合同相对方可按照合同约定追究其违约责任,以弥补违约方所造成的损失。为保证守约方损失利益得以救济及违约方的违约责任条款得以执行,我国法律对于违约责任设置了多种承担方式。承担违约责任的方式包括继续履行、采取补救措施或者赔偿损失等。违约责任的承担方式通常包括约定违约金和赔偿实际损失两种。在实际损失可能难以计算或难以证明的情况下,可以优先采用约定违约金的方式。违约金可以约定为具体的金额,也可以约定为合同某一期或某一部分价款的若干百分比。对于迟延交货、迟延付款等违约行为,可以按迟延的天数,约定每日的违约金金额。约定违约金时,要注意避免违约金约定过高(超过造成损失的30%,一般即认定为违约金约定过高)。违约责任的承担并非没有限制,若违约所造成的损失包括合同履行后可得利益,则间接损失、后果性损失等非直接损失也可以作为损失赔偿额进行主张,由此违约责任可能会过高且难以实际获得支持,因此一般在合同中会对违约责任进行限制。限制的方式可以是明确约定各方对违约责任的承担仅限于直接损失,也可以考虑设定赔偿责任的上限。例如,买卖合同中的买方因迟延支付货款而承担的违约金不得超过未支付价款金额的一定比例;买卖合同中卖方因提供的货物不符合合同约定的质量标准,而承担的违约责任总额不得高于设备总价款的一定比例。对违约责任的约定最好贴近实际情况,过高或过低都不利于守约方的权利主张。违约责任的内容应尽量做到明确、清晰,避免出现空洞化、概括性的表述,否则会导致违约情形发生后追究违约责任的难度加大。

(三)合同解除权

合同当事人依照合同约定或法律规定享有解除合同的权利,该解除权的行使会导致合同权利义务消灭。解除合同是终止合同中约定的权利义务关系的行为。根据诚实信用原则,解除合同时,双方当事人都应当知晓合同解除的事实,便于及时结算和清理,因此立法把解除通知作为解除合同的生效要件。[①] 在行使合同解除权时,解除权人必须先通知相对方,当意思表示到达相对方时,该合同解除。若双方当事人对合同解除形成争议时,解除权人可诉求法院或仲裁机构,要求确认合同解除有效,这表现为确认之诉。相对方也可诉至法院或仲裁机构,认为合同解除不符合约定或法定事由,要求宣布无效或撤销,即提起确认之诉或撤销之诉。

合同解除权是一种形成权,即权利人仅凭自己的行为就能引起某种民事法律关系的产生、变更、消灭。《民法典》第565条第1款规定:“当事人一方依法主张解除合同的,应当通知对方。合同自通知到达对方时解除;通知载明债务人在一定期限内不履行债务则合同自动解除,债务人在该期限内未履行债务

① 参见《浅析合同解除权制度》,载中国法院网,https://www.chinacourt.org/article/detail/2016/08/id/2057431.shtml,最后访问日期:2019年10月1日。

的，合同自通知载明的期限届满时解除。对方对解除合同有异议的，任何一方当事人均可以请求人民法院或者仲裁机构确认解除行为的效力。”这说明解除权人以自己单方的意思表示即可解除合同，无须经过裁判，但解除权人必须作出解除合同的意思表示并送达对方，否则不产生合同解除的法律效力。合同解除权属于私力救济，它是由解除权人在法律允许的范围内，依靠自身的实力，通过实施解除行为来救济自己被侵害的民事权利。当解除权人认为解除条件具备时，是否行使解除权由当事人个人意愿决定，不依靠他方的配合或认可实现。①

合同解除权行使方式，是指当事人在合同解除权行使中运用何种方式、程序来实现权利。在现代各国相关民事立法上，合同解除权的行使程序大致可以分为以下三种模式：(1)司法解除模式，即只有通过法院裁判才能解除合同的模式。在这种立法模式下，合同解除权的行使不能仅由当事人意志所能决定，需要通过司法程序对其审查、确认或撤销。(2)通知解除模式，即以解除权人单方意思表示将合同解除，无须经过法院裁判，无论是约定解除还是法定解除，都是由解除权人向相对方表达解除合同的意思表示，即可发生解除合同的法律效果，不需要其他特别程序要求。(3)自动解除模式，即在一定条件下合同自然而然地消灭。以上三种模式是与不同法律文化背景国家的不同法律价值追求相适应的，反映了不同国家的不同立法价值选择。那么，我国合同解除权的行使方式是如何规定的呢？我国《民法典》第565条规定：“当事人一方依法主张解除合同的，应当通知对方。合同自通知到达对方时解除；通知载明债务人在一定期限内不履行债务则合同自动解除，债务人在该期限内未履行债务的，合同自通知载明的期限届满时解除。对方对解除合同有异议的，任何一方当事人均可以请求人民法院或者仲裁机构确认解除行为的效力。当事人一方未通知对方，直接以提起诉讼或者申请仲裁的方式依法主张解除合同，人民法院或者仲裁机构确认该主张的，合同自起诉状副本或者仲裁申请书副本送达对方时解除。”依照上述规定可知，我国立法对合同解除权行使方式采取的是通知解除模式。②

---

① 参见《浅析合同解除权制度》，载中国法院网，https://www.chinacourt.org/article/detail/2016/08/id/2057431.shtml，最后访问日期：2019年10月1日。

② 参见《浅析合同解除权制度》，载中国法院网，https://www.chinacourt.org/article/detail/2016/08/id/2057431.shtml，最后访问日期：2019年10月1日。

四、合同履行不适当的法律风险与防范

合同缔约各方在签订合同后，应当依合同履行相应义务，但是在实践中，存在很多不适当履行的情形，如部分履行、提前履行、延迟履行，进而造成许多或大或小的法律风险。

（一）部分履行

对已签署的合同，合同当事人应当根据双方或多方约定的权利、义务进行全面履行，以保证合同目的的实现，这是合同的全面履行原则。并且基于诚实信用原则，当事人也应当完整履行合同。但企业难免会因主观、客观原因，使合同只有部分得以履行。因此，企业应当选择以下方式去维护自己的利益。

1. 行使同时履行抗辩权

行使同时履行抗辩权需要满足以下三个要件：(1)须因同一双务合同互负债务，即要求当事人之间给付与对待给付之间具有对价性（双务性）。(2)对方的债务及自己的债务均“已届履行期”，即债务已经到期。在履行期届满之前，债权人虽然也可以要求债务人履行债务，但债务人可明示拒绝或者沉默回应，这并非行使同时履行抗辩权，而是履行期限应有之义。故从实践上来说，履行期限届满后第一天才是成立同时履行抗辩权的初始起点。(3)对方未履行债务或履行债务不符合约定。一方不履行债务，另一方自然可以拒绝履全部债务；当一方履行债务不符合约定的，即构成所谓的不完全履行时，另一方可以拒绝履行相应的部分。

2. 提前解除合同

合同履行义务一方部分履行合同后，有证据证明其无法继续履行，导致合同目的难以实现的，相对方即可行使合同解除权，合同有约定的，按照约定行使解除权，没有约定依据《民法典》第 565 条第 1 款“当事人一方依法主张解除合同的，应当通知对方。合同自通知到达对方时解除；通知载明债务人在一定期限内不履行债务则合同自动解除，债务人在该期限内未履行债务的，合同自通知载明的期限届满时解除。对方对解除合同有异议的，任何一方当事人均可以请求人民法院或者仲裁机构确认解除行为的效力”的规定进行解除。

3. 承担违约责任

合同履行义务一方不完全履行合同造成守约方利益受损的，为弥补因违约

方的违约造成的损失,守约方有权要求违约方承担违约责任。我国法律为违约责任提供了多种承担方式,包括继续履行、采取补救措施或赔偿损失等,违约责任承担方式通常包括约定违约金、赔偿实际损失两种方式。企业可以按照自己的方式进行选择。

(二)提前履行

合同履行义务一方提前履行合同义务,另一方可以选择接受也可以选择拒绝,相对方若认为提前履行合同义务会造成损失,如可能会造成合同相对方存储费用、保管费用、运费等的增加的,可以拒绝履约方对合同的提前履行。如果没有造成损失,相对方就应当选择接受,但提前履行所出现的损害均须由提前履行义务方承担。因此,判断是否可以提前履行,提前履行主务方可依据提前履行是否会给相对方带来利益损失。履约一方若想规避提前履行给双方带来不利的法律后果,应及时与相对方沟通,实现合同履行期限的变更,但同时一定要保留书面或者电子信息等证据。

(三)延期履行

延期履行可能会使交易双方同时受损,若出现延期履行,履约方可能会面临解除合同、承担违约责任的法律风险。如迟延履行致使合同目的不能如期实现,则相对方可以行使解除权解除合同,同时也可以适用违约责任。因此合同双方当事人应积极按期履行合同约定义务,促成合同目的如约实现,如遇到客观原因导致合同无法继续履行,履约一方应当及时通知相对人选择延期履行或者解除合同,以在最大程度上降低合同当事人的利益损失。

第四节 合同管理

合同作为企业通向市场的桥梁和纽带,将服务者和被服务者、需求者和供给者联系起来,实现资源的高效流动。合同在商品经济发展中扮演着举足轻重的角色。市场经济中涉及的法律纠纷与合同有着直接或间接的联系。因此合同管理是影响企业发展壮大的重中之重。事实上企业法律风险多是由公司治理和合同管理不善引发的。我国企业长期发展的模式是重业务、轻法务。但近年来，随着市场经济的高热化发展，越来越多的企业注重对员工法律意识的培养、加强。但大多数企业由于涉及的经营管理活动范围广、交易数量大，加之企业合同使用、管理能力薄弱，致使其根本无法在市场竞争中立足。通过多方面调研发现，企业在合同管理中主要存在以下几个问题：(1)缺乏完备的合同管理办法；(2)合同管理模式不适当；(3)合同审查不足；(4)缺乏合同信息化管理体系建设。针对以上问题，本节将对合同管理中的基本内容、现状等予以介绍，最终给出企业相对应的解决措施，以更好地规避因合同管理不善带来的不利后果。

一、合同管理概述

企业合同管理是企业对以自身为当事人的合同依法进行订立、履行、变更、转让、终止及审查、监督等一系列行为的总称。[①] 其中，合同的订立、履行、变更等均属于合同管理的内容，审查、监督等属于合同管理的手段。合同管理必须是全过程的、系统性的、动态性的。全过程就是从合同洽谈、草拟、签订、生效开始，直至合同失效为止，企业不仅要重视合同签订前的管理，更要重视合同签订后的管理。系统性就是凡涉及合同条款内容的部门要一起来管理。动态性就是注重履约全过程的情况变化，特别要掌握对己方不利的变化，及时对合同进行修改、变更、补充、中止或终止。[②] 合同管理对于市场经济主体来讲是至关重要的内容，因为它可以实现企业自身合同的规范，保证履行合同的完整性，规避法律风险，减少合同纠纷，提升企业的竞争力，提高企业的经济效益。企业合同管理是市场经济条件下企业管理的核心内容之一，关系企业的方方面面。

不同企业有着不同的合同管理模式，企业应根据自身订立合同特点量身定做管理模式。但归根结底合同管理模式存在以下几个特点：(1)合同数量较多。企业在设立、生产、运营等各个环节中都存在交易，故企业会通过合同来约定当事人的权利和义务，所以企业的合同数量往往不计其数。(2)合同涉及标的较大。企业运营是由小至大的递增状态，合同涉及的交易金额也越来越大。(3)合同种类庞杂。企业开展生产经营活动，必须配置各种资源，购买材料、生

① 谭亚明：《企业合同管理中的常见问题与对策》，载《江汉石油职工大学学报》2010 年第 6 期。
② 王巧渭：《浅析中小型施工企业合同管理》，载《财会研究》2012 年第 10 期。

产货物、引进技术、外包业务、保管仓储、租赁买卖等类型的合同均有涉及，因此合同种类十分繁杂。(4)合同管理周期长。洽谈、订立、履行、变更、纠纷处理等事项是经年累月的，对于长期交易、分批次交易、分期限交易来说，这些事项更是多达几年之久，所以合同管理的周期也会被随之拉长。(5)合同管理水平与企业收益有着密切关系。企业签订合同的质量、履行效果等直接影响到企业交易的成功率。企业合同的履行结果与预期目标产生差异，会直接影响企业经营。这些都是企业合同管理具有的几个特点。通过分析可以看出，做好合同管理是良好运营企业的关键所在，因此合同管理措施对企业的发展壮大就显得尤为重要。

二、我国合同管理现状

市场准入体制的愈加宽松，虽给予了更多企业存活的机会，但也随之出现了大批的失信企业、诈骗企业、“皮包企业”。一旦与这些企业签订合同就可能存在合同履行瑕疵、完全无法履行的状况，甚至出现合同诈骗，严重威胁交易安全。事实上，企业出现这样的法律风险，换个角度来讲也是因为其合同管理存在一些缺陷。缺陷主要有以下几种：

(一)企业管理层、职工等法律观念淡薄，风险防范意识较差

部分企业在订立合同时缺少对合同相对方的资信调研，导致合同虽然已经签订，但都属于“僵尸合同”，即合同内容无法全部履行或完全无法履行。部分企业即使做到审查主体，也只是流于形式地进行审查或审查时有时无，无法做到审查全面、严谨。对签订主体的资信状况判定有时也取决于个人的主观感觉，甚至当出现授权不明的状况时企业也会签订合同，最终导致合同效力瑕疵或合同内容无法履行的法律风险出现。另外，还存在签订周期较长的、正在履行的合同文本丢失等问题，致使最终维护自身权益时无法主张自己应有的权利，造成无法挽回的损失。

(二)合同文本不规范，条款过于简单、不明确

实践中，一些企业对外签订合同时，合同被简单地称作“协议书”“意向书”，并未严格根据合同内容区别合同的名称，事实上不同性质的合同的法律效力是存在天壤之别的。涉及具体条款内容时也存在详略不当，导致意思不明

确、语句歧义等问题，如违约条款、交易价格的设置，会出现“交易价格按照市场价格”“合同一方违约后，其违约责任有违约者承担”“违约金额按照实际损失赔偿”等表达模糊的条款，导致合同双方履行时没有具体数据的参考，无法定价这样容易产生纠纷。在违约责任发生时责任承担者的违约责任分配、金额计算都无法明确参照合同履行。因此，关于合同条款的设置要清晰明确，切忌含糊其词，否则易导致企业最终发生纠纷时无法维护自己应有的权益。

（三）合同形式内容不规范，约定不明确

这是指企业签订的合同不采用格式合同文本，造成合同约定条款遗漏较多，权利、义务表述不明确，意思表达含糊。仅凭借签订的内容不明确的合同保障企业，企业极易陷入欺诈、履行瑕疵等法律风险当中。格式合同一般是基于大量的实践经验形成的，对合同当事人双方的权利义务约定内容全面、平衡、均匀。因此，不论对方的诚信状况如何，都建议企业尽可能采用规范的格式合同，对合同权利、义务作出明确的约定，并在此基础上添加特殊条款，在保证权利义务完整性、对等性的同时也可灵活应用，所以说格式合同的使用是市场经济活动中法律风险防范的手段之一。

（四）企业重视静态管理，忽视动态管理

企业在签订合同前虽做到了对相对方资质、信用、履约能力的尽职调查，但是合同的履行是一个动态的、周期长的过程，对方的资信状况、履约能力一般都体现在实际履约中，履约方注册资本高、资信良好、过往履约能力强、法律纠纷案件少等并不代表本次合同的履行也会万无一失。订立合同前的尽职调查只是对履约方进行基本的筛选和审核，最重要的是在合同履行过程中的动态监督。企业应及时了解合同进展状况，否则就无法做好企业合同管理项目，更无法保障企业效益。

（五）合同签订后履行监督缺失

合同履行是指对合同规定义务的执行，而履行监督是建立相应合同执行的调控制度，以保证企业所订立的合同能够得到有效的执行，进而确保公司的正常运营。很多企业选择建立相应的合同管理机制或聘用长期法律顾问。由于

每个企业管控力度不一、部门之间的协调能力不够,可能会存在合同履行不到位的状况,但作为企业管理层一定要有合同制度的管理意识,并将其贯彻执行,落实相对应的合同管理制度、档案管理等制度,使合同管理逐步规范化,堵塞合同漏洞。

(六)企业合同管理制度、管理方式滞后

全球经济一体化、网络化的发展,促使企业在采购、销售等多方面、多阶段越来越依赖网络,如企业通过网络招投标获得更优质的合作对象,异地合作企业之间的磋商、签约等均可以通过网络实现。网络科技信息让企业在科技时代的经营如虎添翼。如果企业在签约、履行、资信审查等方面越来越滞后,合同管理手段处于保守、滞后状态,那么企业经营的效率势必会降低,企业被市场淘汰的速度会加快。

三、合同管理模式设置的法律风险与防范

现代企业的合同管理是全方位、全过程的管理,要使合同的管理规范、科学,首先要从制度入手,制定切实可行的合同管理制度,如主体资格审查、资信审查、签订、审批、登记、备案、等方面的制度。现代企业的合同管理模式受限于企业的HR结构、发展规模、行业性质等,这种受限的合同管理模式必然存在短板,法律风险也随之而来。经过调研,本书总结了以下几点较为常见的管理模式设置不当的类型,并给企业管理者提供了对应的防范措施。

(一)合同管理流程体系不完善的法律风险与防范

合同中,几乎所有的准备事项都是为了合同的履行,因此合同的履行才是合同的重中之重,但是在合同管理流程中,很多企业将合同的拟稿、审核、签订作为首要的任务来做,将履行环节抛诸脑后,对履行阶段的监督、把控严重缺失,这将合同潜在的风险转化为实际的风险。在合同救济阶段,由于前期救济措施和后续工作缺失监督、跟进,导致企业胜诉案件的执行率极低,极大损害了企业应有的权益。

相比大型企业而言,因本身业务量较小,涉及标的较小,交易周期较短的特点,中、小型企业的合同管理流程较为简单,多集中在合同拟稿、审核、签订中,

在履行阶段的跟进也较为简单。但作为大型企业来讲，企业业务量较大，涉及标的也很大，交易周期较长，简单的合同管理制度无法满足企业的需求，因此建立分级、分块、分类型等合同管理模式更适合大型企业。各子公司、分公司应按时向上级报告合同签订、履行、违约等情况并作出对应解决措施，必要时也可以建立合同评审制度，由专业人员组成评审委员会对专业合同的可行性、合法性、严密性等方面进行审查。企业对合同管理流程也并非越紧密越好，紧密的流程可能会导致合同签订率下降，直接影响企业业务的发展扩大。事实上有效的合同管理模式可以一箭双雕，一方面可以将合同审查进行到底，另一方面可以提升企业合同签订效率，所以要多加探索高效的合同管理模式。

（二）合同管理机构的设置、主要职责设置不当的法律风险及防范

市场经济下，企业为实现经济目的，基本上都会通过合同的方式明确权利、义务，这种行为受法律的保护。因此，合同具有的特点决定所受的企业管理是不同于一般性的经营管理。合同处理的事务针对不同主体的交易关系，且具有法律专业性的特点，并受法律规范和调整。小型企业大多缺失合同管理专项内容，合同的签订、履行通常依照自身的经验来解决，只有在遇到法律纠纷时才会选择律师去解决，缺少法律风险防范意识、措施，导致很多损失无法挽回。很多大、中型企业会设置法务部门或聘请专业的律师团队作为顾问，由专业的法务人员、法律顾问来管理、监督企业的合同事宜，对企业整个合同的签订、履行、变更等过程的处理都具有计划性、专业性。企业在设置合同管理机构后，其职责应当包含以下几个方面：(1)负责本单位合同资料的汇总、分类、归档、保管、统计、上报等基础性管理工作；(2)负责本单位合同的签订、审核、变更、备案等，保证合同的合法性、完整性、可行性；(3)负责处理本单位法律纠纷。合同管理机构基本职责的划分可以参照上述几点进行，在一定程度上可将原有不当的合同管理机构设置、职能划分予以改善。

（三）人员选配不适当的法律风险与防范

企业法律顾问部门工作人员必须具备法律知识，精通法律业务，而且要熟悉公司经营管理流程，因此企业在选择管理人员时不仅要选择已取得律师执业证书的律师，同时该工作者对公司的管理、经营流程也应较为熟悉。很多企业

虽然设置了法务部门，但为减少公司的支出，会选择本单位有法律经验的老员工来任职，显然这是对企业长远发展很不负责的行为。企业经营过程中所涉合同类型繁杂，因此需要公司相应的工作人员辅助法务部门处理合同事宜，如财务人员、税务人员等协助法务部门人员将合同事务全面化处理。

（四）责任追究机制缺失的法律风险与防范

合同管理是一项系统性的工作，需要各个部门的配合，任何一环节出现漏洞，就会出现"牵一发而动全身"的后果。当企业缺失责任追究制度时，往往无人承担法律事故的后果和责任，久而久之就处于恶性循环状态，因此制定合同管理责任追究机制是必不可少的，这可以保证企业发生法律纠纷后追究责任到部门甚至个人，严重者涉及刑事犯罪的也可移交司法机关以追究刑事责任。只有将责任落实到位，企业效益才能得到提升。

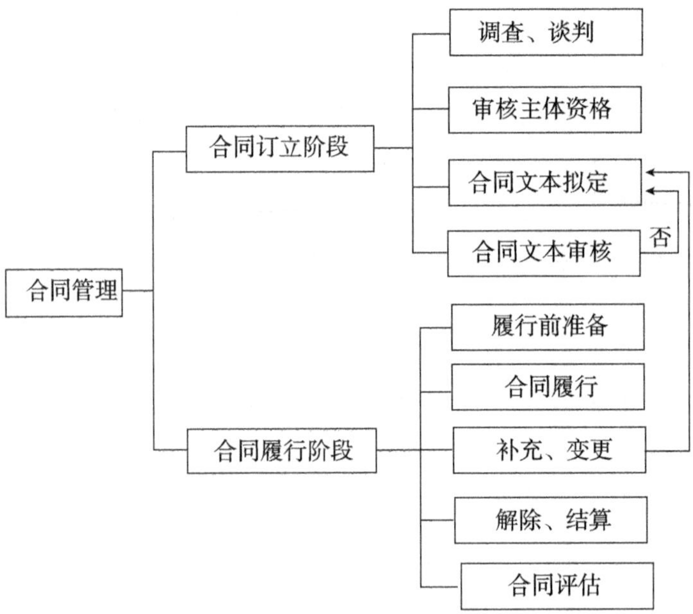

图 7-1　合同管理基本业务流程图

第八章　知识产权法律风险与防范

在当下的市场经济时代，企业无时无刻不与知识产权保护发生联系。企业可能是创造者、运营者、维护者、使用者，也可能是被动加入企业知识产权法律纠纷的一方。近年来，伴随企业知识产权的发展、壮大，企业知识产权风险成因也逐渐多元化、风险发生地域国际化、管理难度复杂化。本章通过多方位的剖析企业知识产权基本内容来厘清企业知识产权可能存在的法律风险并提出相应的防范建议，让企业在国际、国内波谲诡异、变幻莫测的知识产权市场中游刃有余，不仅可以规避系列风险，也能为企业带来经济效益。

第一节　企业知识产权基本问题

一、知识产权与法律风险

在知识经济下，知识产品与知识产权已经成为企业生存和发展的根基，这就需要企业对知识产权的重要性予以认知，并将知识产权作为企业运营管理的重中之重。现今企业对知识产权的保护还是不尽如人意，究其根本是企业并没有真正意识到知识产权保护的重要性，由此造成的法律后果十分严重。这些后果也淋漓尽致地体现在我国诸多著名商标被抢注的案件上，譬如“康佳”商标被美国抢注、“五粮液”商标被韩国抢注、“海信”商标在德国被抢注等。由此造成损失也是以亿计数。大多数企业管理者并没有对知识产权给予足够重视，只有少数企业家将知识产权作为企业核心竞争力。我国知识产权保护虽然在不断完善、发展,但是总体来讲仍处于滞后、不完善的状态,企业管理者往往不知如何去重视,不知如何去形成系统的知识产权管理体系和纠纷应对策略。下文将从法律的角度来剖析并形成系统的知识产权管理体系,以供企业管理者参考。

(1)企业的知识产权问题不仅是技术问题,更是法律问题。部分企业管理者具有前瞻性,给企业设置知识产权管理人员,但是多以技术人员为主,法律人员几乎很少有参与,这样的管理模式并不能有效地防范知识产权带来的风险。事实上企业知识产权管理包含很多内容庞大,涉及面较广泛,尤其涉及的法律知识更是关乎企业知识产权的生死存亡,知识产权从研究形成、权利申报、获取、保护及价值的实现都需要法律作支撑。因此可以说知识产权问题其实就是法律问题,很多外国企业有专门的法律部门或法律顾问团队,它们对企业的知识产权保护发挥着不可替代的作用,而其中专业的知识产权研究人员只是协助并非主要工作人员。

(2)企业知识产权的活动都将面临法律的评判,企业管理者对知识产权的准确把握将有利于企业作出正确的决策。企业知识产权的所有活动都应置于法律法规之下,因此企业管理者只有在准确掌握法律规定的前提下才能趋利避害。实践中盲目侵犯他人知识产权的企业不在少数,造成的经济损失也是不可估量的,因此企业管理者应通过法律工作者把控风险、识别风险,更好地预见企业知识产权可能面临的法律风险,将这些法律风险扼杀在摇篮里。

(3)知识产权法律风险和知识产权法律纠纷是不同的概念。事实上企业真正经历的知识产权纠纷并不是很多,但是遭遇过知识产权纠纷的企业因为知识产权问题承担的经济损失都很大,甚至有的企业因此从市场上消失。从法律风险的角度来看,企业只要经营就会存在法律风险,它们是相生相伴的,但这些风险是可以规避的,只要企业做好识别、评估等整体的措施,注意事前规避,这样就能避免卷入知识产权纠纷当中。

二、知识产权法律风险基本概述

关于知识产权的基本问题,本书从其范围、成因、类型、特点等方面综合介绍,以便于企业管理者从根源上寻找问题,制定长久的战略,做到未雨绸缪,最大限度地规避知识产权所带来的法律风险。

（一）知识产权法律风险的界定

知识产权法律风险本质上仍属于企业运营中的一种风险，因此必然满足风险的核心要素。法律为行为人提供一套制度框架和行为准则，在制度合理的前提下，行为人如果符合制度，那么就会获得积极的效果，因此不规范的行为要么是行为人完全违背制度，要么是行为人在制度提供的利益格局中作出了错误的决策，如《商标法》主要是对注册商标进行保护，如果企业不注册商标就会遇到商标被抢注的风险。有些企业有自己的生产工艺、产品和品牌，其围绕市场需求去创造、创新，不断研发新产品。同样，也有一些企业为消费者提供各种类型的服务，这都属于知识产权领域，在一定程度上都属于商业秘密范畴，企业只有将不同部门、不同职能、不同人员的信息予以交流、传递，同时关注自身的知识产权带来的法律风险，积极参与到企业知识产权的管理当中，才能将由企业知识产权所引发的法律风险降至最低。

（二）知识产权法律风险的成因

1. 法律方面的原因

（1）法律规范具有一定的抽象性，因社会关系总是处于动态变化中，用确定的法律条文去管辖变化的社会关系，是不可行的，因此很多法律是通过基本原则和基本规范来弥补法律条文的不足，这就造成了部分法律较为模糊和概括，以至于出现企业认知存在误差的现象，进而导致出现法律纠纷。虽客观上讲这些纠纷是由于法律本身的原因造成，但对企业来讲，最好的解决办法就是提高企业理解法律真实含义的能力，保持企业对法律正确的理解。（2）法律规定的权利、义务对等。部分企业对法律规定的权利义务对等性存在误解，导致企业为追求某种法律对知识产权的保护，盲目取得特定的知识产权，却没有准备好承担相应的义务。这些企业虽然获得了权利，却也承受了非预期范围内的法律义务，这样的法律风险源于企业对法律规范的不完整的认知。（3）法律规范的变动。在法律规范引起的法律风险中，最缺乏控制的就是法律规范的变动引起的法律风险。很多企业从事的项目周期较长，在项目运行过程中，法律规范发生变动导致企业原本的经营目的无法实现，给企业带来法律风险。（4）法律漏洞。民事活动的复杂性、广泛性、活跃性导致民事法律很难将其详尽地囊括其中。随着知识经济时代的来临，新技术、新商业模式、新交易形态等给知识产权法律制度提出了新的要求，此时知识产权法律规定的滞后性给新的知识产权行为留下了很多空白，也给企业经营带来了很多不确定性，法律风险也相伴而生。

2. 企业方面的原因

(1)企业管理者作为企业运营方向的掌舵者，是企业管理的核心灵魂。知识产权法律风险的出现，部分原因就是管理者单一化，很多企业的管理者主要为投资者、财务专家、技术专家等，很少看到法律专家的参与，这种管理层、决策层知识架构的缺失，是导致法律风险发生的原因之一。(2)企业管理制度是否健全直接影响企业发展，管理制度的完善是企业保护无形资产的基础，当企业知识产权制度相对完善，并得到有效的执行后，知识产权产生的法律风险也就相对较少，并且更易于解决。

(三)知识产权法律风险的特点

1. 知识产权法律风险的隐形化特征

多数企业对知识产权的认知存在不足，不少知识产权成果以隐形的方式存在于企业之中，企业管理者认为企业根本不存在知识产权或即使意识到存在但认为其没有保护的必要，缺乏保护意识，并未设立企业知识产权的保护制度，导致运营管理过程中出现法律风险后，企业根本无从保护。

2. 知识产权法律风险的技术性特征

这种技术性特征已经超出法律人单独处理的专业范围，涉及的范围甚广，以至于知识产权法律风险的预防、规避和处理均需要专业技术人员给予辅助。比如，近似、类似的技术是否已经申请专利、商标淡化都需要对比才能获悉，这些工作是法律人所不擅长的。

3. 知识产权法律风险的地域性特征

知识产权作为一种专有权，在空间效力上并不是无限的，而是受到地域的限制，具有严格的地域性，效力仅局限于本国境内。当企业在某国拥有知识产权，即可在该地生产、销售，但企业要将产品销售至国际市场就可能会因为地域性的缘由存在法律风险，因此在获得知识产权许可的时候，需要考虑自己的使用区域，避免面临知识产权侵权的法律风险。需要注意的是，企业许可其他企业或个人使用自己的知识产权时，要谨慎考察被许可企业、个人的地域是否已经取得知识产权许可，否则，当被许可企业、个人出现知识产权的法律风险时，许可企业也需要对该部分法律风险承担连带责任。

4. 知识产权法律风险的阶段型特点

知识产权是有时间限制的权利，当知识产权许可超过期限后，权利会自动消失，智力成果就会成为整个社会的财富，为全人类共同使用，此时，知识产权的法律风险也将随之消失。

（四）知识产权法律风险的类型

1. 专利权、商标权、著作权、商业秘密及其他知识产权法律风险

该种划分是依据知识产权法律风险涉及的法律规定来划分的，专利法律风险、商标法律风险、著作权法律风险及商业秘密法律风险分别是企业承担《专利法》《商标法》《著作权法》《反不正当竞争法》所规定的法律不利后果的可能性。除上述四种最主要的法律风险外，企业还可能承担企业域名法律风险、企业名称法律风险等知识产权法律风险，鉴于企业所面临的知识产权法律风险主要表现为以上四种形式，因此对其他类型的法律风险，并没有进行详细的划分。

2. 申请过程中的知识产权法律风险、使用过程中的知识产权法律风险及维权过程中的法律风险

申请过程中的知识产权法律风险，是指企业在申请知识产权的过程中，由于不规范的法律行为所造成的不利法律后果，比如申请专利时可能会因为错误填写权利要求书，导致企业承担专利权保护范围缩小、使用范围缩小、使用期限缩短等法律风险。

使用过程中的知识产权法律风险，是指企业在使用知识产权时，由于不规范的法律行为导致企业承担不利的法律后果。实践中该阶段是企业出现法律风险频率较高的阶段，如可能出现专利投资、专利许可、商标转让、商业秘密泄露等法律风险。这一阶段的法律风险，最终的责任形式大多属于违约责任和侵权责任。

维权过程中的知识产权法律风险，是指企业在发生知识产权法律纠纷后，采取维权措施的过程中，使用不规范的行为导致的法律后果。譬如诉讼过程中，证据提交失败、虚假诉讼、证人不配合等行为都可能导致知识产权法律风险。

三、知识产权法律风险现状

近年来，随着企业市场的国际化，出现了西方发达国家为保护本国企业在世界经济的领先地位，采取一系列加强知识产权管理、应用和保护的重大举措，让知识产权成为各国企业取得市场竞争优势的重要手段。就拿我国的知识产权来讲，2018 年 12 月 3 日，世界知识产权组织（WIPO）发表《世界知识产权指标》年度报告称，2017 年中国国内专利、商标、工业品外观设计等各类知识产权的申请量都位列全球第一，有力推动了全球知识产权申请的增长。这前五位的专利申请总量占全球总量的 84.5%。分析认为，中国正在成为世界知识产权申请领域无可争议的领跑者。[①] WIPO 统计的数据表明，我国知识产权在国际上属于领先地位，呈现整体向好的状态。2019 年 10 月 21 日，我国国家统计局发布的《2019 年上半年商标注册工作情况分析》报告称，2019 年上半年，我国商标注册申请量 343.8 万件，同比下降 4.1%；商标注册量 351.5 万件，同比增长 67.8%。截至 2019 年 6 月，商标累计申请量 3865.1 万件，累计注册量 2582.3 万件，有效注册商标量 2274.3 万件，由此可以看出商标注册申请量仍处于高位，增速有所放缓。与 2018 年同期相比，一是前十名申请人总申请量显著下降。2019 年上半年，国内商标申请量前十名申请人共申请商标 16,513 件，同比下降 57.3%，占同期申请总量的 0.48%（去年同期占比为 1.08%）。二是前十名申请人主要为知名企业。2019 年上半年，国内商标申请量前十名申请人中包括华为、阿里巴巴、腾讯、百度、京东、伊利、维沃（VIVO）、字节跳动（头条新闻）、OPPO 等知名企业，而 2018 年上半年国内商标申请量前十名申请人中，仅有腾讯一家知名企业。截至 2019 年 6 月，商标累计申请量 3865.1 万件，累计注册量 2582.3 万件，有效注册商标量 2274.3 万件，平均每 5.2 个市场主体拥有一个有效商标，我国每万户市场主体的平均有效商标拥有量从 2011 年的 1074 件增长到当前的 1923 件，市场主体的商标意识不断增强。但从国际、国内知识产权保护状态调研来看，相当一部分企业在知识产权方面仍存在一些不足之处。

知识产权保护更侧重于技术方面，很多企业管理者认为知识产权保护的只是技术，即专利权、商标权等企业发明创造和技术创新，虽然该类知识产权对企

---

① 方莹馨：《中国知识产权申请量世界领先》，载《人民日报》2018 年 12 月 6 日。

业非常重要，能给企业带来极高的价值，但这种观点是片面的。企业的成功不仅仅依靠技术创新和发明创造，还需要企业品牌、企业服务。比如麦当劳、肯德基、海底捞等知名企业，他们的成功不仅仅是注重专利技术的保护，也注重企业文化品牌、服务品牌的保护。

知识产权保护企业自主研发的技术，部分企业管理者认为自主研发就等于自主知识产权，一旦研发成功就自然受到知识产权法的保护，其他企业自然人使用该项技术，都需要支付专利使用费，并且自己可以免费无限使用，根本不会涉及侵犯他人的知识产权。事实上，这种观点是非常不正确的。在知识产权领域，自主研发的技术并不必然意味着企业获得知识产权，虽然研发过程是完全自主的，但是知识产权尤其是专利权需要具备首创性，即只保护第一个研究出该项智力成果的人，自主研发性并不代表首创性，如果企业研发的技术已经被授予知识产权，那么企业仍可能会面临侵权的法律风险。

第二节　企业商标权

企业商标从最初在市场经济中的商品区别符号转化为现代市场经济中代表企业信誉、服务、产品质量等类似的符号，并成为企业之间竞争的手段和工具。在现代市场经济中，企业已将商标作为管理的客体之一，重视商标的保护、宣传是企业市场竞争的重要基础。根据上文我国截至 2019 年 6 月增长的商标量来看，我国市场主体的商标意识不断增强。这就要求企业管理者要想在知识产权市场上保护好自己的每一个知识产权商标，就需要了解商标法律风险的各种表现形式并进行有效管理，从根源抑制法律风险的发生。

一、商标设计阶段的法律风险与防范

商标，是指商标生产者或服务提供者为将其产品、服务与其他企业生产的相同或类似的产品、服务相区别，而在自己生产的产品、服务上使用的自己的商业标识。企业应当具备自己独一无二的商业标识，便于在相同或类似的产品、服务上做出辨别，同时也能够彰显出企业文化、商标特性，体现消费者的性趣和爱好，拉近与消费者距离。美国石油公司埃克森公司，为设计“EXXON”的商

标，曾不惜重金聘请美学、心理学及法学等众多领域的专家，历时6年，调查55个国家、地区的法律制度、人文特色，最终在10,000多个方案中筛选出“EXXON”作为企业的商标，具有了自己独特的性质。因此企业在选择、创造商业标识时需要体现其独特性、显著性，即企业所申请的商标与其他企业商标相比有着显著的区别，不会误导消费者。这不仅是企业的商业目的，也是立法的强制性规定，如果企业没有将商标的显著性、独特性显示出来，将会让企业的经营、生产、服务等陷入不确定的法律风险中。

（一）商标的构成要素

商标的构成要素，是指商标的组成部分，其范围从最初的平面标记发展到现在的立体、动态标记，部分国家甚至将声音、气味囊括至商标范围，目前我国立法上商标可以选择文字、图形、字母数字、三维标志及颜色组合等。我国《商标法》第10条规定：“下列标志不得作为商标使用：（一）同中华人民共和国的国家名称、国旗、国徽、国歌、军旗、军徽、军歌、勋章等相同或者近似的，以及同中央国家机关的名称、标志、所在地特定地点的名称或者标志性建筑物的名称、图形相同的；（二）同外国的国家名称、国旗、国徽、军旗等相同或者近似的，但经该国政府同意的除外；（三）同政府间国际组织的名称、旗帜、徽记等相同或者近似的，但经该组织同意或者不易误导公众的除外；（四）与表明实施控制、予以保证的官方标志、检验印记相同或者近似的，但经授权的除外；（五）同‘红十字’、‘红新月’的名称、标志相同或者近似的；（六）带有民族歧视性的；（七）带有欺骗性，容易使公众对商品的质量等特点或者产地产生误认的；（八）有害于社会主义道德风尚或者有其他不良影响的。县级以上行政区划的地名或者公众知晓的外国地名，不得作为商标。但是，地名具有其他含义或者作为集体商标、证明商标组成部分的除外；已经注册的使用地名的商标继续有效。”第11条规定：“下列标志不得作为商标注册：（一）仅有本商品的通用名称、图形、型号的；（二）仅直接表示商品的质量、主要原料、功能、用途、重量、数量及其他特点的；（三）其他缺乏显著特征的。前款所列标志经过使用取得显著特征，并便于识别的，可以作为商标注册。”第12条规定：“以三维标志申请注册商标的，仅由商品自身的性质产生的形状、为获得技术效果而需有的商品形状或者使商品具有实质性价值的形状，不得注册。”不难看出《商标法》关于商标可以注册范围和禁止注册范围均给予最为详尽全面的列举性规定,因此企业在创造商标时要注意商标的明文规定,避免出现斥重金所创造的商标最终因违反上述规定而导致无效,从而给企业带来时间、人力及财力耗费的情况。

(二)商标要具有显著性

我国企业在过去申请商标时,都是采用人民熟悉的词语作为商标,如“黄河”“长城”“中华”等,这些通用词作为企业商标是存在风险的。由于商标名称的常见,若干个不同行业商品或者服务供应商使用相同的商标,易造成商标淡化,企业要想申请驰名商标或著名商标的难度会增大。

参考案例

宿州市埇桥区夏氏眼镜一店与宿州市大光明眼镜有限公司侵犯注册商标专用权纠纷案[①]

1998年10月7日,佳木斯市大光明眼镜有限公司获准注册“大光明”文字服务商标,商标注册证为第1213916号,核定服务项目第35类:推销(替他人),注册有效期限为1998年10月7日至2008年10月6日。2001年8月28日,杭州大光明眼镜有限公司获准注册“大光明”文字商标,商标注册证为第1626432号,核定使用商品为第9类:眼镜盒(镜片盒)、擦眼镜布、眼镜、眼镜玻璃、眼镜架、眼镜、隐形眼镜、眼镜盒、太阳镜、眼镜柜,注册有效期限为2001年8月28日至2011年8月27日。2001年9月14日,杭州大光明眼镜有限公司获准注册“大光明”文字服务商标,商标注册证为第1635661号,核定服务项目第42类:眼镜行,注册有效期限为2001年9月14日至2011年9月13日。2002年11月21日,杭州大光明眼镜有限公司获准注册“大光明眼镜”文字服务商标,商标注册证为第1969634号,核定服务项目第42类:眼镜行,注册有效期限为2002年11月21日至2012年11月20日。上述第1213916号、第1626432号、第

---

① 安徽省高级人民法院(2008)皖民三终字第0048号民事判决书。

1635661号、第1969634号注册商标，于2004年10月22日分别经国家工商行政管理局商标局核准变更注册人名义为浙江大光明眼镜有限公司。

2005年6月8日，浙江大光明眼镜有限公司与杭州大光明特许经营管理有限公司签订商标使用许可合同一份，约定：浙江大光明眼镜有限公司将已注册的使用在第42类眼镜行服务上的第1969634号“大光明眼镜”商标，许可杭州大光明特许经营管理有限公司使用在第42类眼镜行服务上；许可使用期限为2005年6月8日至2008年6月7日；2005年10月21日，杭州大光明特许经营管理有限公司与宿州市墉桥区夏氏眼镜一店（以下简称夏氏眼镜一店）签订商标使用许可合同一份，约定：杭州大光明特许经营管理有限公司将已注册的使用在第42类眼镜行服务上的第1969634号“大光明眼镜”商标，许可夏氏眼镜一店使用在第42类眼镜行服务上；许可使用期限为2005年10月21日至2008年10月20日；许可使用费及支付方式为：由夏氏眼镜一店向杭州大光明特许经营管理有限公司支付“大光明眼镜”商标使用费30,000元整/年，履约保证金20,000元整，合同签订时一次性付清；杭州大光明特许经营管理有限公司授权夏氏眼镜一店在宿州市内地区的商标使用和维权事宜。

2005年10月21日，杭州大光明特许经营管理有限公司向夏氏眼镜一店出具授权书一份，内容为：兹授予夏氏眼镜一店开设大光明特许联盟店，具有“大光明眼镜”商标使用权。有效期为2005年10月21日至2008年10月20日。同一天，浙江大光明眼镜有限公司向夏氏眼镜一店出具授权书一份，内容为：本公司授权你单位，自2005年10月21日起至2006年12月30日止，对宿州市内出现的擅自使用本公司“大光明”、“光明”注册商标的行为打假维权，相关费用由你单位自行负责；未经本公司同意，你单位无权许可他人使用上述商标。

1985年3月22日，宿州市钟表眼镜公司大光明钟表眼镜店经宿州市工商行政管理局核准登记成立，经营范围：经销眼镜、钟表等，主办单位：宿州市钟表眼镜公司。1996年3月28日，宿州市钟表眼镜公司将大光明钟表眼镜店发包给瑞安市眼镜厂承包经营，自1996年4月5日起至2001年4月5日止，经营负责人为陈珍福。1999年7月6日，宿州市钟表眼镜公司与瑞安市眼镜厂签订大光明钟表眼镜店承包经营合同，自2001年4月5日起至2006年4月5日止，经营负责人为陈珍福。2003年3月16日，宿州市钟表眼镜公司宣告破产，其所属大光明钟表眼镜店的债权债务已清理完结并申请注销了宿州市钟表眼镜公司大光明钟表眼镜店。2004年2月11日，陈珍福、彭余花发起成立宿州市大光明眼镜有限公司（以下简称宿州大光明眼镜公司）。同年2月17日，宿州市工商行政管理局向其核发了企业法人营业执照。该公司在经营中，其使用的门头招牌为："大光明眼镜有限公司"，在配镜订单上印制"大光明眼镜有限公司"，在销售发票上盖有"大光明眼镜店发票专用章"，在包装袋上印有"大光明眼镜"字样，在眼镜盒、眼镜布上印有"宿州大光明眼镜"字样。

现夏氏眼镜一店诉宿州大光明眼镜公司，要求宿州大光明眼镜公司停止使用"大光明"商标的侵权行为，摘除门头招牌，销毁含"大光明"商标字样的包装品、眼镜盒、眼镜布、宣传资料等物品。

依据上述案情做如下分析：(1)宿州大光明眼镜公司系2004年经工商核准登记成立，而案涉"大光明"和"大光明眼镜"文字商标申请注册时间分别为1998年、2001年和2002年。从时间上看，宿州大光明眼镜公司成立时间晚于案涉"大光明"和"大光明眼镜"文字商标申请注册时间。(2)虽然宿州市钟表眼镜公司大光明钟表眼镜店成立时间早于案涉"大光明"和"大光明眼镜"文字商标申请注册时间，该大光明钟表眼镜店可以在原有的使用地域和范围内继续将"大光明"作为企业名称使用。但宿州市钟表眼镜公司已于2003年3月16日宣告破产，其所属大光明钟表眼镜店的债权债务已清理完结，并于2004年2月10日注销了宿州市钟表眼镜公司大光明钟表眼镜店，该企业名称已不存在。(3)企业名称是用于区别不同市场主体或社会组织的标志，依次由企业所在地的行政区划、字号、行业或经营特点、组织形式四部分构成，具有专有属性，其保护范围受行业和行政区划的限制，仅可由注册登记的企业专用，同时，企业名称专有权人不得许可他人使用自己的企业名称，亦不能在企业注销后由其他企业承继。因此，宿州大光明眼镜公司不享有原宿州市钟表眼镜公司大光明钟表眼镜店企业名称使用的在先权，其在本案中不享有企业名称在先权利。

根据我国现行《商标法实施条例》第49条的规定："注册商标中含有的本商品的通用名称、图形、型号，或者直接表示商品的质量、主要原料、功能、用途、数量及其他特点，或者含有地名，注册商标专用权人无权禁止他人正当使用。"(1)案涉"大光明"商标显著性角度判断，"大光明"既不是眼镜行业中区分不同类别眼镜商品或服务的通用名称，也没有直接表示眼镜商品或相关服务的特点，因此，"大光明"商标具有商标显著性特征，不属于指定商品或服务上的通用名称。(2)宿州大光明眼镜公司并非不可避免地使用,且其使用只是为了说明本商品的型号、质量、主要原料、功能、用途、数量及其他特点。(3)宿州大光明眼镜公司的使用方式中不仅涵盖了案涉“大光明”“大光明眼镜”文字注册商标,而且含有与商标所有人之间存在某种联系的暗示,造成相关公众对其“大光明”字号(商号)与案涉注册商标之间的关联产生联想与误认,存在混淆的可能性,显然,其使用行为不具有正当性。

基于上述分析,宿州大光明眼镜公司将“大光明”眼镜作为商品名称不构成合理使用。宿州大光明眼镜公司突出使用企业字号(商号)的行为构成对案涉“大光明”“大光明眼镜”注册商标专用权的侵犯,应当停止使用带有“大光明”字样的企业名称,变更现有的企业名称,变更后的企业名称不得带有“大光明”字样;同时也不得在其销售的产品和宣传资料中继续使用“大光明”字样。

上述案例是一个正面案例,因浙江大光明眼镜有限公司申请注册的商标具有显著性,该公司在后期出现的商标权纠纷才得以挽救,所以企业要想打造商标的显著性,所设计的商标最好与企业商品、服务有着特定的关联,在创新商标时,采用具有标识的广告词、图标、色彩等,避免产生具有显著性的商标被其他企业抢注的法律风险。

二、商标注册阶段的法律风险与防范

企业商标注册是企业将已经使用或即将使用的商标在国家商标管理部门登记注册的法律行为。我国目前调整商标注册的法律法规主要有《商标法》《商标法实施条例》《集体商标、证明商标注册和管理办法》《商标国际注册马德里协定》等。在注册程序上我国《商标法》第22条规定:“商标注册申请人应当按规定的商品分类表填报使用商标的商品类别和商品名称,提出注册申请。商标注册申请人可以通过一份申请就多个类别的商品申请注册同一商标。商标注册申请等有关文件,可以以书面方式或者数据电文方式提出。”第23条规定:“注册商标需要在核定使用范围之外的商品上取得商标专用权的,应当另行提出注册申请。”第24条规定:“注册商标需要改变其标志的,应当重新提出注册申请。”第25条规定:“商标注册申请人自其商标在外国第一次提出商标注册申请之日起六个月内,又在中国就相同商品以同一商标提出商标注册申请的,依照该外国同中国签订的协议或者共同参加的国际条约，或者按照相互承认优先权的原则，可以享有优先权。依照前款要求优先权的，应当在提出商标注册申请的时候提出书面声明，并且在三个月内提交第一次提出的商标注册申请文件的副本；未提出书面声明或者逾期未提交商标注册申请文件副本的，视为未要求优先权。"第 26 条规定："商标在中国政府主办的或者承认的国际展览会展出的商品上首次使用的，自该商品展出之日起六个月内，该商标的注册申请人可以享有优先权。依照前款要求优先权的，应当在提出商标注册申请的时候提出书面声明，并且在三个月内提交展出其商品的展览会名称、在展出商品上使用该商标的证据、展出日期等证明文件；未提出书面声明或者逾期未提交证明文件的，视为未要求优先权。"我国对于商标注册的程序性规定比较细化，随着信息技术的发展也在不断完善。企业商标注册的程序从形式上看是比较简单的，但注册过程中如果不了解有关的程序和注意事项，就会给企业带来法律风险。商标申请注册知识产权是企业商标的保护方法之一，部分企业也可以采取加贴防伪标志的手段来避免侵权。事实上注册商标并非国家的强制性规定，但法律规定特定商品、服务必须使用注册商标。对于普通的商品而言，企业如果不及时申请注册，就会出现被抢注或侵犯他人商标权的法律风险，因此注册商标可以从法律上进行全方位保护。但商标注册仍需要注意一些问题，譬如商标注册前的策略问题、商标注册过程中企业常见的不当行为及商标注册权利人的选择等，都是需要企业管理者注意的问题，否则依旧会带来法律风险。

（一）商标共有存在的法律风险与防范

商标共有，是指两个以上的自然人、法人或者其他组织可以共同向商标局申请注册同一商标，共同享有和行使该商标专用权。商标共有容易在使用过程中出现法律风险，鉴于商标属于共同所有，所以商标所有人在使用过程中应当有一致的意思表示、行为表示，即共同许可他人使用、共同起诉侵权等，如果在共同行为过程中存在部分所有人持否定意见，就会出现商业活动难以进行及商标侵权等法律风险。商标在共有阶段会出现共有人的变动，这可能基于被动，也可能基于主动，但是变动后的共有人不一定是其理想的合作伙伴，会出现后期合作困难、商业目标分歧等法律风险，因此企业选择商标共有权人时须谨慎考虑。企业选择商标权共有后，共有企业之间、企业与商标之间就会存在权利、义务上的连带关系，商标作为企业商业信誉的载体，与企业一荣俱荣、一损俱损。从风险管理的角度来讲，共有商标会增加法律风险发生的概率。因此企业在注册商标前，如果资金充裕的话，可以选择向共有人购买该商标申请注册权，将商标权转为单独所有，以全面支配商标权，从而降低商标共有所带来的法律风险。

（二）商标注册类型的法律风险与防范

按照不同的标准可以将商标进行分类：(1)按构成要素可分为文字商标、图形商标、颜色商标；(2)按使用者不同可分为制造商标、销售商标、集团商标；(3)按商标的性质可分为联合商标、防御商标、证明商标。商标具有其特定的使用性质，因此企业在申请注册前，应当对自己所申请商标的特性作出详细的划分，否则会给企业运营带来法律风险。以国内著名的企业新华书店为例。新华书店基于历史的缘由，书店总店与地方书店之间的产权关系一直属于不明朗的状态。1987 年之后，新华书店总店将其各地方店的管理权全部移交当地的新闻出版局，归国家新闻出版署管理，彼此完全独立经营，仅名称保持一致，商标也保持一致。随着改革开放的不断深入，民营资本和外国资本逐渐进入出版发行系统，为保持市场竞争力，各地方的新华书店开始进行股份制改革。1998 年 1 月，新华书店总店受国家新闻出版署委托，在国家商标局代表全国的新华书店申请注册“新华书店”服务商标，并与地方各系统书店签订《商标许可合同》以延续地方新华书店的名称使用。后新华书店总店要求将现有服务商标变更为集体商标。所谓集体商标，是指以团体、协会或其他组织名义注册，以供组织成员内部使用，以表明该成员在组织中的资格。新华书店变更为集体商标之后就准备不再签订《商标许可合同》，但事实上集体商标不可许可集体组织之外的成员使用且不能转让和投资，最终“新华书店”又重新被界定为服务商标。新华书店的商标性质变化是由于企业系统内部的发展问题，但也是由于其对商标性质的不明确认识而导致其周而复始回到原点。从这件事不难看出商标注册的类型对企业运营有着最为直接的影响，因此企业在注册商标时对商标申请的类型应予以审慎定酌，避免因为商标注册类型限制，导致企业经营范围、经营方式范围也因此受限。

（三）商标注册查询缺失的法律风险

这指企业在申请注册企业商标前，通过商标服务机构或其他途径对有关商标注册信息进行检索，防止与在线注册的商标构成冲突而引发一系列的法律风险。国家商标局2019年10月21日发布的《2019年上半年商标注册工作情况分析》显示，2019年4月1日起，商标局连续3个月共计驳回非正常商标申请24,145件，约占同期审查量的1.2%，约占同期驳回量的4.2%。其中，恶意注册（含恶意兼囤积性质）性质案件8656件，约占36%；囤积性质案件15,489件，约占64%。2019年上半年，商标异议申请量为76,696件，同比增长49.5%；异议裁定量为38,883件，同比增长21.4%；异议成立率（包含部分成立率）为44.8%，与去年同期相比增长了约6.7个百分点。共受理各类评审案件申请198,219件，同比增长55.4%，其中驳回复审申请172,521件，涉及双方当事人的复杂案件申请25,698件；审理签发各类评审案件158,548件，同比增长33.6%。撤销连续3年停止使用注册商标案件申请量为47,626件，同比增长36.2%；完成审查39,594件，同比增长34%，其中撤销商标28,337件，占比71.6%。由此可知，企业要想申请全新的商标，并且具有一定的创新力、号召力、吸引力，难度可想而知。如果贸然申请商标注册，被驳回的可能性极高，特别是在商标本身缺乏显著性的情况下。实践中企业都是在商标申请受理后就开始使用商标，因为商标经过初审、公告直至最终核准注册等程序耗时较久，企业基于战略考虑，会提前使用商标，以打响品牌树立企业信誉。企业如果提前进行商标查询筛选，就可以减少商标侵权或商标未能注册成功等法律风险。

企业为商标注册提前筛选的工作结束后，需要形成商标注册战略，才能保证商标注册后被侵权的风险降低，除去后顾之忧。部分企业管理者在申请商标时会申请大量的商标，那么为何部分企业会采取这样的注册战略呢？很多企业会注册与知名、驰名商标相类似或相近的商标，虽然法律规定禁止注册和他人相近或类似的易混淆的商标，但是鉴于实际操作的差异，不同人对相近、类似的商标有不同的理解，这就会导致商标注册出现相近、类似的可能性增大，因此很多企业在注册商标时，会同时注册多个相近、类似的商标以保护主商标。譬如杭州娃哈哈有限公司，在申请注册“娃哈哈”商标时，还申请注册了“哈哈娃”“笑哈哈”等多个品牌，以降低相近、类似商标注册的法律风险。

（四）商标国际注册的法律风险与防范

国内企业商标被国外企业、自然人抢注的案例越来越多，商标成为企业国际化发展的巨大知识产权壁垒。2017 年年底，中华商标协会的会员单位进行了海外监测预警并编制了《中华商标协会会员企业商标国际抢注预警报告》，报告中选取了 313 家会员企业在全球 184 个国家、地区进行的商标国际抢注预警监测，发现有 105 家知名企业商标有被抢注记录，被抢注比例高达 33.5%。在 105 家商标有被抢注记录的知名企业中，平均每家企业在 4.3 个国家有被抢注。其中，被抢注涉及国家最多的为维沃移动通信有限公司，在包括美国、巴西、欧盟等 53 个国家、地区有被抢注记录。其次为湖南中烟工业有限责任公司，在巴拿马、俄罗斯、印度尼西亚等 21 个国家、地区有被抢注记录。再次为北汽福田汽车股份有限公司，在非洲知识产权组织、委内瑞拉、西班牙等 20 个国家、地区有被抢注记录。此外，还有 6 家企业商标在 10 个以上国家、地区有被抢注的记录。在 105 家有被抢注记录的知名企业中，71 家在“一带一路”国家有被抢注的记录，占比 67.6%。其中，被抢注最多的为维沃移动通信有限公司，在 21 个“一带一路”国家有被抢注的现象。其次为椰树集团有限公司，在 14 个“一带一路”国家有被抢注的现象。再次为江铃控股有限公司，在 8 个“一带一路”国家有被抢注的现象。企业商标国际注册的法律风险防范工作，必须要以企业管理者对商标国际注册相关的状况予以足够的了解为前提。

1. 企业商标国际布局

我国“英雄”牌商标被日本企业抢注，抢注方要求中方按照“英雄”牌笔在日本销售额的 5% 向抢注方支付佣金，这最终致使中方在日本的代销商因无利可图而停止代销。实际上，为避免商标被其他国家、地区抢注的法律风险发生，企业在成立初期就将其商标在所有国家、地区同时申请注册是不现实的防范措施，毕竟在国外申请注册商标，耗资巨大、耗时之久，这不是每一个企业都能够承受的，所以商标被国外抢注，这不仅是存在于我国的问题，也是国际上普遍的问题。

参考案例

菲丝博克公司与刘某某商标侵权案

菲丝博克公司于2009年在第35类“提供与校园生活、广告张贴的分类安排、虚拟社区、社区网络、照片分享、时尚追踪有关的在线名录商业信息”服务、第38类“为注册的用户传送与校园生活、广告张贴的分类安排、虚拟社区、社区网络、照片分享、时尚追踪有关信息的在线聊天室”服务上核准注册“FACEBOOK”商标(案涉引证商标)。刘某某于2011年1月24日向商标局申请注册第9081730号“facebook”商标(案涉被异议商标),指定使用商品为第32类“果汁饮料(饮料)、冰(饮料)”等。菲丝博克公司对刘某某申请注册的被异议商标提出异议,请求适用的法律条款为2001年《商标法》第10条第1款第8项、第13条第2款、第31条、第41条第1款。商标局、商评委均未支持其异议理由,裁定被异议商标予以核准注册。根据案情我们做如下分析,刘某某在多个商品类别上申请注册了“facebook”商标,还在第29类商品上注册过“黑人”“壹加壹”等商标,该系列商标注册行为具有明显的复制、抄袭他人高知名度商标的故意,扰乱了正常的商标注册管理秩序,有损于公平竞争的市场秩序,违反了公序良俗原则。显然已构成“恶意抢注”,因此刘某某构成对菲丝博克公司商标的侵权。

为此应当让企业贯彻商标注册的全局性:(1)商标设计时,尽量减少使用具有普遍意义的词汇。比如,被很多国家抢注的“legend”联想公司的商标,就因为过于普遍而无法在海外战略中使用,后改为虚构的词汇“Lenovo”才顺利进入国际品牌行列。国际商标的设计也要考虑申请国家的人文、习俗,保障商标可以顺利进入其他国家。(2)企业可适当申请国外商标注册。企业发展定位蓝图的确定,便于有目的地向其他国家、地区申请商标权。可以选择仅在主要的贸易国家、地区申请商标注册,让企业商标在最大范围内得以保护。在BranZ 2019年全球最具价值品牌100强中,中国的上榜品牌从2018年的14个增加到15个。美国《财富》杂志公布的2019年度世界500强排行榜中,上榜中国企业(含港澳台地区）数量达129家，超过美国。中国企业实力和品牌影响力持续走强，折射出中国经济发展的强大活力和韧性，这也正是由我国企业的商标国际注册意识越来越强所致。

2. 直接申请国外注册商标

《商标国际注册马德里协定》《商标国际注册马德里协定有关议定书》的成员国仅有100多个，因此企业如果想在非成员国展开贸易，就需要单独申请注册商标，由于这些国家法律制度不一，所以申请程序、期限、条件都存在差异，可能会包含很多特殊实质条件或特殊的程序性要求，此时企业可能面临所申请的商标是否准予使用的法律风险，因此建议企业聘请专业代理机构或当地律师将上述法律风险的发生率降至最低。

三、商标使用阶段

商标的使用，是指将商标用于商品、包装、容器及交易文书上，或者将商标用于广告宣传、展览以及其他商业活动中，以用于识别商品来源的行为。商标权是排他性的权利，如果商标所有权人不使用商标无疑就是对资源的浪费，国家为促进企业使用商标，在《商标法》第49条第2款规定："注册商标成为其核定使用的商品的通用名称或者没有正当理由连续三年不使用的，任何单位或者个人可以向商标局申请撤销该注册商标。商标局应当自收到申请之日起九个月内做出决定。有特殊情况需要延长的，经国务院工商行政管理部门批准，可以延长三个月。"事实上很多企业已将已申请的商标通过多种途径予以使用以实现其商标利益最大化。按照使用主体的不同，商标使用一般分为自己使用和许可他人使用，那么在此过程中会产生以下法律风险。

（一）商标自用

1. 关联方使用不当

企业商标很多是共同所有、集团所有等，商标混用、跨公司使用的情况屡见不鲜。但部分企业实际上属于关联企业，其经营范围虽相互独立，却均受制于一人管理，在商标的使用上并没有严格地按照法律规定，在商标许可他人使用时，并没有说明已由其关联公司使用的情况，被许可方因此可能会提出异议，并请求许可企业承担违约责任等法律风险。有鉴于此，企业应当从根源上规范企业运营状态，并规范商标的使用，明晰企业商标使用的范围、种类、期限等。

2. 商标变形使用

商标注册后，企业必须按照其商标注册证上核定的形象使用商标，企业随意更改商标、单独使用商标元素或随意组合使用商标等情况属于商标变形使用，实质上企业的商标变形使用行为属于使用未注册商标的行为。《商标法》第49条第1款规定："商标注册人在使用注册商标的过程中，自行改变注册商标、注册人名义、地址或者其他注册事项的，由地方工商行政管理部门责令限期改正；期满不改正的，由商标局撤销其注册商标。"第52条规定："将未注册商标冒充注册商标使用的，或者使用未注册商标违反本法第十条规定的，由地方工商行政管理部门予以制止，限期改正，并可以予以通报，违法经营额五万元以上的，可以处违法经营额百分之二十以下的罚款，没有违法经营额或者违法经营额不足五万元的，可以处一万元以下的罚款。"企业既然注册了商标，那么作为企业文化、信誉的符号，企业应当按照申请注册的商标合法依规进行使用，尽量避免因随意使用变形商标而出现的民事纠纷或面临行政处罚等法律风险。

3. 商标使用范围不符

企业申请注册商标时，需要将商标使用的产品类型、范围予以说明，部分企业在申请注册商标后，不仅在原有的产品范围使用，而且在企业其他业务上也扩大使用，《商标法》第23条规定："注册商标需要在核定使用范围之外的商品上取得商标专用权的，应当另行提出注册申请。"因此企业在变更商标使用范围的时候，应当另行提出注册申请。

（二）商标转让主体不适格

商标的转让实际上是市场经济活跃化的一种体现，也是商标作为无形资产的价值的实现方法之一，但这仅适用于已注册过的商标。此时，商标处于独占的状态，只有企业转让，他人才可以依法使用商标。但是商标转让也存在法律风险。如转让主体不适合。按照《商标法》的规定，转让主体应是商标注册证或其他证明文件上标明的权利主体，即适格的转让主体。实践中存在很多分公司转让总公司的商标、子公司转让母公司的商标、共有人单独转让商标等不符合法律规定的情形，上述行为的出现很多是基于信任或其他原因，这导致企业并未对转让企业主体是否适格进行审核、调查，直至最终出现签订合同效力瑕疵的法律风险发生才意识到主体不适格的问题。因此,建议企业在签订商标转让合同时,受让方做好事前尽职调查避免由此造成企业经济利益的受损。

(三)商标许可

商标许可是企业连锁经营的关键环节,不仅可为企业带来经济效益,还可拓展企业的品牌、信誉,提高企业的竞争力,同时也是商标资源充分利用的一种方式。对于被许可方,在使用许可企业的知名商标时,可能需要支付商标使用费,但其可以节约时间成本、经济成本来获得经济效益。因此,在事实上,商标许可是企业双方、多方的经济效益、品牌效益的双赢战略,但许可使用的过程中也存在一定的法律风险。

1. 商标许可合同签订前的法律风险与防范

(1)商标许可类型选择。实践中很多企业管理者为了盲目扩大企业商业品牌的效力,急于将商标转让给其他企业使用,实质上这样的做法有些急功近利,易给企业带来商标侵权等法律纠纷。按照《最高人民法院关于审理商标民事纠纷案件适用法律若干问题的解释》第3条的规定:“商标法第四十三条规定的商标使用许可包括以下三类:(一)独占使用许可,是指商标注册人在约定的期间、地域和以约定的方式,将该注册商标仅许可一个被许可人使用,商标注册人依约定不得使用该注册商标;(二)排他使用许可,是指商标注册人在约定的期间、地域和以约定的方式,将该注册商标仅许可一个被许可人使用,商标注册人依约定可以使用该注册商标但不得另行许可他人使用该注册商标;(三)普通使用许可,是指商标注册人在约定的期间、地域和以约定的方式,许可他人使用其注册商标,并可自行使用该注册商标和许可他人使用其注册商标。”因此各种商标许可的使用范围不一致,其获得的企业价值也是不尽相同的,所引发的法律风险也是不一样的。譬如对于独占许可,商标一旦被许可,注册人即丧失使用的权利。但部分企业为了企业经济效益,会违反约定而继续使用已被独占许可的商标,继而承担违约责任上给企业带来经济损失。

(2)商标许可前期的资格审查。企业的资信状况调查,直接关系到企业是否有履约能力,很多企业在签订许可合同前会对企业的商品生产线、企业管理文化等进行调研,以保证商标许可方对商标的维护,保证商标的经济效益。还有部分企业会进行商标调查，包括对商标的注册使用年限、商标的注册种类、商标许可、转让的情况等进行调研。对被许可企业的调查也是必不可少，但其主要是对于合同的履约情况进行调查。

2. 商标许可合同签订时的法律风险与防范

商标许可合同是保证双方或多方企业同时履行合同义务的基础，因此商标合同的条款内容是极其重要的，合同条款能明确、清晰及全面地约定企业之间、企业与个人之间的权利、义务，可以有效降低因约定不明造成履约瑕疵的法律风险的发生。因此，企业在签订合同时需要在注意以下几点：(1)许可范围条款的约定。企业申请注册时，为保证企业本身的发展范围，或为预防其他企业抢注商标的现象，会尽可能地将企业的商标注册在很多商品种类上，企业在签订商标许可合同时，条款涉及范围可能会超出核准的产品或服务范围，被许可方也可能会超出许可范围使用商标，违反合同约定，造成双方企业的经济损失等不利后果的发生，因此企业签订许可合同时应当确定好使用范围、种类等，让合同条款内容明晰化。(2)排他性权利条款的约定。在商标许可合同中企业最多使用的方式是普通许可，即商标注册人在约定的期间、地域及方式，许可他人使用其注册的商标。此种商标许可使用转让方即使转让商标，依旧可以使用该注册商标。独占许可，是指许可人许可他人使用的自己专利后，在实施专利许可的范围内无权就同一专利再许可他人使用或自己使用。排他性许可，是指许可人已经许可他人使用，但自己保留一定的使用权，上述两者的排他性权利设置是对被许可企业在一定期限和一定区域范围内的经济效益保障，如果缺少排他性权利的设置，合同的性质将会发生质的变化，企业经济效益也得不到应有的保障。

3. 商标许可合同履行的法律风险与防范

企业之间的商标许可一般时效较长，在履约过程中难免出现违约行为，主要集中表现为超出商标使用的范围、许可费用支付不到位、擅自改变商标等。上述列举的违约行为不仅导致被许可的商标得不到预期的发展，而且会让许可企业的商业信誉出现一落千丈的状况或被许可商标所涵盖的品牌价值降低。

参考案例

重庆市朝天盟餐饮管理有限公司、广州市蜀邦餐饮管理有限公司商标使用许可合同纠纷案[①]

1994年12月28日,重庆市市中区解放碑饮食服务公司获准注册“CTM朝天门”商标,当时核定服务项目为第42类,商标注册证号码为:774905,注册有效期至2024年12月27日。2008年7月21日,国家工商行政管理局商标局发出《核准商标转让证明》,重庆朝天盟公司受让了上述“CTM朝天门”注册商标。2009年7月14日,重庆朝天盟公司获准注册“朝天门”商标,商标注册证号码为:5062065,核定服务项目为第43类,注册有效期至2019年7月13日。

2008年8月28日,重庆朝天盟公司(乙方)与广州亿汇公司(甲方)签订《合资经营协议书》,成立广州朝天盟餐饮管理有限公司(暂定名,以下简称广州公司),双方合作期限为长期。《合资经营协议书》约定:……广州公司采购的核心底料和核心配料只能由乙方按成本保底价提供;……本协议附件与本协议法律效力相同,如果本协议失效,全部附件随之失去法律效力。该协议书载明附件包括《“朝天门”注册商标使用许可合同》。2008年8月28日,重庆朝天盟公司与广州亿汇公司签订《“朝天门”注册商标使用许可合同》,该合同载明许可方为“重庆朝天盟公司”(甲方),被许可方为“广州公司”(乙方);该合同载明:……3.注册商标核定类别:42类、43类(43类正在申请中,以商标局最终核准结果为准);4.甲方许可乙方使用甲方商标的种类:商标证上载明的种类(含甲方以后通过申请方式增加的种类,但甲方通过收购方式获得的种类不在本合同许可范围之内);……1.商标使用许可的形式:独占许可;2.商标使用许可的地区:广东省境内;……乙方使用期限为永久;……有鉴于乙方尚未正式注册成立,其最后名称及公章还在核准过程中,甲方同意由广州亿汇公司代替乙方在本合同落款处签章,但本合同的权利义务由乙方享有,待乙方正式核准后,由乙方在本合同上补盖公章。另外,重庆朝天盟公司(许可方、以下简称称甲方)与

① 广州知识产权法院(2016)粤73民终499号民事判决书。

广州蜀邦公司(被许可方、以下简称乙方)又签订《“朝天门”注册商标使用许可合同》,该合同载明签约时间为2008年8月。该合同除缺少前述2008年8月28日重庆朝天盟公司与广州亿汇公司签订的《“朝天门”注册商标使用许可合同》的第10条约定外,其他内容基本一致。该合同乙方签署栏盖有“广州朝天盟公司合同专用章”。

上述合同签订后,广州蜀邦公司向重庆朝天盟公司支付注册商标许可使用费,并使用案涉注册商标开展为“朝天门”餐饮连锁经营店的加盟及营运服务,及对“朝天门”商标进行再许可经营等。2008年11月8日,重庆朝天盟公司与广州亿汇公司签订《补充协议书》载明:甲、乙双方就共同出资成立经营广州公司一事,于2008年8月28日签订了《合资经营协议书》《广州朝天盟餐饮管理有限公司章程》《“朝天门”注册商标使用许可合同》《转让协议书》《终止履约协议书》等一系列合同文件。由于在办理工商注册时,“广州朝天盟餐饮管理有限公司”这一名称未能通过广州市工商行政管理局的核准,后双方同意合资公司名称变更为“广州蜀邦餐饮管理有限公司”,并已经工商部门审核通过。鉴于以上事实,为免以后产生争议,现甲、乙双方对有关事项确认如下:“一、上述所签订的一系列合同文件:《合资经营协议书》《广州朝天盟餐饮管理有限公司章程》《‘朝天门’注册商标使用许可合同》《转让协议书》《终止履约协议书》仍然有效,继续执行。二、上述所签订的一系列合同文件中,凡涉及‘广东朝天盟餐饮管理有限公司’或‘广州朝天盟餐饮管理有限公司’名称,一律变更为‘广州市蜀邦餐饮管理有限公司’,合同文件其他内容不变,双方仍应遵照执行。三、凡双方在此之前签发给广东或广州朝天盟餐饮管理有限公司的有关函件,即视为是发给广州蜀邦餐饮管理有限公司之函件,双方在函件中表述之内容及意思表示不变。”2009年4月,重庆市连锁经营协会等单位向重庆朝天盟公司颁发了《荣誉证书》,该证书内容为:经商务部备案跨省市特许经营企业,备案品牌:朝天门等。2009年11月12日,重庆朝天盟公司出具《授权书》表示:该司已于2008年将商标注册证号码为774905、5062065的两个商标授权给广州蜀邦公司在广东省永久独占使用;从该日起,在广东省内,未经广州蜀邦公司同意或授权,任何单位和个人均不得使用上述两注册商标,如有任何单位或个人在广东省内有侵害两注册商标权的行为,广州蜀邦公司均有权追究侵权人的侵权责任。另外,广州蜀邦公司于2008年10月31日成立;企业类型为有限责任公司;

注册资本为200万元;经营范围:投资咨询服务,百货零售(食品零售除外),日用杂品综合零售,餐饮管理,贸易咨询服务,工商咨询服务;股东名称为何少英、余今歌。广州蜀邦公司在广州市工商行政管理局荔湾分局备案的《有限责任公司变更登记申请书》显示广州蜀邦公司原登记股东为重庆朝天盟公司、广州亿汇公司,2010年11月13日申请变更登记股东为余今歌、广州高绅实业投资有限公司。广州亿汇公司于2004年1月1日成立;2010年8月,经工商行政管理部门核准变更名称为广州市高启贸易有限公司;2014年4月11日,经工商行政管理部门核准变更名称为广州市凯颐贸易有限公司。广州市工商行政管理局2015年12月2日出具的《商事登记信息》显示广州市凯颐贸易有限公司主体状态为注销,核准日期为2015年1月16日。2012年3月26日,重庆朝天盟公司向广州蜀邦公司发出《关于要求严格履行〈合资经营协议书〉及〈"朝天门"注册商标使用许可合同〉的律师函》表示:2008年8月28日,广州亿汇公司与重庆朝天盟公司签署了《合资经营协议书》《广州朝天盟餐饮管理有限公司章程》《"朝天门"注册商标使用许可合同》《转让协议书》《终止履约协议书》(下称系列协议),就广州亿汇公司与重庆朝天盟公司在广州市共同投资设立广州蜀邦公司,经营"朝天门"餐饮连锁项目,约定了各项权利义务;广州蜀邦公司成立至今已近3年半时间,不论是其名下直营店,还是"朝天门"餐饮加盟单店,或者是"朝天门"品牌代理商,均未向该公司采购过"朝天门"连锁经营体系的核心底料和核心配料,各餐饮单店均是自己炒制底料向消费者售卖,这种行为不但严重违反国家食品卫生质量安全的相关规定,更严重损害重庆朝天盟公司"朝天门"品牌在全国范围内的产品形象,广州蜀邦公司的行为已严重违约。

根据上述案情分析,关于重庆朝天盟公司请求解除其公司与广州蜀邦公司签订的《"朝天门"注册商标使用许可合同》,解除双方关于《"朝天门"注册商标使用许可合同》的使用许可关系问题。审查该《"朝天门"注册商标使用许可合同》的内容,主要为重庆朝天盟公司与广州蜀邦公司就第774905号、第5062065号注册商标设立的使用许可关系的协议。《最高人民法院关于适用〈中华人民共和国公司法〉若干问题的规定(三)》第2条规定,发起人为设立公司以自己名义对外签订合同,合同相对人请求该发起人承担合同责任的,人民法院应予支持。公司成立后对前款规定的合同予以确认,或者已经实际享有合同权利或者履行合同义务,合同相对人请求公司承担合同责任的,人民法院应予支持。案涉《合资经营协议书》虽然由重庆朝天盟公司与广州亿汇公司签订，但合同内容包括了重庆朝天盟公司与广州亿汇公司为设立的广州蜀邦公司取得“朝天门”注册商标使用权以及广州蜀邦公司采购的核心底料和核心配料只能由重庆朝天盟公司按成本保底价提供的约定；同时该协议书明确其附件包括《“朝天门”注册商标使用许可合同》，而2008年8月28日，重庆朝天盟公司与广州亿汇公司签订的《“朝天门”注册商标使用许可合同》，以及重庆朝天盟公司与广州蜀邦公司签订的《“朝天门”注册商标使用许可合同》均载明根据《合资经营协议书》的规定订立案涉商标使用条款，后者除缺少前者的第10条约定外，其他内容基本一致，后者符合前者第10条关于“乙方正式核准后，由乙方在本合同上补盖公章”的约定，亦即案涉《合资经营协议书》其附件包括重庆朝天盟公司与广州亿汇公司签订的《“朝天门”注册商标使用许可合同》及重庆朝天盟公司与广州蜀邦公司签订的《“朝天门”注册商标使用许可合同》。从重庆朝天盟公司与广州蜀邦公司签订的《“朝天门”注册商标使用许可合同》来看，案涉的《合资经营协议书》是该重庆《“朝天门”注册商标使用许可合同》的订立根据之一，因此，可以认定广州蜀邦公司对《合资经营协议书》及该协议书中有关广州蜀邦公司取得“朝天门”注册商标使用权以及广州蜀邦公司采购的核心底料和核心配料只能由重庆朝天盟公司按成本保底价提供的约定是知悉并予以确认的。而且，广州蜀邦公司成立后，即获得重庆朝天门公司授权在广东省内独占使用案涉商标，其在实际经营过程中亦是以《合资经营协议书》中约定的为“朝天门”餐饮连锁经营店的加盟及营运服务等作为其主营业务，即广州蜀邦公司实际享受了《合资经营协议书》中的权利，也实际履行了该协议中的部分义务。为此，重庆朝天盟公司有权请求广州蜀邦公司承担《合资经营协议书》中的合同责任，即重庆朝天盟公司有权请求广州蜀邦公司按《合资经营协议书》的约定向其采购核心底料和核心配料。审查《合资经营协议书》约定的内容可知，重庆朝天盟公司与广州亿汇公司成立广州蜀邦公司的目的就是由广州蜀邦公司为“朝天门”餐饮连锁经营店的加盟及营运服务，同时重庆朝天盟公司通过在广州蜀邦公司的营运过程中持续向其提供核心底料和核心配料，以获取相应利润及对使用案涉商标产品和服务的质量进行监控。而广州蜀邦公司获授权使用“朝天门”商标是其为“朝天门”餐饮连锁经营店的加盟及营运服务的前提，因此，《合资经营协议书》中对广州蜀邦公司取得“朝天门”注册商标使用权的事宜进行了约定，并将《“朝天门”注册商标使用许可合同》作为该《合资经营协议书》的附件之一，同时在《“朝天门”注册商标使用许可合同》中亦明确将《合资经营协议书》作为该合同的签订依据之一。因此，《“朝天门”注册商标使用许可合同》是《合资经营协议书》不可分割的组成部分，而《合资经营协议书》是签订和履行《“朝天门”注册商标使用许可合同》的前提和基础。根据《合资经营协议书》中约定的广州蜀邦公司的主营业务内容及其相关权利义务可知，重庆朝天盟公司在广州蜀邦公司为“朝天门”餐饮连锁经营店的加盟及营运服务过程中，通过向广州蜀邦公司提供核心底料和核心配料从而获取相应利润是重庆朝天盟公司签订《“朝天门”注册商标使用许可合同》的主要目的之一，也是重庆朝天盟公司对使用案涉商标产品和服务的质量控制方法之一，广州蜀邦公司向重庆朝天盟公司采购核心底料和核心配料是双方在履行《“朝天门”注册商标使用许可合同》过程中应当遵守的约定。重庆朝天盟公司主张广州蜀邦公司未向其采购过任何核心底料和核心配料，且其在2012年3月26日向广州蜀邦公司发出律师函催告后广州蜀邦公司仍拒不履行相关义务，其行为导致重庆朝天盟公司通过向广州蜀邦公司持续提供核心底料和核心配料获取相应利润及监控广州蜀邦公司使用案涉商标产品和服务的质量的合同目的不能实现，构成严重违约。广州蜀邦公司亦未表示同意向重庆朝天盟公司采购核心底料和核心配料，故重庆朝天盟公司与广州蜀邦公司签订的《“朝天门”注册商标使用许可合同》可以予以解除。

企业在商标转让时，合同签订内容最好设置商标权保护的保留条款，以避免被许可企业因使用商标的商品质量问题、商标维护不力等，造成企业品牌效益下降的情况。

四、商标维权

商标维权是企业工作非常重要的一部分，也是企业常态化的工作内容。商标维权是保证企业商标正常使用并获取商业利益不可或缺的手段，更是对企业信誉、企业品牌的维护。对于企业来讲商标维权是极其重要的一项工作。事实上商标维权工作不仅体现的是紧急事故的处理，更是对商标日常化的维护。

(一)商标侵权维权

企业发现商标侵权后,选择的维权方式直接关系到损失的挽救结果,很多企业管理者会采取商业谈判、诉讼、行政机关介入处理等方式。这三种是最为常见的处理方式,各有优劣。采用商业谈判的模式解决纠纷,可以最大限度地减少时间成本、人力投资和财力投资,虽然最终的处理结果可能并非企业最满意的结果,但是可以高效地处理侵权事件并挽回损失。采用诉讼手段,处理结果有理有据,具有权威性,企业经济损失赔偿对双方来讲都是公正公平的,但诉讼手段耗时久、人力资源成本大,存在败诉的可能性。采用行政机关的介入方式,也是具有权威性的处理结果,第三方介入的调解相对公正客观,且成本较低、处理周期短,但是处理结果很难达到足额的经济补偿,也缺乏强有力的执行保障。

企业管理者在选择自行协商、行政机关介入、法院诉讼等处理侵权的方式后,也要选择对商标维权最恰当的时机,出现商标侵权后,最好是留存证据,立即处理,不可等到事态严重才予以处理。尤其涉及中、小企业侵权时,很多管理者放任自流不予处理,这是很多中、小企业肆无忌惮地侵犯商标权却没有受到侵权诉讼被追究法律责任的原因之一。企业在遭受商标侵权事件时,应当及时止损并追究相关主体的法律责任,避免侵权行为的扩大化导致商标被淡化,商业信誉逐渐被挖空。从企业内部防范来讲,管理者应当注意对商标维权部门的设置,尽早发现,及时遏制。面对不同的侵权性质,企业应当采用不同的维权方案及时制止侵权行为发生,维护好企业的市场信誉。

(二)商标淡化

商标淡化,是指减少、削弱驰名商标对其商品或服务的识别性和显著性能力的行为,商标淡化又可分为商标弱化、商标丑化、商标退化,这是《美国联邦商标反淡化法》对商标淡化的定义。商标侵权和商标淡化侵犯的都是企业的商标利益,二者虽存在差异,但实质上也存在一定的联系。譬如侵权人对驰名商标和著名商标的商标侵权行为达到一定的持久和广泛程度就会导致商标淡化。很多企业管理者对于商标淡化根本没有维护意识,实践中,法律、法规对于商标淡化也没有明文规定,因此企业管理者即使发现商标淡化的现象,也很难通过法律途径直接解决，企业管理者只有通过对商标淡化的具体内容、表现、根源予以详细了解，才能提出对策以制止、防范因商标淡化带来的法律风险。

1. 商标弱化

商标不仅代表企业的信誉，更是企业商品和服务的标识，代表的是商品、服务的质量，是企业对消费者的一种服务承诺。譬如消费者将“小米”和家电联系起来，将“格力”和空调联系起来，将“海尔”和洗衣机联系起来。当出现商标弱化时，这样的联系就会被中断，企业商标和商品、服务之间就不会必然存在联系，但弱化过程很长，需要市场潜移默化地对消费者进行影响。商标弱化可能是企业自身原因导致，也可能是其他企业恶意行为导致，前者是企业自己将商品、服务作出外延，将商标使用不仅仅局限在原有的商品、服务上，后者是其他企业恶性竞争，生产相近、相似的商品并使用该企业的知名商标，久而久之导致商标淡化。

2. 商标丑化

商标丑化是指对消费者对商品的认同感予以侵犯，一般表现就是将商标用于质量次或不道德、污秽的产品、服务上，从而降低消费者对于该品牌的满意程度。实质上商标丑化就是损坏知名品牌或驰名商标的内在价值，通过这种方式达到一种商标淡化的效果。商标淡化最早、最典型的案例就是 1923 年德国的 4711 香水案。4711 是德国著名的香水商标。据说当年法军占领科隆时，由于许多街道是同名的，导致法军被搞得晕头转向，于是法国将军下令将所有房屋都编了号。而后香水厂索性就用这个门牌号 4711 作为科隆香水的牌子。1923 年，该香水公司发现作为自己香水品牌的 4711 被当地的一家污水公司标示在他们的卡车上，卡车中还传出阵阵恶臭，这与 4711 香水所要传达给消费者香水本身清新、淡雅的香气背道而驰。因为 4711 恰巧是这家污水公司电话号码中的四位数，所以它在卡车上占有醒目的位置，以吸引消费者的注意。按照传统的商标法，4711 香水商标被使用在不同种类的服务上，并不会给消费者带来混淆。后该香水公司将污水处理公司诉至法院，要求污水处理公司禁止使用 4711 在卡车显目位置，德国联邦最高法院支持了 4711 香水公司的诉讼请求，禁止该污水公司在其卡车的醒目位置标示 4711 这四个数字。以防止该著名商标的长期使用而逐步遭致商标识别性、显著性的削弱，有损商标市场价值。

3. 商标退化

商标退化意味着商标显著性丧失，这是商标淡化中对商标影响最大、最为严重的现象，因为商标退化会致使企业商标被撤销，企业品牌战略严重受损。实践中，商标退化主要由以下几个原因导致：(1)商标自身的创造缺乏显著性，在申请注册后使用时并不具有特色，与普遍商品、服务名称存在重合的意思，最终导致商标显著性丧失；(2)其他企业违反使用商标导致商标显著性丧失。2007 年，思科公司将苹果公司诉至法院，指控苹果公司生产的新型手机使用 iPhone 商标侵犯其商标权，但苹果公司辩称 iPhone 商标不仅是思科公司在使用，其他公司也在用该商标制造、销售不同类型的商品，即便思科公司已申请注册该商标，但 iPhone 商标已经退化为通用商标，企业均有使用权。

参考案例

李某等非法制造注册商标标识案

案涉“HUAWEI”“SAMSUNG”商标核定使用在第 9 类包括手机用液晶显示屏在内的商品上。经查明，2016 年 8 月起，被告人李某、巫某等人未经商标权人授权，加工生产假冒“HUAWEI”“SAMSUNG”注册商标的手机玻璃面板，将排线贴附到手机盖板上。被告人李某是该工厂的日常管理者，负责对工厂的机器设备进行调试以及对员工进行管理。被告人巫某协助李某管理工厂，每加工完成一个手机玻璃面板收取客户 1—1.8 元不等的加工费。2016 年 11 月 21 日 20 时许，民警抓获被告人李某、巫某，并当场查获假冒“SAMSUNG”手机玻璃面板 10,100 个、“HUAWE1”手机玻璃面板 1200 个、销售单据 16 张及送货单 2 本。按被害单位报价计，所缴获面板共计价值人民币 648,000 元。广东省深圳市宝安区人民法院一审根据被害单位出具的价格说明，以非法经营数额作为量刑标准作出认定。深圳市中级人民法院二审对此予以纠正。认为在无法查明实际销售价格和市场中间价格的情况下，应按照《刑法》规定的销售伪造、擅自制造两种以上注册商标标识数量予以量刑处罚。二审法院据此判决李某犯非法制造注册商标标识罪，判处有期徒刑 2 年，并处罚金人民币 50,000 元；判决巫某犯非法制造注册商标标识罪,判处有期徒刑1年,并处罚金人民币6000元。

商标淡化是一个潜移默化的过程,企业管理者应当及时发现问题并及时维权,及时恢复企业商标本身所应有的显著性和识别性,通过商业谈判、法院诉讼、行政机关介入等途径、方式予以解决,降低商标淡化给企业带来的经济效益、品牌效益下降的风险。

第三节 企业专利权

企业专利法律风险,是指与专利工作相关的事项或行为给企业的竞争、经营带来法律上的不利影响。在知识产权体系中,专利居于核心地位,在企业整个运营过程中,专利涉及产品的研发、专利申请、生产加工到市场营销等多重环节,因此企业管理者是否可以构建良好的专利法律风险防范体系关系到企业的生死存亡。

一、专利研发

专利研发阶段是企业得以创造新经济增长的重要阶段,很多企业认为该阶段很少与其他竞争主体有联系,因此该阶段的法律风险防范属于大多数企业的管理盲区,企业管理者容易忽视此阶段法律风险防范体系的建立。此阶段存在较多法律风险,企业管理者需要有效防范法律风险。

专利研发信息收集不充分,是指企业在研发新专利前,对其他专利的信息检索、检测不周密、不全面,导致企业斥重金研发的新技术丧失新颖性或对于新技术成果不能迅速做出反应,不能实现研发的技术站在市场领先地位,最终导致企业经济效益处于负增长状态。例如,A企业所研发的新型电脑显示器,国内、外市场需求量极大,市场反应良好。但国外采购方需要企业出具知识产权证明,企业在申请专利权证明时,发现国外B企业已经申请注册该专利,这就意味着A企业在国外市场已经不具有营销优势地位。如果A企业在研发之前做好信息检索、检测,就不会出现重复的专利研发技术。

参考案例

江铃控股有限公司与捷豹路虎有限公司专利权纠纷案[①]

案涉专利系名称为“越野车(陆风E32车型)”、专利号为201330528226.5的外观设计专利,专利权人是江铃控股有限公司(以下简称江铃公司)。针对案涉专利,捷豹路虎有限公司(以下简称路虎公司)、杰拉德·加布里埃尔·麦戈文(以下简称麦戈文)以案涉专利不符合2008年修正的《专利法》第23条第1款、第2款为由分别提出无效宣告请求。国家知识产权局专利复审委员会(以下简称专利复审委员会)认为,案涉专利与对比设计在整体视觉效果上没有明显区别,案涉专利不符合2008年《专利法》第23条第2款的规定,遂以第29146号无效宣告请求审查决定,宣告案涉专利权全部无效。江铃公司不服,提起行政诉讼。北京知识产权法院一审认为,案涉专利与对比设计在前车灯、进气格栅、细长进气口、雾灯、贯通槽、辅助进气口、倒U形护板、后车灯、装饰板、车牌区域及棱边等部位存在不同的设计特征,其组合后形成的视觉差异对SUV类型汽车的整体外观产生了显著的影响,足以使一般消费者将案涉专利与对比设计的整体视觉效果相区分。相比于相同点,上述不同点对于案涉专利与对比设计的整体视觉效果更具有显著影响,故案涉专利与对比设计具有明显区别。据此,判决撤销被诉决定,并判令专利复审委员会重新作出无效宣告请求审查决定。专利复审委员会、路虎公司和麦戈文均不服一审判决,提起上诉。北京市高级人民法院二审认为,从整体上观察,案涉专利与对比设计在车身前面和后面形成的视觉效果差异在整体视觉效果中所占的权重要明显低于两者之间相同点所产生的趋同性视觉效果的权重。案涉专利与对比设计相比,二者之间的差异未达到“具有明显区别”的程度,案涉专利不符合2008年《专利法》第23条第2款规定的授权条件,应当予以宣告无效。

从上述案件可以看出,企业在研发创作阶段,应当做好对已有的相关专利

① 北京知识产权法院(2016)京73行初4497号行政判决书。

权的检索、检测，避免在投资大量人力、物力、财力后才发现所研发的技术与现有未知的专利相冲突，丧失新颖性，这不仅让企业前期投资化为泡影，甚至会出现侵权的法律风险。

专利权属约定，是指企业与员工之间的专利权属规定。员工为执行本单位的任务或主要利用本单位的物质技术条件所完成的发明创造为职务发明创造，职务发明创造申请专利的权利属于该单位。申请被批准后，该单位为专利权人。对于非职务发明创造，申请专利的权利属于发明人或者设计人，申请被批准后，该发明人或设计人为专利权人。存在一种例外，即员工利用本单位的物质技术条件所完成的发明创造，但单位与发明人或设计人订有合同，对申请专利的权利和专利权的归属作出约定的，从其约定。

多个单位、个人共享的专利权属，是指由两个以上单位或个人合作完成的发明创造、一个单位或个人接受其他单位或者个人委托所完成的发明创造，除另有协议的以外，申请专利的权利属于完成或者共同完成的单位或者个人，申请被批准后，申请的单位或者个人为专利权人。此外，关于技术成果的归属，《民法典》第 859 条规定："委托开发完成的发明创造，除法律另有规定或者当事人另有约定外，申请专利的权利属于研究开发人。研究开发人取得专利权的，委托人可以依法实施该专利。研究开发人转让专利申请权的，委托人享有以同等条件优先受让的权利。"《专利法实施细则》第 12 条对上述法条作了详细的解释："专利法第六条所称执行本单位的任务所完成的职务发明创造，是指：(一)在本职工作中作出的发明创造；(二)履行本单位交付的本职工作之外的任务所作出的发明创造；(三)退休、调离原单位后或者劳动、人事关系终止后 1 年内作出的，与其在原单位承担的本职工作或者原单位分配的任务有关的发明创造。专利法第六条所称本单位，包括临时工作单位；专利法第六条所称本单位的物质技术条件，是指本单位的资金、设备、零部件、原材料或者不对外公开的技术资料等。"《专利法实施细则》第 13 条对专利法所称发明人或者设计人也做出说明解释，是指对发明创造的实质性特点作出创造性贡献的人。在完成发明创造过程中，只负责组织工作的人、为物质技术条件的利用提供方便的人或者从事其他辅助工作的人，不是发明人或者设计人。实践中，很多企业聘请专业知识人才研发新技术或多家企业合作研发新技术最终出现专利权纠纷的数不胜数，因此企业除法律规定外，对研发权利最好作出明确的约定并保留合同，避免后期专利申请、专利使用阶段出现权利纠纷。

二、专利申请过程

我国专利申请的依据有多个，包括《专利法》《专利法实施细则》《保护工业产权巴黎公约》等法律法规、司法解释及国际条约。企业通过申请专利获得一定时效的专利独占权，为国家、企业、社会带来技术和经济效益。企业的专利申请其实是相对繁杂的过程，企业管理者应当注意此阶段的管控，形成独立的风险管控体系。

（一）专利申请时机的选择

企业在获得专利研发成果后，要对申请专利的时机作恰当的选择。很多国家采用“先申请原则”，我国也不例外。《专利法》第 9 条第 2 款对此作出规定：“两个以上的申请人分别就同样的发明创造申请专利的，专利权授予最先申请的人。”同时专利发明也需要体现新颖性，即该发明或实用新型不属于现有技术，也没有任何部门、企业、个人就同样的发明或实用新型在申请日前向专利部门提出过申请，同时该专利发明或实用新型在其他论文、会议记录或报纸上均未刊登，此时申请专利才属具备了专利权的新颖性，但企业将其发明创造在申请日以前 6 个月内，有下列情形之一的，发明创造不丧失新颖性：(1)在国家出现紧急状态或者非常情况时，为公共利益目的首次公开的；(2)在中国政府主办或者承认的国际展览会上首次展出的；(3)在规定的学术会议或者技术会议上首次发表的；(4)他人未经申请人同意而泄露其内容的。企业申请专利时机的选择主要是为了保证其发明创造具有新颖性，企业在获得发明创造后一方面要积极申请避免丧失新颖性，另一方面也要做好申请前的专利检测，避免与已申请的专利权出现冲突。

企业管理者应积极申请专利权以避免企业专利权新颖性丧失，造成申请无法通过，使企业研发成本、投资最终化为虚有，也避免企业在专利申请未获批准前将产品投入市场销售后造成专利侵权的法律风险。但这样的观点也不是绝对的，部分技术是市场消费者当下不需要的，过早地申请专利权会使企业的专利使用期限缩短，当实际大量投入市场销售时，企业的经济效益就会因过早申请专利权而降低。再者，专利申请就意味着企业需要将技术研发资料公开化，这可能会给竞争企业带来技术上的启发，并可能会使竞争企业在此技术的基础上研发出更具有竞争力的技术。因此，企业过早地申请专利权并不必然有益于企业自身及对专利权的保护，企业管理者要做好市场调研，综合考量，选取最佳时机申请专利保护。

（二）专利申请类型

《专利法》所保护的发明创造是保护发明、实用新型和外观设计。发明，是指对产品、方法或者其改进所提出的新的技术方案。实用新型，是指对产品的形状、构造或者其结合所提出的适于实用的新的技术方案。外观设计，是指对产品的形状、图案或者其结合以及色彩与形状、图案的结合所作出的富有美感并适于工业应用的新设计。《专利法》对企业申请专利权保护类型作出了明确规定，同样的发明创造只能授予一项专利权。同一申请人同日对同样的发明创造既申请实用新型专利又申请发明专利，先获得的实用新型专利权尚未终止，且申请人声明放弃该实用新型专利权的，可以授予发明专利权。很大一部分企业在完成发明创造后，面临着选择哪一种类型的专利申请保护的困扰。外观设计保护的主要是图案设计、包装设计，在选择时较为简单；发明和实用新型之间的区别较小，选择时较为困难。

对于实用新型而言，企业在申请该类专利后，经过专利行政部门进行初步审查一般即可获得专利证书，并不需要实质审查，整个周期较短，满足条件却不授予的可能性较小。我国法律将实用新型的保护期限设置为 10 年，保护周期并不是很长。实用新型主要适用于产品的形状、构造或者其结合两者所提出的适于实用的新技术方案。区别于发明专利，其并没有固定形状的产品，因此企业在选择实用新型和发明专利时要注意做好区分，否则可能不被授予所申请类型的专利。实践中很多企业会采取“齐头并进”的方式去申请专利，即同时申请实用新型和发明专利。实用新型的申请程序较为简单，且专利审批程序也较简单、周期较短，在获得批注后就可以使用。因发明创造只能授予一项专利权，若发明专利申请经审查没有发现驳回理由，国务院专利行政部门应当通知申请人在规定期限内声明放弃实用新型专利权，申请人声明放弃的，国务院专利行政部门应当作出授予发明专利权的决定，并在公告授予发明专利权时一并公告申请人放弃实用新型专利权声明。若申请人不同意放弃的，国务院专利行政部门应当驳回该发明专利申请。申请人期满未答复的，视为撤回该发明专利申请。实用新型专利权自公告授予发明专利权之日起终止。企业选择这种方式获得知识产权，可以很好地弥补申请专利发明周期长的弊端，企业在发明专利授权之际，选择放弃实用新型专利即可，同时也可以最大限度保护企业专利权的使用。实践中企业管理者最好基于自身实际需要加以斟酌是要申请实用新型还是要申请发明专利，避免弄巧成拙。

另外，发明专利的申请程序繁杂，审批周期长。专利行政部门需对发明专利进行实质审查，以保证其稳定性，不易被宣告无效。发明专利的保护期限为20年，这一保护期限可以为企业创造更多的经济利益，但自发明专利申请公布之日起至公告授予专利权之日止，任何人均可以对不符合《专利法》规定的专利申请向国务院专利行政部门提出意见，并说明理由。如有人对上述专利权存在异议，相关技术方案就需要进行公开审查，此时技术方案可能会在一定范围内公开，存在技术方案泄露的法律风险，因此企业管理者要审时度势，慎重考虑选择以哪种类型作为专利申请。

（三）专利申请主体

专利申请主体关系到专利发明创造的最终权属状态，专利申请权主要分为两种来源：一种是法律规定，另一种是合同约定。职务发明、委托开发、合作研发均存在法定权属规定，但是如果合同约定了申请权的权属状态，那么合同就具有优先性。

1. 职务发明中专利权的申请主体

它是指个人为执行本单位的任务或者主要利用本单位的物质技术条件所完成的发明创造为职务发明创造。职务发明创造申请专利的权利属于该单位，申请被批准后，该单位为专利权人。然而，很多企业存在用工形式复杂，岗位设置不清晰，从而造成员工的发明创造是属于企业还是员工存在很大的纠纷。为执行本单位的任务所完成的职务发明创造，是指：(1)在本职工作中作出的发明创造；(2)履行本单位交付的本职工作之外的任务所作出的发明创造；(3)退休、调离原单位后或者劳动、人事关系终止后1年内作出的，与其在原单位承担的本职工作或者原单位分配的任务有关的发明创造。《专利法》第6条中所称的本单位，包括临时工作单位。本单位的物质技术条件也即本单位的资金、设备、零部件、原材料或者不对外公开的技术资料等。非职务发明创造,申请专利的权利属于发明人或者设计人。申请被批准后,该发明人或者设计人为专利权人。利用本单位的物质技术条件所完成的发明创造,单位与发明人或者设计人订有合同,对申请专利的权利和专利权的归属作出约定的,从其约定。

企业管理者要明确、清晰地了解专利权属状况,有法依法,无法依约,避免与劳动者发生专利权纠纷而直接影响企业的人才引进和发展,同时也要预防劳动者泄露企业研发的技术。因此企业管理者要建立一套体系化的规避方式,一方面规范用工方式,为权属状态的划分打好基础;另一方面要对研发人员的发明创造权属做好提前释明工作,可以采取与研发人员签订合同、进行公证等方式,尽可能减少权属状态纠纷,企业对违反约定泄露研发技术行为要提前做好关于违约责任、赔偿责任的约定。

2. 委托开发、合作研发专利权的申请主体

法律规定由两个以上单位或者个人合作完成的发明创造、一个单位或者个人接受其他单位或者个人委托所完成的发明创造,除另有协议的以外,申请专利的权利属于完成或者共同完成的单位或者个人。申请被批准后,申请的单位或者个人为专利权人。实践中很多企业委托其他企业或个人进行项目研发,但实质上被委托企业或个人很少独立完成发明创造,而是委托企业人力、物力和财力作为研发基础,由于委托企业给被委托方提供的资料、信息、资金等并没有交接单、合同书等,因此易造成证据存留的缺失,最后申请专利时,权属纠纷就凸显出来,委托企业的权利此时很难得到有力保障。关于合作研发专利,也会存在权属风险,最为常见的就是合作研发的专利一方不同意申请专利,另一方就不得独占申请专利,这会牵制企业的市场发展。

不同的专利技术研发方式,在专利申请时出现的法律风险是不同的,因此建议委托研发企业做好证据的收集,以便于在出现权属纠纷时有证据支撑。合作研发企业之间应做好关于专利权属的申请条件约定,避免因为一方拒绝申请专利权而导致另一方企业市场竞争力丧失。

3. 专利申请权转让

专利申请权转让,是指公民、法人或其他组织将其发明创造向专利主观部门提出专利申请的权利予以转让,《专利法》第 10 条规定:“专利申请权和专利权可以转让。中国单位或者个人向外国人、外国企业或者外国其他组织转让专

利申请权或者专利权的,应当依照有关法律、行政法规的规定办理手续。转让专利申请权或者专利权的,当事人应当订立书面合同,并向国务院专利行政部门登记,由国务院专利行政部门予以公告。专利申请权或者专利权的转让自登记之日起生效。”第 12 条规定:“任何单位或者个人实施他人专利的,应当与专利权人订立实施许可合同,向专利权人支付专利使用费。被许可人无权允许合同规定以外的任何单位或者个人实施该专利。”实践中关于专利申请权转让存在以下几种类型的法律风险:(1)技术秘密转让误以为是专利申请权转让,专利申请权的转让实质上是发明人已经向专利申请局提交了申请,但尚未取得专利权的阶段的转让活动,因此转让方不仅需要本身具有申请专利的资格,还需要在程序上也已经申请了专利,但尚未取得专利权;(2)企业管理者存在不当认识,即可以申请专利的技术秘密作为专利申请权转让的范畴,继而将其转让给其他企业,但随之而来的法律风险也是无法避免的,比如因技术秘密无法获得专利权导致转让方和受让方发生争议,最终无法获得赔偿;(3)事实上技术秘密不存在对抗善意第三人,实践中存在多方转让专利权、专利申请权的可能性,这最终导致受让方企业知识产权战略无法实现,甚至陷入法律诉讼纠纷。因此,企业管理者对于专利权、专利申请权、技术秘密等范畴,均应予以准确了解,在签订许可、转让合同时要对自己的行为有准确的认识,另外,在专利权、专利使用权、技术秘密受让或转让时要保证合同内容的法律效力并无效力瑕疵,对其权属状态能够有全面准确的掌握,以避免企业在合同签订后出现权利的瑕疵。

关于技术成果归属,我国《民法典》第 859 条规定:“委托开发完成的发明创造,除法律另有规定或者当事人另有约定外,申请专利的权利属于研究开发人。研究开发人取得专利权的,委托人可以依法实施该专利。研究开发人转让专利申请权的,委托人享有以同等条件优先受让的权利。”第 860 条规定:“合作开发完成的发明创造,申请专利的权利属于合作开发的当事人共有;当事人一方转让其共有的专利申请权的,其他各方享有以同等条件优先受让的权利。但是,当事人另有约定的除外。合作开发的当事人一方声明放弃其共有的专利申请权的,除当事人另有约定外,可以由另一方单独申请或者由其他各方共同申请。申请人取得专利权的,放弃专利申请权的一方可以免费实施该专利。合作开发的当事人一方不同意申请专利的,另一方或者其他各方不得申请专利。”企业在转让专利权时如果对上述法律规定的主体没有行使告知义务,专利申请权转让就会出现法律风险,企业就会承担相应的赔偿责任或陷入司法程序中。

企业管理者对外转让专利申请权时,必须要满足转让的条件,转让主体资格、转让程序等均须符合法律规定,同时也要对专利申请权的范畴有充足的认识,及时履行法律规定的优先受让权的通知义务,保证专利申请权转让符合法律规定,避免因转让人、受转让人对法律规定的程序性认知误解而导致转让无效,最终引发企业承担经济赔偿、行政处罚等法律风险。

(四)专利代理

专利代理,是指专利代理机构根据企业的委托,以被代理企业的名义代替企业办理专利申请等事务的一种民事法律行为。我国的代理机构主要分为两种:国内代理机构和涉外代理机构。国内代理机构主要代理国内企业在国内申请专利。涉外代理机构主要代理国外企业、港澳台地区企业在国内办理国内申请,或代理国内企业在国外办理专利申请。关于国内企业申请专利,法律并没有强制性要求其必须通过代理机构办理业务,因此很多企业管理者为节约成本就没有选择代理机构办理业务,实质上专利代理机构具有丰富的执业经验,能够准确把握专利申请的程序、文件形式,可以有效地为企业简化程序、避免简单、形式的错误,降低专利申请时间长或未被审批通过的法律风险。但是对于专利申请文书的实质内容建议企业自行书写,因为其中涉及企业发明创造的市场价值、行业意义,专利代理机构是无法了解这些的。建议企业在完成申请文件撰写后,通过专利代理机构对逻辑体现、语言描述等进行修正,以达到专利申请事项的最大限度防护。从另一方面而言,通过专利代理机构进行专利申请会出现企业专利技术资料外流的可能,直接影响所研发技术的新颖性,可能致使企业无法通过专利审批,所以企业在寻找代理机构时,应当对代理机构的信用和资质进行尽职调查,在签订合同时对违约责任、保密协议、损失赔偿进行详细的约定。

三、专利使用过程

(一)专利许可

《专利法》第 11 条第 1 款规定:"发明和实用新型专利权被授予后,除本法另有规定以外，任何单位或者个人未经专利权人许可，都不得实施其专利，即不得以生产经营为目的而制造、使用、许诺销售或销售、进口其专利产品，或者使用其专利方法及使用、许诺销售、销售、进口依照该专利方法直接获得的产品。”外观设计专利权被授予后，任何单位或者个人未经专利权人许可，都不得实施其专利，即不得为生产经营目的制造、许诺销售，或销售、进口其外观设计专利产品。专利许可是企业授予他人使用专利的方式中最为常见的，很多企业就是以技术研发、专利申请并许可他人使用为主营业务。专利许可程序相对较复杂，但其不仅为企业带来经济利益，也可能使企业成为某领域的行业标杆，因此企业应当对该阶段的法律风险进行研究并予以防范。

1. 选择合适的专利许可类型

专利许可主要存在三种形式：独占许可、排他性许可及普通许可。独占许可，是指许可人将其已经许可他人实施专利的范围内无权就同一专利再许可他人使用或自己使用；排他性许可，是指许可人已经许可他人使用，但自己保留一定的使用权；普通许可，是指许可人在已经许可他人使用专利的范围内仍可就同一专利再许可他人或自己使用。这三种许可类型对应的权利和义务是不同的，每种类型的权利、义务都是法律所明确规定的，企业将专利许可他人使用时，可选择按照法定方式，也可协商许可使用的方式。比如，在合同约定中将许可使用的类型限制在一定地域之内，超出该地域的可以使用其他方式的许可，但原则是不可超过法律的原则性规定，否则不仅会出现合同效力瑕疵的法律风险，也会使许可方、受许可方出现违约责任、赔偿责任等法律后果。

2. 注意技术改进约定

专利技术被许可他人使用后，部分被许可方会以此为基础做新的研发、改进，来保证市场占有率和领先性，这会直接导致原技术大幅贬值，造成企业专利许可后的经济效益无法得到保证，因此企业可以通过合同约定的方式，对技术改进的相关问题予以约定。当事人可以按照互利原则，在技术转让合同中约定实施专利、使用技术秘密后续改进的技术成果的分享办法。若出现许可方与被许可方没有约定或者约定不明确的情况，依照《民法典》合同编第 510 条相关规定仍不能确定的，则一方后续改进的技术成果，其他各方可能无权分享，其存在法律风险也是一目了然的。许可方也不可以限制技术的发展、妨碍技术进步，限制被许可方研发新技术。合同中的所改进的技术无偿提供给对方、无偿独占或共享该新技术等限制性条款属于违反法律规定的无效条款。

3. 设置保密条款

专利使用合同的主要内容就是发明创造的新技术，它是企业的核心竞争力，因被泄露而损失是不可挽回的，因此企业在签订专利转让合同时，需要特别注意对保密条款的设置。从时间角度来讲，保密协议涵盖整个专利技术许可的过程，从双方磋商阶段延伸到专利使用完成之后甚至更久。在内容上，保密协议应涵盖所有可能被受许可人接触到的商业秘密，包括技术信息、经营信息、客户信息、服务信息等。在违反保密协议的责任承担上，应将违反保密协议的违约责任具体化，譬如将赔偿方式、数额计算方式明确化，保证在发生法律纠纷时协议条款可以得到明确的执行，甚至可事前提供保证金、担保物等。

(二)专利权质押

专利权质押属于权利质押的一种，是指债务人或第三人将享有的专利权作为质押的标的物交付于债权人占有，以作为权利担保，在债务人不履行债务时，权利人有权将该专利权折价、拍卖、变卖并获偿。企业管理者面对专利权质押的时候，要对专利权人、专利进行实质审查、价值评估，避免因主体资格不适当、权利瑕疵、价值不符等问题的出现，致使最后企业作为债权人的权利无法按期实现。

企业在选择将专利权作为质押物时，要慎重考虑以下几点：(1)专利主体。企业法律顾问或法务部门要对主体资格要进行核查，对质押主体进行实质性的调查，并保留证据，避免权利主体不适格带来抵押效力瑕疵。(2)专利价值评估。专利技术具有的价值受时间、市场的需求、替代技术、年限使用等的影响，波动性较大，故企业在决定接受专利权的质押后要对专利价值进行评估，保障债务人在实现权利的期限内价值波动最小。另外，也可以让金融机构、第三人对质押的专利权价值进行担保，以保证企业实现权利时损失最小。(3)对于质押期间专利的管理，专利年费的交纳、专利许可费的收取、发生专利侵权后的维权等问题，要在质押合同中有明确的约定，避免因约定不明导致质押物贬值、专利权丧失法律保护等法律风险的涌现。(4)专利权属。对专利权的权利状态做调查是极其必要的，此项工作是为了避免专利权存在被许可、转让或抵押等权利负担，致使企业权利无法按期实现。

(三)专利出资

专利出资是现代企业设立时的一种出资方式,股东可以用货币出资,也可以用实物、知识产权、土地使用权等可用货币估价并可依法转让的非货币财产作价出资。但专利出资存在很多法律风险,专利出资时、专利价值变动时、专利变现时都是法律风险容易出现的时候。专利出资后即归公司所有,专利权人失去对专利的控制权,不能直接在专利上获得收益,只能根据公司的收益状况按约定、法定规则进行分红。实践中,专利出资后不论价值如何波动,公司都应独立承担价值变动的法律风险。因此公司在准备将专利权作为股权出资时,应做好市场调研和价值评估。

四、专利维权过程

专利维权直接关系到企业的运营安全。企业存活依赖其所拥有的专利企业,或是自己使用,或是许可他人使用专利以获取更多的商业效益。企业遇到专利侵权是不可避免的,且企业在遇到专利侵权事件后多是选择司法介入、自行调解或行政机关参与调解等方式予以维权。但企业在维权过程中也存在很多的法律风险,维权途径的选择、维权时机的选择等都可能在不同程度上造成二次损害。

(一)专利维权方式

企业专利申请被批准后,可利用该项专利技术打开行业市场、进行盈利。除进行专利许可、专利投资外,也需要对企业专利权进行权利维护,避免因侵权行为造成企业专利权受损。在确定专利侵权后,企业管理者首先要考虑的是通过哪种方式来解决问题,可以将企业的损失降到最低的同时也能高效处理纠纷。企业一般会采取以下三种方式:诉讼方式、行政方式及刑事方式予以维权,不同的解决途径给企业带来的维权效果也是存在一定差异的。

1. 诉讼维权

诉讼是很多企业选择的维权方式。司法机关的介入,虽然可以最大限度地保证裁决结果的公允性和权威性,但诉讼方式维权存在周期长、耗时久的弊端。实际上在司法审判过程中,诉讼一方或多方申请鉴定、增加新证据或其他不可抗力导致延长审限的情况屡见不鲜，最终导致诉讼拖延至几年之久，致使企业维权目的根本无法实现。

参考案例

于某某与克莱机械厂专利权纠纷案

2000年，济南环保陶瓷除尘技术研究所所长于某某就其研制的“干熄焦除尘设备”向国家知识产权局专利委员会提出实用新型的专利申请，经审查后，于2001年10月7日发布了授权公告，专利号为00256971.X。之后不久就发现市场上出现了许多仿制产品。2003年，于某某将侵权厂家山东克莱机械厂告上了法庭。克莱机械厂认为于某某所拥有专利权不符合《专利法》规定，并于2003年8月8日向国家知识产权局复审委提出要求认定此专利无效的申请。2004年6月，复审委作出了第6223号决定，撤销了专利中核心部分1—5项权利要求。因不服专利局撤销决定，于某某提起行政诉讼，经过两审后，法院于2005年6月判决撤销专利复审委员会作出的第6223号决定，并判令复审委对“干熄焦除尘设备”的实用新型专利的有效性重新作出审查决定。2005年12月，专利复审委重新作出了第7798号审议决定，认为权利要求第2项是独立权利要求不是权利要求第1项的从属权利，所以原专利权利要求第1项、第6项、第7项、第8项有效，权利要求第2项具有新颖性，权利要求第2项及引用权利要求第3—5项不具备创造性，无效。面对这样的结果，于某某再次提起行政诉讼，北京市第一中级人民法院于2006年6月作出判决撤销第7798号决定，维持“干熄焦除尘设备”的实用新型专利技术有效。维权的工作至此还远没有结束，侵权行为仍没有得到制止，而专利权只剩下4年的有效期。

上述案例中，原告企业虽然在诉讼中取得了胜利，却丢失了市场。因诉讼耗时太久，原告企业不仅丧失对于专利产品生产、制造和创新的维护精力，而且丢失了市场。企业在诉讼这场耗时久的战争中投资的人力、物力和财力成本处于增长状态，导致企业在维权道路上的经济负担越来越重，甚至入不敷出，这一点在小型企业的维权过程中体现尤为明显。因此企业在选择维权方式时，不能片面考虑，急于选择诉讼方式进行维权，而应全方位考虑利弊，慎重选择维权的方式和途径。从该案不难看出企业诉讼期间出现的各种问题、风险，实质上多因企业没有做好前期防范工作。

2. 行政维权

《专利法》(2000 年)第 58 条规定："假冒他人专利的，除依法承担民事责任外，由管理专利工作的部门责令改正并予以公告，没收违法所得，可以并处违法所得三倍以下的罚款，没收违法所得，可以处五万元以下的罚款，构成犯罪的，依法追究刑事责任。"这种方式维权周期较短，能够快速的处理专利侵权等纠纷。很多企业在受到专利侵权后都会选择行政机关介入解决，一方面行政维权并不会像司法诉讼一样需要交纳诉讼费用、调查取证，另一方面行政维权采取的解决方式多元，对企业的履行状况大多属于直接监督。司法机关介入解决时，就需要企业申请执行，其耗时久、程序烦琐。但行政维权也存在很多弊病，譬如行政机关对于侵权方的损害赔偿并无强制调解的权力，只能给予行政处罚，对被侵权方的经济损失也没有权力强制要求侵权方赔偿，被侵权企业若想得到损害赔偿，只能选择商事仲裁或者法院诉讼的方式解决。同时对于被侵权方拒绝履行行政处分的结果，如一方存在异议，仍需要司法程序的审查确认才能予以强制执行。因此建议企业为避免专利维权过程中的执行问题难以解决，采取行政维权和双方协商解决一并使用的方式，以保证受损害企业及时得到经济补偿。

3. 刑事维权

此种专利维权方式借助国家会权力，用刑罚的手段打击严重的犯罪行为，威慑力较强，惩处方式是如管制、拘役、有期徒刑等具有限制人身自由的刑罚，在公民中具有极强的执行力、权威性。我国《刑法》第 216 条对假冒专利罪作出了明确的量刑："假冒他人专利，情节严重的，处三年以下有期徒刑或者拘役，并处或者单处罚金。"国家对专利犯罪设置刑事处罚主要是为了打击犯罪，维护市场公平，但不能补偿受害企业的经济损失，企业需要通过协商或另行提起民事诉讼的方式来获得经济赔偿。

(二)专利维权时机、技巧的选择

维权的时机恰当可起到事半功倍的作用。企业维权时机不能单选择在侵权事件发生后,这样的维权时间选择会增大企业维权难度,企业的经济损失挽回难度也会变大,因此企业管理者应当具有未雨绸缪的意识,在专利研发、专利使用、专利许可等过程中做好防范体系的建立,譬如从职工入职时就将研发权利权属状态进行申明,企业对外签订合同时明确专利权的使用范围和期限,企业专设知识产权部门对专利许可和使用跟踪监督。为避免专利纠纷诉讼发生,企业应做好每一项、每一阶段工作的证据保留,避免诉讼阶段因为证据的缺失导致企业无法维护自己的合法权益。另外,有的企业管理者在发现专利侵权事件后,急于解决问题,却因其自身证据不充分,问题没有得到实质的解决反而酿成更大的损失。因此,专利维权成功与否和维权过程中技巧的选择、适用有着直接的联系。

参考案例

甲公司与乙公司专利侵权纠纷案

2017 年,甲公司发现乙公司有销售盗版甲公司研发的软件的行为。为获取证据,甲公司采取"陷阱取证"方法,派出 2 名员工伪装成用户,在 A 市国信公证处公证员的随同下,购买了乙公司随机配备的软件。2018 年 2 月,甲公司将乙公司等相关企业告上了法庭。2018 年 7 月 21 日,A 市中级人民法院经审理后认为,原告采用的"陷阱取证"方式并未被法律所禁止,法院予以认可,判决被告赔偿原告经济损失 100 万余元。被告不服,上诉至 B 省高级人民法院。2018 年 9 月 15 日,B 省高级人民法院作出终审判决,认为原告采取"陷阱取证"方式违背诚实信用原则,因此撤销一审判决,甲公司最终只获赔 13 万元经济损失费(一套软件的价格)和 1 万元公证费。随后甲公司提出申诉,这场诉讼历时 5 年,历经 A 市中级人民法院、B 省高级人民法院、最高人民法院三级法院审理,终于盖棺定论,甲公司全面胜诉。最高人民法院在判决书中最终认定:本案在公证证明过程中未采取非法方式取证，其目的没有不正当性，其行为没有侵犯社会公共利益和他人合法权益。

本案中，甲公司在维权过程中采取诉讼方式，但诉讼中对证据的收集属于非法收集，甲公司虽然最终得以胜诉，但是由于证据收集的方式、方法存在争议导致了诉讼耗时持久，浪费了企业的时间成本、人力资源、财力成本等，甚至丧失专利产品市场。实践中很多企业采取这样的手段收集证据，在诉讼程序中存在不被认可的法律风险，最终导致败诉。因此企业不论是选择协商、仲裁方式进行维权，还是选择诉讼等方式予以维权，都需要证据作为支撑，企业应当做好事前、事中的证据收集。

第四节　企业商业秘密

商业秘密是不为公众所知悉、具有商业价值并经权利人采取相应保密措施的技术信息、经营信息等。在知识产权经济时代，企业往往会采取两种方式对知识产权予以保护：一种是公开保护的方式，另一种是秘密保护的方式。公开保护，就是指对知识产权通过法律程序予以保护，如专利权、商标权、著作权等，获取保护后任何人未经权利人许可不得擅自使用，否则权利人就可以通过法律手段来维护其知识产权。但是公开保护方式是有期限的，其权利只在一定期限内被保护。秘密保护的方式就是对企业技术、知识等予以保密，避免信息外泄，商业秘密就是在第二种知识产权保护方式下形成的。商业秘密包含范围很广，其保护的秘密具有商业价值，可以为企业带来有形或无形的商业利益。譬如自主研发技术、商品配方、客户资料、营销网络等均属于商业秘密，但商业秘密的保护不是密不透风的墙，作为企业管理者应当有多种手段去面对这样的风险。

一、商业秘密的获取

（一）员工管理

企业作为经济组织，从事商业活动需要员工按照程序完成，因此对于商业秘密的保护也需要员工来完成,如保护研发的技术、商品配方、营销策略等。但员工具有很强的不可控性和流动性,很多企业的商业秘密被泄露就是在员工流动后出现的。企业和员工陷入商业秘密纠纷,由此造成的企业经济损失根本不可估量。由于企业本身管理的疏忽、证据存留缺失,所以不仅可能导致企业商业秘密维权失败,而且因商业秘密泄露造成的损失根本无法挽回,因此企业应当采取措施去规避因为员工的流动而造成的商业秘密泄露。

参考案例

昆山山田冲床有限公司与宁波万代冲床科技有限公司、浙江龙游万代冲床科技有限公司等侵害技术秘密纠纷案[①]

2004年2月18日,昆山山田冲床有限公司(以下简称山田公司)与胡某某签订《临时聘用协议书》一份,约定:聘用岗位为车工/装配工,协议期限为3个月;自2004年2月18日起至2004年5月17日止,在协议有限期内乙方(胡某某)必须遵守《宁波山田冲床有限公司员工守则》。2006年4月14日,山田公司与胡某某签订《聘用协议书》一份,约定:聘用岗位为采购,协议期限为1年;自2006年4月16日起至2007年4月15日止,在协议有限期内乙方(胡某某)必须遵守《宁波山田冲床有限公司员工守则》。2006年4月17日,胡某某向山田公司出具《保证书》一份,内容为其在山田公司任职期间以及今后在离开公司后5年内不会将公司任何图纸对外泄露,如本人违反,愿接受公司规章制度及法律的约束,承担相应法律责任。2006年11月22日,胡某某向山田公司出具《承诺书》一份,提出解除与山田公司之间的劳动合同并从公司离职。从山田公司离职后,胡某某于2007年与案外人共同投资设立宁波华力世纪冲床科技有限公司(后于2009年改名为宁波万代冲床科技有限公司,以下简称宁波万代公司),注册资本为150万元,经营范围为:冲床自动化技术的研究和开发;冲床自动化工程技术和成套设备整合;冲床自动化设备、模具的制造、加工;冲床配套

① 浙江省高级人民法院(2014)浙知终字第60号民事判决书。

设备的制造、销售及冲床的维修等。

2004年2月16日，山田公司与王某某签订《临时聘用协议书》一份，约定：聘用岗位为装配工，协议期限为3个月；自2004年2月17日起至2004年5月16日止，在协议有限期内乙方（王某某）必须遵守《宁波山田冲床有限公司员工守则》。2006年4月15日，山田公司与王某某签订《聘用协议书》一份，约定：聘用岗位为装配，协议期限为1年；自2006年4月16日起至2007年4月15日止，在协议有限期内乙方（王某某）必须遵守《宁波山田冲床有限公司员工守则》。2005年3月12日、2005年6月21日山田公司与王某某签订《研修协议》两份，研修期间分别为为2005年3月14日至2005年4月3日、2005年7月11日至2005年10月7日，上述两份研修协议均约定：研修内容为日本研修，研修期间乙方（王某某）应遵纪守法，保守甲方（山田公司）的商业秘密，自觉维护甲方的信誉等。2007年4月15日，山田公司与王某某签订《全日制劳动合同书》一份，约定：劳动合同期限为2007年4月16日至2008年4月15日，乙方（王某某）从事电气组工作等。2008年4月25日，王某某交还相关资料和工具后从山田公司离职。

宁波万代公司成立于2009年12月18日，由胡某某与案外人共同投资设立，注册资本为150万元，法定代表人为胡某某，经营范围为：冲床自动化技术研究和开发；冲床自动化工程技术和成套设备整合；冲床自动化设备、模具的制造、加工；冲床周边设备的研发、销售及冲床的维修；自营和代理货物和技术的进出口。2010年3月25日，宁波万代公司向国家知识产权局申请了两项名称分别为"一种高速精密冲床连杆冷却系统"及"一种高速精密冲床的锁模装置"的实用新型专利，同年12月8日同时经公告获得授权，专利号分别为ZL20102014××××.7和ZL20102014××××.8，发明人为胡某某、陈某某、王某某。

浙江龙游万代冲床科技有限公司（以下简称龙游万代公司）成立于2010年11月25日，由胡某某与案外人共同投资设立，注册资本为118万元，法定代表人为胡某某，经营范围为：冲床自动化技术研发；冲床周边设备的研发、销售、维修服务；高速精密冲床制造、销售、维修服务；冲床零部件销售；货物进出口。

山田公司认为，胡某某与王某某曾在其公司从事生产（技术）主管和电气工程师工作，工作期间掌握了该公司大量的技术秘密和生产工艺流程，胡某某于

2006年11月在未办理离职手续的情况下突然离职,带走了该公司冲床设备的技术图纸和资料,并拷贝了技术参数,在2009年和2010年先后设立宁波万代公司和龙游万代公司并生产与山田公司相同的产品,给山田公司带来了巨大的损失,其行为侵害了山田公司的合法权益,遂于2012年8月20日诉至浙江省宁波市中级人民法院,请求判令:(1)宁波万代公司、龙游万代公司、胡某某和王某某立即停止利用山田公司的商业秘密进行冲床设备的生产和销售;(2)宁波万代公司、龙游万代公司、胡某某和王某某立即采取有效措施不得将山田公司的商业秘密扩散,并返还全部有关商业秘密资料;(3)……

2013年9月3日,浙江省科技咨询中心作出浙科咨中心(2013)鉴字第7号司法鉴定报告,鉴定结论为:(1)山田公司的“球头机构”“力平衡装置”“曲轴的力平衡装置”不是不为公众所知悉的技术信息,具有一定的实用性;(2)山田公司“连杆冷却系统”技术信息中“在润滑圈的内表面设有多个能容纳冷却液的条状腔体,连杆盖、连杆座的内表面相应于润滑圈的两侧边设置密封圈”的设计在2010年3月25日之前是不为公众所知悉的技术信息,具有一定的实用性;(3)山田公司“锁模装置”的设计在2010年3月25日前是不为公众所知悉的技术信息,具有一定的实用性;(4)龙游万代公司与山田公司的“球头机构”、“连杆冷却系统”、“力平衡装置”、“曲轴的力平衡装置”和“锁模装置”五项技术信息实质相同。上述鉴定报告对山田公司受控文件图纸与龙游万代公司受控文件图纸进行了比对,龙游万代公司受控文件图纸共有22张,山田公司对应的有21张图纸,两者图纸结构、技术要求、公差配合、视图布局基本相同,尺寸略有差异。

综上案件信息可作如下分析:(1)根据《反不正当竞争法》第10条第3款之规定,商业秘密是指不为公众所知悉、能为权利人带来经济利益、具有实用性并经权利人采取保密措施的技术信息和经营信息。因此,判断一种信息是否构成商业秘密,应从该信息是否具有秘密性、商业价值性、实用性和保密性等方面予以综合判断。山田公司请求保护的技术要点为:DP系列高速冲床中“连杆冷却系统”和“锁模装置”的组成部件、特殊尺寸、工艺参数、安装要求和尺寸配合关系,依据是其设计的DP-35CS型号冲床的图纸中与上述技术要点相对应的部分。根据浙江省科技咨询中心在原审中出具的司法鉴定报告(以下简称鉴定报告),专家组认为,“连杆冷却系统”和“锁模装置”的相关技术信息系山田冲床设备中的独特设计,并非该技术领域的一般常识和行业惯例,需通过专业技术人员的设计和选择得到。经文献检索，上述技术信息在2010年3月25日宁波万代公司申请专利之前也未在公开出版物上公开披露。上诉人对此并无异议，但认为上述技术信息仅涉及产品的尺寸、结构、材料、部件的简单组合等内容，进入市场后相关公众通过观察产品即可直接获得，不具有秘密性。对此，法院认为，上述"连杆冷却系统"和"锁模装置"属于山田公司案涉冲床的内部结构，并没有处于裸露或半裸露状态，其组成部件及特殊尺寸无法仅靠观察和简单测量而直接获得，必须通过拆卸、破坏性剖析结构或使用专业工具进行测绘才有可能得到有关尺寸的全部技术信息；尺寸配合关系包括间隙配合、过盈配合等，公差尺寸配合的选择是山田公司根据产品的功能需要、加工的工艺性、装配和维修的工艺性以及加工成本等因素自己制定的，该数据无法通过测量获得也不属于简单套用公差标准就能得到的技术信息；工艺参数和安装要求同样无法通过观察产品即可直接获得，因此山田公司的上述技术信息具有秘密性，上诉人就此提出的上述理由不能成立。"连杆冷却系统"有利于提高冷却液的冷却和密封效果，"锁模装置"通过液压锁模，使摆头处于锁定状态，两者均具有实用性，且两者的独特设计能使山田公司的冲床产品获得技术优势，提高竞争能力，创造经济价值，具有商业秘密特有的商业价值性。山田公司在工作场所和档案室设置了"保密"警示标志，在案涉技术图纸上盖有"山田公司受控文件"的印章，并且要求胡某某签订"从职期间及离开公司五年后不得将公司任何图纸对外泄露"的保证书，应认定山田公司对涉案技术信息采取了合理的保密措施，并为胡某某和王某某所知晓，因此山田公司的上述技术信息具有保密性。综上，山田公司主张的案涉高速冲床中"连杆冷却系统"和"锁模装置"的组成部件、特殊尺寸、工艺参数、安装要求和尺寸配合关系构成的整体技术信息属于商业秘密。(2)根据《反不正当竞争法》第10条第1款第3项及第2款之规定，违反约定或者违反权利人有关保守商业秘密的要求，披露、使用或者允许他人使用其掌握的商业秘密，属于侵犯商业秘密。第三人明知或者应知前款所列违法行为，获取、使用或者披露他人的商业秘密，视为侵犯商业秘密。宁波万代公司、龙游万代公司、胡某某和王某某的被诉行为是否构成侵权，应依据"实质性相同加接触减合法来源"原则来判断。鉴定报告结论为龙游万代公司与山田公司的"连杆冷却系统"和"锁模装置"技术信息构成实质相同。对于上诉人提出的鉴定产品规格不同，鉴定结论前提错误的主张。综上，第一，上诉人没有提供证据证明 DP－35CS 型号代表 35 吨级冲床产品，也没有证据证明“cs”是冲床型号中代表吨数的通常做法；第二，山田公司提供的比对图纸系 35 吨级产品，而龙游万代公司的被诉图纸系 50 吨级的产品，两者的吨级差异有限，前者产品的技术信息可以在后者产品的研发中得以应用；第三，上诉人在原审中并未对鉴定报告中上述两者技术信息构成实质相同提出异议，因此上诉人的主张不能推翻原审鉴定报告的结论。胡某某和王某某原系山田公司的装配工、电气工，完全有可能接触到案涉冲床的内部结构，且王某某曾在山田公司任职期间被推荐两次赴日研修并签署了保密协议，综上可以推定胡某某和王某某有机会接触到山田公司诉请保护的技术信息。鉴定报告可以证明“连杆冷却系统”和“锁模装置”的设置是多解的，不同的设计人员设计方式不一样，相关的工艺参数等技术信息也不相同。龙游万代公司、胡某某既不能证明其取得与山田公司相同的技术信息是独立开发的结果，也不能证明其通过反向工程获取了上述技术信息，或其还有其他的合法来源，结合胡某某系龙游万代公司和宁波万代公司的投资人以及法定代表人，胡某某与王某某系宁波万代公司拥有的“一种高速精密冲床连杆冷却系统”及“一种高速精密冲床的锁模装置”实用新型专利的发明人，以及龙游万代公司和宁波万代公司在成立后的短时间内即生产出冲床产品，与常规不符的情况，应当认定胡某某和王某某违反与山田公司的约定或是违反山田公司有关保守商业秘密的要求向龙游万代公司和宁波万代公司披露了山田公司案涉冲床产品中“连杆冷却系统”和“锁模装置”的技术秘密，龙游万代公司和宁波万代公司非法使用了山田公司的上述技术秘密。因宁波万代公司、龙游万代公司、胡某某和王某某侵害了山田公司的案涉技术秘密，应当承担停止侵权、赔偿损失的民事责任。故二审法院驳回上诉，维持原判，宁波万代公司、龙游万代公司、胡某某、王某某应立即停止侵害山田公司享有的“连杆冷却系统”和“锁模装置”技术秘密，且不得扩散上述技术秘密。

上述案例是较为典型的，很多企业会遇到这样的情况。尽管企业在对员工泄露商业秘密的维权中做出积极的应对，但是其损失对企业而言是无法估量的，因此企业也应当做好商业秘密泄露的事前预防、事中保护、事后维权的措施：(1)企业与员工订立商业秘密权属约定。在研发、生产商业秘密时，企业、员工都做出了人力、物力或财力的投入，因此在商业秘密开始为企业盈利或员工离岗时是商业秘密的权属问题的高发期，纠纷的出现。企业管理者应当做好事前防范的措施，譬如签订合同、达成协议，或形成成文规定，对于员工所研发的商业秘密权属状态作出明确的约定、规定，并约定相对应的违约责任，此时注意合同签订的合法、有效性，并做好证据的存留。这样的方式，在一定程度上可以减少员工原因而造成的商业秘密泄露，但并不能根除员工泄露商业秘密的行为。(2)企业给员工的研发奖励机制。法人或者其他组织应当从使用和转让该项职务技术成果所取得的收益中提取一定比例，对完成该项职务技术成果的个人给予奖励或者报酬。对于研发商业秘密技术的员工，企业应当给予一定的奖励。关于非技术类的商业秘密是否给予员工一定的奖励取决于企业本身，法律并没有强制的规定，但企业奖励制度的存在能给员工的工作积极性带来极大的提升，同时在一定程度上也可以减少员工的离职或其他法律纠纷。(3)关于企业技术秘密转让，我国法律规定法人或者其他组织订立技术合同以转让职务技术成果时，职务技术成果的完成人享有以同等条件优先受让的权利，因此企业对于技术秘密的转让应落实好同等权利下的优先受让权，保证技术研发员工可以在同等权利下优先获得。即使技术研发人员放弃优先购买权，企业也应当存留好书面的证据，但是事实上很多企业会直接进行技术转让，这有可能会让企业陷入权利纠纷当中，也会造成员工离职后技术秘密泄露的法律风险。

(二)反向工程

反向工程即逆向工程，该概念起源于美国，原仅用于计算机软件领域，是指经营者通过合法渠道获取他人的作品，通过分析、拆卸、测绘等技术手段，获得该产品的制造技术、生产技术的行为。[①] 我国对反向工程的定义为，经营者通过正当途径获取他人产品、说明书、用户手册等，对产品进行拆卸、分析、设计、市场调研等方反向方式研究开发，最终获得权利人生产该产品或技术的研发信息。2007 年《最高人民法院关于审理不正当竞争民事案件应用法律若干问题的解释》(以下简称《不正当竞争解释》)第 12 条规定："通过自行开发研制或反向工程等方式获得的商业秘密，不认定为反不正当竞争法第十条第(一)项、第(二)项规定的侵犯商业秘密的行为。"我国对反向工程所取得的技术研发持认

① 张熙：《侵犯商业秘密抗辩事由之反向工程法律保护问题研究》，载《法制与社会》2014 年第 7 期。

可的态度。从根源上讲,反向工程研发耗时久、人力、物力、财力的消耗也是与原始研发的消耗是相当的,行为人为获得该项技术付出了很大的精力,并非不劳而获,商业秘密原持有人并没有申请专利保护,没有像专利权一样具有独占使用的权利,此时原权利人通过维权以排斥他人通过合法的劳动付出获得商业秘密,一般不予支持。事实上企业通过反向工程获得的商业秘密需要满足以下条件,否则依旧会出现法律风险。

1. 正当渠道获得对象商品

该条件是《不正当竞争解释》作出的规定。对象商品获取的渠道必须为公开渠道并符合商业道德,且需依法享有对产品的所有权、处分权。反向工程属于一种特殊技术保护,因此给对象商品的获取渠道作了明确的规定,建议企业在获取产品时注意对证据的保留,避免进入诉讼程序时因证据缺失导致败诉的法律风险。

2. 合同未对保密义务、不破解义务进行约定

企业为保证自身研发的产品、技术不被他人用反向工程予以破解,往往会通过与买方、租方明确约定以禁止反向工程行为。部分企业也会采取"黑箱封闭"原则,即产品因出租、修理、租赁等关系转移占有,但是产品的所有权并未发生改变,占有人行使的权利是短暂的使用权,不享有反向工程技术的拆卸、组装所需要的所有权,在源头上禁止了行为人的反向工程行为。对于上述第一种事前签订合同的方式,我国法律、司法实践中并无明确的认可或否定态度,企业应当慎重使用该种方式禁止反向工程的发生。企业通过反向工程获得商业秘密,一定要注意每一个阶段,如产品的获取、研发等阶段证据的收集、保存,以证明产品存在的合法性,避免因为证据缺失,导致败诉从而直接影响到企业经济损失。

(三)合作技术开发获取商业秘密

市场经济竞争愈加激烈下,企业单独经营的存活率要比合作开发经营的存活率低,很多企业会在经营、资金、技术、客户等方面进行合作,提高经济效益,这其中就包含企业将技术研发拓展为委托形式、合作形式,而后企业或申请专利,或进行商业秘密保护。在研发阶段至使用阶段中法律风险是始终存在的。

1. 企业双方合同本质目标不一致引发的法律风险

合作研发技术、委托研发技术等形式中企业管理者基本都会签订合同,但

这并不意味着企业都会以实现技术开发为目标，部分企业存在窃取技术、套用资金等行为或意图，导致企业技术研发目标不能达成，反而使研发技术泄露、资金损失惨重。企业在采取合作、委托等方式开发技术时，应对委托企业进行尽职调查，对其研发能力作出基本的判别，同时为减少资金的损失，应当将违约方的违约责任在合同中明确约定，或以事前缴纳履约保证金的方式，为合同的履行保驾护航。

2. 研发风险责任承担约定不明的法律风险

企业每一项技术研发的开始并不代表成功，技术研发可能需要经过多次失败才会出现最终的成果，其间的资金、技术、人员等成本承担问题应当作细致约定。合作企业之间、委托企业之间应当对此逐一进行约定，否则就会出现法律纠纷，甚至会出现技术秘密的部分泄露。《民法典》第 858 条关于风险负担及通知义务的规定为："技术开发合同履行过程中，因出现无法克服的技术困难，致使研究开发失败或者部分失败的，该风险由当事人约定；没有约定或者约定不明确，依据本法第五百一十条的规定仍不能确定的，风险由当事人合理分担。当事人一方发现前款规定的可能致使研究开发失败或者部分失败的情形时，应当及时通知另一方并采取适当措施减少损失；没有及时通知并采取适当措施，致使损失扩大的，应当就扩大的损失承担责任。"为避免企业之间出现责任承担方式、责任分配比例纠纷，事前最好作出关于此项风险责任承担的明确约定，避免出现纠纷后推诿，让研发停滞不前，出现企业损失二次扩大化。

3. 研发技术成果权属状态不明的法律风险

《民法典》第 861 条对于技术秘密成果的归属与分享有以下规定："委托开发或者合作开发完成的技术秘密成果的使用权、转让权以及收益的分配办法，由当事人约定；没有约定或者约定不明确，依据本法第五百一十条的规定仍不能确定的，在没有相同技术方案被授予专利权前，当事人均有使用和转让的权利。但是，委托开发的研究开发人不得在向委托人交付研究开发成果之前，将研究开发成果转让给第三人。"法律对于该项权属没有明确规定，权属状态主要依据当事人之间的约定，部分企业对于权属事前约定不明确的情况依旧存在，这造成法律纠纷和技术泄露的法律风险的事件屡见不鲜。企业要如何做好防范工作呢？首先，应根据企业所需对阶段性的技术成果、完结性技术成果等不同阶段权属状态做好约定。其次，将研发技术作为商业秘密保护或申请专利权进行保护。法律规定,合作开发的技术当事人一方不同意申请专利的,另一方或其他各方均不得申请专利,因此企业与合作方对于研发技术的保护方式应当提前做好约定,以明确专利保护方式,避免后期发生法律纠纷。

二、商业秘密的使用

商业秘密的使用首先是企业自己使用,即直接进行生产、经营并赚取经济利益;其次就是向他人转让、许可使用商业秘密,并收取转让费、使用费等,但唯一不变的是企业将技术作为商业秘密的形式予以使用,其保密性是始终贯穿其中的,商业秘密的保护形式主要就是自我防范,并不会像专利权一样存在独占使用,因此商业秘密的保护在使用阶段尤为重要,但也存在很大的难度。

(一)商业秘密交易阶段

企业既然选择以商业秘密的形式保护知识产权,而非经过申请专利的方式予以保护,那么商业秘密在交易过程的保护措施就直接关系到法律风险发生概率高低。企业管理者可以通过以下几种方式予以防范:第一,调查交易主体的资格。企业商业秘密的交易主体资格直接关系合作进程的顺利与否,因此建议企业做好尽职调查,从根源上减少交易过程中因为相对主体瑕疵导致交易无法进行的情况,避免出现违约行为,致使双方经济亏损,甚至出现商业秘密泄露的法律风险。第二,在正式签订合同之前,企业会进入磋商阶段,此阶段可能会对企业商业秘密进行一定展示,目的是保证合同的顺利签订。但对于披露一方来讲,协商阶段的商业秘密保护是相当有难度的,部分磋商者并不会如约签订涉及企业商业秘密的合同,因此企业就会出现商业秘密泄露、扩散的法律风险。此时企业应做好核心技术的保密,在磋商阶段做好阶段性、片段性的展示,避免泄露核心内容,也可与磋商方签订保密协议。第三,商业秘密使用范围的约定。商业秘密也属于知识产权范畴,因此使用的方式也是分为独占使用、排他性使用、普通使用,这种使用方式的分类可以更好地为商业秘密的保护作出限制,不同使用方式保护的商业秘密的范畴也是不一样的,但总体来讲,保护商业秘密的方式并不能仅限于合同的约定,可以采取多方式保护。譬如对于核心技术的提供仅限于出让方,使被使用方一直处于以依赖的方式,这样一方面可以保证企业的经济受益,另一方面也可减少商业秘密泄露的可能性。第四,商业秘密改进的约定。企业转让他人使用、许可他人使用商业秘密，就会出现技术发展、改进、创新的可能，先前的技术秘密就存在被淘汰的可能性，对改进后权属状态的事前约定能有效防范权属纠纷的法律风险，并可以增加企业的经济效益，企业应做好事前的、明确的权属约定。

（二）商业秘密出资

《公司法》规定，知识产权可作为出资入股，因此商业秘密作为无形资产出资入股也越来越普遍，商业秘密本身的特殊性导致其作为出资入股的客体时易出现法律风险，其风险的防范也是难上加难，应多方面、全方位地加以了解才能降低风险。

1. 商业秘密权属状态

商业秘密的权属状态不同于专利权的权属状态，商业秘密的保密性导致企业对出资人的权属状态很难辨别、查明。当企业对出资人的权属状态无法确认、辨别时就可能会出现侵权。另外，出资人将商业秘密作为资本出资，就意味着对商业秘密的占有、使用、处分等权利的转移，但作为出资人在出资后是否可以继续享有该商业秘密的使用权，若企业各出资人对此没有明确的约定，那么出资人可以继续使用该商业秘密，这就可能会造成所投资的商业秘密价值降低或受到侵权。

2. 商业秘密价值评估

作为非货币形式入股的出资应当进行价值评估，核实财产，不得高估或低估作价，因此对商业秘密出资入股的价值评估是必经程序。双方对于评估机构的选择必须要谨慎，避免出现资产的流失或虚高的情况。双方可协商聘请一家或多家评估机构进行评估，以保证评估的客观性。在实践中，部分评估机构恶意高估资产价值，或因为公司人力、物力限制的客观情况，导致商业秘密的价值大打折扣等法律风险都是存在的，因此双方在选择评估公司时最好提前做好调查，了解其评估资产的状况。另外，为保护委托评估者的利益，有限责任公司成立后，发现作为设立公司出资的非货币财产的实际价额显著低于公司章程所定价额的，应当由交付该出资的股东补足其差额，同时公司设立时的其他股东存在承担连带责任的法律风险。

三、商业秘密的保护

商业秘密的保护与专利权、商标权、著作权的保护是全然不同的，前者是通过企业自身的保密措施避免泄露，而后者是通过向国家专利管理部门申请保护，享有独占使用权。企业商业秘密一旦泄露，无法通过行政部门及时予以查处，其救济手段具有滞后性。商业秘密本身的保密特性决定其一旦泄露就可能出现无法挽回的经济损失。因此，企业对于商业秘密的保护要更侧重事前保护，但事后救济也是非常重要的。

（一）商业秘密泄露

企业商业秘密泄露的原因多种多样，主要有以下几点：(1)职工人员流动，即企业员工的离职、跳槽、兼职、借调。这些掌握企业商业秘密的员工可能会在流动期间恶意或无意地传播信息、核心技术至新企业。(2)商业贸易洽谈，企业在进行商业贸易期间，进行磋商、会晤等可能会将企业商业秘密对外展出，那么期间就会存在信息泄露的法律风险。(3)合同条款缺失，企业在签订合同时缺乏对保密、竞业禁止等违约责任的约定，合同条款的缺失致使相对方没有权利限制，容易出现企业商业秘密泄露事件。大多数企业在保护商业秘密方面缺失系统防范措施，如离职审查制度、合同签订审查制度、企业技术信息审核制度等。

参考案例

帕克环保技术（上海）有限公司与段某某、唐某专利申请权权属纠纷案①

专利号为ZL×××××××××××××.5的系争实用新型专利，名称为“一体化深度处理系统”，申请日为2014年6月8日，授权日为2015年3月4

① 上海知识产权法院(2016)沪73民初146号民事判决书。

日。2015 年 6 月 12 日，专利权人由段某某变更为西纯公司。专利登记簿副本显示，发明人为唐某，专利权人为西纯公司。

2005 年 6 月 6 日，帕克公司与唐某签订《保密协议书》第 4 条约定，“对于雇主的商业秘密，雇员承担无条件的保密义务，不得直接或间接向企业内部无关人员泄露；不得复制、披露包含企业商业秘密的文件及文件副本等”。第 8 条约定，“在雇佣期间以及在雇佣关系结束的一年之内，雇员必须将任何与雇主有关的发明、专利以及任何相关该等专利、发明的知识产权（无论该项发明、专利是否在中国或其他任何地点发生）移交给雇主或雇主指定的第三方”。2013 年 8 月 8 日，帕克公司与唐某签订的《保密协议书》第 6 条约定，唐某在合同期间内，从事帕克公司的工作和/或使用帕克公司的工作条件、资金所取得的任何版权或专利或专有技术均归帕克公司所有，双方另有约定的除外。

唐某进入帕克公司处工作后，曾担任工艺工程师、设计经理、BOD1 事业部设计团队经理、创新中心造纸行业 BOD 技术、芬顿及砂滤深度处理技术负责人。发明产品各环节审核均实际接触了相关项目的设计方案、工艺流程图、项目文档等。可以认定系争专利所涉发明创造均系唐某为完成帕克公司工作任务而做出的发明创造，而且也主要利用了帕克公司的物质技术条件。唐某与帕克公司签订的《保密协议书》约定，唐某在合同期间内，从事帕克公司的工作和/或使用帕克公司的工作条件、资金所取得的任何专利均归帕克公司所有，双方另有约定的除外。现没有证据表明双方另有约定，根据我国法律规定及上述约定，该专利均属于职务发明创造，专利权均应归帕克公司所有。

参考案例

鹤壁市反光材料有限公司与宋某某、李某某、鹤壁睿明特科技有限公司侵害商业秘密纠纷案[①]

宋某某自 2006 年起在鹤壁市反光材料有限公司（以下简称反光材料公司）

① 河南省鹤壁市中级人民法院（2015）鹤民初字第 96 号民事判决书。

任业务员，主要负责部分省份的销售及客户拓展工作。反光材料公司与宋某某先后签订两份劳动合同，并约定有保密条款和竞业限制条款。反光材料公司对其经营信息制定有保密制度，对客户及潜在客户信息采取了必要的保密措施，同时向宋某某及其他业务员支付了保密费用。鹤壁市睿欣商贸有限公司（以下简称睿欣公司，即鹤壁睿明特科技有限公司前身）成立于2011年6月22日，经营范围为钢材、建材、五金交电、涂板、反光护栏。在睿欣公司经营期间，宋某某以宋某名义参与办理睿欣公司工商登记手续的相关工作。睿欣公司银行往来账目显示，自2011年8月1日至2015年7月31日期间，睿欣公司与反光材料公司的多笔交易客户重合，宋某某以个人名义从睿欣公司账户取款多次。反光材料公司遂以侵害商业秘密为由，将宋某某等诉至法院。根据反光材料公司所提供的交易记录及客户来往票据，其中“品种”“规格”“数量”能够说明客户的独特需求，“成交日期”能够反映客户要货的规律，“单价”能够说明客户对价格的承受能力和价格成交底线，“备注”反映了客户的特殊信息。这些内容构成了反光材料公司经营信息的秘密点。上述经营信息涉及的客户已与反光材料公司形成了稳定的供货渠道，保持着良好的交易关系，在生产经营中具有实用性，能够为反光材料公司带来经济利益、竞争优势。反光材料公司为上述经营信息制定了具体的保密制度，对客户及潜在客户信息采取了必要的保密措施，并与宋某某明确约定了保密条款、竞业限制条款，向宋某某及其他业务员支付了相应的保密费用，可以证明反光材料公司为上述经营信息采取了合理保密措施。综上，可以认定反光材料公司制作的客户名单构成商业秘密。宋某某负有对反光材料公司的忠实义务，其中包括对工作中接触到的经营信息进行保密的义务，其明知公司的相关管理规定及客户名单的非公开性和商业价值，但仍私自与反光材料公司的客户进行交易，且与睿欣公司来往频繁，构成披露、使用、允许他人使用反光材料公司经营信息的行为，侵害了反光材料公司的商业秘密。睿欣公司不正当地获取、使用了宋某某所掌握的反光材料公司拥有的商业秘密。宋某某、睿欣公司对反光材料公司的商业秘密构成共同侵权。因睿欣公司已变更为睿明特公司，故侵权责任应由睿明特公司承担。

上述案例是涉及商业秘密保护的典型案例。因为企业缺失对接触商业秘密的员工的管理，导致商业秘密泄露。上述案例还着重强调了员工离职后的保密义务。因此企业首先应做好职工流动时的审查义务，签订劳动合同要注意竞业禁止条款，也要注意保密义务的违约责任明确约定，在员工入职时进行保密义务的培训，员工流动前做好岗位调动，避免其频繁接触涉及商业秘密的业务。其次，企业应当建立洽谈、磋商、商品展销阶段的商业秘密保护制度，在洽谈、磋商、展销阶段对核心技术予以保留性展示或限制企业、人员范围的展示，保证企业商业秘密不被泄露、窃取。最后，企业应建立核心技术部门的文档管理、人员管理机制，保证文档在传输、保管、参阅、使用时不被外泄，这可能需要企业对新技术手段的引进来维护企业核心技术，以最大限度地防止信息外泄的法律风险。实践中因员工离职等带来的商业秘密保护问题一直是企业管理中的难题。[①] 加之在维权过程中，商业秘密案件证据复杂、隐蔽，在维权阶段、庭审阶段证据提交难度较大，所以上述措施都是必要之举。

（二）商业秘密救济

商业秘密一旦泄露，其经济价值就会大打折扣，甚至会对企业本身的品牌、信誉有所损害，所以企业不仅要做好事前防范措施，也要在发生侵权、泄露的事故后选择适当时机去维权、救济，在最大程度上减少企业的经济、信誉损失，企业应当采取以下措施维权。

1. 证据收集

任何维权、救济手段都需要充足证据以证明自己所主张的权利，或将其作为谈判的筹码。实践中出现的问题就是企业一般会在事后收集证据，但此时证据收集难度很大，且不能保证证据的全面性、完整性，极易导致维权失败，所以企业需要在商业秘密产生、使用等阶段就注重证据的存留，这样一旦发生法律纠纷即可第一时间利用证据寻求法律救济或者获得谈判筹码。

2. 救济手段选择

面对不同的泄密、侵权事件企业会选择不同的救济手段，一般企业管理者都会用到以下三种方式：第一种是采取法律手段；第二种是当事人自行协商解决；第三种是采取行政手段进行救济维权，上述三种维权方式各有利弊。实践中很多企业在发生泄密事件、侵权事件后，很少采取法律手段或申请行政机关

---

① 李鹏飞等：《司法引领知识产权保护》，载《河南法制报》2018 年 4 月 24 日。

介入,这主要是为防止商业秘密的二次泄露,因此企业管理者都是采取双方当事人协商的方式。部分企业会及时向专利委员会申请部分专利权保护,避免企业所有的商业秘密被公开,保证企业在一定期限内享有独占使用的权利。

除民事救济手段外,企业可以申请行政机关介入。对于侵犯商业秘密的企业、个人,监督检查部门应当责令停止违法行为。行政手段具有快捷性,但是其处理方式、期限、处罚方式等均没有明确的法律规定,因此行政处理方式处理结果从期限、内容上均没有预判性,在处理不当情况下,容易导致企业秘密二次泄露,行政手段干预对于受害企业的赔偿问题存在解决难度。

对于司法机关救济的方式,侵权方可能会受到民事赔偿、刑事处罚等,《刑法》第 219 条对侵犯商业秘密罪作出以下规定:“有下列侵犯商业秘密行为之一,给商业秘密的权利人造成重大损失的,处三年以下有期徒刑或者拘役,并处或者单处罚金;造成特别严重后果的,处三年以上七年以下有期徒刑,并处罚金:(一)以盗窃、利诱、胁迫或者其他不正当手段获取权利人的商业秘密的;(二)披露、使用或者允许他人使用以前项手段获取的权利人的商业秘密的;(三)违反约定或者违反权利人有关保守商业秘密的要求,披露、使用或者允许他人使用其所掌握的商业秘密的。明知或者应知前款所列行为,获取、使用或者披露他人的商业秘密的,以侵犯商业秘密论。本条所称商业秘密,是指不为公众所知悉,能为权利人带来经济利益,具有实用性并经权利人采取保密措施的技术信息和经营信息。本条所称权利人,是指商业秘密的所有人和经商业秘密所有人许可的商业秘密使用人。”另外,《民法典》第 501 条规定:“当事人在订立合同过程中知悉的商业秘密或者其他应当保密的信息,无论合同是否成立,不得泄露或者不正当地使用;泄露、不正当地使用该商业秘密或者信息,造成对方损失的,应当承担赔偿责任。”因此企业管理者在遭受商业秘密泄露或侵权后,可以直接向公安机关报案,也可以选择提起民事诉讼。上述维权方式均有权威性,可在一定程度上打击犯罪,也可能会为企业带来经济上的赔偿,但这样的维权方式会导致商业秘密全部或部分被公开。

第五节　“一带一路”倡议与企业知识产权

一、“一带一路”倡议背景下企业知识产权风险与防范

新时代的企业是注重发展知识的企业，从我国企业以往对外发展趋势中可以看出，知识产权是影响企业在国内、国际上的地位、经济效益等的重要因素之一，在我国“一带一路”倡议提出和实施过程中，各大、中、小企业都在响应国家号召。但企业在进军国内市场、国际市场时也会不经意间陷入各种风险，要想防范这种风险，必须要了解企业知识产权的国际、国际环境。

“一带一路”倡议是习近平总书记在2013年提出的，主要是倡议发展古代中国的陆上丝绸之路和海上丝绸之路，将我国中西部地区与亚州、欧洲、非洲部分国家、地区连点成线，打造亚洲经济圈和东欧经济圈的通道，带动发展中国家和发达国家协同发展。同时“一带一路”也途经新疆、陕西、甘肃、宁夏、青海、内蒙古等地，促进中西部地区成为直面中亚、东欧等地区、国家的通道和货物贸易的物流基地，解决我国长期的东西部地区发展不均衡的问题。

近年来，我国经济迅速增长，成为世界上举足轻重的国家，但是国际上通用货币仍然是以美元为主，这对于中国在国际上日益增加的经济占有率，以及外汇储备必然会有一定的风险。加之国内钢铁产能过剩，企业处于苦苦支撑的状态，而沿线国家、地区有大量的自然资源并且其由于钢铁产量较低、建筑水平落后、铁路连通良莠不齐导致经济发展缓慢，因此构建“一带一路”不仅能缓解我国产能过剩的弊端，同时也能为沿线国家、地区构建交通网络发展期经济，从而达成共同发展、共同富裕的目标。

二、“一带一路”沿线国家、地区的知识产权制度现状

据国家统计局统计数据显示，2019年上半年，国外在华发明专利申请量达到7.8万件，同比增长8.6%；国外在华商标申请量为12.7万件，同比增长15.4%。国外在华发明专利、商标申请量的持续稳定增长，显示出国际社会对我国知识产权保护的信心。据WIPO统计显示，美国的申请者2018年在海外

提交了约23万件专利申请,相比之下,中国的海外专利申请为66,400件。但是相对应的知识产权纠纷却不断地上升,在2019年上半年,我国共受理PCT国际专利申请2.4万件,同比增长4.9%。其中,国内申请2.2万件,同比增长2.8%。因此企业要想在"一带一路"沿线地区、国家参与投资并获得相应的收益,减少知识产权的纠纷,必须先要了解相关国家、地区的知识产权保护制度现状。(1)对于中东欧国家。中东欧共有8个国家,这些国家的知识产权保护制度较为完善,不管是经济水平还是知识产权保护环境都是和中国相当的,其中波兰、捷克等国家已经加入欧盟。作为欧盟的成员国,应遵循知识产权边境保护整体推进的思路,主要通过贸易类和海关协定类来实现知识产权的边境保护水平的提升,但在欧盟立法没有规定的情况下,各个国家都是按照自己的实际情况来制定对应的法律制度。因此,在共同体制定的法律制度下权利人可以申请联盟保护程序,也可申请成员国国内保护程序。(2)对于东南亚地区。该地区包含新加坡、缅甸、老挝、印度尼西亚、泰国及马来西亚等国家,它们大多属于新兴国家或发展中国家,从立法层面来讲,只有新加坡和菲律宾等国的知识产权保护较为完善,立法内容全面且有相对应的配套措施,其他国家虽然设立了基本的知识产权执法机构,但知识产权的执法能力十分有限。

三、"一带一路"倡议中企业知识产权的法律风险与防范

落实"一带一路"倡议,企业会将自身的技术和设施带到沿线国家、地区,与此同时也须注意企业在"走出去"的同时也会遭受到的法律风险。"一带一路"沿线国家、地区经济发展水平不同,知识产权发展层次不一,法律保护制度存在不健全、不完善,企业如果过于放松对外投资的管理,就会陷入知识产权纠纷,大多数企业由于对投资国家、地区的法律制度、投资交易习惯不熟悉等容易引起法律纠纷,因此企业在对外发展知识产权产业时,应注意对当地知识产权制度予以充分了解。

"一带一路"沿线国家、地区基本上都属于发展中国家、地区,在急于发展的情况下,不仅对本国企业、个人进行知识产权侵权,也仿制国外商品获取利益。伴随我国企业日益强大的创造力,产品的影响力也在日益增强,企业在沿线发展时,难免会遇到知识产权侵权事件,经调研,大概可以分为以下几种类型:(1)商标恶意抢注。2017年8月31日,商标局发布海外商标抢注预警信息,有

一名外籍商人将 130 多个中国玩具企业的厂名及商标以个人名义在智利工业产权局申请注册，其大部分商标注册申请已经进入公告程序，如无异议将可能获得批准。截至 2017 年 11 月 13 日，中国商标维权代表远赴智利，经过多番努力，终于将外籍商人抢注的 130 多件商标据理力争回国。很多国内企业对商标国际注册意识薄弱，造成国内许多知名品牌的商标被外国企业、个人抢注，如"飞鸽牌"自行车商标在印度尼西亚被抢注、"海信"商标在德国被抢注、"红星"二锅头商标在欧盟被抢注。我国著名电脑品牌联想，在 2003 年之前其商标并非现在的"Lenovo"，而是"Legend"，之所以更变商标名称是因投资其他国家时发现该商标名称"Legend"已经被注册，联想公司认为要追回原有公司商标名称需要耗费极大的时间和精力，因此最终放弃使用 19 年的知名商标，改用新商标"Lenovo"。知识产权的地域性使我国企业要在国外顺利的进行商业投资、发展就必须要在国外注册商标，而且要尽量在最早的时间去注册，避免被他国企业、个人抢先注册，所以企业要想在国外市场上占据一席之地就要争取做到"产品未到，专利先行"。(2)知识产权陷阱。近年来，"一带一路"倡议成为全国政治经济的发展策略，国内大部分企业均展开了变革和转型，让企业在拓宽自己市场的同时可能会涉及投资并购的问题，知识产权的陷阱就是在并购时未获得价值最高的被收购企业的核心知识产权，造成企业面临巨额的许可费用。就拿我国汽车第一并购案，即"吉利并购沃尔沃"的事件来讲，沃尔沃汽车公司全部股权和有关资产被浙江吉利控股集团用 18 亿美元并购，并于 2010 年 8 月 2 日进行正式的交付，沃尔沃公司所有的股权被并入吉利集团，吉利集团将获得沃尔沃公司的核心关键技术和相关专利权、商标权等知识产权，然而，这场并购案也受制于法律，吉利公司在未来研发过程中并没有汲取沃尔沃公司的核心技术，只有少量的非核心技术可予以使用。并且在多年前沃尔沃集团被其他公司置于全球平台共享体系之中，这样做的主要目的就在于防止诸如吉利和沃尔沃这样的并购，因为并购对相关技术的泄露存在很大的风险。基于这样的考虑，一般被并购的企业会做好相应的措施，最常见的就是对于企业的核心技术设置一些限制，使并购企业不能完美地达到并购的目的。这样的风险在吉利和沃尔沃并购案中也有体现。双方在交付后，作为被并购的沃尔沃企业随即登报声称，沃尔沃集团并不因为被吉利并购而丧失品牌的所有权，吉利公司无法拥有这一品牌的所有权，因此如果并购双方没有顺利地将被并购企业的核心技术和平台交付于并购方,那么就不能称为并购,因其目的根本没有实现,最终会造成并购方的巨大损失。(3)专利侵权诉讼,是指企业可能面临的海外专利侵权诉讼,其与知识产权的陷阱存在部分交叉关系。企业的法务人员可以通过原告、被告参与专利侵权诉讼的次数,在专利权诉讼的获胜率来对对方企业的专利诉讼的能力进行分析,胜诉率较高的企业内部可能拥有较高的知识产权或诉讼法律人才,应对专利诉讼风险的能力较强。

因此,为避免上述知识产权的法律风险的发生,可以落实以下几点防范措施:(1)制订长远的经营方案,及时注册商标。在国内已经注册企业商标时,尽可能迅速地向其他目标国申请商标注册,商标注册有四种形式供企业管理者作为参考:①单一国注册方式,即商标注册申请人只向目标国申请注册商标;②马德里注册,依据《商标国际注册马德里协定》或《商标国际注册马德里协定有关议定书》向联盟国提出商标注册申请,但前提是该商标在申请人所属地已申请注册了该商标;③非洲知识产权成员国注册,其主要针对非洲国家的知识产权注册;④共同体注册,其针对欧共体范围内的商标注册。因此企业应当结合自己发展的战略前景,选择目标地申请注册商标使用权,不给商标抢注者留下可乘之机。(2)企业在并购的时候,应当对目标企业的知识产权进行尽职调查,明确目标企业申请了哪些知识产权项目,拥有哪些权利,明确相应的知识产权是否设立权利负担。还应调查企业正在准备申请的知识产权项目,包括已提交申请但未获得权利书的情况,及准备提交申请的知识产权项目。最后在做尽职调查的时候,也要查明知识产权的质量,很多企业虽拥有很多知识产权,但是其质量差强人意。(3)建立或购买专利检索技术,可以借助此技术知晓企业专利技术的新颖性、避开专利技术的侵犯,并且可以及时检索是否受到其他企业的知识产权的侵权。(4)建立健全企业知识产权档案管理。针对企业知识产权档案的建设工作,必须要从知识产权活动流程以及具体的经营特征予以整理归纳,以更好地保障企业知识产权档案可以发挥最直接最为完善的法律功效,若企业知识产权受到不法侵害,则能够借助全面翔实的知识产权档案,第一时间进行起诉或者应诉,进而确保企业不受到法律风险的影响。对于企业外部知识产权档案来说,企业方面必须要积极组织知识产权调查、归类、汇总,整理融合相关资料,对于市场动态情况予以即时监控,尽可能全面掌握竞争对手开发的新产品以及侵权行为的发生情况，若找到可能侵犯对手知识产权的漏洞，则必须第一时间对自己的行为进行调整，进行规避知识产权法律风险。[①]（5）增强企业职工知识产权保护意识。知识产权作为企业的无形资产，是企业参与国际竞争的重要资源，所以企业应当重视对知识产权的保护，不断地提高自身知识产权运用管理能力和保护的能力，努力使企业更好地去适应全球化市场竞争的需求。知识产权法律风险的防范不仅仅是法务部门、法律顾问的职责，更是企业管理团队在产生相关责任之前就必须要认真考虑的商业问题。总而言之，知识产权作为当今企业生存发展的核心资源，注重知识产权法律保护，必须多管齐下，如制定知识产权协议、制定知识产权保护制度、员工入职离职要求培训等，可在一定程度上预防企业因为人才的流动而给企业带来的损失。应当对外来的侵权行为积极应对，譬如向行政机关举报非法行为、向法院进行诉讼等措施维护企业的合法权益。同时，企业自身也应尊重他人知识产权，避免防止侵犯他人知识产权的行为发生。

参考案例

甲挂板厂与周某商业秘密纠纷案[②]

2003年3月11日，甲挂板厂与周某签订《合作协议》，约定甲挂板厂委托周某研制可用于制作蜂窝板专用胶膜的粘胶剂，有关试验费用由甲挂板厂承担，甲挂板厂后期自行生产胶膜时，周某的配方按照技术股方式入股并可获得年终分红，协议签订后，周某依照约定进行研制测试工作，并交付了研发成果，但之后甲挂板厂却未进行生产，而是由厂长杨某私自做主让西安爱润建材科技公司无偿使用，且双方签订了1,844,400元的采购合同，对此，周某于2009年以西安爱润公司侵犯其商业秘密为由向西安市中级人民法院提起诉讼。而在此之前，2006年12月，周某已以甲挂板厂未向其支付研发费用为由，提起诉讼。西安市中级人民法院于2007年10月作出判决，判令甲挂板厂支付周某7万元的技术

① 刘礼歌：《企业知识产权法律风险及防范》，载《山西青年》2017年第2期。
② 陕西省高级人民法院（2009）陕民三终字第44号民事判决书。

开发收益。宣判后,甲挂板厂不服,向陕西省高级人民法院提起上诉,后被二审法院裁定驳回上诉,维持原判决,根据上述案情,甲挂板厂与周某双方均表示对于涉案胶膜技术未采取保密措施,周某也未提交爱润公司生产的胶膜与其主张的技术秘密相同或者实质相同的直接证据。

根据国家工商行政管理局《关于商业秘密构成要件问题的答复》(工商公字〔1998〕第109号)的规定:"商业秘密的构成要件有三:一是该信息不为公众所知悉,即该信息是不能从公开渠道直接获取的;二是该信息能为权利人带来经济利益,具有实用性;三是权利人对该信息采取了保密措施。"一项经营或技术信息要成为商业秘密,必须具备以上三项构成要件。

在本案中,需要关注的是商业秘密第三项构成要件,即权利人对商业秘密所采取的保密措施问题。商业秘密要保持秘密性,权利人必须采取一定的措施,以确保其不为人所知晓。根据《不正当竞争解释》第11条的规定:"权利人为防止信息泄漏所采取的与其商业价值等具体情况相适应的合理保护措施,应当认定为反不正当竞争法第十条第三款规定的'保密措施'。人民法院应当根据所涉信息载体的特性、权利人保密的意愿、保密措施的可识别程度、他人通过正当方式获得的难易程度等因素,认定权利人是否采取了保密措施。具有下列情形之一,在正常情况下足以防止涉密信息泄漏的,应当认定权利人采取了保密措施:(一)限定涉密信息的知悉范围,只对必须知悉的相关人员告知其内容;(二)对于涉密信息载体采取加锁等防范措施;(三)在涉密信息的载体上标有保密标志;(四)对于涉密信息采用密码或者代码等;(五)签订保密协议;(六)对于涉密的机器、厂房、车间等场所限制来访者或者提出保密要求;(七)确保信息秘密的其他合理措施。"也就是说,法律是根据权利人是否已尽到合理的努力保护自身的商业秘密,来考察权利人是否采取了合理的保密措施。权利人必须主观上有保护相关信息的意识,并在客观上表现出一定的行为。对此,企业一般需在自身的软件和硬件方面下功夫。软件方面,是指制度、管理层面,企业通过规章制度、与员工签订保密协议等方式,将相关商业秘密性质、违反的处罚特别是商业秘密的范围及保护要求予以列明。硬件方面,则是指通过物理隔离、人员监管、分层次审批等方式阻碍员工及外来人员轻易地接触企业的商业秘密,并以此警告心怀不轨的人员,若侵犯企业的商业秘密,必将承担一定法律责任。在本案中,周某自身未对其商业秘密的范围、性质予以认定,也未事先采取任何的保护措施,更未与挂板厂及爱润公司签订任何关于商业秘密保护的协议。因而,其商业秘密不能获得法律的承认和保护也就只能“哑巴吃黄连,有苦说不出”了。

第九章　企业涉及自然环境的法律风险与防范

现代企业不应将盈利作为其发展的唯一任务。面对21世纪的环境问题，为响应国际、国内要求及履行企业自身的社会责任，企业也应将环境保护作为其发展的重要任务。加强环境保护及环境可持续发展业已成为大多企业的共识。在21世纪，加强环境保护是我国的一项重要国策，国家制定并颁发相关法律、法规、地方及部门规章，以督促企业协调发展经济和保护环境的关系，更要求企业安全生产、清洁生产。企业一旦违反环境保护的法律、法规，就会面临民事赔偿、行政处罚及刑事责任的法律风险。

第一节　我国企业环境保护立法现状

目前，我国关于环境保护的法律、法规形成以《宪法》为基础，以《环境保护法》为主导的法律体系，并由《环境保护税法》《水污染防治法》《大气污染防治法》《固体废物污染防治法》《噪声污染防治法》《海洋环境保护法》《建设项目环境保护管理条例》《危险废物经营许可证管理办法》等组成的环境保护法律体系。上述法律法规是企业常见的污染防治指导规定，鉴于企业存在地域性分布的差异，企业管理者也应在设置企业、运营企业、规避企业法律风险时注意了解、学习地方性的法规和规章。

很多企业在落实生产时会参考我国《环境保护法》中规定的“八项制度”，即环境影响评价制度、“三同时”制度、征收排污费用制度、诚实环境综合整治定量考核制度、环境保护目标责任制度、排污申报登记和排污许可证制度、限期治理制度、污染集中控制制度。在上述八项制度中，本书将筛选出四项比较重要的制度进行论述，企业管理者可以予以详细了解，并将上述制度积极、充分落实，降低企业环境问题可能导致的法律风险。

一、环境影响评价制度

《环境保护法》第 61 条规定："建设单位未依法提交建设项目环境影响评价文件或者环境影响评价文件未经批准，擅自开工建设的，由负有环境保护监督管理职责的部门责令停止建设，处以罚款，并可以责令恢复原状。"企业在进行生产活动前，为避免对环境造成影响，需要对企业进行的项目、生产活动作出环境影响调查、预测和评定，并提出防治的措施，制作环境影响报告书，按照法定程序进行报批。

二、"三同时"制度

《环境保护法》第 41 条规定："建设项目中防治污染的设施，应当与主体工程同时设计、同时施工、同时投产使用。"防治污染的设施应当符合经批准的环境影响评价文件的要求，不得擅自拆除或者闲置。企业在进行项目建设、生产活动时，相对应的环境保护设施也必须同时进行设计、施工、投入生产使用。环境保护的具体落实需要在企业建设项目设计期间加入环境保护篇章，包括环境保护设计、建设流程、投入使用预期效果，按照法律程序等待各级部门审核批准，保证企业建设项目、生产活动开始时环境保护设施竣工并验收合格。

参考案例

陕西捷瑞钢结构制造工程有限责任公司与西安市环境保护局行政处罚案[①]

2012 年 11 月 15 日，西安市环保局对陕西捷瑞钢结构制造工程有限公司

① 陕西省西安市中级人民法院（2014）西中行终字第 00023 号民事判决书。

(以下简称捷瑞公司)进行监督性检查时,发现捷瑞公司有2台煤气发生炉的烟气跑冒现象严重,无任何污染防治措施,废酸未按要求处置,遂下发限期改正决定书,要求捷瑞公司整改。同年12月19日,西安市环保局再次对捷瑞公司进行检查,发现捷瑞公司未采取任何整改措施,遂决定对捷瑞公司环境违法行为正式立案调查,并于12月26日向捷瑞公司送达限期改正决定书、行政处罚事先告知书、行政处罚听证告知书。原告于12月28日向西安市环保局书面陈述申辩意见,在其书面意见中对违法事实及主体未提出异议,并陈述其已采取有效措施进行整改。2013年6月3日,西安市环保局对捷瑞公司的整改情况进行督查,发现捷瑞公司仍未作任何整改,遂于6月4日作出行政处罚决定书,责令原告停止生产、改正环境违法行为,并处15万元的罚款。处罚决定书于次日送达捷瑞公司。后捷瑞公司申请行政复议,陕西省环境保护厅维持西安市环保局作出的行政处罚决定,捷瑞公司不服。

《建设项目环境保护管理条例》第16条规定:"建设项目需要配套建设的环境保护设施,必须与主体工程同时设计、同时施工、同时投产使用。"第28条规定:"违反本条例规定,建设项目需要配套建设的环境设施未建成、未经验收或者验收不合格,主体工程正式投入生产或者使用的,由审批该建设项目环境影响执行书、环境影响报告表或者环境影响登记表的环境保护行政主管部门责令停止生产或者使用,可以处10万元以下的罚款。"《西安市大气污染防治条例》第19条第1款第1项规定:"禁止使用市人民政府规定功率以下的燃煤设施。"该条第2款规定:"在限制燃煤区内所有燃煤设施都必须安装消烟除尘设施,排放大气污染物的浓度和数量不得超过规定的标准。排放二氧化硫超过核定标准的,必须配套建设脱硫设施。"第38条规定:"违反本条例第十九条第一款规定使用燃煤设施的,由环境保护行政主管部门责令限期拆除燃煤设施,处2千元以上5万元以下罚款;违反本条例第十九条第二款规定,未安装消烟除尘设施、脱硫设施的,由环境保护行政主管部门责令限期安装消烟除尘设施、脱硫设施,给予警告或者1千元以上5万元以下罚款。"根据被告提供的现场检查笔录,捷瑞公司热镀锌车间正常生产,但未按上述"三同时"的规定安装环境保护配套设施,酸洗废气污染行为严重;其使用的煤气发生炉超过规定标准,且未安装消烟除尘设施,被告据此作出责令原告停止生产,改正环境违法行为,并处15万元罚款的处罚决定符合上述法律法规规定。西安市环保局针对捷瑞公司的行为，依法向捷瑞公司告知了相关权利，在捷瑞公司未采取任何整改措施的情况下作出处罚，程序并无不当，故西安市环保局对捷瑞公司的行政处罚有理有据。

企业在建设生产时，只要涉及污染物排放，就会对环境造成一定的影响，所以企业必须向主管行政审批部门报批并获得许可后方可进行建设、生产活动，同时也必须满足“三同时”要求，即建设项目需要配套建设环境保护设施，且必须与主体工程同时设计、同时施工、同时投产使用，否则将会面临行政处罚的法律风险，若酿成侵权事件则将会面临公益诉讼和民事侵权、民事赔偿之诉的法律风险。

三、征收排污费用制度

《环境保护法》第 43 条规定：“排放污染物的企业事业单位和其他生产经营者，应当按照国家有关规定缴纳排污费。排污费应当全部专项用于环境污染防治，任何单位和个人不得截留、挤占或者挪作他用。依照法律规定征收环境保护税的，不再征收排污费。”环境保护部门是按照排污企业排放的污染物种类、数量、超标与否等标准收取费用，所以企业应尽量引进、研发排污新技术，这不仅减少企业缴纳税款数额，提高企业经济效益，同时也可以为保护环境尽到自己的一份力量。

四、排污申报登记和排污许可证制度

依据《环境保护法》第 45 条的规定：“国家依照法律规定实行排污许可管理制度。实行排污许可管理的企业事业单位和其他生产经营者应当按照排污许可证的要求排放污染物；未取得排污许可证的，不得排放污染物。”企业排污申报的主要内容有排污企业的情况、企业耗能状况、企业排污状况、污染处理状况等。企业应当依法向管理机关提出申请，再由主管部门审核批准并颁发证件，方可排放污染物。对上述制度的学习是企业生产、运营的一项必要工作，因为若企业无法满足《环境保护法》的强制性程序要求，就会导致企业受到行政处罚，面临停产、停业的法律风险。

参考案例

明盛公司污染环境案[①]

2007年以来，明盛公司在废水处理措施未经环境影响评估，未经申报登记、验收的情况下，擅自在厂区外东侧腾格里沙漠采用“石灰中和法”处置工业废水。2009年6月18日，廉某某任明盛公司法定代表人，负责公司的全面工作并决定继续使用“石灰中和法”处置工业废水。明盛公司于2011年5月11日取得排放污染物许可证，有限期限至2014年4月30日。明盛公司在排放污染物许可证到期后，仍继续非法排污。至2014年9月被责令关闭停产时，该公司厂区外东侧腾格里沙漠渗坑内存有大量工业废水。经宁夏环境监测中心站对现场废水取样检测认定，废水中多项监测因子超过国家排放标准。案发后，明盛公司、廉某某为防止污染扩大，及时采取措施，消除污染。明盛公司支付因采取合理必要措施所产生的费用626,640元。宁夏回族自治区中卫市沙坡头区人民法院一审认为，明盛公司违反国家有关环境保护的规定，非法排放、处置有毒物质，严重污染环境，廉某某系被告单位直接负责的主管人员，对污染环境的行为负有直接责任，明盛公司和廉某某的行为均已触犯法律，构成污染环境罪。公诉机关的指控成立，予以支持。廉某某归案后，能如实供述自己的犯罪事实，可以从轻处罚。案发后，因明盛公司、廉某某及时采取措施，消除污染，可以酌情从宽处罚。明盛公司排污时间相对较长，且在排放污染物许可证到期后，仍非法排污，严重污染环境，结合明盛公司的具体犯罪事实，决定对其判处罚金人民币500万元。根据廉某某的犯罪事实、性质、情节和对社会的危害程度，对廉某某可以适用缓刑，依法实行社区矫正。一审法院判决明盛公司犯污染环境罪，判处罚金人民币500万元；廉某某犯污染环境罪，判处有期徒刑1年6个月，缓刑2年，并处罚金人民币5万元。本案系腾格里沙漠污染事件发生后首例宣判的环境污染刑事案件。环境是社会健康发展的重要因素，也是刑法保护的重要法益。本案审理法院正确适用《最高人民法院关于办理环境污染刑事案件适

---

① 宁夏回族自治区中卫市中级人民法院(2016)宁05民初18号民事调解书。

用法律若干问题的解释》(以下简称《环境污染刑事案件解释》),依法惩治私设暗管排放、倾倒有毒、有害废物,严重污染腾格里沙漠生态环境的犯罪行为,充分贯彻宽严相济的刑事政策,依法保障社会公共利益和人民群众环境权益。该案的审理也为正确处理经济发展与环境保护之间的关系敲响了警钟,警醒政府在发展经济与保护环境、当前利益和长远利益等问题发生矛盾时应当如何取舍。该案的审理和判决对于教育和促进企业依法生产,依托科技手段提升清洁生产工艺和排放控制技术,实现绿色发展具有较好推动和示范作用。本案最大的亮点在于法院采用了“双罚制”,即对案涉企业宁夏明盛染化有限公司判处刑事罚金500万元,让案涉企业在经济上“得不偿失”,今后不敢再犯,较好地威慑了不依法办理环评手续、超标排污、无排污许可证排污或“超(许可)证”排污、偷排污染物的潜在的类似环境污染危害行为人。同时,法院对案涉企业的法定代表人、污染行为直接负责的企业主管人员廉某某,判处有期徒刑1年6个月,并处罚金5万元。

企业法定代表人应该以此为戒,时时敲响环保警钟,环境守法谨记于心,依法经营,保护环境,避免犯罪入狱造成自由和财产两失。该案中因企业未积极落实排污申报制度和排污许可证制度,导致企业生产排污不符合国家法定程序,最终酿下祸端。法院最后量刑定罪时也结合案发后明盛公司的法定代表人廉某某及时采取措施,缴纳因采取合理必要的环境处置措施所产生的费用626,640元,以积极消除污染行为对环境的不利影响等具体案件情节,对企业法定代表人廉某某适用了缓刑,即判处有期徒刑1年6个月,缓刑2年,并依法对其实行社区矫正。虽然法院考虑到该公司及法定代表人积极处理污染事件、及时善后等情节予以减轻量刑,但事实上环境污染、破坏往往具有不可逆性,该案中法院的做法对于引导类似环境危害行为人在案发后积极预防环境危害后果的发生或扩大,修复被破坏的生态或恢复被污染的环境,具有良好的示范效果。

第二节 企业环境污染主要类型

在企业建设、生产活动中,不可避免会产生一些污染,这也可能导致侵权事件的出现，主要表现在噪声污染、水污染、光污染、土壤污染等导致的环境变化，这对周边居民的生产、生活甚至生命会造成威胁，最终将导致企业面对公益诉讼或群体的侵权案件及民事赔偿责任、关停的行政处罚或限制相关责任人人身自由的刑事处罚等。

一、噪声污染

环境噪声污染，一般指在工业生产、建筑施工等环境下所产生的噪声超出国家规定标准，导致居民生活、工作、学习等社会活动无法正常进行的现象。企业在生产、建设、运营等过程中需要遵守法律法规，保证其造成的噪声处于国家标准范围内，以避免出现单位和个人检举、控告等法律风险。

参考案例

北京腾翔泰酒店管理有限公司与北京嘉美乐巢娱乐有限公司噪声污染责任纠纷案①

腾翔泰酒店在北京市大兴区旧宫镇×路×号院15号楼五层经营7天连锁酒店，其营业执照登记的营业日期为2015年4月8日至2035年4月7日；嘉美乐巢公司在×号院15号楼四层经营KTV，营业执照登记的营业日期为2016年5月4日至长期。腾翔泰酒店提交了其自行委托北京京环建环境质量监测中心的鉴定报告，鉴定时间为2016年4月15日22:40至23:10，检测房间为8505室和8580室，适用《社会生活环境噪声排放标准》(GB 22337－2008)，相关噪声检测数据已经超出正常噪声参考限值，嘉美乐巢公司不予认可。腾翔泰申请重新鉴定，经法院协调，腾翔泰酒店又自行委托北京京环天成环境监测中心对案涉房屋进行噪声情况鉴定，鉴定时间为2017年6月28日22:00至23:00，检测房间为8505室，适用《社会生活环境噪声排放标准》(GB 22337－2008)。针对相关鉴定结论，鉴定人员表示即使按照最低的噪声污染构成标准，其选取的5

① 北京市大兴区人民法院(2017)京0115民初1713号民事判决书。

个声音波段的指标已经有3个超标,分别为125Hz超出7分贝、250Hz超出9分贝、500Hz超出6分贝,已经构成噪声污染(主要声源为KTV营业噪声);关于选取8505室,鉴定人员表示8505室的位置属于受到噪声污染最明显的一个房间,其他房间可以参照上述检测结果考虑,并且其选取晚间进行鉴定属于双方营业的重合时间,具备科学性;关于具体损失,鉴定人员表示对于以住宿为主的旅馆来说,上述噪声对被告营业损失有一定影响,但无法量化。事实上嘉美乐巢公司装修时没有采取特殊的噪声处理,但其认为腾翔泰酒店自己装修时的噪声防护同样不合理,因双方营业地点均处于繁华商业地带,腾翔泰酒店噪声污染来源并非嘉美乐巢公司一家,且腾翔泰酒店客源减少系冬季没有供暖导致,故除了同意在一定期限内进行整改以外,不同意赔偿经济损失,另腾翔泰酒店2016年冬季供暖为空调供暖。

根据上述是事实相邻关系的一方长期产生噪声侵害另一方合法环境权益的,应该采取相应措施消除噪声污染源,并根据噪声污染的程度赔偿相应的经济损失。本案中,嘉美乐巢公司经营KTV属于高噪声类企业,应该在装修过程中作出隔音处理,以免给他人造成不必要的噪声干扰,由于腾翔泰酒店对外营业登记时间在嘉美乐巢公司之前,嘉美乐巢公司负有更多的噪声处理注意义务,对于嘉美乐巢公司先于腾翔泰酒店租赁和装修房屋的主张,均系嘉美乐巢公司内部和单方行为,法院不予采信。本案经过两次噪声鉴定,均认定为嘉美乐巢公司为主要声源的KTV构成噪声污染,由于腾翔泰酒店的主要营业内容为酒店住宿业务,其正常经营行为必然受到一定影响,故腾翔泰酒店要求嘉美乐巢公司采取整改措施,消除对腾翔泰酒店的噪声污染的要求,应予以支持。关于腾翔泰酒店要求嘉美乐巢公司承担营业损失等主张,由于嘉美乐巢公司系营业性酒店,相关客源流动性大,其提供的证据无法准确界定嘉美乐巢公司噪声的具体危害程度及损失的具体数额,同时考虑双方同处商业地带,相关噪声来源虽以嘉美乐巢公司为主,但不能完全排除其他噪声传播途径,且腾翔泰酒店客流减少不能排除自身冬季供暖不足等原因,酌定嘉美乐巢公司每月赔偿腾翔泰酒店噪声污染产生的经济损失4000元,自嘉美乐巢公司营业开始之日即2016年5月4日开始计算,故嘉美乐巢公司采取整改措施消除对腾翔泰酒店的噪声污染并由嘉美乐巢公司在消除噪声污染前赔偿腾翔泰酒店营业损失。

上述案例中,嘉美乐巢公司由于经营过程中产生的噪声污染导致腾翔泰酒店运营状况每况愈下,最终嘉美乐巢公司陷入法律纠纷面临巨额赔偿。我国法律对于噪声质量标准有明确的规定,国家环境保护部门根据工业生产、建筑施工、交通运输及社会生活的不同情况制定了对应的噪声质量标准。凡超过环境噪声排放标准的,企业应当及时采取措施进行治理,否则将会面临行政处罚或个人民事侵权诉讼及公益诉讼,严重情况下还可能会面临刑事处罚。

二、排放废气污染

部分企业在建设生产过程中存在向大气排放污染物的行为,但其必须符合《大气污染防治法》等相关的法律法规。我国现有的大气污染主要包含工业污染、机动车船、扬尘污染及农业污染等,因此《环境保护法》第 61 条规定:"建设单位未依法提交建设项目环境影响评价文件或者环境影响评价文件未经批准,擅自开工建设的,由负有环境保护监督管理职责的部门责令停止建设,处以罚款,并可以责令恢复原状。"企业在进行项目建设生产、活动之前,需要作出环境影响调查、预测和评定,并提出防止的措施,制作环境影响报告书,按照法定程序进行报批的制度,在获得环境部门的审批之后才可以开展项目建设活动。部分企业排放废气导致大气污染事故出现,其所在地方的环境行政管理部门应根据不同的情况予以罚款或对企业管理人员予以行政处分。如造成重大污染事件,导致公司财产重大损失、人身伤亡的严重后果,将会受到刑事处罚,并对造成损失的单位、个人给予民事赔偿。因此企业在生产、运营过程中只要涉及大气污染物的排放,就要做好相关的审批、报告、修复等工作,避免招致行政处罚及经济赔偿。

参考案例

上峰建材公司环境污染案[①]

2017 年 4 月 11 日,诸暨市环境保护局会同诸暨市公安局对上峰建材公司

① 浙江省绍兴市中级人民法院(2018)浙 06 民特 48 号民事裁定书。

联合突击检查时发现，该企业存在采用在大气污染物在线监控设施监测取样管上套装管子并喷吹石灰中和后的气体等方式，达到干扰自动监测数据目的。上峰建材公司超标排放氮氧化物、二氧化硫等大气污染物，对周边大气生态环境造成损害。经绍兴市环保科技服务中心鉴定评估，造成生态环境损害110.4143万元，鉴定评估费用12万元，合计122.4143万元。上峰建材公司违法排放的大气污染物已通过周边次坞镇大气生态环境稀释自净，无须实施现场修复。绍兴市环境保护局经与上峰建材公司、次坞镇人民政府进行磋商，达成了《生态环境损害修复协议》，主要内容为：(1)各方同意上峰建材公司以替代修复的方式承担生态环境损害赔偿责任。上峰建材公司在承担生态环境损害数额110.4143万元的基础上，自愿追加资金投入175.5857万元，合计总额286万元用于生态工程修复，并于2018年10月31日之前完成修复工程。(2)次坞镇人民政府对修复工程进行组织、监督管理、资金决算审计，修复后移交大院里村。(3)修复工程完成后，由绍兴市环境保护局委托第三方评估机构验收评估，提交验收评估意见。(4)生态环境损害鉴定评估费、验收鉴定评估费由上峰建材公司承担，并于工程验收通过后7日内支付给鉴定评估单位。(5)如上峰建材公司中止修复工程，或者不按约定时间、约定内容完成修复的，绍兴市环境保护局有权向上峰建材公司追缴全部生态环境损害赔偿金。绍兴市中级人民法院受理司法确认申请后，对《生态环境损害修复协议》内容进行了公告。公告期内，未收到异议或意见。绍兴市中级人民法院对协议内容审查后认为，申请人达成的协议符合司法确认的条件，遂裁定确认协议有效。一方当事人拒绝履行或者未全部履行的，对方当事人可以向人民法院申请强制执行。

本案是涉及大气污染的生态环境案件。上峰建材公司以在大气污染物在线监控设施监测取样管上套装管子并喷吹石灰中和后的气体等方式，干扰自动监测数据，超标排放氮氧化物、二氧化硫等大气污染物。虽然污染物已通过周边大气生态环境稀释自净，无须实施现场修复，但是大气经过扩散等途径仍会污染其他地区的生态环境，不能因此免除污染者应承担的生态环境损害赔偿责任。人民法院对案涉赔偿协议予以司法确认，明确由上峰建材公司以替代方式承担生态环境损害赔偿责任，是对多样化责任承担方式的积极探索。本案体现了环境司法对大气污染的“零容忍”，有利于引导企业积极履行生态环境保护的主体责任，自觉遵守环境保护法律法规，推动企业形成绿色生产方式。此外，经磋商，上峰建材公司在依法承担110.4143万元生态环境损害赔偿的基础上，自愿追加资金投入175.5857万元用于生态环境替代修复，体现了生态环境损害赔偿制度在推动企业主动承担社会责任方面起到了积极作用。

大气污染致生态环境损害的案件，都会碰到两个问题：其一，排污者排入大气环境的污染物质，因空气的流动，通常在案发后无法检测，排污者是否对生态环境造成损害，是否需要修复均不明确；其二，若要修复，应如何修复，是否一定要在案发地修复。本案较好地回答了这两个问题，具有一定的典型意义。上峰公司排放的大气污染物虽然通过周边次坞镇大气环境本身的自净功能已经将其稀释、飘散，但这并不等于大气环境没有受到损害。损害是存在的，只不过损害没有在当时当地显现出来。上峰公司排放的污染物飘散到其他地方，势必会对其他地方的生态环境造成损害。故此，上峰公司应当承担生态环境损害的赔偿责任。此外，由于大气污染所致生态环境损害案件的特殊性，对大气环境损害的赔偿责任，往往是通过对生态环境的修复来实现的。问题是，案发后上峰公司排入周边乡镇大气环境的污染物客观上已经自然稀释、飘散，再对其修复已无实质意义。由此产生了上峰公司以替代修复的方式承担生态环境损害赔偿责任的问题。对大气污染所致生态环境损害赔偿案件的处理，具有很好的示范作用。[①]

三、水污染问题

水污染，是指水体因某种物质的介入，而导致其化学、物理、生物或者放射性等方面特性的改变，从而影响水的有效利用，危害人体健康或者破坏生态环境，造成水质恶化的现象。目前，我国水污染治理方向主要集中在工业水污染、城镇水污染、农业及农村水污染、船舶水污染。本章主要论述企业生产、建设活动中对于水资源的污染，涉及工业水污染方面。企业在建设过程中需要制作环境影响报告书，及时报环境保护部门并获得审批，并及时履行“三同时”原则，保证企业项目在建设时污染防治工程一并建设并投入使用。企业未按照国家规定造成的水污染事故，国家、社会、个人均有权利向施害者主张损害赔偿并排除妨害。

① 王树义：《人民法院保障生态环境损害赔偿制度改革典型案例》，载《人民法院报》2019年6月6日。

参考案例

弘聚公司、金诚公司生态环境污染民事公益诉讼案①

2015年8月,弘聚公司委托无危险废物处理资质的人员将其生产的640吨废酸液倾倒至济南市章丘区普集街道办上皋村的一个废弃煤井内。2015年10月20日,金诚公司采取相同手段将其生产的23.7吨废碱液倾倒至同一煤井内,因废酸、废碱发生剧烈化学反应,4名涉嫌非法排放危险废物人员当场中毒身亡。经监测,废液对井壁、井底土壤及地下水造成污染。事件发生后,原章丘市人民政府进行了应急处置,并开展生态环境修复工作。山东省人民政府指定山东省生态环境厅为具体工作部门,开展生态环境损害赔偿索赔工作。山东省生态环境厅与金诚公司、弘聚公司磋商未能达成一致,遂根据山东省环境保护科学研究设计院出具的《环境损害评估报告》向济南市中级人民法院提起诉讼,请求判令被告承担应急处置费用、生态环境服务功能损失、生态环境损害赔偿费用等共计2.3亿余元,2名被告对上述各项费用承担连带责任,并请求判令2名被告在省级以上媒体公开赔礼道歉。济南市中级人民法院经审理认为,弘聚公司生产过程中产生的废酸液和金诚公司生产过程中产生的废碱液导致案涉场地生态环境损害,应依法承担生态环境损害赔偿责任。就山东省生态环境厅请求的赔偿金额,山东省生态环境厅提交了《环境损害评估报告》,参与制作的相关评估及审核人员出庭接受了当事人的质询,环境保护部环境规划院的专家也出庭对此给出说明,金诚公司、弘聚公司未提供充分证据推翻该《环境损害评估报告》,故对鉴定评估意见依法予以采信。山东省生态环境厅主张的生态环境服务功能损失和帷幕注浆范围内受污染的土壤、地下水修复费及鉴定费和律师代理费,均是因弘聚公司的废酸液和金诚公司的废碱液造成生态环境损害引起的,故应由该两公司承担。因废酸液和废碱液属不同种类危险废液,二者在案涉场地的排放量不同,对两种危险废液的污染范围、污染程度、损害后果及其与损害后果之间的因果关系、污染修复成本等,山东省生态环境厅、弘聚公司、

① 山东省济南市中级人民法院(2016)鲁01民初780号民事判决书。

金诚公司、专家辅助人、咨询专家之间意见不一,《环境损害评估报告》对此也未明确区分。综合专家辅助人和咨询专家的意见,酌定弘聚公司承担80%的赔偿责任,金诚公司承担20%的赔偿责任,并据此确定2名被告应予赔偿的各项费用。弘聚公司、金诚公司生产过程中产生的危险废液造成环境污染,严重损害了国家利益和社会公共利益,为警示和教育环境污染者,增强公众环境保护意识,依法支持山东省生态环境厅要求弘聚公司、金诚公司在省级以上媒体公开赔礼道歉的诉讼请求。

此案系因重大突发环境事件导致的生态环境损害赔偿案件。污染事件发生后,受到社会广泛关注。因2名被告排放污染物的时间、种类、数量不同,认定2名被告各自行为所造成的污染范围、损害后果及相应的治理费用存在较大困难。因重大突发环境事件致生态环境损害,属于《生态环境损害赔偿制度改革方案》规定的较为典型的生态环境损害赔偿案件。[①]

四、光污染问题

与光污染有关的法律法规包括《宪法》《民法典》《环境保护法》等,部分地方规章制度对此也有明确的规定。光污染的污染方式主要包括彩光污染、白亮污染及人工白昼三种污染方式,企业在生产经营过程中对个人、社会一旦造成损害,受害者均有权利主张损害赔偿和排除妨害,作为企业也应当做好光污染的处理,将防治光污染作为企业发展的必要义务。

参考案例

倪某某与海洋红公司侵权纠纷案[②]

倪某某于1993年建温室养殖场养殖中华鳖。2000年3月,海洋红公司在

① 吕忠梅:《人民法院保障生态环境损害赔偿制度改革典型案例》,载《人民法院报》2019年6月6日。

② 辽宁省高级人民法院(2013)辽审三民提字第45号民事判决书。

倪某某养殖场周边村落建成大规模风力发电机组，其中两组发电机位于养殖场附近。一组位于养殖场东南约100米处，另一组位于养殖场西北400—500米处。自2000年9月，倪某某养殖的中华鳖大量死亡。2001年7月25日，倪某某自行委托监测站针对海洋红公司对倪某某中华鳖生产影响进行了论证，结论为：风力发电机叶轮转动投影及噪声扰乱改变了温室大棚中中华鳖所需的安静生活环境，而且这种惊扰正值中华鳖繁殖、发育和生长期间，导致了一系列不良后果。倪某某针对所致损失，又委托评估鉴定，结论为损失总计1,637,966元。辽宁省丹东市中级人民法院委托渔业生态监测中心针对"丹东海洋红风力发电厂对室内养殖中华鳖生长影响"进行现场试验鉴定，渔业生态监测中心出具鉴定报告，结论为：试验现场的噪声、电磁辐射以及转动的阴影，不会对中华鳖的存活和生长造成影响。农业部渔业局资源环保处出具证明材料，认为：渔业生态监测中心"关于风车的噪声、电磁辐射、转动阴影等因素对中华鳖的存活和生活影响的试验鉴定"已超出该局核发的《渔业污染事故调查鉴定资格证书》的业务范围。农业部渔业局针对一审法院就相关问题的咨询函答复："渔业生态监测中心持有我局颁发的《渔业污染事故调查鉴定资格证书》（甲级），具有渔业污染事故调查资格。"倪某某要求海洋红公司赔偿其养殖的中华鳖的损失。

依据上述案情介绍作如下分析，因环境污染引起的损害赔偿诉讼，由加害人就法律规定的免责事由及行为与损害结果之间不存在因果关系承担举证责任。渔业生态监测中心作出的鉴定报告结论为："试验现场的噪声、电磁辐射以及转动的阴影，不会对中华鳖的存活和生长造成影响。"农业部渔业局已复函证实渔业生态监测中心具有渔业污染事故调查资格，故对该鉴定报告内容予以采信；但根据《最高人民法院关于民事诉讼证据的若干规定》①第4条第3项的规定："因环境污染引起的损害赔偿诉讼，由加害人就法律规定的免责事由及行为与损害结果之间不存在因果关系承担举证责任。"本案存在发生损害的事实，且海洋红公司客观上实施风力发电所产生的噪声、光影及电磁可能会形成环境污染，海洋红公司应当就倪某某饲养的中华鳖死亡与其实施的风力发电行为之间不存在因果关系承担举证责任。渔业生态监测中心虽作出鉴定意见认为现场

① 该判决书中引用的《最高人民法院关于民事诉讼证据的若干规定》于2019年12月25日修订，现参考最新修订版相关规定。——编者注

的噪声、电磁辐射以及转动的阴影,不会对中华鳖的存活和生长造成影响。但农业部渔业局资源环保处答复认为,渔业生态监测中心"关于风车的噪声、电磁辐射、转动阴影等因素对中华鳖的存活和生活影响的试验鉴定"已经超出核发的《渔业污染事故调查鉴定资格证书》的业务范围。农业部渔业局虽答复称,渔业生态监测中心具有渔业污染事故鉴定资质,但并未对本案噪声、电磁辐射、转动阴影等因素对中华鳖的影响是否系渔业生态监测中心的鉴定范围作出实质性答复。本案应当认定渔业生态监测中心不具有涉及本案环境污染因素的鉴定资质。案涉环境污染损害纠纷,是基于风力发电产生的噪声、光影及电磁造成的新类型环境污染,不属于一般意义上的渔业水域污染,仅具有渔业污染鉴定资质的机构所出具的鉴定结论不能作为定案的依据。中华鳖属于对噪声及光影敏感生物,而本案中最近一组风力发电机机组距离养殖场仅100米,不符合相关规范要求。《辽宁省风力发电厂生态建设管理暂行办法》可以印证中华鳖死亡与风力发电机所产生的噪声、转动阴影、电磁辐射等因素具有一定因果关系。本案海洋红公司未完成中华鳖死亡与其实施的风力发电行为之间不存在因果关系的举证证明责任,应承担相应的民事责任,海洋红公司承担本案损失的80%民事责任。

上述案件系因风力发电产生的噪声、光影及电磁造成损害的新类型环境污染侵权纠纷。噪声是风力发电场典型的污染因素。光影的影响,虽未明确作为环境污染的类别,但与光污染类似,且相关研究表明风电场光影的规律性变化和晃动可能对居民和敏感生物产生影响,是可致污染的重要因素。关于电磁波污染,由于风力发电的原理即在于利用风力使得叶片带动磁场转动,由磁场能量转化为电能,在此过程中会产生磁场或电磁波的负面影响,也是已知的可能污染源。本案再审法院根据案件系风力发电厂噪声、光影及电磁致损的新类型污染的特点,综合相关部门就鉴定资质出具的证据,对于鉴定机构的鉴定资质进行了审查判断,未予采信鉴定意见,同时依据风力发电机组与养殖场的距离、风力发电厂生态建设相关规范文件,结合中华鳖的习性,认定了风力发电产生的噪声、光影及电磁与中华鳖的死亡具有一定的因果关系。

关于中华鳖死亡与海洋红公司实施的风力发电行为之间是否存在因果关系。虽一审、二审法院未予认定该因果关系,但再审法院通过对鉴定机构资质的判断以及综合案件具体情况认定该因果关系存在，是正确的。侵权责任法上，加害行为与损害结果间的因果关系有两个特征：一是该因果关系具有客观性，符合自然科学上的因果规律；二是该因果关系认定具有主观性，一个社会内在的文化观念、习俗伦理、立法政策都影响该因果关系的认定。法律上的因果关系认定不仅依赖自然科学知识，还依赖法学的价值判断。本案存在由鉴定机构资质出具的两份结论相悖的意见，人民法院在采信证据方面没有依赖鉴定意见，而是在审查鉴定机构资质确定不予采信鉴定意见基础上，从规范要求和侵权行为的特殊性出发，依据最近一组风力发电机机组距离养殖场仅 100 米，选址违反法律规定等因素，对于因果关系予以认定。

五、土壤污染

土壤污染，是指因人为因素导致某种物质进入陆地表层土壤，引起土壤化学、物理、生物等方面特性的改变，影响土壤功能和有效利用，危害公众健康或者破坏生态环境的现象。[①] 任何组织和个人都有保护土壤、防止土壤污染的义务。企业事业单位和其他生产经营者从事生产经营活动，应当采取有效措施，防止、减少土壤污染，对所造成的土壤污染依法承担责任。我国《土壤污染防治法》规定，企业事业单位拆除设施、设备或者建筑物、构筑物的，应当采取相应的土壤污染防治措施。任何组织和个人对污染土壤的行为，均有向生态环境主管部门和其他负有土壤污染防治监督管理职责的部门报告或者举报的权利。

参考案例

湘盛公司、沃鑫公司土壤污染民事公益诉讼案[②]

湘盛公司、沃鑫公司均未取得危险废物经营许可证。2010 年 5 月，两公司建立合作关系，沃鑫公司提供原料给湘盛公司加工，加工费为生产每吨硫酸 240

① 廖文杰、胡东滨：《城市水污染治理政策影响研究——以长沙市为例》，载《科技进步与对策》2018 年第 24 期。

② 贵州省遵义市中级人民法院（2016）黔 03 民初 520 号民事判决书。

元，硫酸产品及废渣由沃鑫公司负责接收销售。2011年11月1日，两公司签订《原料购销协议》，以湘盛公司名义对外向中丹霞冶炼厂购买硫精矿原料。2011年11月1日至2015年7月6日，湘盛公司共取得66,900吨硫精矿用于生产硫酸。2015年3月30日至2018年3月30日，湘盛公司整体承包给沃鑫公司独立经营，其间曾发生高温水管破裂事故，导致生产车间锅炉冷却水直接排入厂外河流。上述生产过程中，生产原材料和废渣淋溶水、生产废水流入厂区外，造成厂区外一、二号区域土壤污染。经鉴定，一号区域为灌草地，重金属污染面积约达3600平方米，全部为重度污染。二号区域为农田，重金属污染面积达39,500平方米，91%的土壤为重度污染，7%的土壤为中度污染，2%的土壤为轻度污染。污染地块的种植农作物重金属超标。县环境保护局于2015年、2016年两次责令湘盛公司拆除排污暗管、改正违法行为，并处以行政罚款。2016年9月，湘盛公司及其法定代表人梁某某、沃鑫公司、余某因犯污染环境罪被追究刑事责任。后检察机关提起公益诉讼。2017年12月，贵州省环境科学研究设计院出具《损害评估报告》，确认案涉土壤污染损害费用包括消除危险费用、污染修复、期间生态服务功能损失共计639.7万元。

湘盛公司、沃鑫公司均无危险废物经营许可证，不具备危废处理资质。两公司生产过程中实施了污染行为，案涉污染土壤中重金属与湘盛公司生产原料、废渣及排放废水中所含重金属成分相同，具有同源性，且污染土壤区域的重金属含量均远高于对照检测点，足以认定两公司排污行为与案涉土壤及地上农作物中度污染之间的因果关系。两公司先为合作，后为承包，主观上具有共同故意，客观上共同实施了污染行为，应承担连带责任。法院判决湘盛公司、沃鑫公司立即停止侵害，在对生产厂区进行综合整改及环境监控，未通过相关环保行政职能部门监督验收前，不得生产；对厂区留存全部原料及废渣进行彻底无污染清除，逾期则应当支付危废处置费60.3万元，聘请第三方处置；对案涉土壤进行修复，逾期则支付修复费用230万元，聘请第三方修复；赔偿生态环境期间服务功能损失127.19万元；承担本案鉴定费38.6万元。

此案是由检察机关提起的土壤污染民事公益诉讼案件。土壤是经济社会可持续发展的重要物质基础。尤其本案所涉二号区域用途为农用耕地，其上农作物及农产品的安全更是直接关切群众身体健康。本案审理法院依法启动鉴定程序对案涉专业问题作出技术判断,鉴定机构出具的评估报告同时提供了土壤污染的风险判定和具体修复方案,为推动后续土壤修复治理提供了专业技术支撑。本案审理法院还向县政府发出司法建议,建议通过征用程序改变二号区域的农用耕地用途,消除被污染土地继续种植农作物可能带来的人体健康风险。同时,突出保护农用耕地、基本农田的价值理念,将农用耕地用途改变导致农用耕地功能丧失纳入期间服务功能损失,建立了民事裁判与行政执法之间的衔接路径。本案的正确审理,为案涉土壤污染构建了"责任人修复 + 政府监管 + 人民法院强制执行 + 人民检察院监督"的全新复合治理路径,有力地推进了污染土壤的修复治理,确保了实现涉地农业生产环境安全,体现了司法保护公益的良好效果。

第三节 企业环境污染涉诉类型及防范

部分企业项目建设、生产活动并未依法经过审批、投入使用等法定环节,最终导致环境污染或者污染物的排放超出国家法律规定的污染物排放标准,进而出现法律风险的情况屡见不鲜。

一、民事赔偿法律风险

因污染环境和破坏生态造成损害的,企业应当承担侵权责任。因此企业面临的环境民事赔偿法律风险,一般都是由环境侵权引发的,其赔偿范围包含以下三个方面:(1)人身损害赔偿。因环境污染侵害他人造成人身损害的,应当赔偿医疗费、护理费、交通费等为治疗和康复支出的合理费用,以及因误工减少的收入。造成残疾的,还应当赔偿残疾生活辅助器具费和残疾赔偿金。造成死亡的,还应当赔偿丧葬费和死亡赔偿金。(2)财产损害赔偿。因环境污染侵害他人财产的,财产损失按照损失发生时的市场价格或者其他方式计算。(3)精神损害赔偿。因环境污染侵害他人人身权益,造成他人严重精神损害的,被侵权人可以请求精神损害赔偿。[①] 由此可以看出,在企业出现环境侵权事故,陷入诉

① 姜雪娜:《我国现阶段环境侵权同质性赔偿的合理性》,载《学理论》2011 年第 34 期。

讼纠纷后,其不仅可能会致使企业的市场认可度降低、信誉下降,而且可能会使企业面临巨额赔偿。

二、行政处罚法律风险

我国《环境保护法》第 59 条规定:"企业事业单位和其他生产经营者违法排放污染物,受到罚款处罚,被责令改正,拒不改正的,依法作出处罚决定的行政机关可以自责令改正之日的次日起,按照原处罚数额按日连续处罚。前款规定的罚款处罚,依照有关法律法规按照防治污染设施的运行成本、违法行为造成的直接损失或者违法所得等因素确定的规定执行。地方性法规可以根据环境保护的实际需要,增加第一款规定的按日连续处罚的违法行为的种类。"第 60 条规定:"企业事业单位和其他生产经营者超过污染物排放标准或者超过重点污染物排放总量控制指标排放污染物的,县级以上人民政府环境保护主管部门可以责令其采取限制生产、停产整治等措施;情节严重的,报经有批准权的人民政府批准,责令停业、关闭。"第 63 条也规定:"企业事业单位和其他生产经营者有下列行为之一,尚不构成犯罪的,除依照有关法律法规规定予以处罚外,由县级以上人民政府环境保护主管部门或者其他有关部门将案件移送公安机关,对其直接负责的主管人员和其他直接责任人员,处十日以上十五日以下拘留;情节较轻的,处五日以上十日以下拘留:(一)建设项目未依法进行环境影响评价,被责令停止建设,拒不执行的;(二)违反法律规定,未取得排污许可证排放污染物,被责令停止排污,拒不执行的;(三)通过暗管、渗井、渗坑、灌注或者篡改、伪造监测数据,或者不正常运行防治污染设施等逃避监管的方式违法排放污染物的;(四)生产、使用国家明令禁止生产、使用的农药,被责令改正,拒不改正的。"上述 3 条法律规定所涉及的行政处罚并不完全,另外还包含警告、罚款、没收违法所得、暂扣、吊销营业执照、行政拘留等处罚措施,不难发现国家对于企业排放污染物的治理态度相当坚决。

三、刑事责任法律风险

环境犯罪,是指自然人或法人违反环境保护法规,故意或过失实施的,污染大气、土壤或破坏土地、矿藏、森林、草原、珍危动物或其他生态环境,从而产生严重危害结果或高度现实危害可能性的行为。[①]《刑法》中对企业导致的环境污染涉及罪名包含:(1)污染环境罪。排放、倾倒或者处置有放射性的废物、含传染病病原体的废物、有毒物质或者其他有害物质,严重污染环境的处3年以下有期徒刑或拘役,并处或者单处罚金,情节严重的处3年以上7年以下有期徒刑,并处罚金。(2)非法处置进口的固体废物罪。违反国家规定将境外的固体废物倾倒、堆放、处置的,处5年以下有期徒刑或者拘役,并处罚金;造成重大环境污染事故,致使公私财物遭受重大损失或者严重危害人体健康的,处5年以上10年以下有期徒刑,并处罚金;后果特别严重的,处10年以上有期徒刑,并处罚金。(3)擅自进口固体废物罪。未经国务院有关主管部门许可,擅自进口固体废物用作原料,造成重大环境污染事故,致使公私财产遭受重大损失或者严重危害人体健康的,处5年以下有期徒刑或者拘役,并处罚金;后果特别严重的,处5年以上10年以下有期徒刑,并处罚金。以原料利用为名,进口不能用作原料的固体废物、液态废物和气态废物的,按走私废物罪定罪处罚。(4)非法采矿罪。(5)盗伐林木罪。

参考案例

上海印达金属制品有限公司、应某某等污染环境案[②]

被告单位上海印达金属制品有限公司(以下简称印达公司),被告人应某某系印达公司实际经营人,被告人王某某系印达公司生产部门负责人。印达公司主要生产加工金属制品、小五金、不锈钢制品等,生产过程中产生的废液被收集在厂区储存桶内。2017年12月,被告人应某某决定将储存桶内的废液交予被告人何某某处理,并约定向其支付7000元,由王某某负责具体事宜。后何某某联系了被告人徐某某。12月22日夜,被告人徐某某、徐某某驾驶槽罐车至公司门口与何某某会合,经何某某与王某某联系后进入公司抽取废液,3人再驾车至

① 李涛洪、周晋凌:《环境犯罪构成要件与完善初探》,载《云南大学学报(法学版)》2012年第2期。

② 上海市第三中级人民法院(2018)沪03刑终29号刑事裁定书。

上海市青浦区白鹤镇外青松公路、鹤吉路西100米处，先后将约6吨废液倾倒至该处市政窨井内。经青浦区环保局认定，倾倒物质属于有腐蚀性的危险废物。本案由上海铁路运输检察院于2018年5月9日以被告人应某某、王某某等5人犯污染环境罪向上海铁路运输法院提起公诉。在案件审理过程中，上海铁路运输检察院对被告单位印达公司补充起诉。2018年8月24日，上海铁路运输法院依法作出判决，认定被告单位印达公司犯污染环境罪，判处罚金10万元；被告人应某某、王某某等5人犯污染环境罪，判处有期徒刑9个月至1年不等，并处罚金。判决已生效。

准确认定单位犯罪并追究刑事责任是办理环境污染刑事案件中的重点问题，一些地方存在追究自然人犯罪多、追究单位犯罪少、单位犯罪认定难的情况。司法实践中，经单位实际控制人、主要负责人或者授权的分管负责人决定、同意，实施环境污染行为的，应当认定为单位犯罪，对单位及其直接负责的主管人员和其他直接责任人员均应追究刑事责任。本案中被告人应某某系印达公司实际经营人，决定非法处置废液，被告人王某某系印达公司生产部门负责人，直接负责废液非法处置事宜。本案中对被告单位印达公司及其直接负责的主管人员和其他直接责任人员被告人应某某、王某某同时追究刑事责任，在准确认定单位犯罪并追究刑事责任方面具有典型意义。

关于环境法律风险的防范必须做好事前防范、事中救援、事后弥补等措施，出现法律风险时企业可以通过以下措施进行防范。

企业在开展项目建设、生产经营活动前应做好“三同时”“八项制度”工作，将审批材料、排污净污设施建设做到均符合国家法律建设、报批标准。部分地方存在地方性标准则的，则应按照地方性标准予以落实，在此就会体现企业法律部门或法律顾问的价值。一方面，其需要准备事前审批的材料，以保证材料的合法性、合规性；另一方面，其要做好《环境保护法》《民事诉讼法》《水污染防治法》《大气污染防治法》等法律法规的培训，让企业决策者、落实者均有法律基础意识。此外，我国法律规定，排放污染物的企业事业单位和其他生产经营者，应当采取措施，防治在生产建设或者其他活动中产生的废气、废水、废渣、医疗废物、粉尘、恶臭气体、放射性物质以及噪声、振动、光辐射、电磁辐射等对环境的污染和危害。排放污染物的企业事业单位，应当建立环境保护责任制度，明确单位负责人和相关人员的责任。重点排污单位应当按照国家有关规定和监测规范安装使用监测设备，保证监测设备正常运行，保存原始监测记录。严禁通过暗管、渗井、渗坑、灌注或者篡改、伪造监测数据，或者不正常运行防治污染设施等逃避监管的方式违法排放污染物。上述几点防范措施都是属于事前的防范体制建立。

当企业发生环境法律纠纷时，要根据环境侵权构成要件即侵害行为、损害事实、因果关系以及主观过错四要件来判断企业是否为真正的侵权主体，然后及时与被侵害者、行政部门或第三方联系积极处理，避免事态扩大，影响企业形象。鉴于环境侵权事件的特殊性，《民法典》第1230条规定："因污染环境、破坏生态发生纠纷，行为人应当就法律规定的不承担责任或者减轻责任的情形及其行为与损害之间不存在因果关系承担举证责任。"因此在此类诉讼中采取的是举证责任倒置的原则，原告只要证明其存在损害事实及损害的严重程度即可，企业则需要承担其他的证明责任，譬如证明损害与污染无关、损害由不可抗力等原因所致，否则就要承担赔偿责任。但对于环境污染事故，企业并不是毫无保留地承担责任，其也存在免责事由：(1)不可抗力。《民法典》第180条规定："因不可抗力不能履行民事义务的，不承担民事责任。法律另有规定的，依照其规定。不可抗力是不能预见、不能避免且不能克服的客观情况。"根据现行环境法律，不可抗力主要是指地震、海啸等极端自然灾害和战争。我国自然灾害频发。需要明确的是，即使出现"不可抗力"情形，也并非绝对免除排污单位的责任。对自然灾害等不可抗力，《海洋环境保护法》第91条中规定，完全由于不可抗拒的自然灾害，并经及时采取合理措施仍然不能避免对海洋环境造成污染损害的，造成污染损害的有关责任者免予承担责任。可见，即使发生极端自然灾害，排污单位也必须"及时采取合理措施"以避免造成污染损害，否则也必须承担相应责任。(2)受害人故意。如果环境污染损害是由受害人故意造成的，排污方则不承担赔偿责任。如果污染损害是由受害人重大过失造成的，则可以减轻排污方的赔偿责任。(3)第三人原因导致。因第三人的过错污染环境造成损害的，被侵权人可以向污染者请求赔偿，也可以向第三人请求赔偿。污染者赔偿后，有权向第三人追偿。实际中，第三人通过钻孔等破坏性方法盗窃输油管道中的石油，由于盗窃人未能有效封堵，从而导致农田、海域污染的案例时有发生。司法实践中，此类情况多由输油管道的管护单位先行赔付农民污染损失，继而再向第三人追偿，甚至追究其刑事责任。

第十章　企业涉诉的法律风险与防范

近年来随着司法体系的不断完善以及公民维权意识的强化，企业在发生法律纠纷后多会选择委托律师进行诉讼解决纠纷，企业运营、生产的过程中涉诉属于法律风险的一种体现。涉诉并非就意味着企业丧失自救的机会，此阶段是企业挽救自身的极为重要的阶段，涉诉阶段的处理结果与企业经济利益、商业信誉等直接相关。

第一节　企业民事诉讼

民事诉讼阶段程序烦琐、严格，从作为原告的起诉、受理、庭审、举证、质证、上诉、再审到作为被告的应诉、答辩、质证、举证、庭审、上诉、再审等均需要企业积极应对，否则就需要承担更多不利的诉讼后果，造成企业利益二次受损。

一、起诉与受理阶段的法律风险与防范

（一）起诉阶段

当企业认为其权益受到侵害或者与其他民事主体发生争议时，就可以向法院提出自己的诉讼请求，但起诉必须要满足以下四个条件：(1)原告企业与本案必须有直接的利害关系。起诉首先要做好审查工作，企业必须梳理清晰其是否具备诉讼资格、是否与案件存在直接的利害关系，否则法院会裁定不予受理、驳回起诉或在庭审阶段受到被告的抗辩导致败诉。(2)有明确的被告。这一般就

是指对被告的个人身份信息、企业法人信息、地址等予以确定，另外，企业起诉时特别需要注意法人信息的更新，譬如社会统一信用代码、法定代表人等信息的变更，避免出现主体不适格的法律风险。(3)有具体的诉讼请求、事实、理由。该部分内容必须真实、具体、完整、明确，要有理有据提出诉讼请求，不要随意扩大范围，作出无依据的诉讼请求，这样一方面不仅得不到法院的支持，可能还需要承担超额的诉讼费用；另一方面也可能会导致法院审限延长。(4)属于人民法院管辖范围。企业起诉时，除特殊情况外，一般应有书面的起诉状，且起诉状应当记明下列事项：①原告的姓名、性别、年龄、民族、职业、工作单位、住所、联系方式，法人或者其他组织的名称、住所和法定代表人或者主要负责人的姓名、职务、联系方式；②被告的姓名、性别、工作单位、住所等信息，法人或者其他组织的名称、住所等信息；③诉讼请求和所根据的事实与理由；④证据和证据来源，证人姓名和住所。起诉阶段必须提交相关证据，否则在立案阶段法院就会决定不予立案。在立案阶段，法院对起诉状、证据的审查均属于形式审查，但这并不意味着原告在立案阶段可以不对起诉状、证据予以重视，因为在后续的庭审阶段中不单是法院会对立案时的材料予以审查，对方当事人在收到起诉状与相关证据等时也会提出异议，这会让原告在诉讼中处于不利的地位，甚至直接导致败诉。

(二)受理阶段

在这个阶段人民法院对原告提交的诉讼材料主要进行形式审查，而后对符合法律规定的起诉案件予以立案受理；对不符合起诉条件的案件，直接作出不予受理的决定。该阶段的审查主要是避免出现虚假诉讼、主体不适格、滥用诉权的情况。因此原告企业在起诉阶段也要注意规范证据的整理、提交和起诉状的书写，不能掉以轻心。

二、应诉与答辩

(一)应诉

企业接到应诉通知书时，就意味着它已经被起诉至法院，但基于多种多样的原因，很多企业拒绝签收法院的应诉通知书，甚至不答辩、不出庭、拒领文书。事实上即使被告企业原本处于有利的地位，这样做也会最终导致败诉或其他不利情况，签收并不意味着企业作为被告承认被诉事实与理由，正好相反，签收意味着企业知晓被诉一事，并且会通过行使诉讼权利及时维护自己的权利，所以企业应当积极配合法院签收文书，并详细了解被诉的事实、理由、诉讼请求及证据等相关资料，并积极答辩、及时抗辩。部分企业法律意识较强，在被起诉后为保证案件的胜诉、减少损失，在收到起诉书后积极委托律师、法务部门参与到诉讼程序中，保证企业合法权益得到及时的维护。

(二)答辩

该阶段是诉讼阶段较为重要的阶段之一，企业作为被告可以根据原告、上诉人的事实理由、诉讼请求、证据等作出对应的反驳、抗辩。这主要针对案件实质内容、程序内容进行，譬如诉讼主体是否适格、法院管辖范围、诉讼时效、事实与理由、证据的真实性、合法性、关联性等。实践中也有部分被告通过在答辩事项中请求法院追加第三人或提出反诉等来主张自己的权利。

(三)管辖异议

被告在收到应诉通知后 15 日内可以提出管辖权异议的，一审法院驳回管辖权异议的，被告有权就此提出上诉，这项权利的设置其实很大程度上将原、被告诉讼地位拉平，避免原告地位过于强势。实践中很多企业提出管辖权异议是为自己争取应诉时间，这样的拖延可能会为企业带来谈判、调解的筹码。目的在于拖延时间的管辖异议是否提交需要企业慎重考虑，避免出现“伤人一千，自损八百”的结果。

企业也需要了解掌握特殊的管辖权。(1)因不动产纠纷提起的诉讼，由不动产所在地人民法院管辖。不动产，是指不能移动或移动后会降低或丧失其性能和使用价值的地面附着物，如土地、矿山、建筑物等。将因不动产纠纷提起的诉讼规定为专属管辖，是各国民事诉讼法律规定的通行做法。(2)因港口作业发生纠纷提起的诉讼，由港口所在地人民法院管辖。港口作业，是指船舶进出港口进行调度、装卸货物、排除障碍等作业。港口作业所造成的纠纷，由港口所在地人民法院(指海事法院)管辖，有利于法院调查、勘验、了解情况，及时、正确地裁判。(3)因合同纠纷提起的诉讼，由被告住所地或者合同履行地人民法院管辖，合同履行地一般由合同当事人在合同中明确约定，如果当事人没有在合同中约定或约定不明确的，适用法律推定。《民法典》第511条第3项规定："履行地点不明确，给付货币的，在接受货币一方所在地履行；交付不动产的，在不动产所在地履行；其他标的，在履行义务一方所在地履行。"除此之外，针对在实践中存在合同履行地不明确的情况，根据《最高人民法院关于适用〈中华人民共和国民事诉讼法〉的解释》（以下简称《民诉法解释》）、《民事诉讼法》、《民法典》的规定，总结如下：(1)如果合同没有实际履行，当事人双方住所地又都不在合同约定的履行地的，应由被告住所地人民法院管辖。(2)双方当事人在合同中对交货地点有约定的，以约定的交货地点为合同的履行地；没有约定或约定不明确，争议标的为给付货币的，以接受货币一方所在地为合同履行地；交付不动产的，以不动产所在地为合同履行地；争议标的为其他标的的，以履行义务一方所在地为合同履行地。即时结清的合同，以交易行为地为合同履行地。(3)以信息网络方式订立的买卖合同，通过信息网络交付标的的，以买受人住所地为合同履行地；通过其他方式交付标的的，以收货地为合同履行地。合同对履行地有约定的，从其约定。(4)财产租赁合同、融资租赁合同以租赁物使用地为合同履行地。合同对履行地有约定的，从其约定。(5)以支付金钱为内容的债，除法律另有规定或者当事人另有约定外，债权人可以请求债务人以实际履行地的法定货币履行。(6)债权人申请支付令，适用《民事诉讼法》第21条的规定，由债务人住所地基层人民法院管辖。(7)《民事诉讼法》第28条规定的侵权行为地，包括侵权行为实施地、侵权结果发生地。(8)因财产保险合同纠纷提起的诉讼，如果保险标的物是运输工具或者运输中的货物，可以由运输工具登记注册地、运输目的地、保险事故发生地人民法院管辖。因人身保险合同纠纷提起的诉讼，可以由被保险人住所地人民法院管辖。(9)因产品、服务质量不合格造成他人财产、人身损害提起的诉讼，产品制造地、产品销售地、服务提供地、侵权行为地和被告住所地人民法院都有管辖权。(10)当事人申请诉前保全后没有在法定期间起诉或者申请仲裁，给被申请人、利害关系人造成损失引起的诉讼，由采取保全措施的人民法院管辖。当事人申请诉前保全后在法定期间内起诉或者申请仲裁，被申请人、利害关系人因保全受到损失提起的诉讼，由受理起诉的人民法院或者采取保全措施的人民法院管辖。(11)农村土地承包经营合同纠纷、房屋租赁合同纠纷、建设工程施工合同纠纷、政策性房屋买卖合同纠纷，按照不动产纠纷确定管辖。不动产已登记的，以不动产登记簿记载的所在地为不动产所在地;不动产未登记的,以不动产实际所在地为不动产所在地。(12)因铁路、公路、水上和航空事故请求损害赔偿提起的诉讼,由事故发生地或者车辆、船舶最先到达地、航空器最先降落地或者被告住所地人民法院管辖。(13)因船舶碰撞或者其他海事损害事故请求损害赔偿提起的诉讼,由碰撞发生地、碰撞船舶最先到达地、加害船舶被扣留地或者被告住所地人民法院管辖。

(四)反诉

我国《民事诉讼法》第 51 条规定:“原告可以放弃或者变更诉讼请求。被告可以承认或者反驳诉讼请求,有权提起反诉。”反诉与本诉必须要有牵连。反诉之所以产生和形成,是因为它与本诉有牵连,如果没有牵连则不称为反诉,而是另外的诉,两者牵连主要表现在:(1)反诉的原、被告与本诉的原、被告为同一对当事人。(2)反诉请求与本诉请求基于同一法律事实,但反诉的提出必须在举证期限届满前提出,否则就丧失提出反诉的权利,需要另行提出诉讼。反诉与原告诉讼请求具有对抗性,因此,反诉的功能之一在于对抗原告诉讼请求。要构成反诉,其目的必须对抗本诉原告诉讼请求,且为基于同一法律关系而产生的目的对抗的不同诉讼请求,或者是基于相牵连的不同法律关系而产生的目的对抗的不同的诉讼请求。因此被告反诉的提出不仅可以作为抗辩理由,而且可减少自己所承担的责任并维护自己应有的权利。反诉的提出会将法院的审理时限在一定程度上加以延长。

(五)证据的提交

证据的提交不单是为了推翻对方的诉讼请求。如若提出反诉,反诉中的证据也可以给自己的主张做支撑。作为应诉方在提交证据期限内如有困难的应当在举证期限被向人民法院申请延长举证。很多企业认为在提交答辩状期间不提交证据,在出庭时提交就会使得原告无法质证、作出应对措施。事实上,一方证据突袭时法院依旧会给对方重新答辩的期限,并不会达到企业预想的诉讼结果。当事人在该期限内提供证据确有困难的,可以向人民法院申请延长期限,人民法院根据当事人的申请适当延长。当事人逾期提供证据的,人民法院应当责令其说明理由;拒不说明理由或者理由不成立的,人民法院根据不同情形可以不予采纳该证据,或者采纳该证据但予以训诫、罚款。因此企业应当在举证期限内依据事实提交证据。

三、保全措施

《民事诉讼法》第 100 条规定:“人民法院对于可能因当事人一方的行为或者其他原因,使判决难以执行或者造成当事人其他损害的案件,根据对方当事人的申请,可以裁定对其财产进行保全、责令其作出一定行为或者禁止其作出一定行为;当事人没有提出申请的,人民法院在必要时也可以裁定采取保全措施。人民法院采取保全措施,可以责令申请人提供担保,申请人不提供担保的,裁定驳回申请。人民法院接受申请后,对情况紧急的,必须在四十八小时内作出裁定;裁定采取保全措施的,应当立即开始执行。”第 101 条规定:“利害关系人因情况紧急,不立即申请保全将会使其合法权益受到难以弥补的损害的,可以在提起诉讼或者申请仲裁前向被保全财产所在地、被申请人住所地或者对案件有管辖权的人民法院申请采取保全措施。申请人应当提供担保,不提供担保的,裁定驳回申请。人民法院接受申请后,必须在四十八小时内作出裁定;裁定采取保全措施的,应当立即开始执行。申请人在人民法院采取保全措施后三十日内不依法提起诉讼或者申请仲裁的,人民法院应当解除保全。”为保证案件在判决后得以执行,企业作为原告可以采用诉讼中保全和诉前保全两种方式。申请保全时,应当向人民法院提供明确的被保全财产信息,便于法院采取保全措施。企业作为被告,在其财产被保全后可以提出反担保,以保证被保全的财产正常运转。申请保全人、被保全人对保全裁定或者驳回申请裁定不服的,可以自裁定书送达之日起 5 日内向作出裁定的人民法院申请复议一次。

涉及仲裁过程中当事人申请财产保全的,应当通过仲裁机构向人民法院提交申请书及仲裁案件受理通知书等相关材料。人民法院裁定采取保全措施或者裁定驳回申请的,应当将裁定书送达当事人,并通知仲裁机构。

(一)保全解除

申请人在人民法院采取保全措施后 30 日内不依法提起诉讼或者申请仲裁的,人民法院将解除保全。企业在申请诉前保全的情况下,应及时作出相应的起诉准备,或者向相对方提出以谈判方式解决纠纷,企业在保全后应尽快启动诉讼程序或者通知对方调解解决，避免超出诉讼期限导致保全的解除，相对方财产转移后，再次采取保全措施的难度将会加大。

（二）保全担保

申请保全人或第三人为保全提供财产担保的，应当向人民法院出具担保书。担保书应当载明担保人、担保方式、担保范围、担保财产及其价值、担保责任承担等内容，并附相关证据材料。第三人为财产保全提供保证担保的，应当向人民法院提交保证书。保证书应当载明保证人、保证方式、保证范围、保证责任承担等内容，并附相关证据材料。对财产保全担保，人民法院经审查，认为违反《民法典》等有关法律禁止性规定的，应当责令申请保全人在指定期限内提供其他担保；逾期未提供的，裁定驳回申请。企业申请法院保全时需要提交担保，申请人自行提供担保或由第三人为此作担保均可，这样是为避免申请人恶意采取保全措施，导致被申请人权利受损。担保的方式有多种，可以采取交纳现金、房产、保险、不动产等担保方式。

（三）续保

申请保全人申请续行财产保全的，应当在保全期限届满 7 日前向人民法院提出。逾期申请或者不申请的，自行承担不能续行保全的法律后果。企业在申请保全后，鉴于每一种保全财产的期限不一致，因此企业需要注意保全期限是否到期的问题，一旦超期未申请续保，就会造成保全财产的流失，会导致判决后无法有效执行。

四、庭审阶段的法律风险与防范

庭审阶段是关系到双方当事人是否胜诉的最重要的环节之一，主要有庭前准备、法庭调查、法庭辩论、评议、宣判等几个环节。原、被告需要注意法庭调查和法庭辩论环节，法庭调查按照下列顺序进行：（1）当事人陈述；（2）告知证人的权利义务，证人作证，宣读未到庭的证人证言；（3）出示书证、物证、视听资料和电子数据；（4）宣读鉴定意见；（5）宣读勘验笔录。法庭辩论按照下列顺序进行：（1）原告及其诉讼代理人发言；（2）被告及其诉讼代理人答辩；（3）第三人及其诉讼代理人发言或者答辩；（4）互相辩论。法庭辩论终结后，由审判长按照原告、被告、第三人的先后顺序征询各方最后意见，判决前能够调解的，可以进行调解，调解不成的，法院应当及时裁判。

（一）诉讼请求变更

《民事诉讼法》第 140 条规定："原告增加诉讼请求，被告提出反诉，第三人提出与本案有关的诉讼请求，可以合并审理。"原、被告诉讼请求的变更、反诉等会导致诉讼周期延长，但是部分企业会利用拖延诉讼周期来获得胜诉或谈判、调解的筹码。

（二）原告或被告不到庭

原告经传票传唤，无正当理由拒不到庭的，或者未经法庭许可中途退庭的，可以按撤诉处理，被告提出反诉的，按缺席判决处理。被告经传票传唤，无正当理由拒不到庭的，或者未经法庭许可中途退庭的，可以缺席判决。原、被告不到庭的情况发生在必须到庭的案件中，可能会导致案件延期开庭审理，并不会达到其撤诉或缺席判决的结果。企业作为被告应积极应诉，避免缺席审判中出现程序违法、偏袒性判决的状况出现。

五、上诉程序

当事人一方不服地方人民法院一审判决的，有权在判决书送达之日起 15 日内向上一级人民法院提起上诉；不服地方人民法院一审裁定的，有权在裁定书送达之日起 10 日内向上一级人民法院提起上诉。上诉时应当递交上诉状，诉状内容应当包括当事人的姓名、法人的名称及其法定代表人的姓名或者其他组织的名称及其主要负责人的姓名，原审人民法院名称、案件的编号和案由，上诉的请求和理由。

上诉状的提交应当通过原审人民法院提起，并按照对方当事人或者代表人人数提交副本。部分当事人选择直接向二审人民法院提起上诉的，二审人民法院会将上诉状再次移交原审人民法院。二审案件审理过程中可以对案件进行调解，达成调解协议，协议生效后原审人民法院的判决即视为撤销。

（一）申请撤诉

二审人民法院判决宣告前，上诉人申请撤回上诉的，是否准许撤诉由二审人民法院裁定。上诉人一旦撤诉被准许那么一审法院的裁定、判决立即生效，建议当事人慎重选择是否撤诉。

（二）证据提交

二审中是否提交新证据关系到是否开庭审理及案件的扭转状况。实际上由于多种原因，很多当事人在一审阶段提交的证据会有所保留，并会在等待上诉期间再提交剩余证据，这样一定程度上会让二审期间案件翻转的概率增大，但是也有部分证据在二审阶段不被认定为新证据，在这种情况下，二审面临败诉的可能性会增大。二审中新证据范围包括：（1）一审庭审结束后新发现的证据；（2）当事人在一审举证期限届满前申请人民法院调查取证未获准许，二审法院经审查认为应当准许并依当事人申请调取的证据。所以上诉方企业应当郑重选择提交证据的时间，避免证据效力受损。

六、审判监督

当事人对已经发生法律效力的判决、裁定，认为有错误的，可以向上一级人民法院申请再审，对已经发生法律效力的调解书，提出证据证明调解违反自愿原则或者调解协议的内容违反法律的，可以申请再审；申请再审期间，法院不停止判决、裁定的执行。

当事人申请再审，应当在判决、裁定发生法律效力后6个月内提出。有《民事诉讼法》第200条第1项、第3项、第12项、第13项规定的情形的，自知道或者应当知道之日起6个月内提出。企业作为申请人一旦错失期限将会丧失最后的救济手段。但有下列情形之一的，当事人可以向人民检察院申请检察建议或者抗诉：（1）人民法院驳回再审申请的；（2）人民法院逾期未对再审申请作出裁定的；（3）再审判决、裁定有明显错误的。人民检察院对当事人的申请应当在3个月内进行审查，并作出提出或者不予提出检察建议或者抗诉的决定，申请被驳回后当事人不得再次向人民检察院申请检察建议或者抗诉。

第二节　企业商事仲裁

为减少法院的诉累,同时便于更加高效的解决纠纷,我国在民商事纠纷中建立多元化的解决方式,可采用调解、和解、仲裁等方式解决纠纷。和解当事人自行达成协议,其不具有法律效力。仲裁,是指当事人在自愿达成仲裁协议的基础上,将纠纷提交给仲裁机构居中审理,并由仲裁机构提出具有约束力的解决方法。在发生纠纷后,很多企业都是选择仲裁的方式解决,避开了诉讼耗时久、程序烦琐的缺点,同时从程序上尊重了双方当事人的意愿而达成的裁决具有法律效力。但仲裁裁决的效力和强制执行均需要法院介入,说明仲裁本质上依旧具有司法权的性质。

提交仲裁的前提是当事人之间存在仲裁的协议,双方当事人自愿达成仲裁协议约定仲裁机构。没有仲裁协议,一方申请仲裁的,仲裁委员会不予受理。如果企业坚持想使用仲裁方式解决,可以单方先申请仲裁,而后建议仲裁委员会通知对方当事人,只要对方当事人同意采用仲裁的方式解决纠纷即视为双方当事人对采用仲裁解决纠纷达成一致。那么什么时候签订仲裁协议最为合适呢? 一种是在纠纷发生前签订仲裁协议,另一种是在纠纷发生后再签订仲裁协议,它们都是基于当事人之间自愿、协商、平等的基础上将已经、将要发生的纠纷提交某仲裁机构裁决的书面协议。实践中大多企业选择事前约定采取仲裁的方式解决纠纷,避免发生纠纷后再约定会造成诸多不便利,同时事前约定也是对合同履行的一种督促。

一、仲裁协议内容

仲裁协议应当具有下列内容:(1)请求仲裁的意思表示。意思表示要具有明确排除诉讼途径解决的约定,否则视为表示不明确。实践中很多争议解决条款约定为"……如本合同发生任何纠纷,可以提交×仲裁机构或通过×法院予以解决……"这种约定事项是不明确的,在发生纠纷后申请仲裁,仲裁机构可能会作出不予受理的决定,所以企业签订合同时要明确以仲裁的方式解决纠纷并选择确定的仲裁机构。(2)仲裁事项。本书主要论述企业的法律风险,因此在仲裁事项中要注意涉及专属行政机构处理的纠纷不可约定仲裁，企业的仲裁处理约定主要涉及在平等主体之间的商事交易对于合同的签订、履行、违约等状况。(3)仲裁委员会的选择。《仲裁法》第6条规定："仲裁委员会应由当事人协议选定。仲裁不实行级别管辖和地域管辖。"因此企业在协商选择仲裁机构时，应由双方或多方当事人自行选择，这是仲裁区别于诉讼的一个重要特点。参与仲裁的当事人最关心的是纠纷能否得到公正、及时和低成本的解决，所以准确选择仲裁机构是极为重要的。

二、仲裁员的选择

仲裁制度充分体现当事人的意思自治，当时人不仅可以选择仲裁机构，而且对仲裁庭的组成人员也可以自由选择。《仲裁法》第31条规定："当事人约定由三名仲裁员组成仲裁庭的，应当各自选定或者各自委托仲裁委员会主任指定一名仲裁员，第三名仲裁员由当事人共同选定或者共同委托仲裁委员会主任指定。第三名仲裁员是首席仲裁员。当事人约定由一名仲裁员成立仲裁庭的，应当由当事人共同选定或者共同委托仲裁委员会主任指定仲裁员。"第32条规定：当事人没有在仲裁规则规定期限内约定仲裁庭的组成方式或者选定仲裁员的，由仲裁委员会主任指定。企业既然选择自由度较高的仲裁制度，就应当积极行使权利，选择有利于案件进展的专业仲裁员审理案件，保证案件可以高效且公平、公正地审结。

三、仲裁协议的效力

仲裁协议充分展现了当事人双方极高的协商自由，仲裁协议对仲裁事项或者仲裁委员会没有约定或者约定不明确的，当事人可以补充协议。若达不成补充协议的，仲裁协议即告无效。《仲裁法》第17条规定，有下列情形之一的，仲裁协议无效：(1)约定的仲裁事项超出法律规定的仲裁范围；(2)无民事行为能力人或者限制民事行为能力人订立的仲裁协议；(3)一方采取胁迫手段，迫使对方订立的仲裁协议。第20条规定，当事人一方对仲裁协议的效力有异议的，可以请求仲裁委员会作出决定或者请求人民法院作出裁定。一方请求仲裁委员会作出决定，另一方请求人民法院作出裁定的，由人民法院裁定。当事人对仲裁协议的效力有异议的，应当在仲裁庭首次开庭前提出。需要注意的是，根据

《仲裁法》第 26 条的规定，当事人达成仲裁协议后，一方向人民法院起诉未声明有仲裁协议，人民法院受理后，另一方在首次开庭前提交仲裁协议的，人民法院应当驳回起诉，但仲裁协议无效的除外；另一方在首次开庭前未对人民法院受理该案提出异议的，视为放弃仲裁协议，人民法院继续审理。《仲裁法》第 5 条规定，当事人达成仲裁协议，一方向人民法院起诉的，人民法院不予受理，但仲裁协议无效的除外。

四、一裁终局后的救济

除劳动仲裁外，根据《仲裁法》第 9 条的规定，仲裁实行一裁终局制度，也即裁决作出后，当事人就同一纠纷再申请仲裁或者向人民法院起诉的，仲裁委员会或者人民法院不予受理。仲裁具有的独特性，它可以以最快的方式、在最短的时间内将纠纷处理完结，因此一裁终局属于法律的强制性规定，当事人无法通过协议来规避仲裁的一裁终局性，但是可以通过以下方式来改变一裁终局性。

（一）撤销申请仲裁裁决

当事人可通过法院申请不予执行及申请撤销裁决，裁决被人民法院依法裁定撤销或者不予执行的，当事人就该纠纷可以重新达成仲裁协议申请仲裁，也可以继续向人民法院提起诉讼。

根据《仲裁法》第 58 条、第 59 条的规定，当事人申请撤销裁决的，应当自收到裁决书之日起 6 个月内提出。有下列情形之一的，可以向仲裁委员会所在地的中级人民法院申请撤销裁决：(1)没有仲裁协议的；(2)裁决的事项不属于仲裁协议的范围或者仲裁委员会无权仲裁的；(3)仲裁庭的组成或者仲裁的程序违反法定程序的；(4)裁决所根据的证据是伪造的；(5)对方当事人隐瞒了足以影响公正裁决的证据的；(6)仲裁员在仲裁该案时有索贿受贿，徇私舞弊，枉法裁决行为的。人民法院经组成合议庭审查核实裁决有前款规定情形之一的，应当裁定撤销，人民法院认定该裁决违背社会公共利益的，应当裁定撤销。这是企业在经“一裁终局”后的重要救济方式之一，一些企业会因错过 6 个月的有效申请撤销期限，导致救济权利丧失。也有部分企业认为商事仲裁仲裁裁决作出后无法再次申请仲裁或诉至法院，这种错误的认识直接导致很多企业无法及时维护自己的权利。因此企业在遇到纠纷时,选择优秀的律师团队和法务人员,有利于做好最后权利救济。

(二)申请不予执行仲裁裁决

不予执行仲裁裁决,是指申请人申请执行仲裁裁决后,被执行人向法院证明该裁决存在法律规定的某些情形,请求人民法院裁定不予执行该裁决的制度。如果在仲裁裁决生效后被申请人未如期履行义务,那么申请人就可以向被申请人住所地、财产所在地的中级人民法院申请强制执行。很多申请人会向仲裁机构所在地人民法院申请强制执行,法院会以无执行管辖权而不予受理。

根据《仲裁法》第 63 条的规定,企业作为被申请人有证据证明仲裁裁决有下列情形之一的就可以向法院申请不予执行仲裁裁决:(1)当事人在合同中未订有仲裁条款或者事后没有达成书面仲裁协议的;(2)裁决的事项不属于仲裁协议的范围或者仲裁机构无权仲裁的;(3)仲裁庭的组成或者仲裁的程序违反法定程序的;(4)裁决所根据的证据是伪造的;(5)对方当事人向仲裁机构隐瞒了足以影响公正裁决的证据的;(6)仲裁员在仲裁该案时有贪污受贿、徇私舞弊、枉法裁决行为的。经人民法院组成合议庭审查核实确实存在上述情况的,即可裁定不予执行。在仲裁裁决被人民法院裁定不予执行的情况下,当事人可以根据双方另行达成的书面仲裁协议重新申请仲裁,也可以直接向人民法院提起诉讼。

第三节　企业劳动仲裁

劳动争议,是指用人单位和劳动者之间在履行劳动合同过程中,就劳动的权利、义务产生的争议。《劳动争议调解仲裁法》第 5 条对于劳动纠纷处理程序有明确的规定:发生劳动争议后,当事人不愿协商、协商不成或者达成和解协议后不履行的,可以向调解组织申请调解;不愿调解、调解不成或者达成调解协议后不履行的,可以向劳动争议仲裁委员会申请仲裁;对仲裁裁决不服的,除该法另有规定的外,可以向人民法院直接提起诉讼。因此,企业、劳动者发生劳务纠纷可以采用双方协商和解、劳动争议调解委员会调解、仲裁裁决或法院诉讼的方式予以解决，但其中劳动争议仲裁是劳动争议诉讼程序的必要前置程序。考虑到在企业与劳动者之间，劳动者可能处于弱势地位，因此法律对于劳动争议案件设置较多的特殊规定，这不仅体现在仲裁前置上，而且还体现在举证责任倒置和一裁终局、一裁两审等制度上。

一、仲裁前置程序

为了公正及时解决劳动争议，保护当事人合法权益，促进劳动关系和谐稳定，法律设置劳动仲裁前置。若企业、劳动者未经仲裁，直接诉至法院，法院将作出不予受理或驳回起诉的裁定。但并非所有企业与劳动者之间的争议都属于仲裁前置，企业管理者应当对涉及仲裁前置的范围、管辖及程序性问题予以明确了解。

（一）仲裁范围、管辖

并非所有企业与劳动者之间的纠纷都需要仲裁前置，根据《劳动争议调解仲裁法》第 2 条的规定，只有企业与劳动者之间的劳务纠纷才需要仲裁前置，主要包括以下几种情况：(1) 因确认劳动关系发生的争议；(2) 因订立、履行、变更、解除和终止劳动合同发生的争议；(3) 因除名、辞退和辞职、离职发生的争议；(4) 因工作时间、休息休假、社会保险、福利、培训以及劳动保护发生的争议；(5) 因劳动报酬、工伤医疗费、经济补偿或者赔偿金等发生的争议；(6) 法律、法规规定的其他劳动争议。第 21 条规定，企业与劳动者发生上述法律规定范围内的劳动纠纷时，可向劳动合同履行地或者用人单位所在地的劳动争议仲裁委员会申请仲裁。双方当事人分别向劳动合同履行地和用人单位所在地的劳动争议仲裁委员会申请仲裁的，由劳动合同履行地的劳动争议仲裁委员会管辖。

（二）仲裁时效

《劳动争议调解仲裁法》第 27 条规定，劳动争议申请仲裁的时效期间为 1 年。仲裁时效期间从当事人知道或者应当知道其权利被侵害之日起计算。前款规定的仲裁时效，因当事人一方向对方当事人主张权利，或者向有关部门请求权利救济，或者对方当事人同意履行义务而中断。从中断时起，仲裁时效期间重新计算。因不可抗力或者有其他正当理由，当事人不能在第 27 条第 1 款规定的仲裁时效期间申请仲裁的，仲裁时效中止。从中止时效的原因消除之日起，仲裁时效期间继续计算。劳动关系存续期间因拖欠劳动报酬发生争议的，劳动者申请仲裁不受第 27 条第 1 款规定的仲裁时效期间的限制；但是，劳动关系终止的，应当自劳动关系终止之日起 1 年内提出。若企业超出法定申请仲裁的时限，将会丧失胜诉权利的法律风险，因此企业发生劳动纠纷后应及时作出应对措施。

（三）诉讼请求增加

企业在劳动仲裁程序中或多或少会存在遗漏仲裁事项的可能性，如在诉讼程序中提出，法院会作出不予审查的决定或驳回诉讼请求的裁定，此时企业需要重新提出仲裁申请或直接放弃遗漏事项的主张，这会导致企业在维权耗时、耗财及耗人力，所以企业在申请仲裁时，应将请求仲裁的事项全面提出，不要遗漏，避免造成二次仲裁，乃至二次诉讼的风险。

二、举证责任

一般民事诉讼程序中举证责任属于“谁主张，谁举证”的分配原则，但鉴于劳动纠纷中劳动者举证困难，会导致劳动者对自己权利救济不力的现象出现，因此在劳动纠纷案件中适用的是“举证责任倒置”原则，即主张权利一方不承担举证责任，而是由对方当事人承担证明该事由存在或不存在的举证责任，若不能证明则推定主张权利一方的主张事由成立。举证责任倒置的情况下，当事人对自己提出的主张有责任提供证据，但与争议事项有关的证据属于用人单位掌握管理的，用人单位应当提供；用人单位不提供的，应当承担不利后果。《最高人民法院关于审理劳动争议案件适用法律问题的解释（一）》第 44 条规定：“因用人单位作出的开除、除名、辞退、解除劳动合同、减少劳动报酬、计算劳动者工作年限等决定而发生的劳动争议，用人单位负举证责任。”因此企业在与劳动者签约后直至合同履行完结，都需要注意证据的保留，避免发生纠纷时由于举证不能导致不利的后果出现。

三、仲裁后的救济

为保证企业、劳动者的纠纷解决，一般劳动纠纷案件采用“一裁两审”的模式，即必须以仲裁作为前置程序，而后如不服仲裁裁决，当事人可以向法院提起诉讼。根据《劳动争议调解仲裁法》第 47 条的规定，下列劳动争议，除该法另有规定的外，仲裁裁决为终局裁决，也即日常所说的“一裁终局”，裁决书自作出之日起发生法律效力：(1)追索劳动报酬、工伤医疗费、经济补偿或者赔偿金，不超过当地月最低工资标准 12 个月金额的争议；(2)因执行国家的劳动标准在工作时间、休息休假、社会保险等方面发生的争议。第 48 条规定，对于上述两种类型的仲裁裁决，劳动者不服的可自收到仲裁裁决书之日起 15 日内向人民法院提起诉讼。第 49 条规定，用人单位在有证据证明上述两种“一裁终局”的仲裁裁决有下列情形之一，可自收到仲裁裁决书之日起 30 日内向劳动争议仲裁委员会所在地的中级人民法院申请撤销裁决：(1)适用法律、法规确有错误的；(2)劳动争议仲裁委员会无管辖权的；(3)违反法定程序的；(4)裁决所根据的证据是伪造的；(5)对方当事人隐瞒了足以影响公正裁决的证据的；(6)仲裁员在仲裁该案时有索贿受贿、徇私舞弊、枉法裁决行为的。仲裁裁决被人民法院裁定撤销的，当事人可以自收到裁定书之日起 15 日内就该劳动争议事项向人民法院提起诉讼。对其他劳动争议案件的仲裁裁决不服的，当事人可自收到仲裁裁决书之日起 15 日内向人民法院提起诉讼。期满不起诉的，裁决书发生法律效力，因此企业对于法律规定的上述程序应当予以详细掌握，避免由于对程序疏于了解导致权利无法得到最大程度的保护。

第四节　企业强制执行

企业对诉讼阶段的法律风险应当予以重视，同时对于执行程序中的法律风险企业管理者也不应小觑。一方面，作为申请人，执行程序涉及企业权利的最终实现；另一方面，作为被申请人、案外人，涉及自身的财产若被错误执行或企业拒绝履行，企业将承受巨大损失。

一、企业作为申请执行人

企业作为申请执行人在经调解、公证、仲裁、判决、裁定等程序后获得赋有强制执行力的文书，若被申请人不予履行生效文书所确定的义务时，就具有申请强制执行的权利,申请人在2年的申请执行期限内,可以向一审人民法院或者与一审人民法院同级的被执行的财产所在地人民法院申请执行。企业为保证自己的权利完全实现,就需要将申请执行的申请事项完尽,否则就会被法院视为自动放弃强制执行的权利,再次申请时法院就可以不予受理。

实践中,一些企业在审判阶段、仲裁阶段获得解决纠纷的优势地位,但在法律文书生效后,等待对方的自动履行期间,并未申请强制执行致使超出2年的申请执行期限。后申请执行时,法院会以申请人无法定理由逾期申请强制执行,裁定不予受理,法律明确规定这样的状况属于自动放弃申请执行,最终企业在诉讼、仲裁等阶段确定的权利无法得到强制执行。因此,建议企业一方面做好向相对方的权利主张,另一方面掌握好执行期限的起算时间、中止、中断的情况,在出现中止、中断的情形时就做好证据存留,并及时向法院说明逾期申请的事由。

申请人向法院申请执行时需要提供被执行的财产状况和线索,法院经查实被执行人没有可供执行的财产时,申请人将承担暂缓执行甚至无法执行的法律风险。企业在诉讼前、诉讼中可以采取保全措施,避免被执行人在执行阶段财产转移导致无法强制执行的情况出现。

二、企业作为被申请执行人

企业作为被申请执行人时,如有能力履行生效法律文书确定的义务,应积极履行,避免相关责任人被列为失信被执行人、处以司法拘留甚至触犯刑事法律。部分企业为规避法院强制执行,在收到执行通知书后转移财产、抗拒执行,最终导致相关责任人被司法拘留、刑事处罚,且财产被查出后依旧面临强制执行,这对被执行的企业来说是得不偿失的行为。被执行企业如果不积极配合法院、申请人履行义务,人民法院可以强制执行或者委托有关单位或者其他人完成,最终相关的费用依旧由被执行企业承担。企业在执行阶段很容易出现正常运营的账户、待出售的房屋、汽车、生产装备等被查封、冻结、扣押的状况,对此,被执行企业可向人民法院提供担保以作为缓兵之计,经申请执行人同意的,人民法院可以决定暂缓执行及暂缓执行的期限。很多被执行企业未按期履行义务的,可能出现加倍支付迟延履行期间的债务利息的情况,或经申请人申请由法院通知有关单位协助对相关责任人采取限制出境,在征信系统记录、通过媒体公布不履行义务信息以及法律规定的其他措施，直接影响到企业的市场信誉、运营资金断链、合作伙伴的丧失等恶性循环法律风险。

三、企业作为案外人

根据《民事诉讼法》第 227 条的规定，执行过程中，企业作为案外人对执行标的提出书面异议的，人民法院应当自收到书面异议之日起 15 内审查，理由成立的，裁定中止对该标的的执行，理由不成立的，裁定驳回。案外人、当事人对裁定不服，认为原判决、裁定错误的，依照审判监督程序办理；与原判决、裁定无关的，可以自裁定送达之日起 15 日内向人民法院提起诉讼。该阶段企业应当注意的是，当自身财产受到侵害或对法院执行范围存在异议时，应及时委托律师团队或法务部门调查并向法院提出异议，避免超出法定时限或缺乏救济方法而丧失权利维护时机。

第十一章　企业的涉外法律风险

企业的涉外法律风险，包括外资、外企进入国内市场带来的法律风险，也包括我国企业走出去可能面对的法律风险。随着市场经济的发展，全球化是不可逆转的，我国也会在世界这个大的舞台上扮演越来越重要的角色。我国企业同样应当顺应历史的潮流，走向世界，面向未来。在这样的大背景下，企业不能故步自封，将自己的目光仅仅放在国内的市场上，更应当将目光放眼于国际市场，故而当代企业对于涉外法律风险的了解是必不可少的。

改革开放以来，我国大力提倡让侨资、外资走进来，如何在不触犯国内外法律的情况下充分利用外资和外来的技术经验是我国企业首要学习的一个方向。而今，随着我国社会经济的发展，我国已经不再一味地强调要引进外资，而是号召民族企业要勇敢地走出去，登上世界的舞台。为此，这些已经走出去的企业和将要走出去的企业，都应当明晰外国的法律，以避免我国企业在向外走的路上，因为一些不适当的行为招致法律风险。

第一节　外商投资企业的法律风险

1978 年 12 月，在十一届三中全会过后，中国开始实行对内改革、对外开放的政策。1979 年 7 月 1 日，第五届全国人大第二次会议审议通过了《中外合资经营企业法》,这是中华人民共和国成立以来第一部与外商投资有关的法律,随着境外资金流入国内的形式变多,我国又相继颁布了《中外合作经营企业法》和《外资企业法》。从此形成了以上述三部法律为法律框架主体的外商投资法律体系。依据有关机构的信息披露,截至2018年年底,中国依据上述三部法律累计设立外商投资企业约96万家,累计实际使用外资超过2.1万亿美元。但随着与国际贸易市场的进一步对接,曾经为我国改革开放作出巨大贡献的"外资三法",已无法满足我国现在利用外资所要面对的新形势。为了进一步推动我国市场经济的发展,吸引外资进入我国市场,在保护外商投资合法权益的同时规范外商的投资行为,形成新的外商投资模式,促进我国社会主义市场经济的健康发展,2019年3月15日,十三届全国人大二次会议表决通过了《外商投资法》,自2020年1月1日起施行。

外商投资,是指外国的自然人、企业或者其他组织(以下称为外国投资者)直接或者间接在中国境内进行的投资活动,根据《外商投资法》第2条的规定,外商投资包括下列几种情形:(1)外国投资者单独或者与其他投资者共同在中国境内设立外商投资企业;(2)外国投资者取得中国境内企业的股份、股权、财产份额或者其他类似权益;(3)外国投资者单独或者与其他投资者共同在中国境内投资新建项目;(4)法律、行政法规或者国务院规定的其他方式的投资。外商投资企业,是指全部或者部分由外国投资者投资,依照中国法律在中国境内经登记注册设立的企业。

《外商投资法》第6条规定:"在中国境内进行投资活动的外国投资者、外商投资企业,应当遵守中国法律法规,不得危害中国国家安全、损害社会公共利益。"此条款作为兜底性条款,当外资企业的行为有损于我国国家安全时,我国保存最后的法律救济手段。此条可引申出国家对于外资进入国内市场的安全审查制度。国家建立外商投资安全审查制度,对影响或者可能影响国家安全的外商投资进行安全审查。随着经济全球化的进一步发展和我国经济发展的需求,出现了大量的外国投资者并购我国内地企业的情况。为引导外国投资者有序并购境内企业,维护国家安全,国务院建立了规范外国投资者并购境内企业安全审查(以下简称并购安全审查)制度,依此做出的安全审查决定为最终决定。

《外商投资法》第35条规定:"国家建立外商投资安全审查制度,对影响或者可能影响国家安全的外商投资进行安全审查。依法作出的安全审查决定为最终决定。”国务院办公厅于2011年2月3日发布国办发〔2011〕6号文，对安全审查制度进行了更为详尽的规范。

《国务院办公厅关于建立外国投资者并购境内企业安全审查制度的通知》第一部分“并购安全审查范围”规定：

“一、并购安全审查范围

“（一）并购安全审查的范围为：外国投资者并购境内军工及军工配套企业，重点、敏感军事设施周边企业，以及关系国防安全的其他单位；外国投资者并购境内关系国家安全的重要农产品、重要能源和资源、重要基础设施、重要运输服务、关键技术、重大装备制造等企业，且实际控制权可能被外国投资者取得。

“（二）外国投资者并购境内企业，是指下列情形：

“1. 外国投资者购买境内非外商投资企业的股权或认购境内非外商投资企业增资，使该境内企业变更设立为外商投资企业。

“2. 外国投资者购买境内外商投资企业中方股东的股权，或认购境内外商投资企业增资。

“3. 外国投资者设立外商投资企业，并通过该外商投资企业协议购买境内企业资产并且运营该资产，或通过该外商投资企业购买境内企业股权。

“4. 外国投资者直接购买境内企业资产，并以该资产投资设立外商投资企业运营该资产。

“（三）外国投资者取得实际控制权，是指外国投资者通过并购成为境内企业的控股股东或实际控制人。包括下列情形：

“1. 外国投资者及其控股母公司、控股子公司在并购后持有的股份总额在50%以上。

“2. 数个外国投资者在并购后持有的股份总额合计在50%以上。

“3. 外国投资者在并购后所持有的股份总额不足50%，但依其持有的股份所享有的表决权已足以对股东会或股东大会、董事会的决议产生重大影响。

“4. 其他导致境内企业的经营决策、财务、人事、技术等实际控制权转移给外国投资者的情形。”

第二节　负面清单管理制度

因为准入清单过于繁杂，穷尽人力也无法面面俱到，难免会有所遗漏，故而我国为外国投资者设置准入负面清单规定。负面清单所列的投资领域外国投资者禁止进行投资，外国投资者投资准入负面清单规定禁止投资的领域的，相关主管机关有权责令其停止相应的投资活动，同时可采取限期处分其财产的必要措施，并责令外国投资者将所投资目标恢复到实施投资前的状态。其中外国投资者已就其投资获利的，相关机关应当没收违法所得。外国投资者的投资活动违反外商投资准入负面清单规定的应当依法承担相应的法律责任，以下为《外商投资准入特别管理措施(负面清单)》(2019 年版)：

(1)农、林、牧、渔业：①小麦、玉米新品种选育和种子生产须由中方控股；②禁止投资中国稀有和特有的珍贵优良品种的研发、养殖、种植以及相关繁殖材料的生产(包括种植业、畜牧业、水产业的优良基因)；③禁止投资农作物、种畜禽、水产苗种转基因品种选育及其转基因种子(苗)生产；④禁止投资中国管辖海域及内陆水域水产品捕捞。

(2)采矿业：禁止投资稀土、放射性矿产、钨勘查、开采及选矿。

(3)制造业：①出版物印刷须由中方控股；②禁止投资放射性矿产冶炼、加工，核燃料生产；③禁止投资中药饮片的蒸、炒、炙、煅等炮制技术的应用及中成药保密处方产品的生产；④除专用车、新能源汽车外，汽车整车制造的中方股比不低于 50%，同一家外商可在国内建立两家及两家以下生产同类整车产品的合资企业(2020 年取消商用车制造外资股比限制。2022 年取消乘用车制造外资股比限制以及同一家外商可在国内建立两家及两家以下生产同类整车产品的合资企业的限制)；⑤卫星电视广播地面接收设施及关键件生产。

(4)电力、热力、燃气及水生产和供应业：①核电站的建设、经营须由中方控股；②城市人口 50 万以上的城市供排水管网的建设、经营须由中方控股。

(5)批发和零售业：禁止投资烟叶、卷烟、复烤烟叶及其他烟草制品的批发、零售。

(6)交通运输、仓储和邮政业：①国内水上运输公司须由中方控股；②公共航空运输公司须由中方控股，且一家外商及其关联企业投资比例不得超过25%，法定代表人须由中国籍公民担任；③通用航空公司的法定代表人须由中国籍公民担任，其中农、林、渔业通用航空公司限于合资，其他通用航空公司限于中方控股；④民用机场的建设、经营须由中方相对控股；⑤禁止投资空中交通管制；⑥禁止投资邮政公司、信件的国内快递业务。

（7）信息传输、软件和信息技术服务业：①电信公司：限于中国"入世"承诺开放的电信业务，增值电信业务的外资股比不超过50%（电子商务、国内多方通信、存储转发类、呼叫中心除外），基础电信业务须由中方控股；②禁止投资互联网新闻信息服务、网络出版服务、网络视听节目服务、互联网文化经营（音乐除外）、互联网公众发布信息服务（上述服务中，中国"入世"承诺中已开放的内容除外）。

（8）金融业：①证券公司的外资股比不超过51%，证券投资基金管理公司的外资股比不超过51%（2021年取消外资股比限制）；②期货公司的外资股比不超过51%（2021年取消外资股比限制）；③寿险公司的外资股比不超过51%（2021年取消外资股比限制）。

（9）租赁和商务服务业：①禁止投资中国法律事务（提供有关中国法律环境影响的信息除外），不得成为国内律师事务所合伙人；②市场调查限于合资、合作，其中广播电视收听、收视调查须由中方控股；③禁止投资社会调查。

（10）科学研究和技术服务业：①禁止投资人体干细胞、基因诊断与治疗技术开发和应用；②禁止投资人文社会科学研究机构；③禁止投资大地测量、海洋测绘、测绘航空摄影、地面移动测量、行政区域界线测绘，地形图、世界政区地图、全国政区地图、省级及以下政区地图、全国性教学地图、地方性教学地图、真三维地图和导航电子地图编制，区域性的地质填图、矿产地质、地球物理、地球化学、水文地质、环境地质、地质灾害、遥感地质等调查。

（11）教育：①学前、普通高中和高等教育机构限于中外合作办学，须由中方主导（校长或者主要行政负责人应当具有中国国籍，理事会、董事会或者联合管理委员会的中方组成人员不得少于1/2）；②禁止投资义务教育机构、宗教教育机构。

（12）卫生和社会工作：医疗机构限于合资、合作。

（13）文化、体育和娱乐业：①禁止投资新闻机构（包括但不限于通讯社）；

②禁止投资图书、报纸、期刊、音像制品和电子出版物的编辑、出版、制作业务；③禁止投资各级广播电台(站)、电视台(站)、广播电视频道(率)、广播电视传输覆盖网(发射台、转播台、广播电视卫星、卫星上行站、卫星收转站、微波站、监测台及有线广播电视传输覆盖网等)，禁止从事广播电视视频点播业务和卫星电视广播地面接收设施安装服务；④禁止投资广播电视节目制作经营(含引进业务)公司；⑤禁止投资电影制作公司、发行公司、院线公司以及电影引进业务；⑥禁止投资文物拍卖的拍卖公司、文物商店和国有文物博物馆；⑦禁止投资文艺表演团体。①

第三节 反垄断调查

外国投资者并购中国境内企业或者以其他方式参与经营者集中的，应当依照《反垄断法》的规定接受经营者集中审查。《反垄断法》在程序及实体上更多学习欧盟的模式，但值得注意的是，中国的程序并不是照搬欧盟，而是结合了中国国情。因为我国初期立法并不完善，所以规则变化较快。并且外资企业与内地企业接受向监管部门所申报的事项也并不是完全相同，所以导致很多外资企业因为无心之失而让其一些正常的市场行为被认定为垄断行为。

参考案例

汽车反垄断调查案

2014 年 8 月 7 日，国家发改委秘书长李朴民公开表示，奥迪与某汽车公司两家厂商涉嫌垄断被查，近期将公布相应处罚结果。8 月 7 日，宝马宣布从 8 月 11 日起下调旗下部分原厂零部件价格，包括车身、压缩机等 2000 余件产品，平均降幅为 20%。这已是宝马中国今年第二次大幅下调零部件价格，今年前 7 个

① 国务院：《国务院关于全面推进北京市服务业扩大开放综合试点工作方案的批复》，载《中华人民共和国国务院公报》2019 年 3 月 10 日。

月,宝马已将3300余件原厂零部件产品的批发价格平均下调15%。8月8日,广汽本田发布官方信息,“响应国家发改委和广东省发改委对我公司零部件等相关领域的关注,对部分零部件价格实施下调”。几乎是同时,同在广州的东风日产、广汽丰田也发布了类似信息。8月8日,一汽—大众汽车有限公司总经理张丕杰携一汽—大众奥迪销售事业部总经理薄石、执行副总经理葛树文,以及相关区域市场负责人,再赴国家发改委价格监督检查与反垄断局,就有关情况做了汇报。8月11日晚,一汽—大众汽车有限公司声明表示,承认价格垄断违法问题,并将诚恳接受处罚。8月12日,丰田中国公司新闻发言人牛煜接受记者采访时回应称,丰田旗下雷克萨斯正在全面配合发改委问询。8月13日,湖北物价局召开规范汽车销售中的价格行为提醒告诫会,通报了武汉4家宝马4S店协商统一收取PDI检测费构成价格垄断协议的违法行为,并依据《反垄断法》,开出总计162万元的罚单,这是反垄断调查自7月持续发酵以来,汽车行业开出的第一张罚单。8月17日,从江苏省物价局获悉,该局对奔驰汽车的垄断调查已经掌握相关证据,其对下游售后市场的零部件价格以及维护保养价格进行控制,为典型的纵向价格垄断。数据显示,奔驰C级零整比高达1273%,相当于一辆奔驰车零部件能购买12辆整车。8月20日国家发展改革委正式发布公告,对日本住友等8家零部件企业价格垄断行为依法处罚8.3196亿元,对日本精工等4家轴承企业价格垄断行为依法处罚4.0344亿元,合计罚款12.354亿元。8月20日,雷克萨斯正式宣布将对部分零配件价格进行下调,此次调价共涉及约1.5万件零部件,平均降幅达26%。其中,散热器总成下调35%、发动机总成、自动变速箱总成下调30%、空气囊总成下调25%,以此来表示对发改委进行的反垄断行动的配合。9月11日,湖北省物价局发布公告称,对一汽—大众销售有限责任公司罚款2.4858亿元;对湖北鼎杰、湖北中基等8家奥迪经销商罚款共计2996万元。具体包括湖北鼎杰1606万元、湖北中基752万元、武汉奥龙65万元、十堰奥龙11万元、襄阳东富34万元、宜昌奥龙57万元、黄石奥龙19万元。同日,上海市物价局对某汽车公司及其部分上海地区经销商上海越也、上海名创、上海信佳汽车销售服务有限公司的价格垄断行为分别作出处罚,其中对某汽车公司处以罚款3168.20万元,对3家经销商处以罚款共计

214.21 万元。[①]

第四节　同等待遇原则

同等待遇原则也称互惠待遇原则，是指一国给予外国国民某种权利、利益或优遇，该种优遇以该外国给予本国国民同等的权利、利益或优遇为前提。其目的是避免外国人在本国片面获得某些权利和利益，同时反对本国人在外国受到歧视。任何国家或地区在投资方面对我国采取的歧视性、限制性或者类似措施手段的，我国可以依据实际情况对该国家或者地区采取相应的反制措施。

第五节　对外商投资合法权益的保护

我国的市场经济发展需要外商投资带来先进的生产管理技术，也需要外资介入所为企业带来的一些国际化发展的便利。为此，在保护国家安全的同时，也应当对外商投资的合法权益进行充分的保护，除国家层面出台的相应保护政策外，各级地方政府及相关部门所制定的涉及外商投资的规范性文件也应当保护外国投资者的合法权益，不得设置市场准入或准出等一系列门槛和条件，减损外商投资企业的正常生产经营活动。除此之外，国家也建立了相应的外商投资企业投诉工作机制，方便外商投资企业反映问题，并及时进行处理。外商投资企业认为行政机关及相关工作人员侵犯其合法权益的，便可通过上述投诉机构申请解决，维护其合法权益。当然除上述投诉解决机制外，外商投资企业也可以通过正常的手段维护其合法权益，如依法申请行政复议、依法向法院提起行政诉讼等。

① 数据信息等摘自 MBA 智库百科。

第六节　反补贴与反倾销

补贴,顾名思义,就是补其不足,贴其所短,以其有所余而补不足。在社会主义市场经济迅猛发展的当代,各行各业尺有所短,寸有所长,并非所有的产业都能在没有政府干预或者帮助的情况下迅速健康发展,很多产业需要国家及公共机构的扶持与帮助才能更好地发展下去。由此产生的便是国家补贴,由政府通过政策或者立法对一些某方面可能存在困难的企业提供资金等多方面的帮扶。在本书中所谈及的补贴仅仅指《SCM 协定》(Agreement on Subsidies and Countervailing Measures,补贴与反补贴措施协定)的签约方境内由其政府或由政府通过公共机构等形式所提供的政府资助,如在补贴与反补贴措施协定中所提到的政府赠与行为、由政府通过银行所给出的一些贷款行为、政府对于贷款的担保行为,以及政府对于企业的税额减免等一系列的财政鼓励。当然也包括政府对于高等大学、科研机构中的一些专向项目上的财政支持,还包括地方政府对于当地企业关于环境方面的补贴。对本书所谈论的"政府行为"应当作出不仅限于字面意思的理解,即不只是包括中央政府所给出的对于补贴的立法及政策,也包括地方政府所给出的有关补贴的立法和政策;不只是包括政府通过其所属有关部门直接作出的行为,也应当包括政府通过隐秘手段干预私人机构指导其所作出的行为。

但是显然,并非所有的补贴在国际民商事贸易来往之中都会被认定需要征收反补贴税款(一种特殊关税,是为了抵销补贴的获得者因为得到补贴等帮助而产生的影响),因为补贴措施几乎涉及一个国家政治经济中的各个方面,所以对所有的补贴进行打击,实施反补贴措施是非常不现实的,同样也是不合理的。所以,在国际贸易来往之中,何种补贴会被征收反补贴税款,何种补贴不会,在《SCM 协定》中有很明确的分类。《SCM 协定》第 1 条第 1 款就直接列举了一些应当被征收反补贴税款的具体情况。例如,政府提供补贴的形式不是简单的提供当地一般的基础建设设施而是直接提供资金、物品或者人力帮助,也包括政府通过一些手段向非政府机构提供财政担保或暗示某些非政府机构行使上述所列举的由政府执行可能会被认定为需要征收反补贴税款的情况。同时

《SCM 协定》还规定，一项补贴满足该条款所要求的情况时还必须同时遵守《SCM 协定》第三部分、第四部分所列的关于禁止的补贴以及可申诉的补贴的相关要求。但是禁止的补贴是人力无法列举穷尽的，在经济迅速发展的当代，列举更是无法满足日新月异的变化。而且也很容易就可以考虑到并非所有的在《SCM 协定》第 1 条第 1 款中所提及的补贴，都属于第 3 条所规定的禁止的补贴，否则就没有必要另行规定。所以在列举的同时，协定第 1 条中所提及的补贴的共同点，在《SCM 协定》第 2 条中也有体现。协定第 2 条提出了有关补贴的专向性标准。并且《SCM 协定》也规定了只有被认定为具有专向性的补贴才受该协定的管辖。之所以该协定仅以具有专向性的补贴为其所适用的对象，用王弈通先生的一句话来讲就是因为“此类补贴可导致资源配置的人为扭曲和不公平竞争行为的发生”。

《SCM 协定》第二部分规定了关于补贴专向性的认定问题，并且规定了一项补贴在满足《SCM 协定》第二部分规定的情况下，不必要继续遵守关于第 3 条中关于禁止的补贴的规定，仅遵守协定关于对可申诉的补贴和反补贴措施的规定即可。同时《SCM 协定》在本条中对于专向性作出了定义，即一项补贴是否属于政府限制性地给予其管理范围内的特定目标。并且，规定补贴应适应以下原则。

第一，“如果做出一项补贴的政府或者政府之所以做出此种决定的原因将该项补贴的授予对象限定于特定的企业或者产业，那么这种补贴就具有专向性”。此款告诉了企业何为专向性的补贴，即无论该项补贴是某当局依据法律还是自身决定之因，将该项补贴的给予对象限定于特定目标，那么该项补贴从理论基础上就有可能被判断为存在专向性。本书将此称为法律上的专向性，因为从理论上分析该条款，便可以得出一项补贴是否具有专向性。

第二，如果一项补贴虽然是被特定的企业或者产业获取，但是获得此项补贴的原因是该企业或者产业达到了政府所规定的一些条件，并且此条件是明确、客观和合理的，同时政府能够严格遵守这些条件，那么一个企业或者一类产业，在满足该些确定条件的情况下，自动获得就不会被判定为存在专向性。这里所提到的一定的条件和标准，必须非常的明确，以便能够在争议发生之时加以核实。此款并非对上一款条文的否定，而是对于上款所规定之政府据以立法而授予的补贴作出了进一步的说明，因为此处所给出的标准与条件是明确、客观和合理的,所以并不会引发企业所担心的资源配置不均与不公平竞争。该类补贴是在被允许的范围之内,但是必须强调的是此处所写明的客观的标准和条件必须是可以明确列出的,以便之后在对此标准和条件有所质疑之时进行核实。即如若立法列出的使企业自动获得补贴的标准和条件是明确、客观和合理的,则该项补贴是被《SCM 协定》许可的。

第三,如果一项补贴根据上述的两款规定并不具有专向性,但是其所表现出来的特征有足够、充分的理由让人相信该项补贴是具有专向性的,那么应当考虑上述两款规定所没有规定的其他相关因素。此款为该条之中的兜底性条款,即虽然一项补贴通过上述两款规定所评议得出的结论是并不具有专向性,但是仍然可能通过考虑与之相关的其他联系点,来认定一项补贴仍然是存在专向性的。相关因素在协定之中也有所列举,如一项补贴授予的企业看似是具有普遍性的,但是该项补贴中很大的一部分是由这些普遍授予补贴中的一小部分特定企业享受,或者说对于同样获得补贴的企业,政府以任意方式决定其获得补贴的比例。所以在面临政府作出补贴时如此繁多复杂的情况,本条就显得尤为重要。在引用本条解决专向性认定问题之时,不仅应当考虑到补贴实际的授予情况与多种多样的经济活动,也应考虑到一项补贴随着时间的变化而产生的变化。在这里本书提到了一些通过前述几项条款无法解决之情况,本书在此简单的将其称为事实上的专向性。通过对于法律专向性的规定无法得出这些补贴存在专向性的问题,但是在现实中的经济活动之中,这些补贴又确实会导致资源的不公分配,这与世界贸易组织所提倡的公平、自由贸易原则是不相符的,所以是可以被认定是具有专向性的。

在《SCM 协定》第 2 条第 2 款中,如果当地政府或者中央政府将一项补贴给予在其所辖境内的特定区域内一定的企业或者产业,那么该项行为一定是具有专向性的,对此并不需要过多加以赘述,因为这种情况显然满足协定对于补贴专向性的判断标准。本书认为可以将此种专向性称为地区上的专向性,此补贴也在一定程度上满足事实上的专向性。另外,该协定第 2 条第 3 款中规定,协定第 3 条所列之禁止的补贴也是具有专向性的,对此就更不用过多地加以解释,因为前文已经提到过该协定所管辖的对象是具有专向性的补贴。此处协定将包括如面对出口方向的补贴在内的一系列的补贴规定为绝对禁止的补贴,因此可以简单地将这些禁止的补贴称为法律拟制上的专向性,也可以在某种程度上称为法律上的专向性。协定第 2 条最后一款是对一项补贴进行专向性的认定时所列举的证据的规定，该条款规定要求此处所举证据必须是清晰明确的，可以毫无疑问的证明一项补贴确实是存在专向性问题。正如前文中所提及的，授予企业补贴的条件必须是明确的、合理的，以便在发生争议之时进行核实。

以上谈及内容为《SCM 协定》关于补贴及其中专向性判断标准问题的具体规定，其中通过该协定第二部分之规定被判断为存在专向性的补贴，仅需要遵守协定之中有关可申诉补贴与反补贴措施相关方面规定即可，不再考虑协定之中的其他规则。本书在此将专向性简单的理解为一项补贴在授予过程中并非仅为了使弱势产业达到中性的标准，而是超出了此范围，甚至可能会因为该项补贴导致资源的不公分配，以至于不公平竞争的发生，本书将之称为实质上的专向性。当然从形式上看，专向性不仅止于导致补贴不公，而且会远远地超出这个范围，但是即使是具有专向性的补贴也并不都会被协定禁止。所以此处所谈的专向性专指被协定管辖约束，乃至禁止的专向性补贴中所蕴含的专向性。

第四编

企业破产程序中的法律风险及防范

《企业破产法》一般适用于债务人有多个债权人的情况。在债务人同时有多个债权人且全部财产不足以偿还所有债务时，破产法才有用武之地。倘若债务人只有一个债权人，直接申请强制执行即可。

债务人的财产不足以清偿全部债务时有三种分配原则：优先原则、时间顺序原则、平等清偿原则。平等清偿原则是现行《企业破产法》所适用的原则。当然，在内容上，破产法规范远非平等清偿原则能概之。一方面，实现债权平等清偿需要复杂的程序性规则；另一方面，在债务人破产时，多项复杂的法律关系在同一时刻集中爆发，法律需要同时兼顾多项价值冲突。受困于此，一味强调平等受偿并不现实。因而在适用破产法规范时务必留意平等清偿原则的例外。

第十二章 破产概述

《企业破产法》第2条规定："企业法人不能清偿到期债务，并且资产不足以清偿全部债务或者明显缺乏清偿能力的，依照本法规定清理债务。企业法人有前款规定情形，或者有明显丧失清偿能力可能的，可以依照本法规定进行重整。"虽该规定所适用的主体仅指企业法人，但在司法实践中，合伙企业和个人独资企业可适用破产程序。《合伙企业法》第92条规定："合伙企业不能清偿到期债务的，债权人可以依法向人民法院提出破产清算申请，也可以要求普通合伙人清偿。合伙企业依法被宣告破产的，普通合伙人对合伙企业债务仍应承担无限连带责任。"《最高人民法院关于个人独资企业清算是否可以参照适用企业破产法规定的破产清算程序的批复》（法释〔2012〕16号）中规定："根据《中华人民共和国企业破产法》第一百三十五条的规定，个人独资企业不能清偿到期债务，并且资产不足以清偿全部债务或者明显缺乏清偿能力的情况下，可以参照适用企业破产法规定的破产清算程序进行清算。"

破产法是程序法与实体法的混合体。其中程序性的规定，主要分为两大类：其一为破产审判规则，如关于起诉、受理、管辖和强制措施等规范；其二为债权人自治规则，如债权人大会的议事规则和重整协议的表决规则等。《企业破产法》第65条规定："本法第六十一条第一款第八项、第九项所列事项，经债权人会议表决未通过的，由人民法院裁定。本法第六十一条第一款第十项所列事项，经债权人会议二次表决仍未通过的，由人民法院裁定。对前两款规定的裁定，人民法院可以在债权人会议上宣布或者另行通知债权人。”上述两类规则对保护债权人利益、实现破产财产经济效益最大化而言，都至关重要。但从立法角度讲，两项制度设计的着眼点并不一致，前者主要着眼于便利法院行使职权和有效约束法院的权力，后者则旨在降低债权人集体决策的成本。

第一节　破产法的社会功效

破产是社会化的安排。任何一个公司都是利益的集合体，若不幸破产，不能说其仅仅承载着债权人和公司所有者的权益，它同时也承载着其他利益相关者的权益。对这些权益的保障，不仅公司的股东、经营者要承担责任，在公司破产时，债权人也应继续承担相应的责任。具体而言，中小股东、公司雇员、消费者、供应商、社会、政府、环境等都可能在破产程序中受到不同程度的影响，其利益在破产过程中在必要和可能的情况下都应当被给予关注和保护。[①] 强调效率和社会整体利益并无不妥，但就是否符合效率的要求而言，不能将眼光拘泥于一时一地，拘泥于破产公司本身，而应当着眼于保护弱者的社会化考量和维护市场道德等“非经济目标”。若协调得当，用以提高非经济目标的法律措施，可以同时增加社会总体福利。

从目标来看，破产程序涉及多方利益，因此必须从全局考量，必须以公司的整体价值为主要着眼点。另外，鉴于债权人利益的分散性，关照其他利害关系人并不必然意味着损害债权人的利益。如绍兴华联三鑫破产案所显现的，恰恰是对保护利益相关者的考虑，外部力量才有动力协助破产债务人渡过难关。

① 蔡海榕：《执行转破产程序问题研究》，华侨大学 2017 年硕士学位论文。

参考案例

华联三鑫破产重整案

2008年9月15日，美国的雷曼兄弟破产，触发了席卷全球的金融危机，传递连锁反应的就是一系列层层叠叠的衍生债券产品。14天后，在绍兴，华联三鑫极有可能成为当地的金融炸弹，如无法遏止，冲击波将通过担保网向外传递，区域性金融危机绝非只是想象。当时测算，如果华联三鑫破产，涉及的资产为100多亿元，担保圈的第二重，将涉及资产300亿元，如果突破第二重，涉及的资产将是上千亿元！"如果处理不好，绍兴县的经济将倒退5到10年。"当时县里的一位老领导如此说。一家严重资不抵债、资金链已然断裂的企业可以免于破产吗？可以——如果有足够的资金注入。绍兴县政府向绍兴市和浙江省求助，他们要求稳定银行贷款，"对华联三鑫及母体企业和关联企业的贷款不回降、不抽资、不起诉，并给予企业转贷、增贷"。但得知消息的银行和企业债权人仍纷纷赶来绍兴收贷——如果有一家银行开始抽贷，其他银行就不得不跟着抽贷，没有人愿意成为最后的输家。此时，让银行继续输血无异于天方夜谭。

不仅对华联三鑫，恐慌中的银行还开始对担保链涉及的企业实行24小时监控。"晚上十一二点，还有银行职员到这些企业，查看是否正常生产。"一些银行已开始惜贷、抽贷，相关企业的资金链越绞越紧。而原有股东要么自顾不暇，要么无心救援，让他们注资的希望同样渺茫。当美国政府正在为是否救市而挣扎时，绍兴县政府也面对艰难抉择——政府是在此时介入，对华联三鑫进行重组，让巨额债务由重生后的企业在未来慢慢消化；还是放任自流，让所有银行和非银行债权人按市场原则进入破产程序，在当下承担债务，然后对企业进行重整？一个是政府介入，另一个是市场方式。若选择前者，反对者会说，"企业没有一份政府的股权，它的债务与政府毫无关系，政府为什么要惹火上身，动用行政资源去介入？而且，以什么名义介入"？但如果选择后者，一旦诉诸司法，涉及如此众多债权人的破产重组，耗时1—2年完成已属顺利，而价值60多亿元的设备不能等，受牵连的其他资金链则随时可能崩断。是拆除引信，还是待炸弹爆炸之后收拾残局？10月初，政府选择了前者，决定介入，主导重组。如果冻结所有债务,华联三鑫要恢复生产,至少需要10亿元的现金。但即使有现金,没有债权人的同意,也无法恢复生产。而债权人同意的前提,是有合适的重组方出现,让他们对企业的偿债能力恢复信心。这几项互为条件的前提,最困难的是寻找重组方,这也是第一要务。10月初,经过多方接触后,目标锁定为华西集团,原华联三鑫的第一大股东。10月6日晚上10点,县里开会决定后,县主要领导和应急处置工作的主要负责人立即出发,连夜驱车赶往华西村(-1.03%资金研报),次日凌晨抵达后,马上与华西的高层商讨重组事宜。与华西达成初步重组协议后。10月8日,绍兴县立即向省、市汇报并取得支持。10月9日,浙江省政府协调召开16家债权银行的全体会议。10月10日,仅用一天,华联三鑫债权银行委员会主席单位——工商银行(-1.06%资金研报)浙江省分行副行长倪百祥说服所有银行,签署了银行共识协议,形成了银行、华西和绍兴县政府三方合作协议的初稿,配合重组。但华西未能在限期内筹集现金。10月15日凌晨6:49,应急处置工作的主要负责人收到了华西集团总经理发来的短信,告知"我方银行对此次重组由不赞成演变为强烈反对,我方无奈选择放弃"。短信发送时,华西集团刚刚开完董事会。一切从头再来。当地企业远东化纤成为新的目标。远东的厂区紧邻华联三鑫,是为华联三鑫提供担保的四家非股东企业之一,只是担保额最低,仅为1亿元。同属于化纤行业,产品属于PTA的下游,企业资产规模足够,管理稳健,资金链相对安全,让远东成为政府眼中"最合适"的重组方。为说服远东,绍兴县不仅承诺政府注资,而且事先明确国资的退出机制——"监管不经营、收息不分红、盈利即退出"。

除此之外,绍兴县承诺,重新开工后将给予华联三鑫一系列的扶持政策,直至亏损弥补完时为止。"一直都在博弈和斗争",和银行的对手戏让官员们印象深刻。绍兴县的官员从来没有在这么短的时间内跑过那么多银行,和那么多的银行家直接过招——到杭州找省分行,到北京找总行,都是和主管副行长直接谈判,应急处置工作的主要负责人记得,到后来,有的行长见面第一句话已经是,"你又和我斗争来了"。一位参与重组的官员觉得自己上了几个月极高质量的兼并重组课程,虽然疲累,但极充实,"这样的机会不会再有了"。一次又一次的回合之后,华联三鑫在银行的76.7亿元实际融资风险敞口额度在重组后保持5年不降低,贷款利率全部按基准利率下调10%(之前的利率大多是基准利率上浮20%);16亿元逾期的短期融资一次性转为中长期贷款;到2009年1

月，银行又向华联三鑫发放了10亿元的银行贷款。10月24日，远东化纤接盘，以9亿元现金注入华联三鑫，成为绝对控股的新东家。县里一位领导难抑激动，将远东集团董事长称为“绍兴县的民族英雄”。同时，绍兴县政府下属的国有投资公司滨海投资以6亿元现金注入，原股东华联控股缩减股权比例，而华西集团、展望和加百利均以零价格转让股权的方式彻底离场。华联三鑫的注册资本从24.52亿元增加至39.52亿元。重组协议中特别约定，滨海开发公司将在约定的时间退出华联三鑫，退出时以此次本金及按同期银行贷款基准利率计算的利息为转让价，将持有的股权全部转让给远东集团。11月7日，停产后40天，第一条生产线恢复生产；12月中旬，第二条生产线开工；2009年4月23日，第三条线开始运行。全面开工，意味着企业救活了，骨牌没有倒下，区域性金融危机没有发生。2008年11月21日，总理温家宝至华联三鑫视察，被视为高层对重组的肯定。如果找不到合适的重组方，政府考虑过自己全面接管企业吗？应急处置工作的主要负责人说，“现在不是10年前了，至少我从来没有过这个念头”。如果远东不进来，他们会考虑大型国企。避免了最终崩盘，但过去4个月的不眠之夜，只是让华联三鑫赢得了活下去的机会。债务并未消失，政府承担了巨大的债务压力，活下来的华联三鑫能否恢复造血功能还清债务？负责官员说，“重组是否完全成功，要看债务能否最终清偿”。2006年以来，绍兴县面对土地等要素制约和增长方式粗放等问题，在全国率先倡导和实践“亩产论英雄”的理念，以提高“亩产效益”为核心，建立健全“亩产论英雄”的导向、约束、评判等机制，倒逼企业走集约增长之路。比如，设立“亩产英雄排行榜”，每季度在媒体上公示销售亿元以上工业企业的亩均税收、亩均销售各前30位名单，并逐步将公示范围扩大到全县工业企业八十强和行业龙头企业。从2007年下半年起，又将“亩产论英雄”扩大到“单位能耗效益论英雄”“单位排放效益论英雄”，每季度在媒体上公布印染、热电等企业单位排放的产出效益情况。对年度亿元以上工业企业亩均税收、亩均销售进行核算，对位于前列的企业予以表彰奖励，达不到一定指标的企业，取消县委县政府给予的一切政策优惠。在审批投资项目时，以亩均投资作为主要标准之一，规定项目投资强度除个别行业外不得低于220万元。2009年5月中旬，绍兴县城柯桥已恢复往日的平静。闻名全球的轻纺城（-0.28%资金研报）市场外，宝马、奔驰毫不在意地和各种牌子的小型货车交错停放，众多的三轮车、平板车在缝隙中穿行，市场里，人们在蜂巢般的店铺前讨价还价，虽谈不上热闹，但已显然不是萧条。5月18日，在华联三鑫之后完成破产重组的江龙印染重新复工，有报道写道，“整个厂区焕然一新，一番忙碌的景象，已经先期在企业上班的员工们脸上略带着微笑穿梭在厂区内。很难让人想起几个月前垃圾满地、污水横流、债主云集的景象”。[①]

第二节 破产法的基本原则

一、程序性原则

（一）当事人支配主义原则

破产程序作为民事程序的一种，也当遵循“不告不理”的诉讼原则，这是当事人的权利，由其支配。这一原则的具体表现为：(1)破产程序的开始，需要由债权人或债务人的申请，国家不能主动启动程序（有例外）；(2)在人民法院受理破产申请前，申请人可以请求撤回申请；(3)在破产程序开始后，若债权人不主动申报债权，其权利在破产程序中将不被考虑；(4)在破产程序开始后的任何时间点，若全体债权人在破产申报后至破产程序终结前一致同意终止程序，破产程序可宣告终结。

（二）职权主义原则

法院在破产程序中具有至关重要的作用，破产管理人的指定、破产管理人的监督、债权人大会的监督、重整计划的强制批准，均需法院依职权保障实施。另外，对于破产程序中的派生诉讼，法院依职权加以影响，也具有必要性。

（三）形式审查原则

形式审查原则源于审判与执行二者的职能区分。审判的目的在于“确定”权利，而执行的目的在于“实现”权利。破产程序是实现权利的程序，强调的是形式审查。例如，破产管理人收到债权申报材料后，对所编制债权表应当提交

① 以上数据资料信息来源于东方财富网。

第一次债权人会议核查。债务人、债权人对债权表记载的债权无异议的，由人民法院裁定确认。可见，债权的确定是由债权人自治解决，人民法院只作形式上的确认。当然，若债务人、债权人对债权表记载的债权有异议的，仍可向受理破产申请的法院提起诉讼。

（四）审判监督原则

审判监督原则在破产程序中同样有其存在的必要，保障当事人正当权利的实现，限制司法权利均需审判监督程序发挥效用。具体表现方式分为两种：上诉和复议。其中，上诉的对象仅限于不予受理的裁定和驳回破产申请的裁定。申请复议的对象，主要是当债权人会议无法做出决议时，法院作出确认破产财产管理方案和破产财产变价方案的裁定。复议期间，不停止原裁定的执行。

除此之外，在2006年《企业破产法》实施以前，《最高人民法院关于审理企业破产案件若干问题的规定》（法释〔2002〕23号）第38条规定："破产宣告后，债权人或者债务人对破产宣告有异议的，可以在人民法院宣告企业破产之日起十日内，向上一级人民法院申诉。上一级人民法院应当组成合议庭进行审理，并在三十日内作出裁定。"同时在第104条规定："最高人民法院发现各级人民法院，或者上级人民法院发现下级人民法院在破产程序中作出的裁定确有错误的，应当通知其纠正；不予纠正的，可以裁定指令下级人民法院重新作出裁定。"

二、实体性原则

（一）尊重非破产法规范原则

在破产程序开始前，对债务人是否满足破产的基本条件，例如，出现资不抵债、不能清偿到期债务、丧失清偿能力等情形，均须依照非破产法规则及标准加以认定。在破产程序开始前，债务人和全体债权人都要受到"自动中止"制度的限制。但有例外，如《企业破产法》第19条规定："人民法院受理破产申请后，有关债务人财产的保全措施应当解除，执行程序应当中止。"第20条规定："人民法院受理破产申请后，已经开始而尚未终结的有关债务人的民事诉讼或者仲裁应当中止；在管理人接管债务人的财产后，该诉讼或者仲裁继续进行。"上述两条规定所言中止，在效力上仅及于自力救济和司法措施，正常的行政规制行为并不在限制之列。

根据《民法典》第688条第2款的规定："连带责任保证的债务人不履行到期债务或者发生当事人约定的情形时，债权人可以请求债务人履行债务，也可以请求保证人在其保证范围内承担保证责任。"该规则在破产程序内依然有效。《企业破产法》第92条第3款规定："债权人对债务人的保证人和其他连带债务人所享有的权利，不受重整计划的影响。"除此之外，《企业破产法》第51条关于保证人追偿权的规定，第50条和第52条关于连带债权与连带债务在破产程序中处置的规定，也完全遵守了实体性规则在破产程序中继续有效的原则。在债务人持有的资格或权利转让的法律关系中，若法律或合同对转让的前提、方式有所限制，该限制在破产程序内也应被遵守。

《企业破产法》第40条规定："债权人在破产申请受理前对债务人负有债务的，可以向管理人主张抵销。但是，有下列情形之一的，不得抵销：（一）债务人的债务人在破产申请受理后取得他人对债务人的债权的；（二）债权人已知债务人有不能清偿到期债务或者破产申请的事实，对债务人负担债务的；但是，债权人因为法律规定或者有破产申请一年前所发生的原因而负担债务的除外；（三）债务人的债务人已知债务人有不能清偿到期债务或者破产申请的事实，对债务人取得债权的；但是，债务人的债务人因为法律规定或者有破产申请一年前所发生的原因而取得债权的除外。"该规定确定了破产法外的抵销权在破产法内继续有效的规则，这也是大多数国家所坚持的规则。该规则有其制定的必要性。一方面，如果法律禁止破产中的抵销，本质上就相当于强制剥夺了抵销的担保功能，只会促使交易当事人另谋其他形式的担保，从而无端增加交易成本；另一方面，若法律不保护破产中的抵销权，抵销权人就会在破产程序开始前行使权利。抵销权通过单方意思表示即可行使，无须采取特定的形式，也无须征得抵销相对方同意，这会增加抵销权人监督债务人的成本。[①] 破产法规范中还有一个应被遵守的限制性规则，即债务人破产这一法律事实不得作为合同的附加条件或实体性约定内容。

当然，凡是原则必有例外，实体权利不变原则也具有这种相对性。就破产

---

① 许德风：《破产法基本原则再认识》，载《法学》2009年第8期。

程序而言，如果不进行重整，破产程序的终结必然导致企业的注销及其主体资格的消灭，这便意味着未获清偿的债权这一实体权利的消灭。[①]

（二）债权平等原则

债权具有相对性，只在债的双方之间发生效力，这就意味着，债之关系只能在特定当事人之间产生特定约束，而不能及于第三人，债权以义务人为特定行为为其内容，因而只能向特定人主张权利。除了要求对方为相应履行外，债之关系的当事各方不得干涉他方对财产的利用或处分。当存在数个债权时，无论数个债权的发生先后，均以同等地位并存。若债务人在未破产时拒绝履行债务，债权人可以申请以强制执行的方式实现其权利。[②] 在有两个以上的债权人申请强制执行时，基本是遵循前文所述的一般优先原则，即所谓的“先来后到”。一般优先原则是一项符合常识和一般社会认知的制度，它无损公平，同时又可督促债权人积极履行其权利，大多数情况下有助于效率的提高。但问题在于，如果债务人的财产不足以清偿全部债务，无排他性的一般优先原则所带来的成本负担就会凸显，因为可用来清偿债务的财产总是有限的，此时债权平等的意义才真正的彰显。债权平等不仅是出于效率的计算，还包括维护社会公平的考量，即把破产看作每个交易当事人都要承受的后果，各债权人应平等受偿，防止资历或能力强大的债权人以损害弱小的债权人为代价获取额外优势。债权平等原则主要有以下几个方面的内容：其一，同类债权人的受偿比例相同。如《企业破产法》第 113 条第 1 款第 3 项、第 2 款关于普通债权平等、按比例受偿的规定。其二，排除个别强制执行。如《企业破产法》第 16 条规定：“人民法院受理破产申请后，债务人对个别债权人的债务清偿无效。”其三，债权平等意味着实质平等。破产债权平等原则并不意味着所有破产债权都应受到形式上的平等对待。而是“相同的相同对待，不同的不同对待”。[③] 此处的“相同”和“不同”取决于权利本身所包含的顺序性特征，取决于破产法外的实体规范或当事人的特殊约定。《企业破产法》第 82 条规定了重整计划草案进行表决时应根据债权的

---

① 孙绍军等：《用好参与分配制度　妥善化解群体纠纷》，载《人民法院报》2013 年 4 月 4 日。

② 韩长印、朱春和：《参与分配制度与破产法立法》，载《当代法学》2000 年第 1 期。

③ 齐树洁：《破产法研究》，厦门大学出版社 2005 年版。

不同类型分组表决，第 113 条规定了对不同类型债权的清偿顺序，便是此理。[①] 其四，破产债权平等原则不得由债务人与个别债权人事先或事后通过合同加以排除。

值得一提的是，若债务人与全体债权人事先约定排除债权平等原则，或于债务人破产时达成一致事后排除债权平等原则，相当于顺位在先的债权人放弃其顺位利益，法律应予认可。例如，破产债务人属于一家生产型企业，其能否生存或重整成果取决于供货商的配合，若供应商对于供货商就破产以前的供应货款要求更高比例的清偿，其他债权人如果不予支持，则供货商将可能选择终止供货，从而导致债务人彻底丧失生存能力并损害全体债权人的利益。[②] 因此，对于这种当事人自愿达成的、有利于破产财产增值的债权协议效力，法院应予支持。

（三）债权人自治原则

一个有利于效率提高的破产规则，不仅能在企业陷入困境时处理好破产事宜，使债权人获得最大程度的清偿，还具有预防破产损失的作用。[③]《企业破产法》第 15 条、第 25 条便规定了破产程序开始后债务人的义务及管理人的责任。需要强调的是，债权人自治原则并非绝对的。原因在于，债权人也并非在任何时候都可以有效配合。相比同是出资人的股东而言，债权人之间存在很大差异。例如，担保债权人往往希望破产程序尽早结束，以尽快实现其债权；职工债权人往往希冀企业能够继续存续，以保住自己的工作；普通债权人则希望能够获得尽可能高的清偿比例。甚至同类债权人内部仍有不同：同是担保债权人，有的担保物价值大，如不动产抵押权人；有的担保物则价值有限，且价值不稳定，如动产抵押权或浮动抵押担保，二者取向自然不尽相同。[④] 同是职工债权人，有的年富力壮，调整适应能力强，即便企业破产也能尽快的找到新的工作，因而对企业是否需要存续并不抱太高的个人期望；有的则年老体衰，缺乏其他的谋生手段，通常希望企业能够继续存续下去。同是普通债权人，有的债权额

① 许德风：《论担保物权的经济意义及我国破产法的缺失》，载《清华法学》2007 年第 3 期。

② Ex p. Mackay, (1873) 8 Ch. App. 643.

③ 许德风：《论法教义学与价值判断》，载《中外法学》2008 年第 2 期。

④ ［美］亨利·汉斯曼：《企业所有权论》，于静译，中国政法大学出版社 2001 年版。

高,与债务人保持着长期稳定的合作关系;有的债权额低,与债务人并无频繁的经济往来,内心期望自然大不相同。在这样的背景下,完全的债权人自治的集体决策成本会很高,难以形成有效的合力,亦不妥当。因此对债权人自治应有必要的限制。具体而言,债权人自治原则及其限制主要体现在以下几个方面:

第一,债权人影响破产管理人的选任。破产程序的进展主要是由破产管理人主导,如破产程序中的收集、管理、变卖和财产分配等职责。由于债权人与破产企业之间具有利益关系,因此允许债权人对破产管理人的选任施加影响。《企业破产法》第 22 条第 2 款规定:"债权人会议认为管理人不能依法、公正执行职务或者有其他不能胜任职务情形的,可以申请人民法院予以更换。"《最高人民法院关于审理企业破产案件指定管理人的规定》(以下简称《最高法破产案件指定规定》)第 34 条规定:"个人管理人有下列情形之一的,人民法院可以根据债权人会议的申请或者依职权迳行决定更换管理人:(一)执业资格被取消、吊销;(二)与本案有利害关系;(三)履行职务时,因故意或者重大过失导致债权人利益受到损害;(四)失踪、死亡或者丧失民事行为能力;(五)因健康原因无法履行职务;(六)执业责任保险失效;(七)有本规定第二十六条规定的情形。清算组成员的派出人员、社会中介机构的派出人员参照适用前款规定。"客观上赋予了债权人影响破产管理人任选的权利。

第二,决定破产进程的重大事项。在破产程序开始后,债权人实现债权有三种选择:清算、和解和重整(包括一般重整和转让性重整)。若遵循"权利人是自己权利的最好守护者"的设定,对于不同形式的破产方案,破产法院只应持中立态度,选择哪一种方案主要是由债权人决定。[①]《企业破产法》第 70 条第 2 款允许债权人在提出破产申请时可在重整、清算之间选择。该法第 70 条第 2 款规定:"债权人申请对债务人进行破产清算的,在人民法院受理破产申请后、宣告债务人破产前,债务人或者出资额占债务人注册资本十分之一以上的出资人,可以向人民法院申请重整。"但根据该法第 84 条,是否通过重整计划仍主要由债权人自行决定。当然,为了限制债权人集体抉择的困境,在不损害债权人利益的前提下,法院也可以强制通过破产重整计划。除破产程序外,债权人还可以对破产中的其他重大事项发挥影响。如《企业破产法》第 61 条、第 68 条便

① 许德风:《破产法基本原则再认识》,载《法学》2009 年第 8 期。

分别对债权人会议、债权人委员会的职权进行了规定。

第三,参与破产债权确认与决定破产财产的分配。就破产债权的确认而言,债务人存在两种倾向:一种是持放任态度,即不对任何债权提出异议;另一种是持恶意干扰态度,拒绝承认任何债权。相较而言,允许债权人参与债权确认既有助于发挥债权人期望动力,也使债权人保留了经过利弊权衡之后,放弃对一些数额较小的存疑债权提出异议的权利。该规则最大程度地强调了债权人自治,排除了债务人的异议权,能有效防止债务人恶意干扰破产程序的进行。

第三节 破产原因

本节所谓"原因"仅针对《企业破产法》所规定的破产原因,即资不抵债有明显丧失清偿的可能以及不能清偿到期债务且明显缺乏清偿能力。以下为详述部分:

一、资不抵债

资不抵债,是指债务人的全部资产不足以清偿其所负担的全部债务。通常确定资不抵债的时点为法院启动破产程序作出决定的时间。资不抵债这一破产原因仅适用于法人,自然人或自然人组成合伙的资产除现有财产外,还包括该个人的收入能力,但收入能力很难估值。从偿债的角度来讲,凡可用于偿还债务的资产,均应划入资产的范畴。此处"资产"这一概念应指企业的现实资产,即只要可以通过某种方式确定其价值,无论是否被包括在资产负债表中,均可属于资产,包括各种物权、债权和其他权利。[①] 在确定资产的价值时,必须注意的是,尽管会计记载应当真实可靠、内容完整,但实践中任何估值方法都有其局限性,任何会计管理的信息都有所取舍,"真实可靠、内容完整"是相对意义上的。例如,一个企业有 10 辆公务用车,设每辆车的购买价格为 100 万元,则购买时总价值为 1000 万元。如果以企业继续经营为前提,按照正常的折旧率,一年后,这些汽车可能价值 800 万元,而清算变现的话,如果这种车型在市场上大

① 朱梦颖:《资本认缴制下破产相关法律问题研究》,华东政法大学 2018 年硕士学位论文。

幅贬值,则实际每辆车只能卖到30万元。企业拥有的知识产权也是公司资产的重要组成部分,但可能由于不存在充分的市场,也同样面临评估的难题。

在富邦产物保险股份有限公司申请唯冠科技(深圳)有限公司破产清算案中,深圳市中级人民法院先是驳回了富邦产物保险股份有限公司的申请,认为:"iPad"商标登记注册在唯冠科技名下,在未有相反司法认定的情况下,被申请人唯冠科技仍系"iPad"商标的权利人。目前,唯冠科技名下无形资产之一的商标未作评估,商标价值尚未确定,尚不能认定唯冠科技资产不足以清偿全部债务或明显缺乏清偿能力。"一个由于缺乏流动性而'不能清偿到期债务'的债务人,其资产负债表中的资产金额可能远远大于负债总额。"[①]然而,当债务人的现金或现金等价物不能清偿到期债务且企业没有继续经营的可能时,债务人只能变卖实物资产用于偿债。此时的实物资产必须用变现价值来计量,它可能远远低于债务人资产负债表中以历史成本记录的资产价值。在此,《德国破产法》的做法可供参考,该法第19条第2款规定:"如果债务人的财产总额小于其现有负债总额,构成资不抵债,除非根据相关情况的债务人企业继续经营的可能性非常高。"该规定实际上采纳了"并列检验法"。检验一:以拟制拆分变现(清算)的方式判断企业的资产是否大于负债;检验二:判断债务人是否具有继续经营的可能性。前者主要是对现有资产的测算,后者则主要强调在未来合理期限内企业现金流与债务负担的关系,如果企业被认为不具有继续经营的可能性或者继续经营可能性很小时,则应当对有关企业开始破产程序;如果企业继续经营可能性很大,即便企业资产的清算变现额小于负债总额,也不构成资不抵债。

最高人民法院于2011年颁布的《最高人民法院关于适用〈中华人民共和国企业破产法〉若干问题的规定(一)》(以下简称《破产法若干问题的规定(一)》)第3条对资不抵债的认定作了初步规定:"债务人的资产负债表,或者审计报告、资产评估报告等显示其全部资产不足以偿付全部负债的,人民法院应当认定债务人资产不足以清偿全部债务,但有相反证据足以证明债务人资产能够偿付全部负债的除外。"其中的"相反证据"应包含债务人有继续经营的可能性。另外,在审核债务人的财务状况时,通常审查债务人当年资产负债情况即可,但若负债的时间久远且累积多年,在必要的情况下,也可以考虑审查债务

① 卢羽睿:《浅谈商事留置权的法律构造》,载《法制与经济(下旬)》2012年第7期。

人全部的债务账册和财产凭证。

破产原因制度主要着眼于在企业陷入困境时及时开始破产程序,无论有关负债是现有的还是未来的、确定的还是不确定的、固定的还是浮动的,都应当将企业的负债全部考虑在内。

二、不能清偿到期债务

不能清偿到期债务与资不抵债关系密切,而二者并不一定同时出现。一个企业可能没有出现资不抵债的情形,但已经丧失了偿债能力,也可能虽已资不抵债,但尚未处于不能清偿到期债务的状态。《破产法若干问题的规定(一)》第 2 条规定:“下列情形同时存在的,人民法院应当认定债务人不能清偿到期债务:(一)债权债务关系依法成立;(二)债务履行期限已经届满;(三)债务人未完全清偿债务。”具体而言,不能清偿到期债务是导致破产的一般原因,普遍适用于自然人、法人及其他破产债务人,其具有以下几方面特征。

(一)显著性

就具体债务而言,我国法律并未作出明确规定。作为参照,近年来德国的司法实践还逐步确立了一个所谓的“10% 标准”,即若不能清偿的到期债权额超过企业的流动资产 10%,则可认定债务人处于不能清偿到期债务的状态。相较而言,美国破产法上的规定更富“债务人主义色彩”,其在规定破产申请人所持有的未清偿债权总额应超过 10,000 美元的同时,还要求债务人处于“整体性不能清偿”的状态,在认定时,不仅要考虑未能清偿的债权数额,还要考虑其与债务人经营规模的关系以及债务人未履行到期债务的经常性程度。

(二)持续性

从时间上看,债务人必须是持续而不是暂时地缺少必要的偿付能力。也就是说,不能清偿到期债务,所指的是一种动态的、“时间段上的流动性缺乏”,而不是静止的、“时间点上的流动性缺乏”。对于时长的认定,法律并未明确规定,应当根据实际情况具体而定。不能清偿到期债务的时间结点为法院决定受理破产程序之日。

（三）停止偿付

停止偿付是不能偿还到期债务的重要表征。当然，要认定债务人不能清偿到期债务，更为重要的是，其停止偿付的状况能够并已经为外界所了解。在满足了这一点后，通常可以认为债务人已经从停止支付转为丧失了偿债能力。因为这种公开很大程度上表明了债务人自救努力的失败及其获得援助可能性的消失。如果没有到期未能清偿的证据，则应当通过查看其资产负债表来判断，通过比较其负债和短期可支配的流动资金的方式予以判定，必要时还可以考虑债务人可能获得的贷款。若债务人即使无资金可供偿贷，但仍能从银行获取贷款，则也不属于丧失偿债能力。

（四）真实性

不能清偿的债务，原则上应是没有争议的债务，即债务人对债权的存在没有合法的、善意的异议或抗辩。如果债务人对有关债权存在异议，则债务人和债权人应当首先解决此项争议，在获得确定判决之前债权的存在只能是一个或有事项，因此债权人不得据此提出破产申请。当然，原则上债务人提出的争议必须及于债权之全部，如果仅限于部分债权，如买卖合同中购买人对标的物存在轻微瑕疵的抗辩便不足以对抗出卖人提出破产申请的权利。另外，有关争议如果是单纯为了避免开始破产程序，却无法提供合理依据，则不影响债权的真实性。

第十三章　破产程序相关制度

我国关于企业破产的法律规定更多是以债权人主义导向为主，程序性原则与实体性原则并行不悖。因此，法院、管理人、债权人的职权分工互有牵连，协作与监督机制相互运作。以保证破产程序的有序运行。本章将分别介绍三者的职能与破产程序的运作形式，以下将分别加以论述。

第一节　破产程序

一、破产申请

“不告不理”是破产程序需要遵循的原则。若无人提出破产申请，则法院不得主动开始破产程序。《企业破产法》第7条规定：“债务人有本法第二条规定的情形，可以向人民法院提出重整、和解或者破产清算申请；债务人不能清偿到期债务，债权人可以向人民法院提出对债务人进行重整或者破产清算的申请；企业法人已解散但未清算或者未清算完毕，资产不足以清偿债务的，依法负有清算责任的人应当向人民法院申请破产清算。”也就是说，有权提出破产申请的人包括债务人、债权人和清算义务人。该条第2款并未对债权人申请破产的具体条件进一步作出明确规定，但对债务人申请破产则加以诸多限制，债务人申请破产，需要实质性地证明自身资产状况的恶化。由此也可以看出，《企业破产法》更多的是债权人主义导向，前述关于破产原因的规定及破产申请条件均是为了防止债务人滥用破产程序逃避债务。

二、破产受理

破产开始的标志,是法院裁定受理破产申请。《企业破产法》第 10 条规定:"债权人提出破产申请的,人民法院应当自收到申请之日起五日内通知债务人。债务人对申请有异议的,应当自收到人民法院的通知之日起七日内向人民法院提出。人民法院应当自异议期满之日起十日内裁定是否受理。除前款规定的情形外,人民法院应当自收到破产申请之日起十五日内裁定是否受理。有特殊情况需要延长前两款规定的裁定受理期限的,经上一级人民法院批准,可以延长十五日。"

实践中,有的法院在接受破产申请时并不出具受理申请的书面凭证,导致受理期限无法起算,从而实现拖延受理破产案件或拒绝受理破产案件的目的。为了抑制此种现象,最高人民法院在《破产法若干问题的规定(一)》第 7 条第 1 款中规定:"人民法院在收到破产申请时,应当向申请人出具收到申请及所附证据的书面凭证。"为了进一步督促破产案件的受理,在申请人向人民法院提出破产申请时,若人民法院未接收其申请,或者未按《破产法若干问题的规定(一)》第 7 条执行时,申请人可以向上一级人民法院提出破产申请。上一级人民法院收到破产申请后,应当责令下级人民法院依法审查并及时作出是否受理的裁定;若下级人民法院仍不作出是否受理的裁定,上一级人民法院可以径行作出裁定。上级人民法院裁定受理申请的,可以同时指令下级人民法院审理该案件。这些规定在一定程度上制约了法院试图拖延受理的做法,但《破产法若干问题的规定(一)》第 7 条第 3 款规定:"人民法院认为申请人应当补充、补正相关材料的,应当自收到破产申请之日起五日内告知申请人。当事人补充、补正相关材料的期间不计入企业破产法第十条规定的期限。"该规定仍为法院"拖延"提供了正当理由。制度上采取必要措施限制破产案件的拖延受理,有十分重要的现实意义。若能及时开始破产程序,将有助于最大限度地避免财产损失,保护债权人的合法权益。

三、破产审查

人民法院收到破产申请后应及时对申请人的主体资格、债务人的主体资格和破产原因及有关材料和证据等进行审查,并依法作出是否受理的裁定。

实践中,各地法院根据实际需要,有更为具体的规定,以北京市为例,在《北京市高级人民法院企业破产案件审理规程》中详细规定了当事人申请破产所应提供的材料。如第14条(债务人申请破产时应当提交的材料)规定:"债务人申请破产,除应当提交破产申请书以外,还应当向人民法院提交下列材料:(1)债务人主体资格证明,即工商行政管理机关颁发的企业法人营业执照,及债务人最近一个年度的工商年检材料;(2)债务人股东会或股东大会、董事会(外商投资企业)、职工股东大会或者其他依法履行出资义务的人同意申请破产的文件;债务人为国有独资企业、国有独资公司的,还应当提交对债务人履行出资人职责的机构同意申请破产的文件;(3)债务人法定代表人或者主要负责人名单、联系方式,及债务人董事、监事、高级管理人员和其他管理部门负责人名单、联系方式;(4)财产状况说明,包括有形资产、无形资产、对外投资情况、资金账户情况等;(5)债务清册,列明债权人名称、住所、联系方式、债权数额、有无担保、债权形成时间和被催讨情况;(6)债权清册,列明债务人的债务人名称、住所、联系方式、债务数额、有无担保、债务形成时间和催讨偿还情况;(7)有关财务会计报告;(8)债务人涉及的诉讼、仲裁、执行情况;(9)企业职工情况和安置预案,列明债务人解除职工劳动关系后依法对职工的补偿方案;债务人为国家出资企业的,职工安置预案应列明拟安置职工基本情况、安置障碍及主要解决方案等。职工安置预案报对债务人履行出资人职责的机构备案;(10)职工、高管人员工资的支付和社会保险费用、住房公积金的缴纳情况;(11)债务人为国家出资企业的,应提交企业工会或职工代表大会对企业申请破产的意见;(12)债务人申请重整的,应提交重整的必要性和可行性评估材料;(13)债务人申请和解的,应提交和解协议草案。"第15条(债权人申请破产时应当提交的材料)规定:"债权人申请债务人破产,除应当提交破产申请书以外,还应当向人民法院提交下列材料:(1)债权人及债务人的主体资格证明;(2)债权发生的事实及债权性质、数额、有无担保,并附证据;(3)债务人不能清偿到期债务的证据;(4)申请债务人重整的,应提交重整的必要性和可行性评估报告。"第16条(清算责任人申请债务人破产清算时应当提交的材料)规定:"清算责任人申请债务人破产清算,除应当提交破产申请书以外,还应当向人民法院提交下列材料:(1)债务人主体资格证明;(2)清算责任人的基本情况或者清算组成立的文件;(3)债务人解散的证明材料;(4)债务人未清算的,债务人资产不足以清偿全部债务的财务报告;(5)债务人经过清算的,债务人资产不足以清偿全部债务的清算报告;(6)债务清册,列明债权人名称、住所、联系方式、债权数额、有无担保、债权形成时间和被催讨情况;(7)债权清册,列明债务人的债务人名称、住所、联系方式、债务数额、有无担保、债务形成时间和催讨偿还情况;(8)债务人涉及的诉讼、仲裁、执行情况;(9)企业职工情况和安置预案,列明债务人解除职工劳动关系后依法对职工的补偿方案;债务人为国家出资企业的,职工安置预案应列明拟安置职工基本情况、安置障碍及主要解决方案等。职工安置预案报对债务人履行出资人职责的机构备案;(10)职工、高管人员工资的支付和社会保险费用、住房公积金的缴纳情况。"在国有企业向法院提出破产申请时,应当提交其上级主管部门同意破产的文件。其他企业应当提供开办人或者股东会议决定企业破产的文件。申请破产的债务人系"三资"企业、有限责任公司、股份有限公司,即无上级主管部门的,应提交股东大会决定申请破产的决议。国有企业申请破产的,应通报企业职工代表大会,并将有关书面材料提交法院。被申请破产企业涉及房产、土地使用权的,应提交政府部门颁发的房产证明、土地使用权证明。被申请破产企业对外有财产抵押的,应提交有关抵押合同、抵押登记等有关材料。被申请破产企业设有分支机构或全资子公司的,应提交分支机构或全资子公司的会计报告表、资产情况、债权债务清册等。被申请破产企业投资,与其他企业开办联营企业、"三资"企业、有限责任公司、股份有限公司的,应提交其在上述企业的投资情况,包括投资数额、所持股份、收益等情况。

四、裁定受理或不予受理案件

在经过受理、审查后,法院认为符合《企业破产法》第 2 条、第 7 条规定的,应当裁定受理。《企业破产法》第 11 条规定,人民法院受理破产申请的,应当自裁定作出之日起 5 日内送达申请人。债权人提出申请的,人民法院应当自裁定作出之日起 5 日内送达债务人。债务人应当自裁定送达之日起 15 日内,向人民法院提交财产状况说明、债务清册、债权清册、有关财务会计报告以及职工工资的支付和社会保险费用的缴纳情况。

《企业破产法》第 12 条规定,人民法院裁定不受理破产申请的,应当自裁定作出之日起 5 日内送达申请人并说明理由。申请人对裁定不服的,可以自裁定送达之日起 10 日内向上一级人民法院提起上诉。

第二节 破产程序开始的法律效果

一、通知与公告

根据《企业破产法》第 14 条的规定，法院受理破产之后，除了应通知申请人和被申请人外，还应当自裁定受理破产申请之日起 25 日内通知已知债权人，并予以公告。通知和公告应当载明下列事项：(1) 申请人、被申请人的名称或者姓名；(2) 人民法院受理破产申请的时间；(3) 申报债权的期限、地点和注意事项；(4) 管理人的名称或者姓名及其处理事务的地址；(5) 债务人的债务人或者财产持有人应当向管理人清偿债务或者交付财产的要求；(6) 第一次债权人会议召开的时间和地点；(7) 人民法院认为应当通知和公告的其他事项。

除此之外，法院还应通知债务人停止清偿债务、对企业职工发布公告要求其保护企业财产、告知法定代表人不得擅离职守、通知债务人所有的开户银行立即停止办理债务人清偿债务的结算业务等。

二、财产保全

破产财产保全是破产受理最重要的法律效果。《企业破产法》第 19 条规定："人民法院受理破产申请后，有关债务人财产的保全措施应当解除，执行程序应当中止。"在强制执行法上，解除保全措施的情况有以下三种：(1) 保全不当；(2) 实现了保全目的；(3) 债务人提供了其他担保措施。与《民事诉讼法》的相关规定不同，《企业破产法》上保全措施的解除，依据的是《企业破产法》上的"集体清偿"原则，即以破产这种集体清偿程序代替所有其他的个别强制执行，以破产这一全面的保全措施代替了个别的保全措施。此项规定的目的在于防止在裁判作出之前债务人财产状况发生不利于债权人的变动。

另外，此处保全措施的"解除"并非最终意义上的解除，根据《最高人民法院关于适用〈中华人民共和国企业破产法〉若干问题的规定（二）》[以下简称《破产法若干问题的规定（二）》]第 8 条的规定："人民法院受理破产申请后至破产宣告前裁定驳回破产申请，或者依据企业破产法第一百零八条的规定裁定终结破产程序的,应当及时通知原已采取保全措施并已依法解除保全措施的单位按照原保全顺位恢复相关保全措施。在已依法解除保全的单位恢复保全措施或者表示不再恢复之前,受理破产申请的人民法院不得解除对债务人财产的保全措施。”

三、执行中止

破产程序开始后,及时中止对债务人的强制执行有助于避免债务人财产的进一步损失,保护债权人的财产利益。在《企业破产法》第 19 条规定执行程序中止的基础上,《破产法若干问题的规定(二)》第 5 条进一步规定:“破产申请受理后,有关债务人财产的执行程序未依照企业破产法第十九条的规定中止的,采取执行措施的相关单位应当依法予以纠正。依法执行回转的财产,人民法院应当认定为债务人财产。”这是为了保护债务人财产的完整性。为最大限度地保护债务人财产及债权平等受偿,《破产法若干问题的规定(二)》第 22 条规定:“破产申请受理前,债权人就债务人财产向人民法院提起本规定第二十一条第一款所列诉讼,人民法院已经作出生效民事判决书或者调解书但尚未执行完毕的,破产申请受理后,相关执行行为应当依据企业破产法第十九条的规定中止,债权人应当依法向管理人申报相关债权。”

四、个别清偿的法律效力

《企业破产法》第 16 条规定“人民法院受理破产申请后,债务人对个别债权人的债务清偿无效”,即债务人的任何个别清偿行为不发生法律效力。此时,善意取得制度并不能适用。《民法典》第 311 条规定:“无处分权人将不动产或者动产转让给受让人的,所有权人有权追回;除法律另有规定外,符合下列情形的,受让人取得该不动产或者动产的所有权:(一)受让人受让该不动产或者动产时是善意;(二)以合理的价格转让;(三)转让的不动产或者动产依照法律规定应当登记的已经登记,不需要登记的已经交付给受让人。受让人依据前款规定取得不动产或者动产的所有权的,原所有权人有权向无处分权人请求损害赔偿。当事人善意取得其他物权的,参照适用前两款规定。”善意取得所强调的是无权处分并不影响处分行为的法律效力,但《企业破产法》第 16 条直接否定了其规则适用。虽然如此规定对善意第三人不公,但是鉴于破产事项已被法院公告,且即使处分无效,第三人之付出依然会被无恙返还,因此不至于对善意第三人造成过分损害。另外,《企业破产法》第 13 条、第 17 条分别作了法院受理破产申请时应当同时指定破产管理人及受理破产申请后,债务人的债务人或者财产持有人应当向管理人清偿债务或者交付财产的规定。由此可知,在法院受理破产申请后,债务人将其财产支配能力移交于破产管理人,其处分财产的行为已构成无权处分。不仅如此,若债务人违反上述规定致使债权人遭受损失,则其清偿债务或交付财产的义务并不免除。

五、诉讼的中止与继续

《企业破产法》第 20 条规定:"人民法院受理破产申请后,已经开始而尚未终结的有关债务人的民事诉讼或者仲裁应当中止;在管理人接管债务人的财产后,该诉讼或者仲裁继续进行。"根据该规定,诉讼或仲裁是否继续进行取决于破产管理人是否接管债务人财产。对于主动之诉,即破产管理人作为原告的诉讼,应当衡量诉讼成本与收益以决定是否继续进行诉讼;对于被动之诉,即破产管理人作为被告的诉讼,也应根据实际情况考量。该条规定了破产程序对债务人的诉讼的影响。实践中,还存在债权人基于代位权而提起的针对次债务人的诉讼,以及债权人基于刺破公司面纱制度所提起的针对债务人的股东的诉讼。这些诉讼直接影响着债权人的受偿。《破产法若干问题的规定(二)》第 21 条规定:"破产申请受理前,债权人就债务人财产提起下列诉讼,破产申请受理时案件尚未审结的,人民法院应当中止审理:(一)主张次债务人代替债务人直接向其偿还债务的;(二)主张债务人的出资人、发起人和负有监督股东履行出资义务的董事、高级管理人员,或者协助抽逃出资的其他股东、董事、高级管理人员、实际控制人等直接向其承担出资不实或者抽逃出资责任的;(三)以债务人的股东与债务人法人人格严重混同为由,主张债务人的股东直接向其偿还债务人对其所负债务的;(四)其他就债务人财产提起的个别清偿诉讼。债务人破产宣告后,人民法院应当依照企业破产法第四十四条的规定判决驳回债权人的诉讼请求。但是,债权人一审中变更其诉讼请求为追收的相关财产归入债务人财产的除外。债务人破产宣告前,人民法院依据企业破产法第十二条或者第一百零八条的规定裁定驳回破产申请或者终结破产程序的,上述中止审理的案件应当依法恢复审理。"

第三节　破 产 法 院

破产程序是一种司法程序，法院的介入是破产清算与重整的必要条件。在我国，法院在破产程序中具有核心地位，发挥着重要的功效，主要体现在以下几方面：其一，主导破产案件，为破产清算与破产重整确立程序框架。法院的作用在于定分止争，明确诉讼双方之间的法律关系，而如破产财产的清算与变现等工作，应交由破产管理人等专业人士进行，法院须进行必要监督，但不宜直接主导。其二，审理派生诉讼案件，保护破产债权人权益。在司法职能设置上，我国并未规定专门的破产审判机构，在立案、执行等方面，也没有专门的机构设置，这主要由各级人民法院的商事审判庭负责，部分法院基于破产审判的需要还设有专门的破产审判庭，但寥寥无几。

一、破产案件的管辖

关于破产案件的管辖，《企业破产法》的规定较为简明，该法第 3 条规定："破产案件由债务人住所地人民法院管辖。"在级别管辖上，该法未作明确规定。对此，《最高人民法院关于审理企业破产案件若干问题的规定》第 2 条可资参考："基层人民法院一般管辖县、县级市或者区的工商行政管理机关核准登记企业的破产案件；中级人民法院一般管辖地区、地级市（含本级）以上的工商行政管理机关核准登记企业的破产案件；纳入国家计划调整的企业破产案件，由中级人民法院管辖。"

破产案件的管辖援引了《民事诉讼法》关于管辖的一般规定。若多个法院对破产案件均有管辖权，则可以参照《民事诉讼法》第 35 条关于管辖权的规定，即首先受理破产案件的法院具有管辖权，同时排除其他法院的管辖权。

审理破产案件的法院原则上也负责派生诉讼的审理。但有例外：(1) 受理破产申请的人民法院管辖的债务人的第一审民事案件，可以依据《民事诉讼法》第 38 条的规定："上级人民法院有权审理下级人民法院管辖的第一审民事案件；确有必要将本院管辖的第一审民事案件交下级人民法院审理的，应当报请其上级人民法院批准。下级人民法院对它所管辖的第一审民事案件，认为需要由上级人民法院审理的，可以报请上级人民法院审理。”（2）《破产法若干问题的规定（二）》第47条第3款规定：“受理破产申请的人民法院，如对有关债务人的海事纠纷、专利纠纷、证券市场因虚假陈述引发的民事赔偿纠纷等案件不能行使管辖权的，可以依据民事诉讼法第三十七条的规定，由上级人民法院指定管辖。”

二、法院的职权

法院的职权主要包括以下几个方面：

（1）决定破产案件的受理。这是破产程序得以开始的前提。

（2）指定和监督破产管理人。具体包括选任破产管理人、在重整程序中对债务人要求自我管理的申请作出决定、批准债权人要求更换破产管理人的请求、确定或调整破产管理人的报酬、对破产管理人所实施的一系列重大行为监督等。

（3）审理破产中的派生诉讼案件。

（4）主导召开第一次债权人大会。法院在法定期间内必须召集第一次债权人会议，这对于查明企业的资产状况、确定债权额、决定企业未来走向都至关重要。

（5）主导成立债权人委员会，指定债权人会议主席。债权人委员会的设立与否由债权人会议决定，但是，债权人委员会成员应当经法院书面决定认可。

（6）裁定债务人重整。

（7）裁定破产宣告。该裁定作出后，破产清算转入变现与分配程序。

（8）裁定批准重整计划。重整计划能否得到法院批准是重整程序能否顺利进行的关键。在债权人会议表决通过重整计划之日起10日内，债务人或者管理人应当向人民法院提出批准重整计划的申请。债权人会议未能表决通过重整计划的，债务人或破产管理人可以申请法院强制批准。

（9）裁定和解，裁定认可债务人和解协议。

（10）裁定终结破产程序。

法院作为国家机关，在处理破产事务时，相较于破产管理人与债权人，具有无可比拟的优势。一方面，在破产案件中，债权人与企业职工往往对法院较为信任，对破产管理人则不然，为了使破产管理有效进行，法院必须做好说服债权人、监督乃至激励破产管理人的工作。另一方面，破产案件往往涉及较多的外部关系，包括与其他法院以及政府部门的关系，而法院对于此类关系的协调也具有得天独厚的优势。如在审理五谷道场破产重整案中，债务人的股权变更是执行重整计划的非常重要的内容之一，而由于债务人股东的股权被全国 6 个省市的法院查封，股权变更无法进行，从而严重影响了重整计划的执行。审理该案的法官一方面积极与相关法院联系，另一方面向上级法院请示汇报，最终在上级法院的大力协调下，在相关法院和北京市工商局的配合下，股权变更得以最终完成，从而保障了五谷道场重整计划的执行和重整的最终成功。面对上述这一问题，倘若法官不出面进行协调，想必重整计划必然搁浅。

第十四章　破产管理人及破产债权制度

破产程序中的管理人制度是《企业破产法》新设立的一项全新的重要制度。破产管理人在企业破产过程中有着十分重要的作用，直接影响到破产程序的进行和全体债权人以及破产企业的利益。我国原有破产法律制度中的清算组虽然在一定程度上发挥了管理人的作用，但由于成立时间晚、独立性差、缺乏承担民事责任能力，不能满足破产程序的要求。破产管理人制度的确立对于人民法院及时、高效、公正审理企业破产案件将会产生积极的作用。

第一节　破产管理人

一、破产管理人的选任资格

在我国，可以担任破产管理人的主体分为两类：一类是机构破产管理人，主要是指清算组或者律师事务所、会计师事务所、破产清算事务所等三类社会中介机构；另一类是自然人破产管理人，是指人民法院在前述机构具备相关专业知识并取得职业资格的人员中选定的管理人。成为自然人破产管理人，须先进入人民法院编制的自然人破产管理人名册。在职责分配上，自然人破产管理人主要承担事实清楚、债权债务关系简单、债务人财产相对集中的企业破产案件；其他普通企业破产案件与重大、复杂的企业破产案件，通常由社会中介机构担任破产管理人。实践中，以社会机构作为管理人为主要形式。在上述三类社会中介机构中,破产清算事务所又是我国所独有的。

由清算组担任破产管理人是我国破产实践的又一特色。但多年以来,清算组制度饱受诟病,原因在于:(1)清算组成员不具备破产专业知识;(2)清算组主要由政府机构派员组成,行政色彩浓厚,清算工作受制于地方政府,缺少独立性和中立性;(3)政府机构委派的清算组成员没有额外报酬,只是作为国家机关的正式在编人员领取固定工资,导致清算组成员缺乏有效激励,清算效率低下;(4)清算组的议事规则及决策主体不清,清算组及其成员的法律责任无法有效追究,法院难以形成有效地监督与制约。而之所以保留清算组,初衷是以清算组作为破产管理人的例外。因此,对清算组担任破产管理人,破产法规定了较为严格的限制。如《最高法破产案件指定规定》第 18 条规定:"企业破产案件有下列情形之一的,人民法院可以指定清算组为管理人:(一)破产申请受理前,根据有关规定已经成立清算组,人民法院认为符合本规定第十九条的规定;(二)审理企业破产法第一百三十三条规定的案件;(三)有关法律规定企业破产时成立清算组;(四)人民法院认为可以指定清算组为管理人的其他情形。"其中,第 1 项包括依《公司法》规定的公司强制清算程序或金融机构行政清理、清算程序中的清算组;第 2 项主要用于解决国有企业破产的过渡性问题;第 3 项主要指《保险法》《商业银行法》的有关规定(譬如《保险法》第 87 条、《商业银行法》第 71 条);第 4 项作为兜底条款,赋予法院较大裁量权,但必须考虑法院一般应指定中介机构作为破产管理人这一原则的限制。如《企业破产法》第 24 条规定:"管理人可以由有关部门、机构的人员组成的清算组或者依法设立的律师事务所、会计师事务所、破产清算事务所等社会中介机构担任。人民法院根据债务人的实际情况,可以在征询有关社会中介机构的意见后,指定该机构具备相关专业知识并取得执业资格的人员担任管理人。有下列情形之一的,不得担任管理人:(一)因故意犯罪受过刑事处罚;(二)曾被吊销相关专业执业证书;(三)与本案有利害关系;(四)人民法院认为不宜担任管理人的其他情形。个人担任管理人的,应当参加执业责任保险。"

然而,实践中清算组这一形式远非例外,在相当多的破产案件中,尤其是上市公司的破产重整中,并没有采纳中介机构担任破产管理人的模式,而仍广泛采取由清算组担任破产管理人的做法。

二、破产管理人消极资格

《企业破产法》第24条第3款规定:“有下列情形之一的,不得担任管理人:(一)因故意犯罪受过刑事处罚;(二)曾被吊销相关专业执业证书;(三)与本案有利害关系;(四)人民法院认为不宜担任管理人的其他情形。”实践中,第3项关于“利害关系”的认定容易引发争议。为明确此项所说的“利害关系”,《最高法破产案件指定规定》第23条又作了进一步的细化:“社会中介机构、清算组成员有下列情形之一,可能影响其忠实履行管理人职责的,人民法院可以认定为企业破产法第二十四条第三款第三项规定的利害关系:(一)与债务人、债权人有未了结的债权债务关系;(二)在人民法院受理破产申请前三年内,曾为债务人提供相对固定的中介服务;(三)现在是或者在人民法院受理破产申请前三年内曾经是债务人、债权人的控股股东或者实际控制人;(四)现在担任或者在人民法院受理破产申请前三年内曾经担任债务人、债权人的财务顾问、法律顾问;(五)人民法院认为可能影响其忠实履行管理人职责的其他情形。”基于自然人(包括清算组成员的派出人员、社会中介机构的派出人员、个人管理人)的特殊性,除了第23条规定的情形外,该解释第24条还列举了这些个人存在利害关系的另外情形:“清算组成员的派出人员、社会中介机构的派出人员、个人管理人有下列情形之一,可能影响其忠实履行管理人职责的,可以认定为企业破产法第二十四条第三款第三项规定的利害关系:(一)具有本规定第二十三条规定情形;(二)现在担任或者在人民法院受理破产申请前三年内曾经担任债务人、债权人的董事、监事、高级管理人员;(三)与债权人或者债务人的控股股东、董事、监事、高级管理人员存在夫妻、直系血亲、三代以内旁系血亲或者近姻亲关系;(四)人民法院认为可能影响其公正履行管理人职责的其他情形。”

《企业破产法》第24条第3款第4项是一个兜底性规定,《最高法破产案件指定规定》第9条对此作了细化,规定具有以下情形的,应视为“不宜担任管理人”:“社会中介机构及个人具有下列情形之一的,人民法院可以适用企业破产法第二十四条第三款第四项的规定:(一)因执业、经营中故意或者重大过失行为,受到行政机关、监管机构或者行业自律组织行政处罚或者纪律处分之日起未逾三年;(二)因涉嫌违法行为正被相关部门调查;(三)因不适当履行职务或者拒绝接受人民法院指定等原因,被人民法院从管理人名册除名之日起未逾三年;(四)缺乏担任管理人所应具备的专业能力;(五)缺乏承担民事责任的能力;(六)人民法院认为可能影响履行管理人职责的其他情形。"

三、管理人的职责

《企业破产法》第25条规定管理人履行以下职责:(1)接管债务人的财产、印章和账簿、文书等资料;(2)调查债务人财产状况,制作财产状况报告;(3)决定债务人的内部管理事务;(4)决定债务人的日常开支和其他必要开支;(5)在第一次债权人会议召开之前,决定继续或者停止债务人的营业;(6)管理和处分债务人的财产;(7)代表债务人参加诉讼、仲裁或者其他法律程序;(8)提议召开债权人会议;(9)人民法院认为管理人应当履行的其他职责。该条规定根据破产程序的不同进程较为全面地规定了管理人在破产财产的接管、清理中的职责。另外,根据《企业破产法》第79条的规定,在重整程序中,若由破产管理人负责管理财产和营业事务,则管理人应制作重整计划草案,并自人民法院裁定债务人重整之日起6个月内,同时向法院和债权人会议提交重整计划草案。若债务人自我管理财产和营业事务,则其工作须在管理人的监督下进行。

根据《企业破产法》第90条的规定,自人民法院裁定批准重整计划之日起,重整计划的执行由债务人负责,但管理人在重整计划规定的监督期内,监督重整计划的执行。在监督期内,债务人应当向管理人报告重整计划执行情况和财务状况。第91条规定,监督期届满时,管理人应当向法院提交监督报告。在清算程序中,管理人负有变价和分配破产财产的职责。具体来说,法院裁定破产宣告后,管理人应当及时拟订破产财产变价方案,提交债权人会议讨论,并按照债权人会议通过的法院裁定的破产财产变价方案,适时变价出售破产财产。破产财产变现后,管理人应当及时拟订破产财产分配方案,提交债权人会议讨论。债权人会议通过破产财产分配方案后,由管理人将该方案提请法院裁定认可。破产财产分配方案经法院裁定认可后,由管理人执行。

管理人在最后分配完结后,应当及时向人民法院提交破产财产分配报告,并提请法院裁定终结破产程序。法院裁定终结破产程序后,管理人应当在10日内持此裁定向破产人的原登记机关办理注销登记。

四、管理人的选任制度

如前文所述，担任破产管理人需要满足一定的条件，此外，满足条件的社会机构及个人还需被编入破产管理人名册，然后根据一定的规则被指定为特定破产案件的管理人。其中所涉制度下文将分述之。

破产管理人的选任并非由当事人主导，而是由法院依职权指定管理人。为了减轻法院选任中的权衡困难，有效保证破产管理人的质量，《最高法破产案件指定规定》明确了破产管理人名册的编制规则。基于我国实际国情的考量，《最高法破产案件指定规定》并未将破产管理人的编制主体确立为最高人民法院，而是规定由各省高级人民法院根据本辖区社会中介机构及专职人员数量和企业破产案件数量，确定各省高级人民法院及所辖中级人民法院作为编制主体。

根据《最高法破产案件指定规定》第 4 条的规定："社会中介机构及个人申请编入管理人名册的，应当向所在地区编制管理人名册的人民法院提出，由该人民法院予以审定。人民法院不受理异地申请，但异地社会中介机构在本辖区内设立的分支机构提出申请的除外。"原则上，凡是符合《企业破产法》规定条件的社会中介机构及其具备相关专业知识并取得执业资格的人员，均可申请编入管理人名册。但是，鉴于各地破产案件数量有限，《最高法破产案件指定规定》赋予法院进行"总量控制"的权利，因而进入名册的中介机构数量必然有限。具体而言，法院应当根据本辖区律师事务所、会计师事务所、破产清算事务所等社会中介机构及专职从业人员的数量和企业破产案件数量，结合职业业绩、能力、专业水准、规模、经验等因素制定管理人评定标准，由评委会审核确定。以浙江省为例，在编制破产管理人名册时，按照不同区域的具体情况规定了较高的准入标准。其中，杭州市中级人民法院辖区具有管理人资格的机构，律师事务所需要执业律师 25 人以上，近 3 年业务收入年均 800 万元以上；会计师事务所需有执业会计师 40 人以上、近 3 年平均业务收入在 2000 万元以上。①

破产管理人名册采取社会中介机构及个人自愿申请、法院依法审定的方式编制。其编制程序为：(1)公告；(2)申请；(3)评审；(4)公示及异议；(5)编册、公告。鉴于法院根据当地破产案件数量、社会中介机构及其人员的发展状况等

---

① 孙世光：《浅析管理人专业化市场化之进路》，载《法制与社会》2014 年第 7 期。

因素编制了破产管理人名册后,这些影响社会中介机构及个人是否被编入名册的因素仍会持续变动,因此有必要通过一定的机制调整与更新破产管理人名册。这方面的制度设计主要体现在以下两个方面:

一是择优分批编制。对此,《最高法破产案件指定规定》第 13 条第 1 款规定:"人民法院可以根据本辖区的实际情况,分批确定编入管理人名册的社会中介机构及个人。"按照该解释起草者的说明,该规定表明法院编制的管理人名册是一个开放式的名册,未被编入名册的社会中介机构和个人并不是永久丧失其担任管理人的资格,只反映了法院审理破产案件对管理人数量上在一定时期内的客观需求。

二是名册调整制度。《最高法破产案件指定规定》第 14 条规定:"人民法院可以根据企业破产案件受理情况、管理人履行职务以及管理人资格变化等因素,对管理人名册适时进行调整。新编入管理人名册的社会中介机构和个人应当按照本规定的程序办理。人民法院发现社会中介机构或者个人有企业破产法第二十四条第三款规定情形的,应当将其从管理人名册中除名。"

以上规定有其存在的必要性,即应当充分尊重职业自由、保持开放、及时纳入新鲜血液、剔除不适合的管理人,这对破产管理人的选任是极其重要的。除此之外,应在以下两方面进一步加以细化:(1)应当制定具体的破产管理人更新规则,包括必要时向社会公示管理人名册更新的期限和标准,以推动管理人市场形成公开的、可预期的竞争环境;(2)在上述规定的"除名"制度之外,应制定既有破产管理人的考评规则,同时引入市场机制,实现破产管理人的优胜劣汰。

五、破产管理人的指定

《企业破产法》第 13 条规定:"人民法院裁定受理破产申请的,应当同时指定管理人。"在法院裁定受理破产申请前,仍由债务人负责管理破产企业。在破产程序中,保护债务人财产不被藏匿或不被个别债权人私分变现,是债权实现的前提性保障,因此应当尽早指定破产管理人。但根据《企业破产法》第 10 条的规定,从债权人或债务人提出申请到法院受理裁定的时间最长为 22 日或 15 日,至多可延长至 30 日或 37 日。实践中,该项规定导致债务人财产很容易毁损灭失。

根据现行法律,对于破产管理人的选任,法院享有完全的决定权,债权人的影响有限。虽然债权人会议可请求法院更换，但决定权仍归属于法院。《最高法破产案件指定规定》第20条规定："人民法院一般应当按照管理人名册所列名单采取轮候、抽签、摇号等随机方式公开指定管理人。"其中，"轮候"，是指将有关中介机构管理人名单、个人管理人名单按一定顺序编列，法院按照破产案件立案的顺序，依次从名单中指定管理人。比较而言，抽签、摇号程序更具有随机性。这三种方式的作用在于保证破产案件在各管理人之间能够公平的分配，但对于债权的实现并无任何实益。实践中，由于管理人队伍良莠不齐，随机指定的方式更是显现出诸多弊端。

以竞争的方式选择管理人时，法院可采取公告的方式，邀请被编入其破产管理人名册的社会中介机构参与竞争，由法院专门组成的评审委员会从参与竞争的社会中介机构中（不得少于3家）指定管理人（应经评委会成员1/2以上通过）。评委会应结合案件的特点，综合考量社会中介机构的专业水准、经验、机构规模、初步报价等因素，从参与竞争的中介机构中择优指定管理人。[①] 鉴于竞争方式中破产管理人的选定需要经过较为复杂的评审程序，为避免该方式产生管理人时产生破产管理人空缺，《最高法破产案件指定规定》第21条第4款还规定："采取竞争方式指定管理人的，人民法院应当确定一至两名备选社会中介机构，作为需要更换管理人时的接替人选。"需要注意的是，这里的"竞争"方式并不限于招投标方式，而仅仅应与"机会均等地被选择"相对应。

在经过行政清理、清算的商业银行、证券公司、保险公司等金融机构的破产案件中，法院可以将清算组指定为管理人。法院也可以在金融监督管理机构推荐的已编入管理人名册的社会中介机构中指定管理人。之所以在金融机构破产案件中允许金融监督机构推荐管理人，是因为此类管理人往往参加了对该金融机构破产前的行政处置工作，或者有相应的破产管理经验，对金融企业的情况比较熟悉，由其担任管理人可节省破产费用，保证处理质量。

社会中介机构或个人一旦被指定为破产管理人，无正当理由则不得拒绝法院的指定。管理人无正当理由拒绝法院指定的，编制管理人名册的法院可以决定停止其担任管理人1年至3年，或者将其从管理人名册中除名。管理人一经

---

① 李季宁：《管理人制度相关问题研究》，载《法律适用》2007年第10期。

指定,也不得以任何形式将其应当履行的职责转让。[①]

六、破产管理人的更换

人民法院有权决定破产管理人的更换。法院可依职权或依申请(辞职或债权人会议申请)决定是否予以更换。更换管理人必然会导致破产程序被延误,并可能增加破产费用,影响债权人利益,加重法院的工作负担。为维持破产事务管理的连续性和统一性,保障破产程序顺利进行,管理人无正当理由申请辞去职务的,人民法院不予许可,但管理人仍坚持辞去职务不再履行其职责的,法院应当决定更换管理人,并可根据具体情况,决定是否对管理人进行罚款。一般罚款额度为:(1)对社会中介机构为管理人的罚款为5万元至20万元人民币;(2)对个人为管理人的罚款为1万元至5万元人民币。

管理人一经指定,也不得以任何形式将其应当履行的职责转让。《最高法破产案件指定规定》对债权人会议申请更换破产管理人的问题作出了细化规定,如债权人会议申请更换管理人的,应由债权人会议作出决议并向法院提出书面申请(第31条第1款);法院在收到债权人会议的申请后,应当通知管理人在2日内作出书面说明(第31条第2款),以保障管理人能够进行申辩;法院应当自收到管理人书面说明之日起10日内作出驳回申请或更换管理人的决定。《最高法破产案件指定规定》第33条规定了法院更换社会中介机构管理人的事由:“社会中介机构管理人有下列情形之一的,人民法院可以根据债权人会议的申请或者依职权迳行决定更换管理人:(一)执业许可证或者营业执照被吊销或者注销;(二)出现解散、破产事由或者丧失承担执业责任风险的能力;(三)与本案有利害关系;(四)履行职务时,因故意或者重大过失导致债权人利益受到损害;(五)有本规定第二十六条规定的情形。清算组成员参照适用前款规定。”第34条规定了法院更换个人管理人的事由:“个人管理人有下列情形之一的,人民法院可以根据债权人会议的申请或者依职权迳行决定更换管理人:(一)执业资格被取消、吊销;(二)与本案有利害关系;(三)履行职务时,因故意或者重大过失导致债权人利益受到损害;(四)失踪、死亡或者丧失民事行为能力;(五)因健康原因无法履行职务;(六)执业责任保险失效;(七)有本规定第二十

① 吕曜均:《海峡两岸困境企业重整程序之比较研究》,中国政法大学2008年博士学位论文。

六条规定的情形。清算组成员的派出人员、社会中介机构的派出人员参照适用前款规定。”此外，根据《破产法若干问题的规定(二)》第23条的规定：“破产申请受理后，债权人就债务人财产向人民法院提起本规定第二十一条第一款所列诉讼的，人民法院不予受理。债权人通过债权人会议或者债权人委员会，要求管理人依法向次债务人、债务人的出资人等追收债务人财产，管理人无正当理由拒绝追收，债权人会议依据企业破产法第二十二条的规定，申请人民法院更换管理人的，人民法院应予支持。管理人不予追收，个别债权人代表全体债权人提起相关诉讼，主张次债务人或者债务人的出资人等向债务人清偿或者返还债务人财产，或者依法申请合并破产的，人民法院应予受理。”由此可见，债权人不能单凭个人喜好否定法院指定的管理人。

《最高法破产案件指定规定》第37条规定，法院决定更换管理人的，为使破产程序能够继续顺利进行，原管理人应当自收到决定书之次日起，在法院监督下向新任管理人移交全部资料、财产、营业事务及管理人印章，并及时向新任管理人书面说明工作进展情况。原管理人不能履行上述职责的，新任管理人可以直接接管相关事务。若原管理人拒不履行上述义务，法院将根据具体情况实施处罚。在破产程序终结前，原管理人应当随时接受新任管理人、债权人会议、人民法院关于其履行管理人职责情况的询问。

七、管理人的报酬

除清算组外，社会中介机构或个人作为破产管理人享有取得报酬的权利，作为其所付出劳动和承担风险责任的对价。《企业破产法》第22条第3款规定：“指定管理人和确定管理人报酬的办法，由最高人民法院规定。”2007年《最高人民法院关于审理企业破产案件确定管理人报酬的规定》(以下简称《最高法关于管理人报酬的规定》)对破产管理人报酬的确定作出了详细规定。该解释第15条规定：“清算组中有关政府部门派出的工作人员参与工作的不收取报酬。其他机构或人员的报酬根据其履行职责的情况确定。”因此，下述关于破产管理人报酬的讨论，清算组不在其列。

法院虽然决定了管理人的报酬，但也同时赋予了债权人会议一定的权利，如知情权、协商权和异议权等。《最高法关于管理人报酬的规定》第6条规定：“人民法院应当自确定管理人报酬方案之日起三日内，书面通知管理人。管理人应当在第一次债权人会议上报告管理人报酬方案内容。"《最高法关于管理人报酬的规定》第 8 条第 2 款还规定:"人民法院应当自调整管理人报酬方案之日起三日内,书面通知管理人。管理人应当自收到上述通知之日起三日内,向债权人委员会或者债权人会议主席报告管理人报酬方案调整内容。"上述规定在立法层面保障了债权人的知情权。除此之外,《最高法关于管理人报酬的规定》第 7 条规定:"管理人、债权人会议对管理人报酬方案有意见的,可以进行协商。双方就调整管理人报酬方案内容协商一致的,管理人应向人民法院书面提出具体的请求和理由,并附相应的债权人会议决议。人民法院经审查认为上述请求和理由不违反法律和行政法规强制性规定,且不损害他人合法权益的,应当按照双方协商的结果调整管理人报酬方案。"同法第 17 条规定,在协商一致的情况下,法院应当尊重管理人与债权人的协商结果;在债权人对管理人报酬有异议时,债权人会议应当向人民法院书面提出具体的请求和理由。异议书应当附有相应的债权人会议决议。同法第 18 条规定,人民法院应当自收到债权人会议异议书之日起 3 日内通知管理人。管理人应当自收到通知之日起 3 日内作出书面说明。人民法院认为有必要的,可以举行听证会,听取当事人意见。人民法院应当自收到债权人会议异议书之日起 10 日内,就是否调整管理人报酬问题书面通知管理人、债权人委员会或者债权人会议主席。

在计酬基数与计算比例上,《最高法关于管理人报酬的规定》也作了规定。在计算比例上,《最高法关于管理人报酬的规定》第 2 条第 1 款,采取的是差额定率累退计费方式,具体如下:"……(一)不超过一百万元(含本数,下同)的,在 12% 以下确定;(二)超过一百万元至五百万元的部分,在 10% 以下确定;(三)超过五百万元至一千万元的部分,在 8% 以下确定;(四)超过一千万元至五千万元的部分,在 6% 以下确定;(五)超过五千万元至一亿元的部分,在 3% 以下确定;(六)超过一亿元至五亿元的部分,在 1% 以下确定;(七)超过五亿元的部分,在 0.5% 以下确定。"第 2 条第 2 款规定:"担保权人优先受偿的担保物价值,不计入前款规定的财产价值总额。"

该规定第 13 条规定,担保权人优先受偿的担保物价值虽然不计入财产价值总额,但管理人对担保物的维护、变现、交付等管理工作付出合理劳动的,有权向担保权人收取适当的报酬。管理人与担保权人就上述报酬数额不能协商一致的,人民法院应当参照本规定第 2 条规定的方法确定,但报酬比例不得超出该条规定限制范围的10%。

对管理人报酬的确定,根据《最高法关于管理人报酬的规定》第4条、第6条、第8条的规定,可分为以下三个阶段:(1)人民法院受理企业破产申请后,应当对债务人可供清偿的财产价值和管理人的工作量作出预测,初步确定管理人报酬方案。管理人报酬方案应当包括管理人报酬比例和收取时间。(2)人民法院应当自确定管理人报酬方案之日起3日内,书面通知管理人。管理人应当在第一次债权人会议上报告管理人报酬方案内容,并讨论协调确定此方案。(3)人民法院确定管理人报酬方案后,可以根据破产案件和管理人履行职责的实际情况进行调整。至于管理人报酬的支付方式,法院可根据实际情况,确定管理人分期或者最后一次性收取报酬。

第二节 破产债权

破产债权,是指在破产宣告前成立的,对债务人发生的,依法申报确认并得由破产财产中获得公平清偿的财产请求权。[①] 破产债权具有以下特征:(1)基于破产宣告前的原因成立,这仅是一项一般原则,在法律特别规定的情况下,某些债权虽发生于破产宣告之后,仍得为破产债权;(2)是对破产人发生的无财产担保的债权,或放弃优先受偿权利的有财产担保的债权;(3)是财产上的请求权,即必须是表现为金钱或得折算为金钱的债权,具有人身性质的财产权利不得作为破产债权;(4)可强制执行,故已过诉讼时效之自然债权或非法债权不得为破产债权;(5)依法申报登记并取得确认,有权在破产程序中受偿。

一、债权类型

(一)优先受偿的债权、破产费用债权及共益债权

优先受偿的债权,是指优先权人就特定财产的变现所得享有优先权,主要是指担保物权及其他优先权、破产费用债权及共益债权相对于普通债权人就债

---

① 李洁:《浅谈破产债权的确认制度》,载《广西质量监督导报》2019年4月28日。

务人财产优先受偿。

1. 特定财产优先受偿的债权

特定财产优先受偿的债权最典型的就是担保债权,《企业破产法》第 109 条规定:“对破产人的特定财产享有担保权的权利人,对该特定财产享有优先受偿的权利。”除此之外,该法第 75 条、第 87 条第 2 款第 1 项均此问题作出了明确规定。概括而言,基于特定财产优先受偿的债权主要有以下三大类:其一,为保护或保存财产而支出的费用,如所涉财产的救助费用,这是财产可以用以清偿的前提;其二,破产及变现期间的财产管理和维护费用,这是债权实现过程中实现财产价值的必要支出;其三,清算或破产前,直接用于财产的维护和价值创造而支出的费用。

2. 破产费用债权及共益债权

破产费用债权及共益债权均属于破产财产债权。破产费用债权,是指与破产案件审理和破产管理密切相关的破产案件受理与管理费用债权,而共益债权,是指破产费用债权之外的其他为破产财团整体利益而发生的债权。《企业破产法》第 41 条规定了破产费用债权,其中包括:(1)破产案件的诉讼费用;(2)管理、变价和分配债务人财产的费用;(3)管理人执行职务的费用、报酬和聘用工作人员的费用。其中诉讼费的缴纳依《诉讼费用交纳办法》第 14 条的规定处理,至于管理人报酬、执行公务的费用等,主要由《最高法关于管理人报酬的规定》调整。

破产费用是破产程序得以启动和正常进行的前提,根据《企业破产法》第 43 条的规定,若债务人财产不足以清偿破产费用,管理人应当提请法院终结破产程序。法院应当自收到请求之日起 15 日内裁定终结破产程序,并予以公告。但债务人财产不足以清偿破产费用时,破产程序并非绝对终结。根据《最高法关于管理人报酬的规定》第 12 条的规定,在债务人财产不足以支付管理人报酬和管理人执行职务的费用时,债权人、管理人、债务人的出资人或者其他利害关系人愿意垫付上述报酬和费用的,破产程序可以继续进行。

最典型的共益债权当属破产管理人以债务人名义对外签订合同所产生的的债权。除此之外,待履行双务合同项下的债权、无因管理之债、不当得利之债、破产中的侵权之债、基于法律规定而发生的债权也属于共益债权。

(二)一般破产债权

《企业破产法》第 44 条规定:"人民法院受理破产申请时对债务人享有债权的债权人,依照本法规定的程序行使权利。"只要是债权人,均可申报债权。但不同种类的债权,其优先顺序并不相同。如税收债权、劳动债权和侵权债权等便享有优先顺位。根据《企业破产法》第 113 条第 1 款的规定,劳动债权主要包括以下几项:破产债务人所欠职工的工资和医疗、伤残补助、抚恤费用,所欠缴的应当划入职工个人账户的基本养老保险、基本医疗保险费用,以及法律、行政法规规定应当支付给职工的补偿金。

税收债权在普通债权中的清偿顺序优先于其他普通债权,仅次于劳动债权。至于其与担保物权的关系,需要根据具体情况加以判断。《税收征收管理法》对此作了规定,该法第 45 条第 1 款规定:"税务机关征收税款,税收优先于无担保债权,法律另有规定的除外;纳税人欠缴的税款发生在纳税人以其财产设定抵押、质押或者纳税人的财产被留置之前的,税收应当先于抵押权、质权、留置权执行。"税收是用以进行转换分配的重要手段,具有一定的"公共利益"属性,规定其优先受偿具有一定必要性。

二、申报债权

(一)申报主体

债权申报的主体,原则上为债权人本人。《企业破产法》第 48 条第 1 款规定:"债权人应当在人民法院确定的债权申报期限内向管理人申报债权。"对于债权人来说,这几乎是其实现部分债权的最后方式。由于其债权清偿顺序落后于破产费用、共益债务等,故而清偿率并不高。债权人在申报债权时可能还需付出一定的成本,因而是否申报债权及如何申报,均由债权人自行决定。

当然,并非所有债权均需申报,如劳动债权。《企业破产法》第 48 条第 2 款规定:"债务人所欠职工的工资和医疗、伤残补助、抚恤费用,所欠的应当划入职工个人账户的基本养老保险、基本医疗保险费用,以及法律、行政法规规定应当支付给职工的补偿金,不必申报,由管理人调查后列出清单并予以公示。职工对清单记载有异议的,可以要求管理人更正;管理人不予更正的,职工可以向人民法院提起诉讼。”

（二）申报期限

为保证破产程序的顺利进行及破产事务处理的有效性，《企业破产法》第45条对破产债权的申报期限作出了规定：“人民法院受理破产申请后，应当确定债权人申报债权的期限。债权申报期限自人民法院发布受理破产申请公告之日起计算，最短不得少于三十日，最长不得超过三个月。”设定申报期限的立法目的在于避免个别债权人拖延申报而影响整个破产程序的进度，而非使规定期限内未申报的债权消灭。出于最大限度保护当事人利益的考量，法律对逾期未申报的债权也规定了补救措施，如《企业破产法》第56条第1款规定：“在人民法院确定的债权申报期限内，债权人未申报债权的，可以在破产财产最后分配前补充申报；但是，此前已进行的分配，不再对其补充分配。为审查和确认补充申报债权的费用，由补充申报人承担。”在破产财产最终分配完成时，仍未进行债权申报的债权人，则丧失了在破产程序中所享有的权利。

第三节　债权人会议

一、债权人会议的职责

债权人会议作为协调议事机构，承担着维护债权人群体共同利益的职责，是债权人参与破产程序的重要体现。根据《企业破产法》第61条的规定，债权人会议会职权主要体现在以下几个方面：（1）核查债权；（2）申请法院更换破产管理人，审查管理人的费用和报酬；（3）监督管理人；（4）选任和更换债权人委员会成员；（5）决定继续或者停止债务人的营业（在召开债权人会议之前，这一决定由管理人作出）；（6）通过重整计划；（7）通过和解协议；（8）通过债权人财产的管理方案（债权人会议为表决通过财产管理方案的，由法院裁定）；（9）通过破产财产的变价方案（债权人会议为表决通过变价方案的，由法院裁定）；（10）通过破产财产的分配方案（债权人会议两次表决未通过财产分配方案的，由法院裁定）；（11）法院认为应当由债权人会议行使的其他职权。

二、债权人会议的组成

《企业破产法》第 59 条第 1 款规定:“依法申报债权的债权人为债权人会议的成员,有权参加债权人会议,享有表决权。”具体包括无财产担保的一般破产债权人、有财产担保的债权人两大类。对于无财产担保的一般破产债权人,需特别说明的是,税收债权人、劳动债权人(包括职工债权人和社保债权人)也是债权人会议的成员,并享有表决权。前者权利的实际行使人是税收机关,后者的权力行使人则是企业职工及有关社保部门。对于有财产担保的债权人,未放弃优先权利的,对于和解协议及破产财团的分配方案不享有表决权(第 59 条第 2 款),但可以参加债权人会议。

至于债权尚未确定的债权人,也有权申报债权,参加债权人会议。此处的“债权尚未确定”,主要是指债权是否有效、债权数额以及债权所附条件是否成就尚未确定,尤其表现为债务人或其他债权人对该债权提出了异议的情形。对于此类债权人,其表决权应当根据法院临时确定的债权额来确定。

除债权人会议成员外,以下几类人员也可列席债权人会议:(1)债务人的职工和工会代表。根据《企业破产法》第 59 条第 5 款的规定,债务人的职工和工会代表应当列席债权人会议并对有关事项发表意见。(2)法定代表人、财务管理人员及其他经营管理人员。债务人的法定代表人及法院认为有必要列席的债务人的财务管理人员和其他经营管理人员,也应列席债权人会议并如实回答债权人的询问。上述人员经法院传唤,无正当理由拒不列席债权人会议的,法院可以拘传,并依法处以罚款。(3)破产管理人。破产管理人应当列席债权人会议,向债权人会议报告职务执行情况,并回答询问。在重整程序中,应向债权人会议就重整计划草案作出说明并回答询问。(4)债务人的出资人。债务人的出资人代表可以列席讨论重整计划草案的债权人会议。重整计划草案涉及出资人权益调整事项的,应当设出资人组,对该事项进行表决。

三、表决规则

在债权人会议的表决规则中,需区分一般事项的表决规则与特殊事项的表决规则。对于前者,须由出席会议的有表决权的债权人过半数同意,并且其所代表的债权额占无财产担保债权总额的 1/2 以上(双过半)。对于后者,通常的表决规则是由出席会议的有表决权的债权人过半数同意,并且其所代表的债权额占无财产担保债权总额的2/3以上。

上述两种表决规则不仅考虑了债权人的人数,还考虑了各债权人的特殊性。须占债权额50%或更高的比例这一表决规则,是基于使债权人会议的决议能更大程度地符合全体债权人利益的考量。从保护对象上看,表决中对债权人人数的要求,着重保护小债权人的利益,从数额的要求上看,则着重保护大债权人的利益。

第四节　破产财产相关权利

一、取回权

取回权是所有权人或其他权利人对不属于债务人的财产行使取回的权利。取回权的行使不受破产程序影响,权利人可向破产管理人或债务人请求返还。取回权并非一项破产法新创设的、独有的权利,而只是破产法对实体法上已有财产权利的承认和保护,是权利人基于物权等基础性权利主张有关财产不属于债务人,进而请求返还的权能。

因基础性权利的不同,取回权可分为一般取回权和特殊取回权。其认定的落脚点在于非债务人财产,强调债务人并非相关财产的所有人。一般取回权,是指权利人对由债务人占有的标的物而行使的取回权;特殊取回权,是指权利人对应由债务人占有但债务人实际并未占有的标的物而行使的取回权。

(一)一般取回权

取回权的成立,通常应满足以下构成要件:(1)存在取回标的物;(2)取回权人对标的物享有所有权、用益物权或其他破产法予以保护的基础性权利;(3)债务人占有该标的物;(4)债务人取得占有后开始破产程序;(5)债务人失去继续占有、使用的依据,如有关占有、使用标的物的合同被解除。

产生取回权的基础法律关系,通常是那些移转标的物的占有与使用,但不会移转所有权的各种交易。根据《破产法若干问题的规定(二)》第2条的规定,债务人基于仓储、保管、承揽、代销、借用、寄存、租赁等合同或者其他法律关系占有、使用的他人财产不应认定为债务人财产。除此之外，根据《最高人民法院关于审理企业破产案件若干问题的规定》第71条的规定，以下财产权利人也可行使取回权：(1)特定物买卖中，尚未移转占有但相对人已支付全部对价的特定物；(2)尚未办理产权证或者产权过户手续，但已向买受人交付的财产；(3)债务人在保留所有权买卖中尚未取得所有权的财产；(4)所有权专属于国家且不得转让的财产；(5)破产企业工会所有的财产。

参考案例

青岛源宏祥纺织有限公司与港润(聊城)印染有限公司取回权确认纠纷案[①]

青岛源宏祥纺织有限公司(以下简称源宏祥纺织公司)与港润(聊城)印染有限公司(以下简称港润印染公司)取回权确认纠纷案，于2010年5月24日移送至山东省聊城市中级人民法院审理。

源宏祥纺织公司诉称：源宏祥纺织公司与第三人青岛程泉布业有限公司(以下简称程泉布业公司)为被告港润印染公司供应布匹，截至2009年11月4日，港润印染公司共欠源宏祥公司纺织货款1,195,139.17元，欠程泉布业公司货款1,075,952.31元。2009年11月20日，三方协商达成协议，程泉布业公司将货款全部转给源宏祥纺织公司，港润印染公司以其所有的7台机械设备折抵所欠货款，7台设备所有权在协议签订时转移给源宏祥纺织公司。但在协议约定的交付时间到期后，港润印染公司并没有按照协议履行。

被告港润印染公司辩称：港润印染公司虽然与原告源宏祥纺织公司签订过协议，约定本案所涉设备的所有权转移给源宏祥纺织公司所有，但由于没有实际交付，所以设备的所有权并未发生转移，所以源宏祥纺织公司的请求不应得到支持。既然设备所有权没有发生转移，按照破产法的规定仍然属于破产财

① 载《中华人民共和国最高人民法院公报》2012年第4期。

产，所以不应向源宏祥纺织公司交付。另外，在港润印染公司进入破产程序后，源宏祥纺织公司已经申报了债权，说明其认可所享有的是破产债权，而非设备所有权。综上，请求依法驳回源宏祥纺织公司的诉讼请求。

山东省聊城市中级人民法院一审认为：源宏祥纺织公司与港润印染公司、第三人程泉布业公司签订的三方协议合法有效，但协议有效并不表示本案所涉7台设备的物权发生转移。《物权法》第23条规定："动产物权的设立和转让，自交付时发生效力，但法律另有规定的除外。"该条规定排除了当事人的约定。本案中，虽然当事人约定7台设备的所有权自协议生效之日起转移为源宏祥纺织公司所有，但并未向源宏祥纺织公司交付，且不属于《物权法》中规定的占有改定、指示交付、简易交付三种例外情形，所以7台设备的物权因未交付而并未发生转移。源宏祥纺织公司并不是本案所涉7台设备的所有权人，而是港润印染公司的债权人。港润印染公司被宣告破产，本案所涉7台设备属于港润印染公司的破产财产。

源宏祥纺织公司不服一审判决，向山东省高级人民法院提出上诉。

山东省高级人民法院二审认为：首先，案涉的7台设备属于动产，而动产的公示方法原则上是占有与交付。《物权法》第6条规定："动产物权的设立和转让，应当依照法律规定交付。"所谓交付，是指转移占有，即将自己占有的物或所有权凭证转移其他人占有的行为。《物权法》第23条规定："动产物权的设立和转让，自交付时发生效力，但法律另有规定的除外。"可见，出于维护交易安全考虑，交付作为动产物权变动的法定方式，具有强制性。该法共规定了现实交付、简易交付、指示交付和占有改定四种交付方式。《合同法》第133条规定："标的物所有权自标的物交付时转移，但法律另有规定或者当事人另有约定的除外。"该规定也是以交付作为动产物权变动的生效条件，其中的"法律另有规定或当事人另有约定"所涵盖的内容是现实交付之外的其他法律规定的拟制交付方式。此后实施的《物权法》，进一步明确了当事人只能够在法律规定的四种交付方式中通过约定选择一种具体的交付方式，除此之外，不存在其他基于法律行为而发生的动产物权变动的方式。

其次，关于本案协议中约定的方式是否属于占有改定。所谓占有改定，是指让与人与受让人达成动产物权变动协议后，依照当事人之间订立的合同，仍然继续占有该动产使受让人因此取得间接占有，代替现实交付。《物权法》第

27 条规定,“动产物权转让时,双方又约定由出让人继续占有该动产的,物权自该约定生效时发生效力。”从上述规定可以得出,占有改定构成要件表现为:(1)当事人之间达成动产物权变动协议。该协议是发生交付的基础。(2)除了达成物权变动协议,就该动产另外达成让与人继续占有使用该动产的协议。而本案中,虽然双方当事人签订的7台设备物权转让协议包含有所有权变动内容,但没有就被上诉人港润印染公司继续占有使用该7台设备另外达成协议。因此,港润印染公司与上诉人源宏祥纺织公司之间的协议不构成占有改定交付。

综上,因该7台设备并未现实交付,虽然当事人签订的协议有效,但也只是产生债权效力,并未发生物权变动效力,源宏祥纺织公司并没有实际取得该7台设备的所有权,故其在被上诉人港润印染公司破产案件中并不享有取回权。源宏祥纺织公司称案涉7台设备物权通过三方协议已经转移给其所有并享有该设备的取回权理由不能成立。①

(二)特殊取回权

特殊取回权与一般取回权的区别在于特定财产在被取回之前是否被债务人实际占有。且特殊取回权是基于债权而产生的权利,这一点与一般取回权殊为不同。特殊取回权的类型主要包括出卖人取回权、行纪人取回权和代偿权取回权三种类型。

1. 出卖人取回权

出卖人取回权,是指异地买卖成立后,尚未收取全部价款的卖方,在发运货物后,买方尚未收到货物前被宣告破产的,可以取回在运途中的货物的权利。根据《企业破产法》第 39 条的规定:“人民法院受理破产申请时,出卖人已将买卖标的物向作为买受人的债务人发运,债务人尚未收到且未付清全部价款的,出卖人可以取回在运途中的标的物。但是,管理人可以支付全部价款,请求出卖人交付标的物。”

出卖人取回权制度旨在保护出卖人的权益,在买受人尚未收到货物且未支付全部对价的情况下,如果法院受理其破产申请,且不允许出卖人取回在途货

① 该公报所引用《物权法》《合同法》已废止,读者可参照《民法典》第 208 条、第 224 条、第 598 条规定。——编者注

物，而只能通过申报债权申请受偿，那么这笔货物财产反而会被认定为债务人财产平均受偿，这对出卖人来说无疑显失公平。

并非所有买卖合同均可适用"取回权"，出卖人若要行使取回权，须符合以下几项成立要件。

第一，出卖人已经发送货物但买受人还未收取。如果买受人已接收货物，则债权人不享有取回权利。即使出卖人未支付全部或部分对价，债权人也只得申报债权弥补损失。对于买受人是否收到货物的判断应当依照《民法典》有关占有转移规则加以认定。

第二，出卖人取回权的实质，是要保障在出卖人发货后至买受人收货前这个时间段中出卖人的合法权益。如果出卖人在买受人破产申请被法院受理后才向买受人发送货物的，其亦不享有取回权。此时，由破产管理人决定是否继续履行合同或解除合同。出卖人已将买卖标的物发送完毕，而买方尚未付清货款。如买方已付清货物价款，卖方权益未受损失，自然也无取回货物之权。如果卖方要求取回货物，而破产管理人要求付清货款、交付货物的，卖方也无权取回货物，因出卖人权利已可完全实现，取回权也就不存在了。这里的未付清货款，并不问原定清偿期限是否已到，因为无论清偿期到否，破产的事实已使卖方不可能再获得全部货款。[1]

参考案例

杨某与北京英嘉房地产开发有限公司物权确认纠纷案[2]

在杨某与北京英嘉房地产开发有限公司（以下简称英嘉公司）物权确认纠纷案中，英嘉公司因不服北京市第一中级人民法院（2014）一中民初字第5482号民事判决，向北京市高级人民法院提起上诉。

2014年6月，杨某向北京市第一中级人民法院起诉称：2001年11月12日，其与英嘉公司签订《商品房买卖合同》，购买英嘉公司开发的位于北京市西城区

① 王欣新：《论新破产法上的取回权》，载《光华法学》（第2辑），西南财经大学出版社2008年版。

② 北京市高级人民法院（2015）高民终字第761号民事判决书。

未英胡同49号院2号楼7C号商品房(原英嘉公寓嘉福阁7层C号,以下简称7C号房屋),房屋总价款为2,799,122元。杨某在支付首付款后,于2002年3月29日与中国建设银行北京城市建设开发专业支行(以下简称建行城建支行)、英嘉公司签订了《个人住房贷款借款合同》,借款金额为195万元,英嘉公司为借款提供阶段性连带保证,该款按约定进入英嘉公司账户。英嘉公司于2002年4月将7C号房屋交付于杨某。之后,杨某将该房屋借与负责物业管理的北京银泰迅达物业管理有限公司(以下简称银泰物业公司)作为办公用房使用。在英嘉公司已经进入破产程序后,仍未按照约定为杨某办理所有权转移登记手续,7C号房屋已经作为债务人财产被法院查封,杨某曾于2014年1月26日向破产管理人主张取回该房屋,但被拒绝。因而诉至法院。

英嘉公司辩称:7C号房屋的产权登记在英嘉公司名下,是英嘉公司的财产,杨某行使取回权没有依据。对于与杨某之间的《商品房买卖合同》,破产管理人没有发出继续履行的通知,合同已经解除。所以应驳回杨某的诉讼请求。

针对杨某的诉讼请求,英嘉公司反诉称:2001年11月12日,其与杨某签订《商品房买卖合同》。2002年3月29日,杨某、英嘉公司与建行城建支行签订《个人住房贷款借款合同》,由英嘉公司对借款承担连带保证责任。因杨某没有按照约定偿还贷款,建行城建支行起诉解除《个人住房贷款借款合同》,2004年10月21日,法院判决解除《个人住房贷款借款合同》,杨某偿还建行城建支行借款本金1,892,005.36元、利息125,573.71元,并以1,892,005.36元为本金,按照中国人民银行同期逾期贷款利率支付2004年7月1日至实际付清之日的利息,判决英嘉公司对上述款项承担连带责任。英嘉公司因此未与杨某办理7C号房屋的交付手续和所有权转移登记手续。2006年5月29日,北京市第一中级人民法院受理英嘉公司破产案,破产管理人于2008年1月2日接管英嘉公司后,从未向杨某出具解除合同或者继续履行合同的通知。根据《企业破产法》和相关司法解释的规定,反诉请求法院判决确认英嘉公司和杨某于2001年11月12日签订的关于7C号房屋的《商品房买卖合同》已于2007年8月1日依法解除;判令杨某承担本案反诉费用。

针对英嘉公司的反诉,杨某答辩称:双方签订《商品房买卖合同》后,其已经履行了付款等全部合同义务,所以不符合《企业破产法》第18条有关"债务人和对方当事人均未履行完毕的合同"的规定,破产管理人无权决定合同解除或者继续履行。《商品房买卖合同》是2001年12月签订，英嘉公司是2006年5月进入破产程序，2008年1月2日指定破产管理人，本案是2014年9月2日提出解除，已经过了行使解除权的相关期限，解除权已经灭失。不同意英嘉公司的反诉请求。

北京市第一中级人民法院经审理认为：人民法院受理破产申请后，管理人对破产申请受理前成立而债务人和对方当事人均未履行完毕的合同有权决定解除或者继续履行，并通知对方当事人。管理人自破产申请受理之日起2个月内未通知对方当事人，或者自收到对方当事人催告之日起30日内未答复的，视为解除合同。杨某与英嘉公司之间的《商品房买卖合同》成立于破产申请受理前，但杨某已经履行了全部合同义务，故不属于债务人和对方当事人均未履行完毕的合同，英嘉公司破产案件的管理人无权决定解除或者继续履行。现英嘉公司以管理人没有向杨某发出继续履行或解除合同的通知为由，反诉要求确认英嘉公司与杨某于2001年11月12日签订的《商品房买卖合同》已经于2007年8月1日解除，没有法律依据，法院不予支持。

根据《最高人民法院关于审理企业破产案件若干问题的规定》第71条第5项的规定，特定物买卖中，尚未转移占有但相对人已完全支付对价的特定物不属于破产财产。本案诉争的7C号房屋，虽然尚未转移占有，但杨某已经支付了全部房款，故应不属于债务人财产。7C号房屋目前虽然登记在英嘉公司名下，但英嘉公司负有向杨某转移所有权的合同义务。鉴于英嘉公司已经进入破产程序的特定事实，杨某起诉要求确认7C号房屋归其所有，英嘉公司配合其行使取回权，将7C号房屋的所有权登记到自己名下，法院予以支持。《最高人民法院关于审理企业破产案件若干问题的规定》第71条第5项与《最高人民法院关于适用〈中华人民共和国企业破产法〉若干问题的规定(二)》并不抵触，故英嘉公司有关《最高人民法院关于审理企业破产案件若干问题的规定》第71条因与《物权法》、《企业破产法》及《最高人民法院关于适用〈中华人民共和国企业破产法〉若干问题的规定(二)》第2条相矛盾的答辩意见，无法律依据，法院不予采信。

中国东方资产管理公司北京办事处(以下简称东方资产公司)作为债权人已经向英嘉公司破产案件的管理人申报债权，东方资产公司通过破产程序获得部分偿还后，产生的法律后果是英嘉公司对实际偿还东方资产公司的部分取得向杨某的追偿权，东方资产公司对于未获偿还部分有权继续向杨某主张。进而可知，东方资产公司作为债权人申报债权并不是免除了杨某的债务，杨某仍负有对全部债务的最终偿还义务。东方资产公司作为债权人申报债权与杨某行使取回权是两个独立的法律关系,所以东方资产公司申报债权,并不妨碍杨某行使取回权,也不导致杨某丧失取回权。据此,北京市第一中级人民法院判决:(1)坐落于北京市西城区未英胡同49号院2号楼7C号商品房归杨某所有;(2)北京英嘉房地产开发有限公司配合杨某行使取回权,于判决生效后7日内将坐落于北京市西城区未英胡同49号院2号楼7C号商品房的所有权过户到杨某名下;(3)驳回北京英嘉房地产开发有限公司的反诉请求。

判决后,英嘉公司不服,以原审判决认定事实不清,适用法律不当为由上诉至北京市高级人民法院,认为原审法院认定诉争房屋属于杨某所有违反了《物权法》《企业破产法》的相关规定。英嘉公司取得了诉争房屋的《国有土地使用证》及《房屋所有权证》,英嘉公司享有诉争房屋的所有权。因此,诉争房屋应当属于英嘉公司的破产财产。杨某取得房屋的唯一途径就是请求英嘉公司继续履行《商品房买卖合同》,不能直接主张取回权。原审法院不应当适用《最高人民法院关于审理企业破产案件若干问题的规定》第71条第5项的规定,该项规定与《企业破产法》及《物权法》相冲突,是有悖公平的。请求依法改判驳回杨某的诉讼请求。

经审理查明,2001年11月12日,杨某与英嘉公司签订《商品房买卖合同》,杨某购买英嘉公司开发的7C号房屋,房屋总价款为2,799,122元,其中首付款为849,122元,其余195万元房款杨某以银行按揭方式支付。2002年1月18日,杨某与英嘉公司签订的《商品房买卖合同》在北京市国土资源和房屋管理局办理了商品房预售预购登记。英嘉公司没有向杨某交付7C号房屋,也没有为杨某办理7C号房屋的所有权转移登记手续。在2002年10月29日银泰物业公司成立后,英嘉公司将7C号房屋交由银泰物业公司作为物业用房使用。

根据债权人的申请,原审法院于2006年5月29日依法受理了英嘉公司破产案,于2008年1月2日指定北京市企业清算事务所有限公司担任破产案件的管理人。管理人于2008年1月2日接管英嘉公司后,针对英嘉公司与杨某签订的《商品房买卖合同》,未向杨某出具解除合同或者继续履行合同的通知。在管理人要求下,银泰物业公司于2011年3月29日将7C号房屋交给管理人。

为支付7C号房屋的购房款,杨某于2002年3月29日与建行城建支行、英嘉公司签订了《个人住房贷款借款合同》,借款金额为195万元,用于购买7C号房屋,建行城建支行将贷款款项直接划入英嘉公司在建行城建支行开立的存款账户内。担保方式为阶段性保证,即本合同项下贷款以本合同项下贷款资金所购房屋作抵押,在杨某取得该房屋《房屋所有权证》并办妥抵押登记之前,由英嘉公司提供连带责任保证。建行城建支行于2002年3月29日将195万元贷款划入英嘉公司在建行城建支行开立的存款账户,杨某依约偿还贷款本金及利息至2003年3月,自2003年4月起停止偿还贷款。

2004年6月28日,建行城建支行与中国信达资产管理公司北京办事处(以下简称信达资产公司)签订《债权转让协议》,建行城建支行将包括杨某在内的共计567户借款人共计567笔借款合同项下的债权转让给信达资产公司。2004年11月29日,信达资产公司与东方资产公司签订《债权转让协议》,信达资产公司将包括杨某在内的共计567户借款人共计567笔借款合同项下的债权转让给东方资产公司。2008年3月31日,东方资产公司向英嘉公司破产案件的管理人申报了债权,包括对杨某的债权2,242,324.61元。东方资产公司提供的债权依据有2008年3月17日向杨某发出的个人贷款过期催缴通知单,该通知单载明:根据杨某与建行城建支行签订的"借款合同"约定的日期和还款计划,截至2006年5月29日,应收本息545,393.1元,当日结清2,242,324.61元。

建行城建支行在将对杨某的债权转让给信达资产公司之前,曾于2004年4月21日到北京市丰台区人民法院起诉杨某、英嘉公司,要求解除《个人住房贷款借款合同》,并要求杨某提前归还借款本金及利息,要求英嘉公司承担连带保证责任。建行城建支行将对杨某的债权转让给信达资产公司后,并未将转让事宜告知法院,法院在不知情的情况下于2004年10月21日作出(2004)丰民初字第08064号民事判决,判决解除杨某与建行城建支行、英嘉公司签订的《个人住房贷款借款合同》,判决杨某偿还建行城建支行借款本金1,892,005.36元、利息125,573.71元,并以1,892,005.36元为本金,按照中国人民银行同期逾期贷款利率支付自2004年7月1日起至实际付清之日止的利息,判决英嘉公司对上述款项承担连带责任。该判决生效后,建行城建支行还于2005年9月13日到北京市丰台区人民法院以杨某、英嘉公司为被申请人申请强制执行,法院查封、冻结或轮候冻结了英嘉公司名下包括7C号房屋在内的部分房屋。2005年11月24日,北京市丰台区人民法院以被执行人被查封的财产正在评估、拍卖过程中,亦无其他财产可供执行为由,裁定本次执行程序终结。

北京市高级人民法院认为，杨某与英嘉公司在平等基础上于2001年签订的《商品房买卖合同》并未违反法律规定，是有效合同。双方签订合同后，杨某为支付7C号房屋的购房款，于2002年3月29日与建行城建支行、英嘉公司签订了《个人住房贷款借款合同》，借款金额为195万元，用于购买7C号房屋，建行城建支行将贷款款项直接划入英嘉公司在建行城建支行开立的存款账户内。杨某并据此接收了7C号房屋并交由物业公司进行经营管理，据此可以确认杨某履行了支付购房款的义务，双方之间的《商品房买卖合同》已经履行完毕。由于英嘉公司的原因致使杨某没有及时取得房屋所有权证书，不能由此就推论英嘉公司与杨某之间的合同没有履行。故英嘉公司坚持认为其与杨某之间的合同没有履行，按照《企业破产法》的规定，要求确认双方的《商品房买卖合同》已于2007年8月1日解除的上诉请求缺乏依据，不予支持。据此，原审法院根据《最高人民法院关于审理企业破产案件若干问题的规定》第71条第5项的规定，特定物买卖中，尚未转移占有但相对人已完全支付对价的特定物不属于破产财产。确认诉争的7C号房屋，虽然尚未转移占有，但杨某已经支付了全部房款，应不属于债务人财产的认定并无不当。原审法院确认7C号房屋目前虽然登记在英嘉公司名下，但英嘉公司负有向杨某转移所有权的义务。同时认定鉴于英嘉公司已经进入破产程序的特定事实，杨某起诉要求确认7C号房屋归其所有，英嘉公司配合其行使取回权，将7C号房屋的所有权登记到杨某名下的判决亦无不妥。且《最高人民法院关于审理企业破产案件若干问题的规定》第71条第5项与《最高人民法院关于适用〈中华人民共和国企业破产法〉若干问题的规定(二)》并不抵触，《最高人民法院关于审理企业破产案件若干问题的规定》第71条第5项亦未被相关法条予以废止。故英嘉公司有关《最高人民法院关于审理企业破产案件若干问题的规定》第71条因与《物权法》、《企业破产法》及《最高人民法院关于适用〈中华人民共和国企业破产法〉若干问题的规定(二)》第2条相矛盾不应当被引用的意见，无法律依据，不予采信。故此，英嘉公司要求确认其与杨某之间签订的《商品房买卖合同》已经解除，不应当支持杨某行使取回权的上诉请求，缺乏事实及法律依据，不予支持。综上，依照《民事诉讼法》第170条第1款第1项之规定，故而判决驳回上诉，维持原判。[①]

---

① 判决书中所提的《物权法》已废止，请读者参照《民法典》的相关规定。——编者注

2. 行纪人取回权

行纪人取回权，是指行纪人受委托人的委托购入货物，并将货物送往委托人，委托人在未收到货物且未付清货款时被受理破产申请。[①] 虽然《企业破产法》并未对行纪人取回权作出明确规定，但由于行纪人的法律地位与出卖人类似，因而可比照出卖人取回权的规定行使取回权。

3. 代偿权取回权

在取回权实现以前，标的物被债务人占有，在法院指定破产管理人之后，若合法占有标的物的基础关系仍然有效，管理人并无交付义务。若是无权占有，则应负担返还的义务。行使取回权的主张，通常应向破产管理人提出。《企业破产法》第 38 条规定："人民法院受理破产申请后，债务人占有的不属于债务人的财产，该财产的权利人可以通过管理人取回。但是，本法另有规定的除外。"《破产法若干问题的规定(二)》第 26 条在该条的基础上作了更为具体的规定："权利人依据企业破产法第三十八条的规定行使取回权，应当在破产财产变价方案或者和解协议、重整计划草案提交债权人会议表决前向管理人提出。权利人在上述期限后主张取回相关财产的，应当承担延迟行使取回权增加的相关费用。"

破产中涉及取回权的诉讼，应通过破产中的派生诉讼程序完成。原则上应依普通民事诉讼程序进行，由受理案件的法院管辖(通常为破产审判庭之外的独立合议庭审理)。在此种程序下，若取回权人行使取回权遭拒，取回权人便可申请对有关财产进行保全。此时《企业破产法》第 19 条关于破产申请受理后有关债务人财产的保全措施解除的规则，不发生适用。另外，取回权人在获得了胜诉判决后，若仍被拒绝返还，则取回权人可申请强制执行。对此，第 19 条关于强制执行中止的规则，亦不发生适用。需提及的是，若债务人对拟取回的标的物提供了加工、保管、运输等工作或服务，取回权人支付相应的费用后方能取回。若未支付相应费用，债务人可以留置该标的物。

二、撤销权

破产撤销权，又称破产追回权。破产撤销是由破产管理人代表全体债权人

---

① 王欣新:《论新破产法上的取回权》，载《光华法学》(第 2 辑)，西南财经大学出版社 2008 年版。

提出,对债务人在破产程序开始前一定时期内有损于债权人权益的行为均可撤销。破产撤销权的立法意旨在于防止债务人以无偿或不合理的价格处分自己的财产而损害债权人的利益。

民法上的“债权人撤销制度”可与本制度相对照。破产撤销权虽是债权人撤销权在破产法中的延伸,但相比于债权人撤销权,破产撤销权可为债权人提供更强的保护。《企业破产法》第 31 条对此详加规定:“人民法院受理破产申请前一年内,涉及债务人财产的下列行为,管理人有权请求人民法院予以撤销:(一)无偿转让财产的;(二)以明显不合理的价格进行交易的;(三)对没有财产担保的债务提供财产担保的;(四)对未到期的债务提前清偿的;(五)放弃债权的。”该条所列行为的撤销不要求任何主观要件,使撤销权的行使更为简易。另外,该法第 32 条还规定了债权人撤销权所不包含的“特殊撤销规则”:“人民法院受理破产申请前六个月内,债务人有本法第二条第一款规定的情形,仍对个别债权人进行清偿的,管理人有权请求人民法院予以撤销。但是,个别清偿使债务人财产受益的除外。”

在行使方式上,破产撤销权须以诉讼方式行使。且根据《企业破产法》第 21 条的规定,破产撤销权之诉,还当由受理破产案件的法院管辖。应当特别注意的是,在破产撤销权之诉中,管理人为原告,债务人为被告,受益人为第三人。但债务人又需管理人代为参与诉讼,当管理人身份出现矛盾重合时,此种情况下,必然存在管理人既作为原告又代表被告的问题。

参考案例一

金某与常熟市某置业公司管理人破产撤销权纠纷案[①]

金某因与常熟市某置业公司管理人破产撤销权纠纷案,不服江苏省常熟市人民法院(2015)熟商初字第 00169 号民事裁定,向江苏省苏州市中级人民法院提起上诉。

---

① 江苏省苏州市中级人民法院(2015)苏中商终字第 01345 号民事裁定书。

江苏省常熟市人民法院认为：某置业公司与金某签订的三份商品房买卖合同均未履行完毕，某置业公司管理人自破产申请受理之日起2个月内未通知继续履行，根据《企业破产法》第18条的规定，上述3份商品房买卖合同视为解除。2015年7月24日，常熟市人民法院裁定确认解除包括上述3份商品房买卖合同在内的106份商品房买卖合同。现某置业公司与金某签订的3份商品房买卖合同已经解除，故某置业公司管理人请求撤销上述3份商品房买卖合同已无必要。据此，常熟市人民法院遂依照《企业破产法》第18条、《民事诉讼法》第154条之规定，裁定驳回常熟市某置业公司管理人的起诉。

江苏省苏州市中级人民法院认为，因某置业公司管理人的申请，常熟市人民法院依据《企业破产法》第18条“人民法院受理破产申请后，管理人对破产申请受理前成立而债务人和对方当事人均未履行完毕的合同有权决定解除或者继续履行”之规定，以(2014)熟破字第00003－01号民事裁定确认解除案涉3份商品房买卖合同。故某置业公司与金某签订的本案所涉的3份商品房买卖合同已经被上述已生效的常熟市人民法院(2014)熟破字第00003－01号民事裁定确认解除，双方之间的权利义务关系应按《合同法》第97条的规定处理，商品房买卖合同中某置业公司与金某之间的权利义务关系已经终止，因此某置业公司要求撤销已经终止权利义务关系的合同已无必要，江苏省常熟市人民法院据此裁定驳回起诉并无不当。

参考案例二

南通市争妍颜料化工有限公司与江苏海保实业有限公司管理人破产撤销权纠纷案[①]

南通市争妍颜料化工有限公司(以下简称争妍公司)因与江苏海保实业有限公司(以下简称海保公司)管理人破产撤销权纠纷案，不服海门市中级人民法院(2015)门商初字第00566号民事判决，向江苏省高级人民法院提起上诉。

---

① 江苏省高级人民法院(2016)苏06民终2338号民事判决书。

二审法院认为,根据《企业破产法》第31条的规定,人民法院受理破产申请前一年内,债务人对没有财产担保的债务提供财产担保的,管理人有权请求人民法院予以撤销。本案中,争妍公司对海保公司名下财产的抵押权虽经(2014)通中商初字第0295号民事调解书予以确认,但该调解书是依据当时的事实情况作出的,现海保公司已进入破产程序,海保公司管理人基于新的破产事实与破产相关的法律法规依法行使撤销权,与生效文书并不相悖。且从破产法的立法本意和破产程序效果考虑,海保公司管理人无须先行对生效判决提起再审之诉,可直接向法院提起破产撤销权之诉。争妍公司还抗辩称案涉抵押权自抵押合同签订时即生效,抵押登记仅是对抗要件,不符合可撤销情形。对此,根据《物权法》第180条、第187条的规定,以建筑物抵押的,应当办理抵押登记,抵押权自登记时设立。案涉抵押财产系房产,抵押权应自办理抵押登记时设立。反担保合同的签订时间虽在法院受理海保公司破产案件一年之前,亦系各方就担保达成的真实意思表示,但签订抵押合同仅是物权变动的原因行为,该抵押合同的生效不直接产生物权变动的效力。案涉他项权证明确记载的抵押登记时间为2014年1月17日、1月22日,该登记时间在法院受理海保公司破产案件前一年内。故海保公司为争妍公司的担保之债提供反担保的行为符合破产法相关法律规定的可撤销情形,海保公司管理人的主张于法有据,应予支持。①

① 判决书中所提的《合同法》《物权法》已废止,请读者参照《民法典》的相关规定。——编者注

第十五章　破产清算及破产重整

破产清算实行货币分配原则。在变现方法上，主要是通过拍卖等程序完成。对于负有担保物权的财产，仍需遵循担保物变现的一般规则，由担保权人及相关权利人完成。对于无担保权负担的财产，则由破产管理人负责变现。清算程序主要涉及破产宣告、财产变现、财产分配、破产终结四项程序。

不同于破产清算，破产重整的利益出发点在于维护社会整体利益。对于因财务问题陷入破产困境的企业而言，通过重新调整企业的债务结构，可减轻其债务负担，助其获得“重生”。如此不仅能促进社会福利的增长，还有助于社会稳定和弱者保护。

第一节　破产清算程序

一、破产宣告

破产宣告程序主要具有以下几项法律效果：(1)破产宣告后，担保物权人可以行使担保物权，拍卖、变卖担保物，并就所得优先受偿(《企业破产法》第109条)；(2)债务人被宣告破产后，债务人称为破产人，债务人财产称为破产财产，人民法院受理破产申请时对债务人享有的债权称为破产债权(《企业破产法》第107条第2款)；(3)破产程序自宣告之日起进入变价和分配阶段。

二、破产财产的变价与分配

（一）破产财产的变价

破产宣告后，意味着破产财产变价与分配开始。在变价程序上，《企业破产法》第111条第1款规定："管理人应当及时拟订破产财产变价方案，提交债权人会议讨论。"在变价方案经债权人会议表决通过或经法院裁定确认后，破产管理人即应按照该方案出售破产财产。

（二）破产财产的分配

破产分配方案由破产管理人拟定，由债权人会议讨论，其内容应当载明以下事项（《企业破产法》第115条第2款）：(1)参与破产财产分配的债权人名称或者姓名、住所；(2)参与破产财产分配的债权额；(3)可供分配的破产财产数额；(4)破产财产分配的顺序、比例及数额；(5)实施破产财产分配的方法。此处的债权人既包括被法院裁定确认的债权人，也包括债权尚未确定的债权人，还包括担保债权人，尤其应列明担保不足的债权人。

实践中，破产财产变现很难在短时间内一次性完成。因此在经过变现取得部分财产之后，可先对部分债权人进行分配。按照分配的时间不同，可分为中途分配、最后分配和补充分配。

（三）破产程序的终结

《企业破产法》中规定了有关破产终结事由主要有以下三项：(1)破产财产不足以清偿破产费用（第43条）；(2)第三人为债务人提供足额担保或者为债务人清偿全部到期债务的（第108条）；(3)破产财产分配完毕，无其他可供分配财产（第120条）。以上三种终结破产程序的情形都由法院以裁定的形式作出终结的决定，其中(2)(3)项应由破产管理人向法院提出申请。

虽然破产程序的终结具有终局性、不可逆转性，但并非意味着债权人自此之后便再也无法主张其权利。若债权人事后发现债务人有其他财产，仍可请求法院追加分配。

三、清算程序中的法律风险及防范

在破产清算过程中，债务人可能存在隐匿、转移财产的行为，从而损害债权人的利益，对于此类风险，《企业破产法》第 33 条作出了认定，为逃避债务而隐匿、转移财产的，或虚构债务、承认不真实债务的，均为无效行为。《破产法若干问题的规定(二)》第 17 条规定："管理人依据企业破产法第三十三条的规定提起诉讼，主张被隐匿、转移财产的实际占有人返还债务人财产，或者主张债务人虚构债务或者承认不真实债务的行为无效并返还债务人财产的，人民法院应予支持。"实务中，破产管理人对债务人财产的清理是其工作的重中之重，目的便在于防止此类风险的发生。

《企业破产法》有一项重要基本原则——同类债权平等受偿原则，即破产程序开始后所有普通债权人均应平等地按比例受偿。为防止债务人在破产程序开始前清偿个别债权而损害其他债权人的合法权益，《企业破产法》第 32 条规定："人民法院受理破产申请前六个月内，债务人有本法第二条第一款规定的情形，仍对个别债权人进行清偿的，管理人有权请求人民法院予以撤销。但是，个别清偿使债务人财产受益的除外。"该条否定了债务人个别清偿的合法性，是对债权平等受偿原则的贯彻执行。该条规定的可撤销清偿行为的期限为 6 个月(临界期)，对债权人权益的维护具有重要的现实意义。需要注意的是，并非所有可撤销清偿行为的临界期都是 6 个月，根据《企业破产法》第 31 条的规定，对于未到期的债务提前作出清偿的，临界期便增加至 1 年。

破产撤销，指的是破产程序开始后，管理人对债务人在破产程序开始前一定时期内实施的有违全体债权人平等受偿的行为而申请法院予以撤销并将其利益重新归入破产财产的权利。破产撤销制度的设立的目的不仅在于防止债务人通过不合理的对价或无偿处分财产而损害全体债权人的利益，更在于可以防止债务人以逃避债务为目的，操控其财产的变动，有意使自身陷入丧失清偿能力或资不抵债的境地，而破产撤销制度的设立为债权人群体利益的保护提供了法律保障。该制度规定于《企业破产法》第 31 条，该条规定："人民法院受理破产申请前一年内，涉及债务人财产的下列行为，管理人有权请求人民法院予以撤销：(一)无偿转让财产的；(二)以明显不合理的价格进行交易的；(三)对没有财产担保的债务提供财产担保的；(四)对未到期的债务提前清偿的；

(五)放弃债权的。"该条所列之行为,不要求任何主观要件,且该权利是由破产管理人统一行使,债权人无须因此而增加诉讼负担,也有助于债权人降低现实成本。具体而言,破产撤销权体现在以下几方面:

1. 无偿转让财产行为

无偿转让财产,是指债务人将自己的一般责任财产无偿转让或者赠与他人而导致财产的减少。无偿转让不仅指各种形式的无偿转让行为,也包括债务人所从事的各种在交易相对人未支付对价的情况下转移其财产的行为。如前所述,该行为不要求债务人存在主观恶意,债务人只需要客观上存在该行为,管理人即可请求人民法院予以撤销。

2. 以明显不合理价格低价转让财产

根据《破产法若干问题的规定(二)》第 11 条的规定,对于"明显不合理的低价"的认定,法院应当以交易当地一般经营者的判断,并参考交易当时交易地的物价部门指导价或市场交易价,结合其他相关因素予以确认。

3. 放弃债权

放弃债权可以分为积极放弃债权和消极放弃债权。积极放弃债权,是指债务人主动明示放弃债权,如与债务人签到免除债务协议、拒绝受领债务人的清偿等;消极放弃债权包括对债权不采取保全措施、放任债权超过诉讼时效等。放弃债权可以分为通过诉讼程序的放弃和不通过诉讼程序的放弃。债权人通过诉讼程序放弃债权,是指在诉讼程序中由人民法院主持达成调解协议以及对人民法院作出的一审判决、裁定不依法提起上诉,对人民法院签发的支付令不依法提出异议、诉讼抗辩等。

4. 为原来未提供担保的债务提供担保

在破产程序开始后,债务人以自己所有的财产为自己或者他人债务提供担保,对于其他破产债权人来说即意味着破产财产的减少,破坏了债权人平等的原则,损害了全体债权人的利益。

破产撤销权由破产管理人行使,撤销权由债权人行使,破产管理人的破产撤销权并不必然排斥债权人的撤销权。如果债权人对债务人实施的行为具有撤销权,则该撤销权并不因债务人进入破产程序而无效,此时可能出现债权人的撤销权与破产管理人的撤销权重合的问题。原《最高人民法院关于适用〈中华人民共和国合同法〉若干问题的解释(一)》第 25 条第 2 款规定:"两个或者两个以上债权人以同一债务人为被告,就同一标的提起撤销权诉讼的,人民法院可以合并审理。”因此,当出现债权人撤销权和破产管理人撤销权诉讼重合时,人民法院应当合并审理。

破产撤销权行使后,依法产生相应的民事法律后果,即债务人的行为被依法撤销后,自始无效,应当恢复原状。

另外,根据《破产法若干问题的规定(二)》第9条的规定,若管理人因过错未依法行使撤销权导致债务人财产不当减损,债权人提起诉讼主张管理人对其损失承担相应赔偿责任的,人民法院应予支持。因此,对于破产管理人而言,应当审慎行使破产撤销权。

参考案例

浙江欧华造船股份有限公司管理人与舟山中海投创业投资企业、江西江州联合造船有限责任公司、九江金湖装备制造有限公司破产撤销权纠纷案[①]

2018年5月7日,舟山市中级人民法院裁定受理浙江欧华造船股份有限公司(以下简称欧华公司)破产清算一案。管理人接管欧华公司后发现,欧华公司与三被告之间分别于2017年年底、2018年年初发生了个别清偿行为与抵销行为。经查证,2016年12月,欧华公司与中海投企业签署《股权转让协议》,中海投企业将其所持有的舟山中海投海洋科技发展有限公司71.75%的股权转让给欧华公司,股权转让对价为人民币59,300万元。欧华公司分别于2016年12月19日、2016年12月20日支付了3亿元和2亿元。剩余款项欧华公司于2017年12月20日向中海投企业支付了1819万元,于2018年1月2日以联合公司、金湖公司欠付欧华公司的6693万元借款与欧华公司欠付中海投企业的6693万元股权转让尾款进行债务抵销。管理人认为,欧华公司向中海投企业支付1819万元股权转让款的行为应予撤销,联合公司、金湖公司以其欠付欧华公司

① 浙江省高级人民法院(2019)浙民辖终第10号民事裁定书。

的6693万元借款抵销欧华公司欠付中海投企业的6693万元股权转让款的行为应为无效。故诉至法院，请求：(1)撤销欧华公司向中海投企业支付股权转让款1819万元的行为；(2)确认联合公司、金湖公司将其欠付欧华公司的6693万元借款与欧华公司欠付中海投企业的6693万元股权转让尾款进行抵销的行为无效；(3)联合公司向欧华公司归还2893万元，金湖公司向欧华公司归还3800万元；(4)本案诉讼费用由中海投企业、联合公司、金湖公司负担。

浙江省舟山市中级人民法院于2018年11月20日作出(2018)浙09民初40号民事裁定书：驳回联合公司对本案提出的管辖权异议。裁定作出后，联合公司提出上诉。浙江省高级人民法院认为，根据欧华公司管理人的诉请及事实和理由，并结合现有证据材料，本案系欧华公司管理人基于《企业破产法》第31条、第32条赋予破产管理人的破产撤销权向法院提起的撤销之诉，而非欧华公司就《债务重组协议》提起的合同之诉，因此，《债务重组协议》中的仲裁条款在本案中对欧华公司管理人并无约束力。根据《企业破产法》第21条的规定，一审法院作为受理欧华公司破产清算申请的人民法院，对本案享有管辖权。联合公司的上诉理由不能成立。由此驳回上诉，维持原裁定。

本案中，欧华公司与联合公司、金湖公司达成的《债务重组协议》中约定了仲裁条款，该仲裁条款在欧华公司进入破产程序后仍然有效，但是对提起破产撤销权诉讼的管理人没有约束力，管理人有权依照破产法的规定，向人民法院提起破产撤销权诉讼。

一、仲裁条款在债务人进入破产程序后仍有效

仲裁条款由债务人与受益人达成，对双方均具有约束力。即便是在债务人进入破产程序后，仲裁条款的效力仍然不受影响。债务人与受益人发生纠纷的，应当按照约定通过仲裁方式解决。虽然《企业破产法》关于管辖的规定属于特别法，在法律适用上应当优先，但它是相对于《民事诉讼法》的管辖而言的优先。《企业破产法》规定的法院专属管辖并不能排除仲裁条款的效力。在约定的仲裁条款有效的情况下，应当依照《仲裁法》第5条和《民事诉讼法》第124条的规定，通过仲裁方式解决纠纷。因此，如果债务人与他人已经约定了争议解决方式为仲裁，自然就不受该条的约束。

二、仲裁条款对于提起破产撤销权诉讼的管理人没有约束力

仲裁条款对债务人和受益人有约束力，但不能约束提起破产撤销权的管理

人。本案中,仲裁条款系由债务人与受益人达成。至本案诉讼时,债务人已进入破产程序,并由管理人接管。《企业破产法》第31条规定的破产撤销权,又称为否认权,是《企业破产法》赋予管理人的一项法定职权,并以否认债务人与受益人之间行为效力为特征。其行使的主体是管理人,按照《企业破产法》的规定,管理人在破产撤销权的行使上有其特殊的法律地位。在破产撤销权诉讼中,管理人系代表全体债权人利益,并以自己名义提起诉讼。此时,管理人并不代表仲裁条款中债务人的利益,故不应受仲裁条款的约束。

第二节　破产重整

一、破产重整制度概述

(一)破产重整的概念

重整,是指对陷入财务困境的企业进行重组及债务结构调整,帮助债务人减轻债务负担,维持债务人的生存与发展。需要注意的是,此处的债务人,专指具备破产原因但仍具有市场竞争力的债务人,并非所有破产企业均具备破产资格。既然如此,债务人的破产原因及债务人劣势分析便有其必要性。其内容主要包含以下三个方面:(1)债务人运营固定生产成本统计,包括租金、能耗成本、管理成本和劳动成本等。这些成本居高不下是导致破产的直接原因,几乎在所有破产案例中,企业运营成本过高都是最主要的破产原因。实践中,在大部分企业的破产重整程序中,会涉及缩减企业行政管理层次、削减企业管理人员、提高运营效率等问题。(2)分析企业所面临的市场状态。包括企业的市场占有率、企业的生产技术水平、发展潜力、企业的生产能力状况等。(3)审查企业所拥有的资源。如检视企业的资本结构,考察企业是否具有获取新融资的渠道或可用于担保的财产。实践中,企业顺利完成重整需要长期注入新的资金。企业是否具有充分而可预期的资金来源是能否完成重整的重要前提。

(二)申请重整的主体

可以提出破产重整的主体包括债务人、债权人和债务人的出资人。对于商业银行、证券公司、保险公司等金融机构来说，国务院金融监督机构亦可作为重整申请人。

相较于债权人，债务人及其出资人申请破产重整，《企业破产法》对二者作了更多限制。债务人可申请重整的情形主要有以下两种：(1)债务人不能清偿到期债务，且资产不足以清偿全部债务或者明显缺乏清偿能力，或者明显丧失清偿能力；(2)债权人申请对债务人进行破产清算的，人民法院受理破产案件后，债务人在破产宣告前可以申请破产重整。

根据《企业破产法》第70条的规定，债务人的出资人申请对债务人重整亦有如下条件：(1)债权人申请对债务人启动破产程序后，债务人的出资人可申请重整；(2)必须于破产申请提出后，破产宣告作出前提出；(3)出资人出资占比不得低于债务人注册资金的10%。

(三)重整计划的启动

如前所述，在相关利害关系人提出破产重整申请后，由法院进行审查。对此，《企业破产法》第71条作了专门规定："人民法院经审查认为重整申请符合本法规定的，应当裁定债务人重整，并予以公告。"审查期限应当参照该法第10条第2款之规定予以适用，即自收到破产重整申请之日起15日内决定是否受理。

二、重整期间

法院受理破产申请后，自裁定债务人重整之日起至重整程序终止之日止，为重整期间。关于重整期间内债务人的管理与经营事务，可由破产管理人或债务人推进。《企业破产法》第73条规定："在重整期间，经债务人申请，人民法院批准，债务人可以在管理人的监督下自行管理财产和营业事务。有前款规定情形的，依照本法规定已接管债务人财产和营业事务的管理人应当向债务人移交财产和营业事务，本法规定的管理人的职权由债务人行使。"该法第91条同时规定了管理人的监督职责："监督期届满时，管理人应当向人民法院提交监督报告。自监督报告提交之日起，管理人的监督职责终止。管理人向人民法院提交的监督报告，重整计划的利害关系人有权查阅。经管理人申请，人民法院可以裁定延长重整计划执行的监督期限。"由破产管理人负责债务人财产和营业事务的,可以聘请债务人的聘用人员负责相关事务。此时,债务人的聘用人员转为破产管理人的聘用人员。

在重整期间,破产担保物权、取回权亦受到一定的限制。《企业破产法》第75条规定:"在重整期间,对债务人的特定财产享有的担保权暂停行使。但是,担保物有损坏或者价值明显减少的可能,足以危害担保权人权利的,担保权人可以向人民法院请求恢复行使担保权。在重整期间,债务人或者管理人为继续营业而借款的,可以为该借款设定担保。"第76条规定:"债务人合法占有的他人财产,该财产的权利人在重整期间要求取回的,应当符合事先约定的条件。"

(一)重整计划的制订

重整计划的制订期限规定于《企业破产法》第79条:"债务人或者管理人应当自人民法院裁定债务人重整之日起六个月内,同时向人民法院和债权人会议提交重整计划草案。前款规定的期限届满,经债务人或者管理人请求,有正当理由的,人民法院可以裁定延期三个月。债务人或者管理人未按期提出重整计划草案,人民法院应当裁定终止重整程序,并宣告债务人破产。"若在此期间内,债务人或者管理人未按期提出重整计划草案,人民法院应当裁定终止重整程序,并宣告债务人破产,转而进入破产清算程序。

(二)重整计划的表决程序

重整计划由债权人会议采用分组的形式进行表决。其中涉及出资人权益调整的部分,应当由出资人组进行表决。根据《企业破产法》第82条的规定,各类债权的债权人参加讨论重整计划草案的债权人会议,应依照债权分类、分组对重整计划草案进行表决:(1)对债务人的特定财产享有担保权的债权;(2)债务人所欠职工的工资和医疗、伤残补助、抚恤费用,所欠的应当划入职工个人账户的基本养老保险、基本医疗保险费用,以及法律、行政法规规定应当支付给职工的补偿金;(3)债务人所欠税款;(4)普通债权。人民法院在必要时可以决定在普通债权组中设小额债权组对重整计划草案进行表决。

《企业破产法》第84条规定了重整计划草案的表决期限及表决规则:人民法院应当自收到重整计划草案之日起30日内召开债权人会议,对重整计划草案进行表决。出席会议的同一表决组的债权人过半数同意重整计划草案,并且其所代表的债权额占该组债权总额的2/3以上的,即为该组通过重整计划草案。若重整计划草案的表决第一次未予通过,可再行表决一次。如部分表决组未通过重整计划草案的,债务人或者管理人可以同未通过重整计划草案的表决组协商。该表决组可以在协商后再表决一次。但双方协商的结果不得损害其他表决组的利益。第86条规定,若各表决组均通过重整计划草案,重整计划即为通过。自重整计划通过之日起10日内,债务人或者管理人应当向人民法院提出批准重整计划的申请。人民法院经审查认为符合《企业破产法》规定的,应当自收到申请之日起30日内裁定批准终止重整程序,并予以公告。

(三)重整计划的批准

重整计划的批准,分为正式批准和强制裁定批准。正式批准不再赘言,强制裁定批准,是指在重整计划草案未获得表决通过的情形下,经法院审查,认为重整计划并未损害债权人利益,反而有利于债权人及利害关系人利益的,强制裁定批准重整计划。《企业破产法》第87条规定:"部分表决组未通过重整计划草案的,债务人或者管理人可以同未通过重整计划草案的表决组协商。该表决组可以在协商后再表决一次。双方协商的结果不得损害其他表决组的利益。未通过重整计划草案的表决组拒绝再次表决或者再次表决仍未通过重整计划草案,但重整计划草案符合下列条件的,债务人或者管理人可以申请人民法院批准重整计划草案:(一)按照重整计划草案,本法第八十二条第一款第一项所列债权就该特定财产将获得全额清偿,其因延期清偿所受的损失将得到公平补偿,并且其担保权未受到实质性损害,或者该表决组已经通过重整计划草案;(二)按照重整计划草案,本法第八十二条第一款第二项、第三项所列债权将获得全额清偿,或者相应表决组已经通过重整计划草案;(三)按照重整计划草案,普通债权所获得的清偿比例,不低于其在重整计划草案被提请批准时依照破产清算程序所能获得的清偿比例,或者该表决组已经通过重整计划草案;(四)重整计划草案对出资人权益的调整公平、公正,或者出资人组已经通过重整计划草案;(五)重整计划草案公平对待同一表决组的成员,并且所规定的债权清偿顺序不违反本法第一百一十三条的规定;(六)债务人的经营方案具有可行性。人民法院经审查认为重整计划草案符合前款规定的,应当自收到申请之日起三十日内裁定批准,终止重整程序,并予以公告。"

（四）重整计划的执行

重整计划一旦获得批准，重整程序即进入重整计划执行阶段。根据《企业破产法》的规定，重整计划由债务人负责执行。人民法院裁定批准重整计划后，已接管财产和营业事务的管理人应当向债务人移交财产和营业事务。

（五）重整程序的终止

当出现一定事由后，重整程序将因此而终止。根据《企业破产法》的规定，导致重整程序终止的事由包括如下情形：

（1）《企业破产法》第78条规定："在重整期间，有下列情形之一的，经管理人或者利害关系人请求，人民法院应当裁定终止重整程序，并宣告债务人破产：（一）债务人的经营状况和财产状况继续恶化，缺乏挽救的可能性；（二）债务人有欺诈、恶意减少债务人财产或者其他显著不利于债权人的行为；（三）由于债务人的行为致使管理人无法执行职务。"

（2）重整计划未获得通过且未依照《企业破产法》第87条的规定获得批准，或者已通过的重整计划未获得批准的，人民法院应当裁定终止重整程序，并宣告债务人破产。

（六）重整计划的终结

不同于重整程序的终止，重整程序的终结往往意味着重整程序的目标达成，债务人得以挽救，并伴随如下法律效力：（1）《企业破产法》第94条规定："按照重整计划减免的债务，自重整计划执行完毕时起，债务人不再承担清偿责任。"（2）随着重整程序的终结，债权人对债务人所享有的债权额依据重整计划重新确定。当然，债务人自愿清偿且不损害其他利益的情形除外。经重整计划确定的债务人的出资人的出资比例，亦同样适用。

重整计划的法律约束力并不能及于债务人的保证人及连带债务人，因此，重整程序的终结，并不影响债务人对债务人的保证人及连带债务人所享有的权利。《企业破产法》第92条第3款对此作了明确规定："债权人对债务人的保证人和其他连带债务人所享有的权利，不受重整计划的影响。"

第五编

企业法律风险防范体系构建

前文已对企业可能面临的各种法律风险分别加以详述，同时也提出了相应的管理与防范措施，但企业对于法律风险的防范不能仅局限于点滴之中、片面之间，当风险来临之际才采取措施进行应对，不仅捉襟见肘，而且极有可能丧失本应占据的优势地位。因此，建立一套完整、健全的法律风险防范体系，对企业来讲尤为必要。

第十六章　企业法律风险防范主体

在设计建立企业法律风险防范体系之初，企业必须明确是哪些主体在不遗余力地维系企业的正常经营与运转，并能够将企业的安全放在第一位时刻关注毫不松懈，然后再将这些主体纳入法律风险防范体系，使其各司其职，各安其位，这样便可以使企业构建的法律风险防范体系在施行于企业时做到事无巨细，毫无纰漏。

第一节　企业的利益相关者

在构建企业的法律风险防范体系之初，首先应当明确在企业中以及企业外哪些民事主体对企业的法律风险进行防控、监管最为合适。毫无疑问，利益既得者是自我权益的最忠实守护者，基于此，本书引入了“企业利益相关者”这一概念，并以企业的利益相关者为主要论述对象，围绕企业的利益相关者、特有的组织形式及文化属性进行法律风险防控体系的设计与建设。

企业不仅承载着债权人和公司所有者的权益，同时也承载着投资人、股东、公司雇员等多方相关者的权益。时至今日，理论界对利益相关者的定义仍无定论。持开放态度的人认为，企业作为一个依赖社会经济市场的、不断壮大的社会组织，凡是与其活动有关的个人和组织，都会受到企业的影响，都应当被认定为利益相关者。而保守者认为，只有在企业中投入了资产的个人和组织才是企业的利益相关者。那么本书在此以利益相关者为主体构建法律风险防范体系，就必须先以确定的标准来明确利益相关者的范围。本书在对企业利益相关者进行区分时，以个人或组织对于企业的投资、与企业的关系、对于企业所得利益的享有和对企业所负风险的承担等因素作为主要考量标准，并以此为基础对企业的利益相关者加以区分。具体而言，本书首先考虑的因素便是该相关者对企业的投资。作为企业的直接投资者，无论其投资和收益与企业的良性运转是否呈正相关，无论其所投入资产的性质为何、以何种形式投资，其资产都很难与企业相剥离。在此种情况下，投资人与其所投资产与企业的命运将紧密相连、休戚与共，如此方可称为企业的利益相关者。然而，并非所有的投资人都应当被纳入企业的法律风险防范体系中，如若一个投资者与企业仅仅是投资与被投资的关系，除此之外再无利益关联，那么将其纳入法律风险防范体系中，只会拖延企业的决策效率。基于此，本书在作利益相关者的界定时，会考虑该相关者与企业的关联性。

本书认为，利益相关者应当享有企业的收益分配决策权，因为其在享受企业利益的同时，也承担着与之对应的风险。若以此为界定企业利益相关者的标准，则政府部门、其他社会组织、社会团体和消费者、供应商等利益相关者不在本书所谓的“利益相关者”之列。但本章对于利益相关者的界定，并非广义的利益相关者，而主要以发起人、投资人、债权人、职工、高管等作为企业的利益相关者来讨论。

企业在管理的过程中应当积极主动地让上述利益相关者参与进来，这些利益相关者在行使管理权利时享有因其充分行使管理权力让企业良性运转带来的利益。当然，利益相关者并不拘束于上述民事主体，企业作为社会组织一部分，影响的是社会中的每一个个体，因此利益相关者应当是适合参与企业经营管理、监督的人。在构建设计法律风险防范体系之初，必须将企业的利益相关者这个概念纳入，但因不同的利益相关者在企业之中的分工不同，所承担的风险也不尽相同，所以不同的利益相关者对风险的认知也有很大区别。因此，有必要将不同的利益相关者纳入法律风险防范体系内，通过不同角度的风险示警，最终形成一个可视化的、立体的、完整的风险防范体系。

如上所述，在讨论将利益相关者纳入企业法律风险防范体系时，需要对利益相关者加以界定和区分。本书认为，任何一个企业的发展都离不开利益相关者的投入或参与。企业追求的是自身的整体利益，而不仅仅是某些主体或个别利益相关者的利益。这些利益相关者包括企业的发起人、投资人、债权人、普通员工、企业高管、与企业经营相关的消费者、供应商等主体，也包括政府部门、当地社会团体、居民等企业在生产经营过程中或多或少会影响到的相关者。这些利益相关者与企业的生存和发展密切相关，他们有的享受了企业的利益所得，有的承担着企业的经营风险，有的直接参与企业的生产与管理，有的受企业的经营影响颇深。因此，企业在生产经营过程中的相关决策必须考虑到这些多方利益主体，并受其监督和约束。一个企业的发展如果想长久、持续，就必然不能忽视上述利益相关者的利益。

综上，企业股东，包括企业管理层在内的员工、企业的债权人是最密切的利益相关者。因企业股东、企业债权人对企业的盈利与否直接享有利益和承担风险，其利益共享体现为股息分红和本金利息，风险共担体现为其享有的股权或债权无法实现，包括企业管理层在内的员工则在第一线直接参与企业的生产与经营。对企业股东来说，企业经营是否正常关系到其投入资产的安全程度；对包括管理层在内的企业员工来说，企业经营是否正常关系着其工作及生活的稳定性；对企业债权人来说，企业经营是否正常更是关系到其债权是否可以顺利实现。所以这些利益相关者在享有相关权利的同时也会积极主动地关注企业的生产经营，维护他们的相关利益。

我国法律并未对企业的利益相关者直接作出明确的定义，但许多法律条文都对此有所体现。以《公司法》为例，整部《公司法》中，大半的条文都体现了对企业股东利益的保护，例如，第 22 条规定，在股东撤销之诉中，公司股东会或者股东大会、董事会的决议内容违反法律、行政法规则无效。股东会或者股东大会、董事会的会议召集程序、表决方式违反法律、行政法规或者公司章程，或者决议内容违反公司章程的，股东可以自决议作出之日起 60 日内，请求人民法院撤销。公司根据股东会或者股东大会、董事会决议已办理变更登记的，人民法院宣告该决议无效或者撤销该决议后，公司应当向公司登记机关申请撤销变更登记。又如，第 33 条规定，股东有权查阅、复制公司章程、股东会会议记录、董事会会议决议、监事会会议决议和财务会计报告，股东可以要求查阅公司会计账簿。股东要求查阅公司会计账簿，公司有合理根据认为股东查阅会计账簿有不正当目的，可能损害公司合法利益的，可以拒绝提供查阅，并应当自股东提出书面请求之日起 15 日内书面答复股东并说明理由。公司拒绝提供查阅的，股东可以请求人民法院要求公司提供查阅。相反，对于上文所提及的包括企业管理层在内的员工、企业的债权人的保护和权力的行使却乏善可陈。但也并非没有,如我国《公司法》第18条明确规定,公司职工依照《工会法》组织工会,开展工会活动,维护职工合法权益。公司应当为本公司工会提供必要的活动条件。公司工会代表职工就职工的劳动报酬、工作时间、福利、保险和劳动安全卫生等事项依法与公司签订集体合同。公司依照《宪法》和有关法律的规定,通过职工代表大会或者其他形式,实行民主管理。公司研究决定改制以及经营方面的重大问题、制定重要的规章制度时,应当听取公司工会的意见,并通过职工代表大会或者其他形式听取职工的意见和建议。第44条规定,两个以上的国有企业或者两个以上的其他国有投资主体投资设立的有限责任公司,其董事会成员中应当有公司职工代表;其他有限责任公司董事会成员中可以有公司职工代表。董事会中的职工代表由公司职工通过职工代表大会、职工大会或者其他形式民主选举产生。第51条规定,监事会应当包括适当比例的公司职工代表,其中职工代表的比例不得低于1/3,具体比例由公司章程规定。监事会中的职工代表由公司职工通过职工代表大会、职工大会或者其他形式民主选举产生。

企业对于利益相关者的保护并非越多越好,过多的保护机制反而可能会使企业裹足不前,企业股东利益至上有可能会剥离企业不同的利益相关者之间的共同利益,与企业的良性运转和企业的整体利益并不相符。为此,需要寻找一个平衡点来保护企业的利益以及企业利益相关者之间的利益,因而本书以上文提及的企业利益相关者为主体构建企业法律风险防范体系。

参考案例

企业核心利益相关者的利益要求——紫金矿业案例分析

紫金矿业全称为紫金矿业集团股份有限公司,是国内著名黄金矿山企业、国家大型企业和重点高新技术企业。20世纪90年代以后,许多研究成果业已证明,企业中众多利益相关者并不是同质的,他们存在多维度的差异;这些维度包括:契约的可交易性、关系的直接性、风险承担的自愿性、联系的紧密性、群体的社会性，以及利益要求的合法性、权利性、紧急性等。由于这些维度的差异，企业的利益相关者中，有的利益相关者会对企业主动施加影响，从而主动承担着企业经营的风险；而另外一些利益相关者则被动地受到企业经营行为的影响、被动地承担企业经营风险。因此，不同利益相关者对于企业生存和发展的重要性是有差异的；对于某一特定企业而言，众多利益相关者中，有的利益相关者是绝对不可或缺的，有的则可能影响不大。

根据陈宏辉、贾生华对中国企业利益相关者的界定和邓汉慧、张子刚对国内资源型企业利益相关者的界定，并应用专家评分法，界定紫金矿业10个利益相关者：核心股东、企业管理者、员工、政府、特殊利益团体、债权人、社区、消费者、供应商、分销商。

为了确定紫金矿业的核心利益相关者，应用米切尔评分法（Mitchell & Wood），进一步对上述利益相关者从权力性、合法性和紧急性三个维度进行分类。分类的实测数据通过调查问卷获取。在调查问卷中，被调查者结合紫金矿业实际情况，对于给定的10个利益相关者的权力性、合法性和紧急性程度按照从高到低进行排序。将排序转化为数值型数据以后，利用SPSS Statistical Package for the Social Science软件进行描述性统计，计算变量利益相关者评分均值，并使用配对样本T检验（Paired - Samples T Test）对每2个变量评分均值之差进行95%和99%的置信度检验，从统计学上确认这种评分均值的显著性。

紫金矿业的核心利益相关者由核心股东、企业管理者和员工构成；不同核心利益相关者群体，其利益要求以及对利益要求的重视程度存在显著差异：核心股东首先重视的是企业的生存与发展能力；而企业管理者和员工更为关注的是获取薪酬的水平，但他们关注企业的经济利益、长期生存与可持续性发展的基本利益取向是一致的。因此，对不同的核心利益相关者群体，企业必须安排不同的治理策略，尽量满足他们排序在前的利益要求。

紫金矿业管理者利益要求的进一步分析，表明其利益要求可归为9类，最重视的是决策程序公正，其次是工资和提升人力资本。他们认为，提升人力资本、工作稳定与企业内部良性运转相联系，而社会地位、晋升则与人际关系有关。这些研究结果，为公司治理安排的改革提供了实际的依据。紫金矿业不同核心利益相关者群体的利益要求实现程度存在差异，有的得到充分的实现，有的则受到限制。为此企业对不同的利益相关者,必须有不同的安排。①

在明确将利益相关者纳入企业管理体系中后,企业设立的风险防控体系应当将全体雇员都纳入其中。风险往往起因于不经意间的一个微小的疏忽。如将对法律风险的防控全部交由管理层负责,难免会出现捉襟见肘的情况,且企业的管理层也无法做到对企业生产经营过程中的所有事项亲力亲为,为此企业在建立法律风险防控体系时应当将普通雇员也纳入其中,因为普通雇员比企业的管理层更容易了解到一些纠纷的成因及变化,也能较为及时地就风险事件留存证据。同时企业在建设特有的企业文化时,应当大力培养和塑造企业员工的风险防控意识,树立正确的风险防控观念,将日常生产经营过程中法律风险的防控转化为企业员工的一种自觉性行为。

本书提及的企业法律风险防范体系及规范性管理文本的主要作用并不在于惩戒给企业带来负面效益的雇员,而是作为一种行为指导规范指导企业的日常管理。其目的在于规范所有雇员日常的工作行为,因此企业内部的每一个成员必然需要亲身参与其中,而且此处所论述的“参与”并不仅仅是在规范性管理文本制定后、法律风险防范体系构建完成后遵守便可,而是在制定阶段、构建阶段也应当参与其中。企业所制定的规范性管理文本、构建的法律风险防范体系应当是企业全体意志的集中体现,最终应以契约的形式呈现。当然,本书虽然强调法律风险防范体系从始至终应该都有企业全体成员的参与,但也并非绝对。在企业规模尚小时,部分矛盾和纠纷可以通过协调迅速解决。当企业规模庞大时,每做一件事情都让每一位成员发表意见并不现实,故而全员参与可以通过选举代表人的形式实现。

为此,需要选出一定比例的代表参与到企业的日常管理活动中,需要选出的代表的特性及人数等都应当由企业自身的经营状况来决定。企业法律风险防范体系的构建需要企业内部每一位成员的积极参与与配合,并且这种参与是从企业的规范性文本的制定到实施,体现在企业法律风险防范体系的每个方面。

① 邓汉慧、赵曼:《企业核心利益相关者的利益要求——紫金矿业案例分析》,载《中国工业经济》2007年第8期。

第二节 企业内部的法律工作者

在明确利益相关者作为企业法律风险防范体系的监管者,全体成员作为法律风险防范体系的参与者后,应当明确一些特殊部门、特殊人员的职能。2005年,在国务院国家资产管理委员会组织召开的中央企业负责人会议上,时任中国国务院副总理黄菊强调,要完善企业内部管理制度,高度重视风险的防范和管理,要建立健全企业法律顾问制度,增强依法经营的能力和水平。时任国务院国资委主任李荣融也提出企业要善于识别风险、规避风险、控制和化解风险。加强风险管理,是现代企业管理体系中不可或缺的组成部分,而法律风险防范在加强企业风险管理中又具有特殊重要的地位。国有企业不同于民营企业,其在作出重要决策之时,风险由对其进行管理的国有资产管理委员会以及企业自身进行双重把控。在这种双重把控下,国有企业尚需注重法律风险防范,更何况民营企业。本书在论述对企业法律风险防范体系如何进行建设时,不对企业是国有性还是私有性进行区别,仅谈论企业自身对于防范法律风险可以作出何种措施。

在企业实际运营过程中,中、小型企业一般会聘请1—2名法律工作者作为公司的法务人员,企业在做大做强后会成立法务部。但无论是法务人员还是法务部,公司无论是大还是小都应该由专业人员负责相关事务。例如,公司成立初期,合同文件的起草、整理、归档、管理、审批及劳动关系的处理等工作,都需要由专业人员来处理。公司成立初期,在规模较小的情况下,对法律专业人员的需求也小;但对于规模较大的公司而言,必须要有专职人员从事合同的起草与审核,这时就应该设立法务专员的职位乃至一个法律工作部门。到企业规模更大、业务更复杂时,公司所需要的法务人员就不只负责简单的法律工作,还要从事研究性的工作,这时成立法务部就有其必要性了。

独立的法务部门实际上是对企业管理层的一种分权,是对企业管理层所做决策的二次审核,法务部门的审核并非对决策方向性的审核,而是对管理层决策合规性及合法性的审核。法务部门应该是企业内部独立的"质检员",对法律风险的监控应该是避开外界干扰、从法律和商业结合的角度作出的独立判断。

法务部门的负责人应当直接参与企业的决策会议,也应当被允许直接向公司董事长或总经理汇报。但实务中,管理层引入法务部门的初衷和职能都是模糊不清的。法务部门的良好运转,一方面需要善于与业务部门沟通,另一方面也要保持与管理层的"亲密"关系。事实上,很多企业的法务部门仅是一个行政部门,一个与外聘律师进行沟通的"传话筒",一个可有可无只留存于形式的部门,一个被认为与业务部门或管理层"唱反调"的部门。并且法务部门的负责人很少享有参与决策的机会,很多法务部门负责人没有进入决策团队。

大多数企业的法务部门并没有发挥出其该有的作用。公司法务部门想要充分发挥各项职能,不仅需要公司管理层的高度重视、各部门人员的积极配合,更需要一系列内部制度的确权和引导。这些内部制度主要包括:定期的法律事务调研制度、合同管理制度、法律事务电子化制度、外聘律师制度,取长补短,共同维护公司合法权益,建立风险控制体系。

企业存在的目的在于盈利,管理层所作决策的首要目的也应当以盈利为主,此时若不设置法律工作部门,那么企业的决策就存在为了利益而背离法律的可能性,这就将企业置入了高度危险的境地。如前所述,企业内部的法务部门,需要与企业的管理层保持"亲密"关系,所以其作出的决策很难避免来自企业管理层的干扰,并且即使企业法律服务工作者作出有利于企业的合法性决策与建议,也很有可能会因企业法律服务部门与企业管理层之间关系的不对等而被否决。因此,即使一个企业有非常完备的法律服务部门,也有聘请法律顾问的必要性。

第三节 企业外聘的法律顾问

企业应当建立健全以律师等专业人员为核心的企业法律顾问制度。大力加强企业法律风险防范机制建设,形成由企业决策层主导、企业法律顾问牵头、提供专业性指导保障、全体员工共同参与的法律风险防范体系。企业法律顾问,是指为企业提供专业法律服务的法律从业人员。如受企业聘请,为企业处理有关法律事务;接受企业的非诉讼事项委托,提供法律咨询;作为诉讼代理人参与企业的民事纠纷;在刑事诉讼中作为企业的辩护人出庭辩护等。法律顾问的责任是为企业就经营管理过程中可能产生的法律问题提供意见，并出具法律意见书，为企业草拟、审查法律事务文书，在诉讼中为企业代理参加诉讼、调解或者仲裁活动，维护所服务企业的合法权益。担任企业法律顾问是我国律师的主要业务之一，随着我国社会主义市场经济的发展和对海外市场的进一步开放，企业聘请法律顾问的作用将愈加凸显。通常情况下，企业与律师签订常年法律顾问协议，在协议服务范围中会排除仲裁、诉讼、重大案件代理等专项法律服务。

依据1992年6月15日司法部发第20号令《司法部关于律师担任企业法律顾问的若干规定》第3条的规定，律师担任企业法律顾问，受企业委托办理下列法律事务：(1)就企业生产、经营、管理方面的重大决策提出法律意见，从法律进行论证，提供法律依据；(2)草拟、修改、审查企业在生产、经营、管理及对外联系活动中的合同、协议以及其他有关法律事务文书和规章制度；(3)办理企业的非诉讼法律事务；(4)代理企业参加民事、经济、行政诉讼和仲裁，行政复议；(5)参加经济项目谈判，审查或准备谈判所需的各类法律文件；(6)提供与企业活动有关的法律信息；(7)就企业深化改革、扩大开放，发展外向型经济，转换企业经营机制，提高企业经济效益，加强生产、经营、管理和对外联系中的有关问题，提出法律意见；(8)协助企业对干部职工进行法制宣传教育和法律培训；(9)对企业内部的法律工作人员的工作进行指导；(10)其他法律事务。

企业法律顾问的价值在于，其不仅可以帮助为企业规避法律风险，更可以为企业化风险为机遇。具体而言，律师在担任企业法律顾问时，可以从以下方面为企业创造价值。

一、为企业提供前瞻性法律服务

企业在生产经营的过程中所遇到的风险不仅局限于内部操作不当引发的法律风险，也可能来自政策的变更及法律法规的修订。企业面临的不确定的政策变更风险和法律变更风险，要比企业在生产经营过程中遇到的一些民事法律风险更难应对。民事法律风险体现为民事主体之间的纠纷，很多情况下可以通过谈判协商解决，处理不当的结果多体现为企业经济上的损失，不会动摇企业的根基。国家政策与相应的法律法规出现变更则可能直接影响到企业经营的根本，因为企业往往在一个领域进行前期投资时，可能已经考虑到了企业在该领域几年乃至十几年后的预期收入，所以企业注入的大量前期投资很难在短期内收回成本。若企业完成前期投资后，因相关政策或法律法规发生变化而导致该投资项目的合法性不再成立（如因环保要求而导致大量的露天煤矿被强制关闭），企业的预期收益会完全落空。政策变化和法律法规一经修订便很难做出改变，企业在进行投资前应对相关风险进行前瞻性的预测和判断。

国家政策与相应的法律法规变化可能会给企业造成极大的损失，但风险与机遇并存，国家政策与相应的法律法规变化也有可能会变成企业发展的一股巨大助力，这需要专业人员在一定程度上充分结合其获得的信息，预估国家政策与相应的法律法规在未来的某些方面的调整，以及调整的方向和由之产生的新机遇，进而提前布局，做好充分准备。另外，我国法律体系还未能完全覆盖所有的领域和产业，许多法律工作者也对法律未知领域的突破持有保守的态度。但在此方面企业的法律顾问应当持有“法无明文禁止即可为”的态度和勇气，在对已有法律法规精准把握的情况下，对国家政策、法律法规的发展方向作出判断，为企业的发展提供前瞻性的指导。有了这些前瞻性的指导意见，企业无疑会在商业竞争中提前获取优势。

二、充分利用企业的知识产权

企业对知识产权的保护具有滞后性，体现在多反向专利局进行专利申报、向商标局进行商标注册等，在发生侵权行为后也仅是要求对方停止侵权，承担损害赔偿责任。但这只是对企业知识产权最基础的防护，在多数情况下我国企业对知识产权体系的防护就仅限于此，以至于部分企业被知识产权侵权事件搞得焦头烂额。从现有经济发展趋势来看，包括企业知识产权在内的无形资产将会成为企业最宝贵的财富，为此律师需要帮助企业树立知识产权安全防控意识。企业知识产权等无形财产在运用得当的情况下，将会为企业带来巨大的利润。

企业的人力和物力是有限的，在多数情况下，其申请的专利、注册的商标中蕴含的商业利益并未完全被开发出来，当然某些行业确实存在技术上的问题，导致其先进技术无法进行大范围的推广。一些企业充分利用其品牌价值、商标价值、专利技术创造了非常巨大的利润，如遍布全国的星巴克咖啡、肯德基等加盟店。在某些特殊行业，部分企业实现了仅从事技术开发而不实际进行经营的模式。

三、充分利用律师的信息优势

在商业活动中，重大商业信息的即时获悉对一个企业来讲尤为重要。律师因其行业的特殊性，必然会接触到各行各业的人，律师除了需要具备良好的专业素养外，也需要处理好各类人际关系。在此时，律师可以在不侵犯商业秘密的情况下，充分利用其掌握的信息优势为顾问企业寻求商业合作。且该种商业合作是由同一律师或其团队所协调并提供法律服务的，所以在合作前期便可以尽可能地规避各种法律风险，在风险可控的情况下，利用自身优势，促成企业之间的合作与交易。

部分企业聘请顾问律师仅是作为当企业风险爆发时救急的一种手段，这样的法律合作方式可以理解为，出于风险防范的考量，企业通过给付律师费的方式，由律师处理企业的法律纠纷。但企业法律风险防范体系的建设应当是由内至外、自上而下的，应当建立的是一个体系化的、全面的风险防范机制。企业内部的法律事务部门与法律顾问需要相互配合才能防范企业法律风险。

企业的管理层应当充分尊重和支持企业内部法律事务部门和法律顾问。无论是企业内部的法律事务部门还是法律顾问，其能给企业提供的只能是引导性的建议，是否采纳、执行这些建议，还是取决于企业的管理层。如果企业的管理层将企业内部的法律事务部门和法律顾问当作一种程序性的摆设，那么企业法律风险防范体系建设就是空谈，企业的经营理念通过管理层的意志对外体现，当防控风险与企业利益相抵触时，管理层必然是以追求企业利益为第一目标，从而减弱对于风险的防控。

企业内部的法律事务部门应当充分发挥其职能作用。相较于法律顾问，企业法律服务部门能够更好地沟通企业的各部门，充分有效地利用企业所提供的信息资源，整合企业运营过程中所产生的有效材料文件。除此之外，企业内部的法律事务部门更容易获取企业的资源以及信息，对企业自身的运营机制和方式也更为熟悉，而企业对自身内部的法律服务部门也是较为开放和信任的。法律事务部门的整合与整理，不仅为法律顾问的工作提供了便利，也消弥了法律顾问作为外来人员与企业内部人员所无法避免的不熟悉与不信任。

法律顾问应当做到尽职尽责，在法律允许的范围内，尽其所能维护企业的合法权益。在为企业提供法律服务时应当遵循律师执业基本准则，即首先必须遵守《宪法》和法律法规，必须恪守职业道德和执业纪律。其次，在不违反相关法律、法规及政策规定的情况下，为顾问企业提供高效、优质的法律服务。与顾问企业合作过程中，如产生利益冲突，应优先以所服务企业的利益作为第一考量，坚决抵制任何损害顾问企业利益的行为。在为顾问企业提供法律服务过程中，积极履行律师职责，自觉遵守律师保密条例，对涉及顾问企业项目及相关人员信息，进行严格的保密，切实维护顾问企业的利益。

企业聘请法律顾问，其作用不应当仅体现在法律纠纷发生时，更应当体现在企业正常运营时的方方面面。法律顾问所能为企业提供的服务应当是全面的，其所提供的法律服务应该是对企业运营过程中整体的风险掌控。

第十七章　企业法律风险防范体系的构建

在明确了构建法律风险防范体系的主体后，应当考虑如何将这些主体纳入合适的制度中，去构建一套较为完善的法律风险防范体系，使前述主体能够在其能力范围内，合理有序地对企业的安全与发展作出最大贡献。企业应当按照其所制定的规范性管理制度对企业各部门、各岗位进行职能划分，并协调各部门、各岗位之间的关系与协作，认真组织实施企业所制定的规范性管理文本，确保各项措施落实到位，贯彻到底。

上文已提及以企业利益相关者为核心制定企业的日常运转设立相应的制度和管理方式。但在实践中，优越的制度需要合格的实施者和监督人才能执行，且单一的制度难以全面防范法律风险，为此企业需要制定合理的制度将各岗位联系起来，构建多层次的全面防范监督体系。

企业法律风险防范体系是一个较为庞杂的概念，其涵盖之广无法一言以概之。这一防范体系的作用难以直接转化为经济效益，故而部分企业家认为企业法律风险防范只是一种噱头或者一种应急措施，企业日常的生产经营与法律风险防范并无太多联系。但在现今的法治社会中，法律手段已经成为商事活动中最为重要的一种自我保护措施，是企业生产经营过程中必不可少的一环。本书所论述的企业法律风险防范体系并非空中楼阁，而是确实可行的一套体系，由一套制度将其建立起来，将一个抽象的概念转化为一个具体可行的方案，最后形成一套体系。

第一节　企业经营管理制度的建设

在我国现有的经济市场中，中、小企业的数量占比已经超过企业总数的90%，作为市场经济中最为活跃的主体，中小企业同时也是法律风险最易爆发的主体。实践中，绝大多数的中、小企业存在法律意识淡薄的问题，具体体现在中、小企业设立之初，很少会聘请专业的机构参与企业的制度建设。大多企业是创始人协商一致后，委托一个代办公司或者自己完成企业的注册验资手续。法律风险防范意识的淡薄极有可能导致企业在日后的生产经营中发生各种各样的纠纷、困扰，难以维持企业的有效运转。

企业法律风险防范体系的建设，必须从企业设立筹备阶段便开始进行。企业在筹备阶段构建法律风险防范体系时，不应当仅将目光关注在发起人履行出资义务不实而导致的出资瑕疵、发起人隐名投资可能引发的纠纷、企业设立不能后如何处理设立阶段的遗留问题，更应当将目光集中于企业筹备阶段如何根据各发起人的优势，配置组合，选择不同的企业形态，设置最合理的股权架构，包括资产配置、股权配比、表决权设定等。对企业日后经营模式、决策方式的设计是企业设立过程中最核心最重要的问题，而中、小企业很难对此进行充分的关注。等到企业成立后，生产经营过程中，设立阶段遗留的问题就会日益凸显。这些在企业设立之初就存在的问题会对企业的发展造成极大的伤害，并且这种伤害难以以有效的手段挽回。

企业在设立阶段应当确定各发起人的具体出资金额及比例，出资协议应当明确各发起人在出资阶段的权利与义务、角色分工、违约责任等。另外，还应当约定若企业设立不成，各协议人对外责任的承担。企业设立后，企业章程规定了企业生产经营、组织活动的基本规则，其是企业的宪章，是企业运行的基本准则。企业章程的重要性不言而喻。绝大多数中、小企业在设立时，发起人认为企业只是一人或者少数人的私产，或者因为企业的人合性特点，认为企业日后的生产经营与组织管理可以由发起人之间协商解决，因而忽视了企业章程的设计，导致企业日后的生产经营与组织管理充满隐患。企业在设立后，其人格便独立于发起人，即使是个人独资企业，企业财产也应当独立于个人财产。完备的企业章程，并非为了限制企业发起人的权利，而是为了保护企业发起人的合法权益，同时也是为了保护企业的合法权益。依据《公司法》第25条的规定，有限责任公司的章程必须载明下列事项：公司名称和住所；公司经营范围；公司注册资本；股东的姓名或名称；股东的出资方式、出资额和出资时间；公司的机构及其产生办法、职权、议事规则；公司的法定代表人；股东会认为需要记载的其他事项。根据《公司法》第81条的规定，股份有限公司的章程必须载明的事项包括：公司名称和住所；公司经营范围；公司设立方式；公司股份总数、每股金额和注册资本；发起人的姓名或者名称、认购的股份数、出资方式和出资时间；董事会的组成、职权和议事规则；公司法定代表人；监事会的组成、职权、任期和议事规则；公司利润分配办法；公司的解散事由与清算办法；公司的通知和公告办法；股东大会认为需要记载的其他事项。《企业法人登记管理条例施行细则》第15条对企业法人章程的内容进行了兜底性的规定，注明企业法人章程应当符合国家法律、法规和政策的规定，并载明下列事项：宗旨、名称和住所、经济性质、注册资金数额及其来源、经营范围和经营方式、组织机构及其职权、法定代表人产生的程序和职权范围、财务管理制度和利润分配形式、劳动用工制度、章程修改程序、终止程序、其他事项。

企业在生产经营与组织管理的过程中，完善的制度设计可以为企业的发展提供长期的制度保障。人的认知能力有其局限性，且大多未受过专业法律知识培训，即使对企业的高管、一般雇员进行专业培训，也难免会在工作中出现纰漏。这一点，在人合性较强的中、小企业中体现得尤为明显。但一套优越的制度如能被行之有效地加以执行，就人为的不足与失误，制度会及时修正人为的错误。为此，企业想要做好对风险的防范，不仅应当注重对管理者、员工的培训，更应当设计一套高效安全的制度作为防范的根本。

一、企业决策制度

企业的决策权，集中反映在企业的股权结构中。在此，明确权力主体，也就是明确决策主体。科学的权力结构分布能增加决策的有效性。除此之外，还应建立起与权力结构相适应的利益结构，正确处理权利与利益的关系。企业作为一个经济组织，其价值体现于其对于内含资本的利用效率及收益，企业内含资本的利用率是否达到最大化，是由企业自身的决策机构决定的。因此，无论企业规模大小、市场占有率高低，其自身的价值都是由企业的决策机构配合执行机构来实现。所以企业决策机构的组建应当作为构建企业法律风险防范体系的第一要务，要构建法律风险防范体系，必须要有一套完备决策制度。企业直接追求的是盈利，法律工作的审查仅能帮助企业决策避免或减少法律风险，很难直接转变为利润，为此，企业的决策机构需要从中寻找平衡点。构建法律风险防范体系除了要有权力保证外，还要依托诸如企业人才库、决策中心、信息系统等的保证，为决策者出谋划策、做好评估方案、论证方案和决策宣传，提供及时、准确、适用的信息支援。

决策机制不仅应当包括对企业权力结构的平衡与规定，更是应当包括具体实施方案，以及拟制出的适合企业自身状况的决策议程。在作出一项决策前，相关事项应当经过相关负责人提前讨论，从而提高会议的效率，或避免事项因无关因素的干扰而久议不决。或者在决议论证前，事先充分听取相关专家的意见，做到“会议是用来得出结论，而非讨论问题的”。决议内容涉及企业员工切身利益的重大事项、制定重要制度规章的，应当充分听取企业工会或员工代表的意见，并通过员工大会或类似方式听取有关职工的意见。

企业召开会议应当符合法律以及公司章程制度的规定，具体包括会议召开方式、会议参与人、参会人数等条件。会议召开时应当保证参会人员有机会，也能够充分发表自身的意见和观点，最后由会议的主要负责人发表结论性意见，并制作会议记录且让参会人员签字。会议记录应当体现会议决议的事项、决议过程、参与人及其意见、结论等内容并收入档案。若会议中对某项事项存在严重分歧，则应当对此事项推迟作出决定并另行特别处理。

二、企业信息共享制度

做好企业风险防范管理要求企业决策者作出决策时将风险防范管理作为必须考虑的一点，为实现经营安全和效率提供合理、合法的保证。在风险防控体系中明确利益相关者的权责，将保护企业利益的职责交由利益相关者无疑能最大限度地调动利益相关者的主观能动性，可促使利益相关者维护企业的合法利益，同时应对相关权力加以必要限制，这些必要限制可通过追责惩戒机制加以实现。

即使通过惩戒机制对责任人施以惩戒，在利益角逐的过程中一旦利益的驱使力过于强大，也很难排除相关责任人不会做出有损企业利益的行为。为此必须要建立一套有效的监督机制以及信息共享机制，其体现为企业内高管与普通雇员的自上而下的沟通，以及企业各个职能部门之间横向的有效沟通，避免部分责任人独断专行。这里提到的沟通还包括将相关信息与企业外部相关方进行沟通和交换，如客户、供应商、行政管理部门和债权人等。企业所作的错误决策大都由企业决策者做出决策时掌握的信息与实际市场信息、企业内部信息的不对称性所导致。企业想要做大做强，规避发展过程中的法律风险，首先必须做到自身内部信息沟通与共享的流畅性，即在构建法律风险防范体系时，企业内部必须做到足够的坦诚，并与顾问律师进充分的信息共享。在这里，法律顾问的介入是非常有必要的，从董事会制度构建中的意义不难看出，企业要从股东大会中精简出来一个范围更小的董事会，不仅仅是因为董事会代表了具有决定权的持股份额，更是因为这样可以提高企业决策的效率。因为一个决策效率低下的企业无法形成有效议案，无法抓住市场上转瞬而逝的机会，法律顾问的存在可以对企业决策的合规合法性作进一步审查，高效且可靠。

企业决策机关所作决策与普通雇员看待问题有所偏差是由双方信息交流不畅所致。为此，企业应建立一套完整的法律风险防控系统，将企业内部乃至交易相关人的信息资源进行整合，并建立信息共享制度，确保企业在经营管理的过程中能够充分利用已获取的信息，避免企业因内部信息流通不畅导致出现法律风险并造成损失。企业在进行信息共享制度的建设时，应当涵盖企业信息收集、处理、保管等。一些具有保密性质的信息，不适宜在企业内部大范围进行分享，仅适宜个别部门、个别决策者间进行分享。在收集信息的同时，应当注重对所收集信息的归纳和处理，因为过多繁杂的信息和没有信息是并无任何区别的。企业的信息管理部门应当具备对信息进行初步处理的能力，并将其分享至可能需要此信息的部门或者雇员手中。本书建议建立两个信息分享检索系统，其中一个检索系统为企业内部可以为全企业所有部门和员工共享的信息系统，另一个检索系统为企业各部门、雇员所独有的信息库。

企业建立信息共享库的优势在于其不仅有助于防范法律风险，更在于其有助于提高企业内部工作的工作效率。信息库的建立可以充分地整合企业现有的资源，避免现有信息资源出现浪费以及被无效化处理。除此之外，信息分享系统应当将企业的经营管理和风险防控有机地结合起来，提高企业生产经营的安全性与便捷性。

企业构建法律风险防范体系的第二步，即构建一个企业决策信息共享的体系，在这个体系之中，首先企业应采取“企业自律”的方式，由企业的法务部门或法务人员对企业经营管理有关的法律、法规、政策文件资料进行第一次整合和分析、收集、整理，将其保存至企业的法律事务档案内。劳动合同书、花名册、工资发放记录、考勤记录等资料应当由企业保管，若在诉讼中企业无法提供将有可能承担举证不能的不利后果。为避免劳动者在离职后对其工资、加班工资等情形提出异议，企业应当妥善保管企业的花名册、工资发放记录、考勤记录等资料。对已离职的员工，一般建议依据我国《民事诉讼法》规定的诉讼时效，保存已离职员工的工资发放记录、考勤记录 3 年以上。企业法务部门和法律工作者在对这类资料进行初步整合后，形成法律事务档案，在此并不需要企业的法务部门或者法务人员对该决策的法律风险作出直接判断，或提出解决方案，而是在形成法律事务档案后，将法律事务档案交由法律顾问进行处理。法律顾问先作出专业化分析，然后通过与公司法务部门或法务人员沟通共同得出成熟意见后，再向企业的决策层进行汇报。

三、企业追责制度

法律制度初设时便在不停地解决权力与义务相平衡的问题。同样地，企业在规制其内部人员的行为时也应当将权利与义务的划分纳入考量的范围中。企业的权力由企业内部各方利益相关者相互妥协后进行分配，企业相关权力人的责任问题涉及企业自身的安全，以及诸多利益相关者的切实利益，为此企业相关权力人的追责不应当经各方利益妥协后便告结束，而应当约束到所有参与企业日常经营运转的工作人员。

大多数的企业管理者认为在企业内部设立的责任追究制度是对失职、失责员工的一种惩戒机制，出于调节员工之间关系的考量，对于追责制度的制定较为保守和含蓄。但实际情况是，这样的追责制度不仅不会伤害到企业所追求的企业文化、内部员工间的人际关系，反而可能更有利于营造企业所求的员工的自主能动性、创新性和团结互助的企业文化。企业在设立后即便没有一个很明确的追责制度，也并不意味着在风险事件爆发后不需要有员工来承担责任，而是无法确定该由哪些员工来承担责任、承担何种责任。在企业内部追责不清的情况下，企业员工不清楚其行为可能需要承担的后果，无疑会增加企业的风险。明确的追责制度不仅可以明确企业员工的行为界限，也便于企业管理层的管理，如果企业在规章中已经规定了相关的追责制度，那么即使风险发生，企业也可以依据相关制度进行追责。

在明确企业需要建立一套追责制度后，我们需要考量的便是如何将企业的追责制度与企业文化、人员构成等相结合。设立企业追责制度的目的在于明确相关责任人的责任，督促其行使相应的权力，履行相应的义务。设立的追责制度应当给相关的责任人施加一定压力，但又不可过于严苛。综上，企业设立的追责制度应当符合权责相统一的原则，而非简单地当作惩戒机制，同时也可以勉励企业相关责任人在审慎的原则下，勇敢向前，敢于创新，敢于拼搏，敢于克服一切艰难险阻。

在构建企业相关权力人的追责制度时，考虑到如果企业在进行一个大的项目时，所涉及的人员众多或需要多个部门协调，甚至需要企业全体员工、部门上下统一，共同工作，那么在设立追责制度时就不应当单纯地将某一部门或者某一岗位进行单独规制，而应该同时就部门责任和岗位责任进行规定，以方便追责制度的制定与实施。

部门责任是依据企业内部不同部门间工作内容的不同来划分其责任范围，其目的在于规制企业内部的各职能部门的权责范围，防止出现各部门间相互扯皮、推诿，约束和督促企业内部各职能部门间相互协调和配合，最终使企业各部门在各司其职的情况下又能协调配合，实现企业所追求的最终目标。

岗位责任是部门责任的进一步细化。企业的每一个项目，项目中的每一个细节，最终必然会落实到具体员工、具体岗位之上，因此需要对岗位职责进行明确的规制。故而，需将部门责任和岗位责任进行分层、分级别处理。原因在于，个别岗位在怠于履职的情况下可能会影响到整个部门工作的进度和完成情况，将其进行分层处理不仅有利于协调企业各部门之间的职能与关系，也便于同一部门间不同岗位间的相互督促与鼓励。

企业追责制度中部门责任和岗位责任的划分解决了追责制度中“追”的问题，但在追责到具体的责任人、责任部门后，如何将“责”的问题予以落实还需作进一步考量。企业的追责制度中，“责”的问题同样重要。相关的责任人在失职的情况下，应当受到相应的责罚，以告诫其更小心谨慎地履行相应职责。企业在制定相应的惩戒制度时，应当注意企业的经营状况和需求，惩戒制度应当做到合法、合情、合理，避免对企业文化、雇员间的关系产生影响。当然，企业追责制度难以穷尽企业在发展过程中所面临的所有问题，需要一个兜底性的条款对其进行完善。追责制度未规定之事宜，应由企业内部相关职能部门通过会议或特别程序进行处理。

综上，企业需要结合其自身的生产经营特点、企业文化等具体状况，制定一套符合企业现阶段发展的追责制度，以确保企业每一个员工都能够在其相应的岗位上各司其职。

四、企业累积投票制度

累积投票制，是指股东大会选举董事或监事时，每一股份拥有与应选董事或者监事人数相同的表决权，股东拥有的表决权可以集中使用。简单地来说，就是每个股份的持有者享有的表决权为有表决权的股份数乘以被选人数，表决权的享有者可以将这些表决权通过集中投票或分散投票的方法进行投票。例如，现有一个企业需要选 10 名董事，某股东持股数额为 100，那么他就有了 1000 票的投票权利。他可以将 1000 票投给一个候选人，对其他人一票不投，也可以把票分投给几个候选人。

我国《公司法》2005 年修正前对董事和监事的选举规定实行的是直接投票制，这种投票方式会使在选举任意董事或监事时都面临部分人持有大比例票数的情况，最终由大股东控制企业董事和监事的任命，这无疑有违立法的初衷。直到 2002 年中国证监会出台《上市公司治理准则》，累积投票制度方第一次被写入我国的行政法规之中。《上市公司治理准则》第 17 条规定："董事、监事的选举，应当充分反映中小股东意见。股东大会在董事、监事选举中应当积极推行累积投票制。单一股东及其一致行动人拥有权益的股份比例在 30% 及以上的上市公司，应当采用累积投票制。采用累积投票制的上市公司应当在公司章程中规定实施细则。"这是在我国第一次出现对于累积投票制的要求，从《上市公司治理准则》中关于该制度的具体条文看，该准则还是延续我国《公司法》对累积投票制的态度，即不全盘做强硬性规定，发挥企业的最大活力，只是对部分控股股东持股超过 30% 的上市公司采取了硬性规定。

对《公司法》进行多次修订后，2018 年《公司法》第 105 条规定："股东大会选举董事、监事,可以依照公司章程的规定或者股东大会的决议,实行累积投票制。本法所称累积投票制,是指股东大会选举董事或者监事时,每一股份拥有与应选董事或者监事人数相同的表决权,股东拥有的表决权可以集中使用。”法条中明确写出本法所称累积投票制,是指股东大会选举董事或者监事时,每一股份拥有与应选董事或者监事人数相同的表决权,股东拥有的表决权可以集中使用。

累积投票制的计算公式为:可得席位数 Y = 股份比例 a × 总股份数 S ×(席位数 N + 1)/(总股份数 S + 1/席位数 N + 1),即 $Y = aS(N+1)/(S+1/N+1)$

简单地举个例子,某企业要选出 10 名董事,企业股份总额共 1000 股,股东共 10 人,其中 1 名大股东持有 510 股,即拥有企业 51% 股份,其他 9 名股东共计持有 490 股,合计拥有企业 49% 的股份。若按直接投票制度,每一股有一个表决权,控股 51% 的大股东就能够使自己推选的 10 名董事全部当选,其他股东的投票权等同于无,投票也显得毫无意义,除非大股东放弃投票权,不然结果已经注定。但若采取累积投票制,表决权的总数就成为 1000 × 10 = 10000 票,控股股东总计拥有的票数为 5100 票,其他 9 名股东合计拥有 4900 票。根据累积投票制,股东可以集中投票给一个或几个董事候选人,并按所得同意票数多少的排序确定当选董事,因此按照累积投票制的计算公式,从理论上来说,其他股东的可得席位数超过一半。

第二节　规范性管理文本

上文提及的企业各项管理制度,都需要最终成型具体的规范性管理文本将其确定。本节论述的目的在于,明确企业在此得出的规范性文本应当符合何种形式,起到何种作用。本书认为得到的规范性管理文本应当满足合法、合理、公开三点。

企业在进行内部管理活动时,首先应当遵守的基本准则便是不违背我国法律法规,如果企业的自身管理行为都是违法违规的,那么企业的管理活动不是规避风险,而是属于违法行为。企业规范性管理文本的合法性还体现于内容的合法性与程序的合法性相统一。部分企业家会认为,在企业中,当其持有绝对多数的股份时，其就可以随心所欲地对企业内部员工进行管理，该种认识是极其错误的。企业的法人人格独立于股东自然人人格，企业自身作为进行市场资源配置的组织，其法人人格的来源由法律创设，并赋予其法人人格，让其以独立主体身份介入市场中，与自然人人格来源不同，违法违规行为会减损企业作为独立主体的法律地位，将行为归责于股东个人，为此股东作为自然人应当遵守法律法规，以股东身份进行管理时，也应当遵守相应法律法规的规定。

在企业规范性管理文本合法合规的情况下，制定规范性管理文本时，还应当考虑到企业特有的企业文化、生产经营特色，使规范性管理文本能够在最大程度上贴合企业现有的经营状况。企业制定规范性管理文本的目的在于为企业服务，为企业规避风险，而不是将企业的约束企业的发展，限制企业员工的主观能动性，阻碍企业的健康发展。

企业在劳动者严重违反企业内部规范性管理制度的情况下有权单方解除与劳动者的劳动关系，为确保企业能够行使此项权利时无法律风险之虞，企业的规范性管理制度或员工手册、工作纪律中应当对严重违规、对企业造成重大损害等情形作出明确的规定。同时应当考量该规范性管理文本的可实践性，如内容是否合情合理，既能够做到防范法律风险，又能够把管理内容规制于可控的范围内，贴合企业当前阶段的发展需求。

除此之外，如何将其实施于企业的日常管理中需要合理规划。在论述很多法律文本的合法性来源时，会得出这些法律文本的程序的正当性的结论，如一份判决书的法律效力不仅来自其判决内容是否与事实相符，符合法律的规定，也来自其审判程序符合我国《民事诉讼法》的规定。同理，企业最终得出的规范性管理文本，在制定时应当符合一定的程序，在实施时也应当符合《公司法》《合伙企业法》等法律法规关于公司内部部分事项要求的表决程序。例如，股东会、股东大会等会议的召开程序，以及一些虽然没有法律法规规制，但应当经过一定程序表决后方可实施的规范性管理文本。比如，一些涉及劳工利益的规范性管理文本在制定过程中应当充分考虑劳工代表的意见，并将其纳入表决程序中，以完善该规范性管理文本的效力。

最终形成的规范性的管理文本应当具有充分的公开性。封建社会讲求“法不可知，威不可测”，这是统治者对被统治者的思想和行为的一种禁锢和束缚。企业如要持续发展，必须要保证其制度的权威性，做到令行禁止。所以规范性管理文本必须让员工清晰明了的知道自己的职责所在。对规范性管理文本进行公开化处理不仅有利于员工的工作与学习，同时是企业与员工产生劳动争议后可以援引的有力证据。如果企业的规范性管理文本被相关机构认定为未经充分公开或公示，那么企业就不应当依据其规定内容进行管理，以及在法院审理过程中将其援引为企业行为合法的理由，为此，企业得出的规范性管理文本应当向企业内部相关员工或需要知道其具体规制的内容的人进行充分的公示或告知。除此之外，企业在生产经营过程中应当注意留存相应的职工违规、对企业造成重大损害的行为的事实依据，以便日后发生纠纷时可以与现有的规范性管理制度相呼应，维护企业的合法权益。

附录

拟定企业合规管理框架

为推动企业全面加强合规管理，加快提升依法合规经营管理水平，着力打造法治企业，保障企业安全、稳定、可持续发展，有效防范法律风险，根据《中国人民共和国民法典》《中华人民共和国公司法》《中央企业合规管理指引（试行）》（以下简称《合规管理指引》）和其他有关规定，制定企业内部的合规管理制度。

一、企业合规文化建设

企业的经营管理活动和企业内部工作人员的工作行为应符合法律、行政法规、国务院部门规章、地方性法规、地方政府规章、司法解释、行业内适用的国际条约、国际规则及国际组织的决定、国家制定的强制性标准、行业监管规则、行业惯例，也不得违反企业签订的合同协议约定义务、企业章程、股东会决议、董事会决议、企业内部规章制度、一般道德规范以及企业对外所作承诺等。合规，是指企业及其员工的经营管理行为符合法律法规、监管规定、行业准则和企业章程、规章制度以及国际条约、规则等上述要求。

合规管理，是指以有效防控合规风险为目的，以企业和员工经营管理行为为对象，开展包括制度制定、风险识别、合规审查、风险应对、责任追究、考核评价、合规培训等有组织、有计划的管理活动。

企业在日常组织培训的过程中应当培养全体员工“全员全面合规、全员主动合规、全员违规必罚”的企业合规文化，形成企业内部的约束长效机制，要求企业内部工作人员在履职时应恪尽职守，全面、审慎地履行岗位职责，并承担履职尽职责任。

企业的合规管理文化除通过日常培训形成外，更是因企业合规管理体系的日常约束而形成的。企业通过合规管理体系的建设，使合规管理与企业的日常经营相适应，并符合外部监管部门对于企业治理的要求，其应满足以下原则：

（1）全面覆盖。坚持将合规要求覆盖各业务领域、各部门、各级子企业和分支机构、全体员工，贯穿决策、执行、监督全流程。

（2）强化责任。把加强合规管理作为企业主要负责人履行推进法治建设第一责任人职责的重要内容。建立全员合规责任制，明确管理人员和各岗位员工的合规责任并督促有效落实。

（3）协同联动。推动合规管理与法律风险防范、监察、审计、内控、风险管理等工作相统筹、相衔接，确保合规管理体系有效运行。企业合规管理体系的建设应当符合企业现有生产经营规模和组织框架，高效低成本的为企业服务，成为企业发展过程中强有效的推动力，避免因过于强化合规管理制度、合规管理流程而拖慢企业内部的工作效率、加大企业的运行成本。

（4）客观独立。严格依照法律法规等规定对企业和员工行为进行客观评价和处理。合规管理牵头部门独立履行职责，不受其他部门和人员的干涉。企业内部的任何部门、机构和个人不得防碍、阻挠合规管理人员履行职责。

二、企业合规组织架构设计

《合规管理指引》规定合规管理有关组织体系包括：董事会、监事会、经理层、合规委员会、合规管理负责人、合规管理牵头部门、业务部门，以及监察、审计、法律、内控、风险管理、安全生产、质量环保等部门。依《合规管理指引》规定，将各部门、管理组织、负责人分类，企业大致应当建立企业领导（企业法律风险防范中心、合规管理中心）—合规部门（主要负责部门）—各部门分支机构专职及兼职合规风控员（各部门、分支机构合规管理负责人）三个层次的合规管理组织架构，负责对企业经营管理活动的合规风险进行识别、评估和管理。

企业领导、企业经营管理层包括董事会、监事会、经理层、合规委员会等组织和个人依照法律、法规和企业章程的规定，履行与合规管理有关的职责，对企业合规管理承担最终责任。企业领导、企业经营管理层包括董事会、监事会、经理层、合规委员会等组织和个人主要履行如下合规管理职责：

1. 董事会的合规管理职责主要包括：

（1）批准企业合规管理战略规划、基本制度和年度报告。

（2）推动完善合规管理体系。

(3)决定合规管理负责人的任免。

(4)决定合规管理牵头部门的设置和职能。

(5)研究决定合规管理有关重大事项。

(6)按照权限决定有关违规人员的处理事项。

2. 监事会的合规管理职责主要包括:

(1)监督董事会的决策与流程是否合规。

(2)监督董事和高级管理人员合规管理职责履行情况。

(3)对引发重大合规风险负有主要责任的董事、高级管理人员提出罢免建议。

(4)向董事会提出撤换公司合规管理负责人的建议。

3. 经理层的合规管理职责主要包括:

(1)根据董事会决定,建立健全合规管理组织架构。

(2)批准合规管理具体制度规定。

(3)批准合规管理计划,采取措施确保合规制度得到有效执行。

(4)明确合规管理流程,确保合规要求融入业务领域。

(5)及时制止并纠正不合规的经营行为,按照权限对违规人员进行责任追究或提出处理建议。

(6)经董事会授权的其他事项。

4. 部分企业设立合规委员会,与企业法治建设领导小组或风险控制委员会等合署,承担合规管理的组织领导和统筹协调工作,定期召开会议,研究决定合规管理重大事项或提出意见建议,指导、监督和评价合规管理工作。

企业合规管理部门,对企业及企业工作人员的经营管理和工作行为的合规性进行审查、监督和考核,依照法律、法规和企业章程的规定,履行与合规管理有关的职责,对本部门和分支机构合规管理承担主要责任。企业合规管理部门及合规管理负责人,主要职责包括:

(1)组织制订合规管理战略规划。

(2)参与企业重大决策并提出合规意见。

(3)领导合规管理牵头部门开展工作。

(4)向董事会和总经理汇报合规管理重大事项。

(5)组织起草合规管理年度报告。

5. 法律事务机构或其他相关机构为合规管理牵头部门，组织、协调和监督合规管理工作，为其他部门提供合规支持，主要职责包括：

（1）研究起草合规管理计划、基本制度和具体制度规定。

（2）持续关注法律法规等规则变化，组织开展合规风险识别和预警，参与企业重大事项合规审查和风险应对。

（3）组织开展合规检查与考核，对制度和流程进行合规性评价，督促违规整改和持续改进。

（4）指导所属单位合规管理工作。

（5）受理职责范围内的违规举报，组织或参与对违规事件的调查，并提出处理建议。

（6）组织或协助业务部门、人事部门开展合规培训。

6. 企业各部门和分支机构合规管理负责人应当加强对本部门和分支机构员工职业行为合规性的监督管理，依照法律、法规和企业章程的规定，履行与合规管理有关的职责，对本部门和分支机构合规管理承担第一责任。业务部门负责本领域的日常合规管理工作，按照合规要求完善业务管理制度和流程，主动开展合规风险识别和隐患排查，发布合规预警，组织合规审查，及时向合规管理牵头部门通报风险事项，妥善应对合规风险事件，做好本领域合规培训和商业伙伴合规调查等工作，组织或配合进行违规问题调查并及时整改。监察、审计、法律、内控、风险管理、安全生产、质量环保等相关部门，在职权范围内履行合规管理职责。

除上述部门和负责人外，企业全体工作人员都应当依照法律、法规和企业章程的规定，履行职责，主动识别、评估其工作时的合规风险，并对其工作行为的合规性承担直接责任。企业各部门主要职责包括：

（1）执行法律、法规和准则，监督管理本部门及员工执业行为的合规性，对本部门合规管理的有效性承担责任。

（2）自行或根据合规管理部的督导，评估、制定、修改和完善本部门内部管理制度和业务流程。

（3）定期对本部门合规管理制度及流程的有效性及合规管理的执行情况等进行自查和评价，并按规定向合规管理部报告。

（4）发现本部门违法违规行为或合规风险隐患时主动及时向合规总监或合

规部门报告，并积极妥善处理，落实责任追究，整改完善相关制度和流程。

(5)组织本部门员工的合规培训。

(6)企业规定的其他合规职责。

7. 企业全体员工的合规职责包括：

(1)熟知并严格遵守与其执业行为有关的法律、法规和准则。

(2)主动识别、控制其执业行为的合规风险。

(3)拒绝执行违规的经营管理及执业行为，并对发现的违法违规行为或合规风险隐患，主动、及时地向合规总监或合规管理部报告。

(4)对执业过程中遇到的难以判断的合规风险，应主动寻求合规咨询、合规审查等合规支持。

(5)企业规定的其他合规职责。

三、合规风险管理

合规风险，是指企业或员工的经营管理或执业行为违反法律、法规或准则而使企业受到法律制裁、被采取监管措施、遭受财产损失或声誉损失的风险。

企业应当全面识别、评估企业所有业务活动的合规风险，主要包括但不限于以下事项：

(1)市场交易。完善交易管理制度，严格履行决策批准程序，建立健全自律诚信体系，突出反商业贿赂、反垄断、反不正当竞争，规范资产交易、招投标等活动。

(2)安全环保。严格执行国家安全生产、环境保护法律法规，完善企业生产规范和安全环保制度，加强监督检查，及时发现并整改违规问题。

(3)产品质量。完善质量体系，加强过程控制，严把各环节质量关，提供优质产品和服务。

(4)劳动用工。严格遵守劳动法律法规，健全完善劳动合同管理制度，规范劳动合同签订、履行、变更和解除，切实维护劳动者合法权益。

(5)财务税收。健全完善财务内部控制体系，严格执行财务事项操作和审批流程，严守财经纪律，强化依法纳税意识，严格遵守税收法律政策。

(6)知识产权。及时申请注册知识产权成果，规范实施许可和转让，加强对商业秘密和商标的保护，依法规范使用他人知识产权，防止侵权行为。

(7)商业伙伴。对重要商业伙伴开展合规调查,通过签订合规协议、要求作出合规承诺等方式促进商业伙伴行为合规。

(8)其他需要重点关注的领域。

四、合规制度与流程

企业合规管理制度与流程建立在企业合规组织架构与企业合规文化的基础下,通过给企业合规组织内的各主体设置合规管理责任与制度,建立健全合规管理制度,制定全员普遍遵守的合规行为规范,针对重点领域制定专项合规管理制度,并根据法律法规变化和监管动态,及时将外部有关合规要求转化为内部规章制度。企业合规合规制度与流程包括如下几点:

1. 建立合规风险识别预警机制,全面系统梳理经营管理活动中存在的合规风险,对风险发生的可能性、影响程度、潜在后果等进行系统分析,对于典型性、普遍性和可能产生较严重后果的风险及时发布预警。

2. 加强合规风险应对,针对发现的风险制定预案,采取有效措施,及时应对处置。对于重大合规风险事件,合规委员会统筹领导,合规管理负责人牵头,相关部门协同配合,最大限度化解风险、降低损失。

3. 建立健全合规审查机制,将合规审查作为规章制度制定、重大事项决策、重要合同签订、重大项目运营等经营管理行为的必经程序,及时对不合规的内容提出修改建议,未经合规审查不得实施。

4. 强化违规问责,完善违规行为处罚机制,明晰违规责任范围,细化惩处标准。畅通举报渠道,针对反映的问题和线索,及时开展调查,严肃追究违规人员责任。

5. 开展合规管理评估,定期对合规管理体系的有效性进行分析,对重大或反复出现的合规风险和违规问题,深入查找根源,完善相关制度,堵塞管理漏洞,强化过程管控,持续改进提升。

6. 加强合规考核评价,把合规经营管理情况纳入对各部门和所属企业负责人的年度综合考核,细化评价指标。对所属单位和员工合规职责履行情况进行评价,并将结果作为员工考核、干部任用、评先选优等工作的重要依据。

7. 强化合规管理信息化建设,通过信息化手段优化管理流程,记录和保存相关信息。运用大数据等工具,加强对经营管理行为依法合规情况的实时在线监控和风险分析,实现信息集成与共享。

8. 建立专业化、高素质的合规管理队伍,根据业务规模、合规风险水平等因素配备合规管理人员,持续加强业务培训,提升队伍能力水平。

9. 重视合规培训,结合法治宣传教育,建立制度化、常态化培训机制,确保员工理解、遵循企业合规目标和要求。

10. 积极培育合规文化,通过制定发放合规手册、签订合规承诺书等方式,强化全员安全、质量、诚信和廉洁等意识,树立依法合规、守法诚信的价值观,筑牢合规经营的思想基础。

11. 建立合规报告制度,发生较大合规风险事件,合规管理牵头部门和相关部门应当及时向合规管理负责人、分管领导报告。重大合规风险事件应当向国资委和有关部门报告。

合规管理牵头部门于每年年底全面总结合规管理工作情况,起草年度报告。

五、合规审查

企业各部门及员工对经营管理及工作过程中涉及的合规事项应当及时、主动寻求相关专业人员咨询或要求企业内部进行合规审查,合规管理部门或相关的合规管理人员应在合理的时间内作出回复。以下事项相关工作人员应当对其进行合规性审查:

(1)企业内部重大决策。

(2)系现有法律法规、企业内部规章管理制度中未明确规定的事项。

(3)企业对外签署的合同等各种法律文件。

(4)企业内部规章管理制度的修订。

(5)监管机构明确要求出具合规意见的各类事项的审查。

(6)企业规章管理制度中规定必须经合规审查的事项等。

企业就重大事项作出决策前,应当经过合规性审查。对审查认为存在明显违规风险的事项,应及时作出调整,相关部门也应及时进行整改。合规管理部门或相关的合规管理人员的合规审查意见与业务部门出现重大分歧,无法形成一致意见的,应当依程序报共同上级部门甚至上级单位,请求其出具相应的合规意见。

六、合规审计

合规审计是企业内部的一种审计形式，多由企业自身主动发起或由监管单位介入对企业是否遵循规定进行审计。合规性审计相较于企业一般的财务审计，其重点在于审查企业是否遵循了现行的法律、行政法规、部门规章、地方性法规、地方政府规章、国家制定的强制性标准、行业监管规则、行业惯例、企业章程、股东会决议、董事会决议、企业内部规章制度、一般道德规范以及企业对外所作承诺等。

在进行合规性审计时，审计人员首先应当确定该企业是否有一套行之有效的合规管理制度，再对该制度是否得到了有效的施行进行评估审计。

七、合规考核与评价

合规考核与评价是相较于合规审计外，企业内部对于企业合规管理施行情况的另一种考察形式，其目的在于考察企业现有的合规管理体系、制度是否能够有效地为企业防范企业经营活动违规所带来的风险。在考核与评价过程中，考核小组应结合企业的实际情况、管理环境以及企业合规管理体系流转是否顺畅等诸多方便综合性进行考核与评价。

在结束考核与评价后，考核小组应对企业合规管理体系内存在的问题进行汇报。相关责任人、业务部门、合规管理部门应当及时对考核与评价过程中发现的问题及时进行整改，明确到具体的责任部门、责任人。企业通过内部不停地考核与评价，发现现有体系的不足与需要改进之处，进而不断完善企业合规管理体系。

八、合规宣传与培训

企业内部对于合规管理的宣传与培训是建立企业合规文化的重要手段之一，企业合规管理部门应当与企业其他业务部门、企业法律顾问共同建立长期的合规培训计划，包括定期组织的讲课、学习等。从新员工的入职培训到老员工的考核评价都应与企业的合规宣传与培训紧密相连，对于新入职的员工应该在入职培训时就让其了解企业的合规文化，在考核评价中发现的问题应该在合规培训中得以体现改正。

合规管理部门以及相关合规管理负责人在进行宣传培训时，应当注意培训内容的准确性，持续关注相关法律法规、行业准则、国家政策的变化，及时对宣传以及培训内容进行修改。

九、违规管理与问责

企业在合规管理体系中采取多级负责的制度，秉承"谁管理，谁负责"的原则，企业领导、企业经营管理层对企业合规管理承担最终责任，企业合规管理部门对本部门和分支机构合规管理承担主要责任，企业各部门和分支机构合规管理负责人对本部门和分支机构合规管理承担第一责任。违规管理与问责的对象包括企业各级合规管理人员及企业各级员工。

在违规管理与问责原则的基础下，建立明确的违规管理与问责制度，规定各级合规管理人员及企业各级员工的责任，明确违规管理与问责的程序。企业在问责外，可以采取以下手段对相关责任人进行处罚：

1. 对相关责任人或者部门给予警告或通报批评，该罚款的罚款。

2. 对直接负责的主管人员和其他直接责任人员，要按照相关管理规定，依照有关法律法规相关规定，严肃责任追究。

3. 对直接责任人要严肃处理，情节严重的，按照有关规定从重处理，公告其行为及处理处罚决定。

4. 涉嫌犯罪的，移送司法机关依法处理，对治理工作中发现的其他违反法律法规的问题，按国家有关法律法规进行处理。

十、合规管理信息系统

企业在已有的合规管理体系之中应该建立合规管理信息系统，该系统记录企业现有的合规管理制度、流程，合规管理相关责任人出具的合规审查意见，合规宣传与培训计划等。

企业建立的合规管理信息系统应当注意对企业的合规管理进行全面记录并留存档案，以备日后的考查与评价，乃至后期的合规审计工作。